Adamina / Kübler / Kalcsics /
Bietenhard / Engeli

„Wie ich mir das denke und vorstelle…“

Marco Adamina
Markus Kübler
Katharina Kalcsics
Sophia Bietenhard
Eva Engeli
(Hrsg.)

„Wie ich mir das denke und vorstelle...“

Vorstellungen von Schülerinnen und Schülern zu Lerngegenständen des Sachunterrichts und des Fachbereichs Natur, Mensch, Gesellschaft

Verlag Julius Klinkhardt
Bad Heilbrunn • 2018

Dieser Titel wurde in das Programm des Verlages mittels eines Peer-Review-Verfahrens aufgenommen. Für weitere Informationen siehe www.klinkhardt.de.

Bibliografische Information der Deutschen Nationalbibliothek
Die Deutsche Nationalbibliothek verzeichnet diese Publikation in der Deutschen Nationalbibliografie; detaillierte bibliografische Daten sind im Internet abrufbar über http://dnb.d-nb.de.

Zeichnung Umschlagseite 1: © Nils, 6.2 Jahre, Kindergartenschüler. Quelle: M. Kübler.
Satz: Kay Fretwurst, Spreeau.

Druck und Bindung: AZ Druck und Datentechnik, Kempten.
Printed in Germany 2018.
Gedruckt auf chlorfrei gebleichtem alterungsbeständigem Papier.

ISBN 978-3-7815-2257-2

Inhalt

Marco Adamina, Markus Kübler, Katharina Kalcsics, Sophia Bietenhard und Eva Engeli

Vorstellungen von Schülerinnen und Schülern zu Themen des Sachunterrichts und des Fachbereichs Natur, Mensch, Gesellschaft[1] – Einführung

Vorstellungen von Schülerinnen und Schülern – Begriffsklärungen

Lernende verfügen bereits über verschiedenste Erfahrungen, Erinnerungen und Kenntnisse zu den Lerngegenständen, zu Phänomenen, Sachen und Situationen der Welt, bevor sie in den Kindergarten bzw. die Grundschule eintreten. Sie haben bereits spezifische eigene Präferenzen und Interessen sowie Einstellungen zu Themen und Lerngegenständen aufgebaut, ohne dass sie diese im Sachunterricht bzw. im Natur-Mensch-Gesellschaft-Unterricht behandelt haben. Beeinflusst durch ihre Anlagen und ihre Sozialisation (familiäre Umwelt, Begegnungen mit Menschen und medialen Produkten, reale Umgebung) haben sie die Eindrücke individuell verarbeitet und Vorstellungen konstruiert. So verfügen sie über sehr unterschiedliche Vorstellungen, mit denen sie ihn den Unterricht kommen. Im Unterricht entwickeln und verändern die Lernenden ihre Vorstellungen durch eigene Wahrnehmungen, weiterführende Konstruktionen sowie durch den Austausch mit anderen.
Unter den Begriffen des Präkonzepten bzw. der Schülervorstellungen werden nach Möller (2015, 44) im weitesten Sinne Alltagsvorstellungen der Kinder, Vorstellungen, Vorerfahrungen, misconceptions, prior beliefs oder alternative frameworks als Bezeichnungen zusammengefasst. Präkonzepte bezeichnen also alle Vorstellungen von Kindern zu bestimmten Aspekten der Welt (vgl. dazu wie auch zum nächsten Abschnitt den Beitrag von Möller in diesem Band, S. 35ff.).
Dabei ist letztlich noch nicht klar, ob diese Präkonzepte, wie Vosniadou und Brewer (1992) sowie Carey (1985) vermuten, aus kohärenten, theorieähnlichen Strukturen bestehen oder ob die naiven Vorstellungen der Kinder gemäß diSessa (2008) eher unstrukturierte, lose verknüpfte Wissensbestandteile sind. Unstrittig und empirisch belegt ist, dass Präkonzepte eine hohe Resistenz gegen Veränderungen aufweisen

1 Der Fachbereich Natur, Mensch, Gesellschaft (NMG) im Lehrplan 21 für die deutschsprachige Schweiz entspricht im Wesentlichen dem Sachunterricht in Deutschland, umfasst aber zusätzlich den Bereich Ethik und Philosophie sowie den bekenntnisunabhängig konzipierten Bereich Religionskunde.

und dass durch Unterricht nur selten ein radikaler Konzeptwechsel provoziert werden kann. In der schulischen Bearbeitung ist deshalb davon auszugehen, dass diese *„tief verwurzelten Konzepte … so stark sind, dass die Wahrnehmung des im Unterricht Gebotenen verändert wird*“ (Möller 2015, 244). Der Stand der Forschung kann wie folgt zusammengefasst werden: Ein Unterricht, der nicht auf das Vorwissen der Kinder eingeht, erzeugt meist nur träges Wissen, das sich dann kaum gegen Alltagsdeutungen und Vorerfahrungen behaupten kann und sich damit letztlich als unwirksam erweist (Möller 1999, 127). Mithin findet also höchstens ein „enrichment“, eine Anreicherung, aber kaum ein Konzeptwechsel statt. Unterricht zielt aber – ausgehend von den Präkonzepten – auf eine zunehmende Entwicklung und Veränderung in Richtung belastbarer Konzepte (zur Begrifflichkeit „belastbare Konzepte“ und „nicht belastbare Konzepte“ vgl. z.B. Engelen, Jonen & Möller 2002).

In Anlehnung an Duit (2002), Girg (1994) und Möller (1999) kann man obigen Überlegungen folgend Vorstellungen von Schülerinnen und Schülern als gedankliche Konglomerate und mentale Konstruktionen beschreiben, die sich aus ihren Wahrnehmungen und Sinneseindrücken, ihren Erfahrungen, Erinnerungen, Erkenntnissen, Emotionen zu Sachen und Situationen ergeben. In einem erweiterten Verständnis gehören zu diesen Vorstellungen nicht nur Elemente, die das Verstehen einer Sache betreffen, sondern auch Einstellungen, Überzeugungen, Interessen und Wertungen, weil diese die gedanklichen Konstrukte in hohem Masse beeinflussen und mitprägen. Möller verwendet in diesem Zusammenhang den Begriff Bewusstseinsinhalte (vgl. Möller in diesem Band, S. 35). Im vorliegenden Sammelband findet auch der Begriff Schülervoraussetzungen Verwendung. Unterschieden wird dabei zwischen kognitiven und motivational-affektiven Aspekten (Seidel, Jurik, Häusler & Stubben 2016; vgl. dazu den Beitrag von Hardy und Meschede in diesem Band (S. 21ff.).

Die Entwicklungs- und Denkpsychologie beschreibt seit längerem die Entwicklungen von grundlegenden, kindlichen Denkoperationen. Piagets Theorie der Denkentwicklung prägte dabei lange Zeit die Beschreibung der geistigen Entwicklung von Kindern (Sodian 2012, 385ff.). Ansätze der Informationsverarbeitung erklärten hingegen die kognitive Entwicklung nicht als Ausdruck einer stadientypischen Einschränkung des Denkens, sondern mit der begrenzten Kapazität des Arbeitsgedächtnisses, welche sich im Laufe zunehmenden Lebensalters bei Kindern erhöht und darum eine komplexere Arbeitsweise ermöglicht. Dieser Ansatz geht davon aus, dass die (biologische) Reifung des präfrontalen Kortex der bestimmende Faktor für die Entwicklung des Denkens darstellt.

Diese Forschungsansätze versuchen insgesamt, die kindliche Denkentwicklung tendenziell unabhängig von seinen Domänen (bzw. Inhalten) zu beschreiben, oder die Domänen dienen dabei nur als exemplarische Beispiele, um die allgemeinen kognitiven Operationen zu identifizieren. Ihre Kernfrage dabei lautet darum: Wie denken Kinder? Empirisch fundiert sind aber diese beschriebenen Ansätze nur mit wenigen

Belegen. Dagegen zeigt sich, dass die Denkleistungen von Kindern weit mehr von der Art der gestellten Aufgabe und dem Inhaltsbereich abhängen. Kinder können also in spezifischen, sie interessierenden Themen hohe kognitive Leistungen erbringen (Sodian 2012). Die Kernwissensthese von Carey und Spelke (1994) argumentiert darum, dass Kinder über ein angeborenes *domänenspezifisches* Wissen verfügen, insbesondere in den Bereichen einer intuitiven Mathematik (numerisches Wissen), Physik, Biologie und der Psychologie (theory of mind); (vgl. dazu den Beitrag von Hardy & Meschede in diesem Band, S. 21ff.).

Es ist deshalb von großer Bedeutung, dass in einem Band die domänenspezifischen Vorstellungen der Kinder über die Welt zusammengetragen werden. Ein Überblick über den Forschungsstand zur Kernfrage „*Was denken Kinder (über die Welt und ihre Sachen)?*“ scheint überfällig zu sein, um die Übertragung einer auf kognitiv-konstruktivistischen Grundlagen beruhenden Lern- und Lehrtheorie in die praktische Anwendung für die Planung und Umsetzung von Unterricht zu ermöglichen.

In vielen Beiträgen zu Schülerinnen- und Schülervorstellungen finden sich im Zusammenhang mit lebensweltlichen Erfahrungen die Begriffe Alltagsvorstellungen, Alltagstheorien und subjektive Theorien. Von Präkonzepten wird gesprochen, wenn die Vorstellungen und Vorwissensbestände gemeint sind, die Kinder vor dem Unterricht haben bzw. in den Unterricht einbringen (vgl. dazu auch Möller 1999). Fehlkonzepte bzw. Misconceptions stehen für Vorstellungen von Lernenden, die gegenüber sachlich-fachlichen Konzepten falsche, unvollständige oder fehlerhafte Überlegungen, Folgerungen enthalten. In neueren Beiträgen wird diese bereits stark wertende Begrifflichkeit nicht mehr verwendet, und es wird eher von alternativen Konzepten oder auch von naiven Vorstellungen gesprochen, wobei letzterer Begriff auch als wertend angesehen werden kann (vgl. dazu auch die Ausführungen von Möller in diesem Band, S. 35ff.). In der Literatur finden sich unterschiedliche Verständnisse und Konzeptualisierungen zu domänenspezifischen Vorstellungen der Schülerinnen und Schüler. So werden z.B. Vorstellungen im Sinne von vernetzten Konzepten zu Begriffen wie Leben, Zeit, Raum und im Sinne von Überzeugungen zu Situationen, Phänomenen und Vorkommnissen unterschieden (Carey 1986). Ein anderer Ansatz liegt darin, unterschiedliche Komplexitätsstufen bei Vorstellungen zu unterscheiden, welche bei der Ausprägung von Begriffen, Denkfiguren und individuellen Theorien erfolgen (vgl. z.B. Gropengiesser 2003).

Vorstellungen von Schülerinnen und Schülern als bedeutsamer Prädiktor für das Lernen und Lehren

Lernen im Sach- und NMG-Unterricht wird im vorliegenden Band als Entwicklung und Veränderung von Vorstellungen, Konzepten, Überzeugungen zu Phänomenen, Sachen und Situationen unseres Lebens und unserer Umwelt verstanden. Als Erweiterung und Differenzierung von Wegen, Methoden und Strategien zur Wahrnehmung, Erschließung, Erkenntnisgewinnung und Orientierung in diesen Bereichen sowie zur Entwicklung von Handlungsoptionen und -weisen in verschiedenen Welten (vgl. dazu GDSU 2013; D-EDK 2015). Den theoretischen Bezugsrahmen für dieses Lernverständnis bilden Ansätze und Konstrukte der Conceptual-Change-Forschung, die über die verschiedenen Perspektiven des Sach- und NMG-Unterrichts hinweg breite Zustimmung gefunden haben (vgl. dazu die Ausführungen von Möller in diesem Band, S. 35ff.).

In der lernpsychologischen und fachdidaktischen Forschung und Diskussion besteht weitgehend Einigkeit darüber, dass bisher aufgebaute Vorstellungen und das bereichsspezifische Vorwissen entscheidend das weitere Lernen beeinflussen. Lernleistungen von Schülerinnen und Schüler hängen in einem hohen Masse von ihren Vorkenntnissen, den bereits erworbenen Lernstrategien sowie ihrem Fähigkeitsselbstkonzept, ihrer Lernmotivation und ihren Interessen ab (Helmke 2015; Möller 1997; Stern 2006). „*Vorstellungen bestimmen das Lernen, weil man das Neue nur durch die Brille des bereits Bekannten ‚sehen' kann.*" (Duit 2004, 1). Für die Weiterentwicklung kindlicher Vorstellungen über die Welt spielt diese grundlegende erkenntnistheoretische Gegebenheit somit eine zentrale Rolle: Vorhandene Vorstellungen können wichtige Anknüpfungspunkte darstellen, um Neues besser zu verstehen. Gleichzeitig können sie aber auch hinderlich für weiteres Lernen sein, wenn sie bereits so tief verankert sind, dass sie neue Erkenntnisse nicht oder nur ungenügend zulassen. Überdies konstruieren Lernende oft auch andere Vorstellungen und Konzepte als diejenigen, welche von der Lehrperson gemeint und von ihr angelegt, erklärt und präsentiert werden (vgl. ebd.).

Bereits Weinert und Helmke (1997) konnten in ihren Untersuchungen im Rahmen der SCHOLASTIK-Studie aufzeigen, dass die individuellen Voraussetzungen einen größeren Einfluss auf Leistungsunterschiede zwischen den Lernenden haben als beispielsweise Faktoren der Unterrichtsqualität. Die Vorstellungen und Voraussetzungen der Schülerinnen und Schüler beeinflussen die individuelle Aufnahme und Bearbeitung von Informationen und Aufgaben im Unterricht. Gleichzeitig beeinflussen sie auch die Interaktionen zwischen den Lernenden, mit den Lehrenden sowie die individuelle und kooperative Nutzung der Lerngelegenheiten und Lernumgebungen (vgl. z.B. Seidel et al. 2016). Unterdessen ist mittels Metaanalysen vielfach belegt, dass das Vorwissen einer der wichtigsten Prädiktoren für die Lernleistung ist (vgl. dazu Hattie, Beywl & Zierer 2014, 49-51).

Den aktuellen Stand der Lehr-Lernforschung und der fachdidaktischen Forschung bringt Reusser wie folgt auf den Punkt:

> „Je aktiver und selbstgesteuerter, problemorientierter, *besser mit dem eigenen Vorwissen verknüpft, bewusster und reflektierter,* dialogischer und interaktiver Wissen erworben, (ko-) konstruiert und durchgearbeitet wird, desto besser wird es verstanden (Transparenz, Klarheit), desto dauerhafter wird es behalten (Stabilität), desto beweglicher kann es beim Denken und Handeln genutzt werden (Transfer, Mobilität) und desto positiver werden die

damit verbundenen Lernprozesse erlebt (Relevanz, Interesse, Motivationsgewinn, Selbstwirksamkeit)" (Reusser 2011, zitiert in Reusser, Stebler, Mandel & Eckstein 2013, 45).

Das Aufnehmen von Vorstellungen der Lernenden bei der Planung und Gestaltung von Unterricht sowie der häufige und regelmässige Einblick in Konzeptentwicklungen der Lernenden im Unterricht ist folglich für die weitere Lernbegleitung und -unterstützung eine zentrale fachdidaktische Notwendigkeit und stellt darum eine Herausforderung für die Professionalität der Lehrpersonen dar (vgl. dazu Kunter 2016; Möller 2016). Je vertiefter die Einsichtnahme einer Lehrperson in die Vorstellungen und Konzepte der Lernenden ist, desto besser kann sie Arrangements von Lerngelegenheiten mit entsprechenden leistungs-, neigungs- und interessenbezogenen Differenzierungen treffen sowie Diagnosen für das weitere Lernen erstellen.

Ergebnisse aus einzelnen Studien zur Unterrichtsplanung und -umsetzung zeigen hingegen, dass Lehrpersonen in der Unterrichtspraxis Vorstellungen und Erfahrungen der Schülerinnen und Schüler kaum oder nur ansatzweise aufnehmen und einbeziehen (Koch-Priewe 1995; Schniotalle 2003). In einer Untersuchung zum Wissenserwerb in der Weiterbildung zum NMG-Unterricht (Balmer & Adamina 2006) wurde deutlich, dass Lehrpersonen zwar dem Einbezug des Vorwissens Beachtung beimessen, ihn bei der Planung aber oft nur unzureichend berücksichtigen (können).

Die Didaktische Rekonstruktion (Kattmann, Duit, Gropengiesser & Komorek 1997) stellt ein breit abgestütztes und in vielen Fachdidaktiken angewendetes Modell für die didaktische Strukturierung von Unterrichtsvorhaben zur Verfügung. Bei diesem werden in einem iterativen Verfahren die Erschließung und Analyse der Schülervorstellungen und die sachbezogene Analyse von Lerngegenständen einbezogen und miteinander in Beziehung gesetzt. Das Modell hat die fachdidaktische Forschungs- und Entwicklungsarbeit in verschiedener Hinsicht geprägt und damit dazu beigetragen, dass der Blick auf Vorstellungen, Erfahrungen und Ressourcen der Lernenden geschärft und ihre Vorstellungen bei der Planung und Gestaltung von Unterricht eine bedeutendere Rolle spielen. Die Didaktische Rekonstruktion wird in der Ausbildung der Lehrpersonen im Sach- und NMG-Unterricht breit angewendet und konfrontiert die Studierenden mit Fragen der Erschließung von und Auseinandersetzung mit Schülerinnen- und Schülervorstellungen. Wie weit dies allerdings Auswirkungen auf die Planung und die Gestaltung von Lernarrangements hat, ist bisher nicht erforscht worden. Erfahrungsbasierte Erkenntnisse zeigen, dass Studierende des Lehramts zwar Vorstellungen und Konzepte ihrer zukünftigen Lernenden während der Praktikumsplanung erheben, aber oft Mühe bekunden, diese produktiv für die Unterrichtsvorbereitung und -durchführung zu nutzen und entsprechende Bezüge zu schaffen.

Die Vorstellungen von Schülerinnen und Schülern wie auch deren Einstellungen, Überzeugungen und Lernstrategien während des Lernprozesses können nicht unmittelbar erschlossen werden, sondern bieten verschiedene wissenschaftsmethodische und didaktische Herausforderungen. Lernende bringen ihre Vorstellungen mit unterschiedlichen mentalen Repräsentationsformen wie Sprache, Bilder und Handlungen zum Ausdruck. Diese Repräsentationen zeigen ansatz- und ausschnittweise, wie sich Lernende Sachen und Situationen denken und vorstellen; dies so gut und umfassend, wie es ihnen sprachlich, ikonisch und handelnd möglich ist. Abhängig ist dies in hohem Masse von der Art und Weise der Einblicknahme in Vorstellungen, der Unterbreitung entsprechender Aufgaben und Aufträge, der Dialog- und Austauschkultur in der Klasse, der Bereitschaft der Lernenden, sich diesbezüglich zu äußern etc. (vgl. dazu die Ausführungen von Hartinger und Murmann in diesem Band, S. 51ff. sowie Murmann 2013). Zudem muss stets im Blick sein, dass das, was in Beiträgen zu Schülerinnen- und Schülervorstellungen beschrieben wird, vor allem auch dem entspricht, was in der Konzeption der Befragung angelegt, in dieser wahrgenommen und erschlossen und anschließend analysiert, konstruiert und interpretiert wird.
Deshalb sind die professionellen Kompetenzen der Lehrpersonen, ihre Wahrnehmungs-, Analyse- und Diagnosefähigkeiten, die adaptiven Fähigkeiten bezogen auf die Lernendenperspektive sowie die Lernunterstützung und -begleitung durch kognitive Aktivierung und inhaltliche Strukturierung entscheidend für den Einbezug der Vorstellungen von Schülerinnen und Schülern in die Unterrichtsplanung und in den Unterricht (vgl. dazu die Ausführungen von Möller in diesem Band, S. 35ff.).
Entsprechend konnte in mehreren Untersuchungen bereits festgestellt und nachgewiesen werden, dass das Wissen der Lehrpersonen über sach- und lerngegenstandsspezifische Vorstellungen der Lernenden einen Einfluss auf deren Lernförderung und die Lernleistungen hat (vgl. Kunter, Baumert, Blum, Klusmann, Krauss & Neubrand 2011; Lange, Kleickmann, Tröbst & Möller 2012).

Entwicklung und Stand der Forschung zu Vorstellungen von Schülerinnen und Schülern im Sachunterricht und im Fachbereich Natur, Mensch, Gesellschaft

Die Frage danach, welche Vorstellungen Schülerinnen und Schüler zu Phänomenen, Sachen und Situationen haben und was dies für die Unterrichtsplanung und -gestaltung bedeutet, ist schon seit längerer Zeit Gegenstand von Erörterungen und Diskussionen in der Pädagogik und Didaktik. Bereits vor mehr als hundert Jahren publizierte Hartmann (1910) „Die Analyse des kindlichen Gedankenkreises als die naturgemäße Grundlage des ersten Schulunterrichts“. In dieser Publikation finden sich die Ergebnisse umfangreicher Untersuchungen zum Vorwissen von Lernenden wie z.B. die Annaberger Erhebungen, in welcher den Lernenden u.a. 100 Fragen zu Naturgegenständen und -ereignissen, zur räumlichen Umgebung und anderen Bereichen unterbreitet wurden. Auch in seiner Konzeption des genetischen Lehrens weist Wagenschein (1968) auf die Bedeutung der Gedanken, Ideen, Vorstellungen und bisherigen Erfahrungen der Schülerinnen und Schüler für das Lernen und im Unterricht (z.B. im Rahmen von sokratischen Gesprächen) hin.

Im Zusammenhang mit der kognitiven Wende und den konstruktivistischen Ansätzen in der Lernforschung wie auch durch die zunehmende Beschäftigung mit Lernschwierigkeiten von Schülerinnen und Schülern erfolgt seit ungefähr fünfzig Jahren eine immer intensivere Forschung zu kindlichen Vorstellungen und Konzepten. Diese bezog und bezieht sich nicht nur auf Lernschwierigkeiten, sondern vor allem auch auf Vorstellungen der Lernenden zu verschiedenen – vorerst insbesondere naturwissenschaftlichen – Phänomenen und Konzepten. Aus fachdidaktischer Sicht bestand und besteht dabei vor allem das Anliegen, Vorschläge für die Neu- und Weiterentwicklung von Lernumgebungen und -situationen auszuarbeiten und zu implementieren.

Die Erforschung von Schülervorstellungen entwickelte sich in den verschiedenen Fachdidaktiken sehr unterschiedlich; bezogen auf die Perspektiven des Sach- und NMG-Unterrichts am ausgeprägtesten zu naturwissenschaftlichen und technischen Bereichen (vgl. dazu auch Duit 1997), zunehmend aber auch zum historischen und geographischen Lernen. In geringerem Umfang finden sich nach wie vor Untersuchungen zu Schülervorstellungen zu sozialwissenschaftlichen, wirtschaftlichen, ethischen und teilweise auch religionskundlichen Themen und Inhalten, die aus konzeptuellen didaktischen Traditionen kommen. Eine 2015 publizierte Bestandesaufnahme zu Inhalten, didaktischen Konzeptionen und zur Forschungslage in Ethik, Religionen, Gemeinschaft als Perspektive des Fachs Natur, Mensch, Gesellschaft machte den diesbezüglich erheblichen Bedarf an fachdidaktischer Forschung deutlich (Bietenhard, Helbling & Schmid 2015). Diese unterschiedlichen Sachverhalte und Situationen werden in den Beiträgen in diesem Band ersichtlich und zeigen auf, dass die Ausgangslage für die Ausarbeitung der Beiträge für die Autorinnen und Autoren sehr unterschiedlich war. Dementsprechend unterscheiden sich die einzelnen Beiträge in der Anlage und in der Darstellung der Ergebnisse aus der Erforschung von Schülerinnen- und Schülervorstellungen, den ausgewählten inhaltlichen Aspekten oder der Forschungsmethoden und Probandengruppen teilweise sehr stark voneinander.

Ausführliche Bibliographien zur Erforschung von Schülerinnen- und Schülervorstellungen bestehen z.B. für die Naturwissenschaften (Duit 2009) und die Geowissenschaften (Reinfried & Schuler 2011). Diese führen allerdings mehrheitlich Untersuchungen zu Vorstellungen von Lernenden auf der Sekundarstufe I und II auf und wurden seit 2009 bzw. 2011 nicht mehr aktualisiert. Allerdings geben sie nach wie vor einen Einblick in Arbeiten zur Erforschung von Schülerinnen- und Schülervorstellungen. Für einzelne Fachdidaktiken liegen bereits – zwar auch da vor allem auf die Sekundarstufen I und II ausgerichtet – Lehrbücher, Sammelbände und Themenhefte von Fachzeitschriften zu Schülervorstellungen vor, so z.B. für Physik, Biologie, Chemie und Geographie (vgl. dazu z.B. Müller, Wodzinski & Hopf 2004; Hammann & Asshoff 2014; Reinfried 2010). Für den Sachunterricht liegen einzelne Handreichungen vor (vgl. z.B. Heran-Dörr 2011).

Insbesondere in den letzten zwanzig Jahren wurden diverse größere Untersuchungen im Rahmen von Projekten und Dissertationen zur Erforschung von Schülerinnen- und Schülervorstellungen in verschiedenen Bereichen des Sachunterrichts durchgeführt, auch zu Bereichen, zu denen bisher erst wenige Ergebnisse vorlagen sowie zu aktuellen Themen wie z.B. zum Klimawandel. Auf diese Untersuchungen wird in den einzelnen Beiträgen in diesem Band näher eingegangen. Ergänzend finden sich im Handbuch Didaktik des Sachunterrichts (Kahlert, Fölling-Albers, Götz, Hartinger, Miller & Wittkowske 2015) im Teil 3 sowie im Band 4 Basiswissen Sachunterricht (Kaiser & Pech 2004) Beiträge zu sachunterrichtsspezifischen Lernvoraussetzungen. Neben den bekannten domänenspezifischen Themen werden dabei auch Ergebnisse zu anthropologischen Lernvoraussetzungen, zur kognitiven und moralischen Entwicklung, zu Gender im Lehr-Lernprozess sowie zur Bedeutung des Vorwissens und zu Lernvoraussetzungen im Sachunterricht berücksichtigt. Verschiedene Beiträge im vorliegenden Band machen zudem deutlich, wie sehr interdisziplinäre und perspektivenverbindende Forschungen zu Themengebieten, zur Alltagswelt und zu Prägungen und Entwicklungen von Kindern und Jugendlichen wünschbar sind. Neben den Fachdidaktiken und der Lern- und Entwicklungspsychologie ist dabei auch die gross angelegte sozialwissenschaftliche Kindheits- und Jugendforschung einzubeziehen.

Seit mehreren Jahren entstehen zunehmend Lehrmittel, Unterrichtshilfen und Handreichungen, die auf der Basis der Forschungsergebnisse zu Vorstellungen von Schülerinnen und Schülern konzipiert wurden. Die Anlage von Lernumgebungen und die Ausarbeitung von Materialien wurden dementsprechend beeinflusst (vgl. dazu z.B. auch Möller 2010). In ausgeprägter Form wird dies in der Reihe der Lern- und Lehrmaterialien „Lernwelten Natur- Mensch-Mitwelt" (vgl. www.nmm.ch) und insbesondere in den KINT-Klassenkisten zu verschiedenen Themen des naturwissenschaftlichen und technischen Sachunterrichts sichtbar. Mit dem Spiralcurriculum Magnetismus wurden davon ausgehend und in einem kumulativen Ansatz Lernumgebungen und Lernmaterialien von der Eingangsstufe bis zur Sekundarstufe I entwickelt (vgl. Möller, Bohrmann, Hirschmann, Wilke & Wyssen 2013; Steffensky & Hardy 2013).

Zur Ausrichtung des vorliegenden Bandes

Die Idee zur Herausgabe dieses Bandes entstand aus dem Anliegen heraus, einige der grundlegenden Ergebnisse der Forschung zu Schülerinnen- und Schülervorstellungen für die verschiedenen inhaltlichen Perspektiven des Sach- und Natur-Mensch-Gesellschaft-Unterrichts zu sammeln und zugänglich zu machen. Ergänzend dazu soll, ausgehend von fachdidaktischen und lernpsychologischen Konzepten und Forschungen, die Bedeutung der Schülerinnen- und Schülervorstellungen für das Lernen und Lehren beleuchtet werden.
Zwar bestehen bereits diverse Grundlagen für einzelne Inhalts- und Zugangsbereiche (z.B. historisches Lernen, Entwicklung von Raum- oder Zeitbewusstsein), jedoch gibt es für den deutschsprachigen Raum bisher noch keine Zusammenstellung des Erkenntnisstandes zu Schülerinnen- und Schülervorstellungen zu den verschiedenen Perspektiven und Themenbereichen. Ein wichtiges Anliegen des vorliegenden Bandes ist es demnach, den aktuellen Stand der Forschung in den verschiedenen Perspektiven und Kompetenzbereichen des Sach- und NMG-Unterrichts zusammenzufassen. Die Beiträge sollen ermöglichen, dass sich Studierende, Lehrpersonen, Referendare und Fachdidaktikerinnen und Fachdidaktiker einen Überblick über Schülervorstellungen zu den verschiedenen Bereichen des Sach- und NMG-Unterrichts in der Grundschule und Primarstufe verschaffen können. Zugleich wird mit einem Grundlagenbeitrag (vgl. Beitrag Hartinger und Murmann, S. 51) und den (kompetenz-)bereichsbezogenen Beiträgen Einblick in verschiedene Ansätze und Methoden der Erschließung, Analyse und Interpretation von Schülerinnen- und Schülervorstellungen gegeben. Es wird darin auch aufgezeigt, in welche Richtung die Weiterentwicklung des Unterrichts und die Gestaltung von Lernumgebungen gehen kann.
Ein wesentliches Anliegen besteht zudem darin, die entwicklungs- und lernforschungsbezogene und fachdidaktische Rahmung der Erforschung von Schülerinnen- und Schülervorstellungen aufzuzeigen und zu verorten: Erkenntnisstand aus lern- und entwicklungspsychologischer Perspektive (vgl. Beitrag Hardy und Meschede, S. 21ff.) und Bedeutung der Vorstellungen für das Lernen im Sach- und NMG-Unterricht (vgl. Beitrag Möller, S. 35ff.).
Die Herausgeberinnen und Herausgeber erhoffen sich, dass mit diesem Band die Bedeutung der Schülerinnen- und Schülervorstellungen für das Lernen und Lehren im Sach- und NMG-Unterricht und dessen Entwicklung noch einsichtiger wird und dass Studierende, Lehrpersonen, Referendare und Fachdidaktikdozierende angesprochen und angeregt werden, sich im Hinblick auf ihre eigenen Lehrkonzepte sowie ihre Unterrichtsplanung und -gestaltung vermehrt mit den hier aufgezeigten Aspekten auseinanderzusetzen.

Zum Aufbau und zur Struktur des vorliegenden Bandes

Der vorliegende Band enthält
- drei Grundlagenbeiträge: Schülervorstellungen – lern- und entwicklungspsychologische Grundlagen (S. 21ff.), die Bedeutung von Schülervorstellungen für das Lernen im Sachunterricht (S. 35ff.), Schülervorstellungen Erschließen – Methoden, Analysen, Diagnosen (S. 51ff.);
- dreizehn Beiträge zu Schülervorstellungen bezogen auf Kompetenzbereiche, Themen und Inhalten des Sach- und NMG-Unterrichts (S. 63-309);
- einen Beitrag zu Interessen von Schülerinnen und Schüler am Fach und an Themen des Sach- und NMG-Unterrichts (S. 311ff.).

Die dreizehn (kompetenz-)bereichsbezogenen Beiträge weisen jeweils einen ähnlichen Aufbau auf und enthalten
- Grundlagen und Hinweise, um welche grundlegenden Konzepte und Aspekte es in diesem Kompetenzbereich bzw. Themenbereich geht;
- eine Zusammenstellung und Ausleuchtung von relevanten bzw. bisher vorhandenen Ergebnissen der Erforschung von Schülervorstellungen sowie Darlegungen zu einzelnen zentralen Untersuchungen in diesem Bereich;
- Folgerungen aus den Ergebnissen für die Unterrichtsplanung und -gestaltung zu diesen Bereichen mit allfälligen Hinweisen auf bereits bestehende Konzepte und Unterrichtsmaterialien in dieser Ausrichtung;
- einzelne Beiträge, in denen auf Desiderate bezüglich der Schülervorstellungsforschung und auf entsprechende Lücken in diesem Bereich hingewiesen wird;
- die Zusammenstellung der im Beitrag aufgenommenen und zitierten Literatur. Diese gibt einen ergänzenden Einblick in den Stand der Forschung zu Schülerinnen- und Schülervorstellungen im jeweiligen Bereich und dient als Grundlage für weitere Recherchen.

Überblick zum Aufbau und zu den Beiträgen in diesem Band

Grundlagenbeiträge

Schülervorstellungen – lern- und entwicklungspsychologische Grundlagen (Hardy & Meschede, S. 21ff.)

Die Bedeutung von Schülervorstellungen für das Lernen im Sachunterricht (Möller, S. 35ff.)

Schülervorstellungen erschließen – Methoden, Analysen, Diagnosen (Hartinger & Murmann, S. 51ff.)

Beiträge zu Schülervorstellungen zu Kompetenzbereichen, Themenbereichen

	PRSU	***LP21 NMG***
Befinden und sich kennen – Glück, Gesundheit, Körper (Bietenhard, Gafner Knopf & Jaun-Holderegger; S. 63ff.)	SOWI	KB1
Tiere, Pflanzen und Lebensräume erkunden und erhalten – Schülervorstellungen (Schrenk & Baisch, S. 85ff.)	NAWI	KB2
Stoffe, Energie und Bewegungen beschreiben, untersuchen und nutzen – Schülervorstellungen (Hadenfeldt, Neumann, Neumann & Steffensky, S. 103ff.)	NAWI	KB3
Phänomene der unbelebten Natur erforschen und erklären: Sinne, Optik, Akustik – Schülervorstellungen (Böschl, Ottlinger & Lange-Schubert, S. 121ff.)	NAWI	KB4
Schülervorstellungen zu naturwissenschaftlich-geographischen Phänomenen und Themen (Schubert, S. 139ff.)	GEO NAWI	KB4
Technische Entwicklungen und Umsetzungen erschließen, und dabei Schülervorstellungen berücksichtigen (Möller & Wyssen, S. 157ff.)	TECH	KB5
Schülerinnen- und Schülervorstellungen zu Wirtschaft, Arbeit, Produktion und Konsum (Gafner Knopf & Wulfmeyer, S. 175ff.)	SOWI GEO	KB6
Wie Schülerinnen und Schüler Räume und räumliche Situationen wahrnehmen und sich räumlich orientieren (Adamina, S. 195ff.)	GEO	KB8
Schülerinnen- und Schülervorstellungen zur Erde, zu fernen Räumen und zu Lebensweisen von Menschen in verschiedenartigen Räumen (Adamina, S. 211ff.)	GEO	KB7
Zeit, Dauer und Wandel verstehen – Geschichte und Geschichten unterscheiden – Historisches Denken bei 4- bis 11-jährigen Kindern (Kübler, S. 231ff.)	HIST	KB9
Politische Vorstellungen von Primarschülerinnen und -schülern zu ausgewählten Lerngegenständen (Dängeli & Kalcsics, S. 253ff.)	HIST SOWI	KB10
Schülerinnen und Schüler denken nach über große Fragen und gerechtes Handeln (Bietenhard, S. 269ff.)	SOWI alle	KB11
Wie Kinder Religion und Religionen begegnen (Helbling, S. 291ff.)		KB12

***Interessen von Schülerinnen und Schülern** am Fach und an Themen des Sachunterrichts und des Fachbereichs Natur, Mensch, Gesellschaft (Adamina, S. 311ff.)*

PRSU – Perspektivrahmen Sachunterricht (GDSU 2013), LP21; **NMG** – Lehrplan 21, Fachbereich Natur, Mensch, Gesellschaft (D-EDK 2015); KB – Kompetenzbereich; **SOWI** – Sozialwissenschaftliche Perspektive; **NAWI** – Naturwissenschaftliche Perspektive; **HIST** – Historische Perspektive; **GEO** – Geographische Perspektive; **TECH** – Technische Perspektive

Literatur

Balmer, T. & Adamina, M. (2006): Wissenserwerb in der Weiterbildung. Die Veränderung des fachspezifisch-pädagogischen Wissens von Lehrpersonen der Primarstufe im Fach NMM durch Weiterbildung. Projektbericht. Bern: PH Bern.

Bietenhard, S. ; Helbling, D. & Schmid, K. (Hrsg.) (2015): Studienbuch Ethik, Religionen, Gemeinschaft. Bern: hep.

Carey, S. (1986): Cognitive Science and Science Education. In: American Psychologist, 41(10), 1123.

Carey, S. (1985): Conceptual Change in Childhood. Cambridge, MA.: MIT Press.

Carey, S. & Spelke, E. (1994): Domain-Specific Knowledge and Conceptual Change. In: Hirschfeld, L.A. & Gelman, S. A. (Hrsg.): Mapping the Mind: Domain Specificity in Cognition and Culture. New York: Cambridge University Press, 169-200.

D-EDK, Deutschschweizer Erziehungsdirektorenkonferenz (2015): Lehrplan 21. Fachbereich Natur, Mensch, Gesellschaft. Verfügbar unter: http://vorlage.lehrplan.ch/[27.01.2018].

diSessa, A.A. (2008): A Bird's-Eye View of the „Pieces" vs. „Coherence" Controversy (From the „Pieces" Side of the Fence). In: Vosniadou, S. (Hrsg.): International Handbook of Research on Conceptual Change. New York: Routledge, 35-60.

Duit, R. (2009): Bibliography STCSE – Student's and Teachers's Conceptions and Science Education. Verfügbar unter: http://archiv.ipn.uni-kiel.de/stcse/[15.11.2017].

Duit, R. (2004): Schülervorstellungen und Lernen von Physik. Piko Brief 1. Verfügbar unter: https://www.ipn.uni-kiel.de/de/das-ipn/abteilungen/didaktik-der-physik/piko/pikobriefe032010.pdf [15.11.2017].

Duit, R. (2002): Alltagsvorstellungen und Physik lernen. In: Kircher, E. & Schneider W. (Hrsg.): Physikdidaktik in der Praxis. Berlin: Springer, 1-26.

Duit, R. (1997): Alltagsvorstellungen und Konzeptwechsel im naturwissenschaftlichen Unterricht – Forschungsstand und Perspektiven für den Sachunterricht in der Primarstufe. In: Köhnlein, W.; Marquardt-Mau, R. & Schreier, H. (Hrsg.): Kinder auf dem Wege zum Verstehen der Welt. Forschungen zur Didaktik des Sachunterrichts, Band 1. Bad Heilbrunn: Klinkhardt, 233-246.

Engelen, A.; Jonen, A. & Möller, K. (2002): Lernfortschrittsdiagnosen durch Interviews – Ergebnisse einer Pilotstudie zum „Schwimmen und Sinken" im Sachunterricht der Grundschule. In: Spreckelsen, K.; Möller, K. & Hartinger, A. (Hrsg.): Ansätze und Methoden empirischer Forschung zum Sachunterricht. Bad Heilbrunn: Klinkhardt, 155-173.

GDSU, Gesellschaft für Didaktik des Sachunterrichts (2013): Perspektivrahmen Sachunterricht. Bad Heilbrunn: Klinkhardt.

Girg, R. (1994): Die Bedeutung des Vorverständnisses der Schüler für den Unterricht. Eine Untersuchung zur Didaktik. Bad Heilbrunn: Klinkhardt.

Gropengiesser, H. (2003): Lebenswelten. Denkwelten. Sprechwelten. Wie man Vorstellungen der Lerner verstehen kann. Beiträge zur Didaktischen Rekonstruktion, Band 4. Oldenburg: Universität, Didaktisches Zentrum.

Hammann, M. & Asshoff, R. (2014): Schülervorstellungen im Biologieunterricht. Ursachen für Lernschwierigkeiten. Seelze: Klett Kallmeyer.

Hartmann, B. (1910): Die Analyse des kindlichen Gedankenkreises als die naturgemässe Grundlage des ersten Unterrichts. Ein Beitrag zur Volksschulpraxis. Frankfurt/Leipzig: Kesselringsche Hofbuchhandlung.

Hattie, J.; Beywl, W. & Zierer, K. (2014): Lernen sichtbar machen. Überarbeitete deutschsprachige Fassung von „Visible Learning". Hohengehren: Schneider.

Helmke, A. (2015): Unterrichtsqualität und Lehrerprofessionalität. Diagnose, Evaluation und Verbesserung des Unterrichts. 5. Aufl. Seelze: Klett-Kallmeyer.

Heran-Dörr, E. (2011): Von Schülervorstellungen zu anschlussfähigem Wissen im Sachunterricht. Handreichungen des Programms SINUS an Grundschulen. Verfügbar unter: http://www.sinus-an-grundschulen.de/fileadmin/uploads/Material_aus_SGS/Handreichung_Heran-Doerr.pdf [15.11.2017].

Kahlert, J.; Fölling-Albers, M.; Götz, M.; Hartinger, A.; Miller, S. & Wittkowske, S. (Hrsg.) (2015): Handbuch Didaktik des Sachunterrichts. Bad Heilbrunn: Klinkhardt.

Kaiser, A. & Pech, D. (Hrsg.) (2004): Lernvoraussetzungen und Lernen im Sachunterricht. Basiswissen Sachunterricht, Band 4. Baltmannsweiler: Schneider Verlag Hohengehren.

Kattmann, U.; Duit, R.; Gropengiesser, H. & Komorek, M. (1997): Das Modell der didaktischen Rekonstruktion – ein Rahmen für naturwissenschaftsdidaktische Forschung und Entwicklung. In: Zeitschrift für Didaktik der Naturwissenschaften, 3(3), 3-18.

Koch-Priewe, B. (1995): Vorerfahrungen von Schülerinnen und Schülern im Unterricht. Skizze eines Dilemmas am Beispiel des Sachunterrichts. In: Die Deutsche Schule, 87, 92-102.

Kunter, M. (2016): Bedingungen und Effekte von Unterricht. Aktuelle Forschungsergebnisse aus der pädagogischen Psychologie. In: McElvany, N.; Bos, W.; Holtappels, W.G.; Gebauer, M. & Schwabe, F. (Hrsg.): Bedingungen und Effekte guten Unterrichts. 1. Dortmunder Symposium der Empirischen Bildungsforschung. Münster: Waxmann, 9-32.

Kunter, M.; Baumert, J.; Blum, W.; Klusmann, U.; Krauss, S. & Neubrand, M. (Hrsg.) (2011): Professionelle Kompetenz von Lehrkräften – Ergebnisse des Forschungsprogramms COACTIV. Münster: Waxmann.

Lange, K.; Kleickmann, T.; Tröbst, S. & Möller, K. (2012): Fachdidaktisches Wissen von Lehrkräften und multiple Ziele im Sachunterricht. In: Zeitschrift für Erziehungswissenschaft, 15, 55-75.

Möller, K. (2016): Bedingungen und Effekte qualitätsvollen Unterrichts – ein Beitrag aus fachdidaktischer Perspektive. In: McElvany N.; Bos, W.; Holtappels, W.G.; Gebauer, M. & Schwabe, F. (Hrsg.): Bedingungen und Effekte guten Unterrichts. 1. Dortmunder Symposium der Empirischen Bildungsforschung. Münster: Waxmann, 43-64.

Möller, K. (2015): Genetisches Lernen und Conceptual Change. In: Kahlert, J.; Fölling-Albers, M.; Götz, M.; Hartinger, A.; Miller, S. & Wittkowske S. (Hrsg.): Handbuch Didaktik des Sachunterrichts. 2. Aufl. Bad Heilbrunn: Klinkhardt, 243-248.

Möller, K. (2010): Lernen von Naturwissenschaften heisst: Konzepte verändern. In: Fachdidaktik Naturwissenschaft, 1(9), 57-72.

Möller, K. (1999): Konstruktivistisch orientierte Lehr-Lernprozessforschung im naturwissenschaftlich-technischen Bereich des Sachunterrichts. In: Köhnlein, W. (Hrsg.): Vielperspektivisches Denken im Sachunterricht. Forschungen zur Didaktik des Sachunterrichts, Band 3. Bad Heilbrunn: Klinkhardt, 125-191.

Möller, K. (1997): Untersuchungen zum Aufbau bereichsspezifischen Wissens in Lehr-Lernprozessen des Sachunterrichts. In: Köhnlein, W.; Marquardt-Mau, R. & Schreier H.: Kinder auf dem Wege zum Verstehen der Welt. Forschungen zur Didaktik des Sachunterrichts, Band 1. Bad Heilbrunn: Klinkhardt, 247-262.

Möller, K.; Bohrmann, M.; Hirschmann, A.; Wilke, T. & Wyssen, H.-P. (2013): Spiralcurriculum Magnetismus. Naturwissenschaftlich denken und arbeiten lernen – Primarbereich. Seelze: Friedrich.

Müller, R.; Wodzinski, R. & Hopf, M. (Hrsg.) (2004): Schülervorstellungen in der Physik. Köln: Aulis.

Murmann, L. (2013): Dreierlei Kategorienbildung zu Schülervorstellungen im Sachunterricht? Text, Theorie und Variation – Ein Versuch, methodische Parallelen und Herausforderungen bei der Erschließung von Schülervorstellungen aus Interviewdaten erfassen. In: www.widerstreit-sachunterricht.de 19, 1-15. Verfügbar unter:
http://www.widerstreit-sachunterricht.de/ebeneI/superworte/forschung/kategorie.pdf [15.11.2017].

Reinfried, S. (Hrsg.) (2010): Schülervorstellungen und geographisches Lernen. Aktuelle Conceptual-Change-Forschung und Stand der theoretischen Diskussion. Berlin: Logos.

Reinfried, S. & Schuler, S. (2011): Ludwigsburg-Luzerner Bibliographie zur Forschung über Alltagsvorstellungen in den Geowissenschaften. Verfügbar unter: https://www.ph-ludwigsburg.de/llbg+M540a6a86e87.html [15.11.2017].

Reusser, K.; Stebler, R.; Mandel, D. & Eckstein, B. (2013): Erfolgreicher Unterricht in heterogenen Lerngruppen auf der Volksschulstufe des Kantons Zürich. Wissenschaftlicher Bericht zu Handen der Bildungsdirektion des Kantons Zürich. Zürich: Universität, Institut für Erziehungswissenschaften. Verfügbar unter: http://www.zh.ch/dam/Portal/internet/news/mm/2013/166/Vielfalt_Volksschule_Bericht.pdf.spooler.download.1372834739198.pdf/Vielfalt_Volksschule_Bericht.pdf [14.12.2017].

Seidel, T.; Jurik, V.; Häusler, J. & Stubben, S. (2016): Mikro-Umwelten im Klassenverband. Wie sich kognitive und motivational-affektive Schülervoraussetzungen auf die Wahrnehmung und das Verhalten im Fachunterricht auswirken. In: McElvany N.; Bos, W.; Holtappels, W.G.; Gebauer, M. & Schwabe, F. (Hrsg.): Bedingungen und Effekte guten Unterrichts. 1. Dortmunder Symposium der Empirischen Bildungsforschung. Münster: Waxmann, 65-87.

Schniotalle, M. (2003): Räumliche Schülervorstellungen zu Europa. Ein Unterrichtsexperiment zur Bedeutung kartografischer Medien für den Aufbau räumlicher Orientierung im Sachunterricht der Grundschule. Berlin: Tenea.

Sodian, B. (2012): Denken. In: Schneider, W. & Lindenberger, U. (Hrsg.): Entwicklungspsychologie. Weinheim/Basel: Beltz, 385-412.

Steffensky, M. & Hardy, I. (2013): Spiralcurriculum Magnetismus. Naturwissenschaftlich denken und arbeiten lernen – Elementarbereich. Seelze: Friedrich.

Stern, E. (2006): Lernen – Was wissen wir über erfolgreiches Lernen in der Schule. In: Pädagogik, 1, 45-49.

Vosniadou, S. & Brewer, W.F. (1992): Mental Models of the Earth: A Study of Conceptual Change in Childhood. In: Cognitive Psychology, 24(4), 535-585.

Wagenschein, M. (1968): Verstehen lehren. Weinheim/Basel: Beltz.

Weinert, F.E. & Helmke, A. (Hrsg.) (1997): Entwicklung im Grundschulalter. Weinheim: Beltz.

Wir danken Michel Dängeli, Melodie Burri und Julia Niederhauser von der PHBern für die Mitarbeit bei der Bereinigung und Aufbereitung der Texte zu diesem Band.

Die Herausgeberinnen und Herausgeber

Ilonca Hardy und Nicola Meschede

Schülervorstellungen – lern- und entwicklungspsychologische Grundlagen

1 Einleitung

Die Erkenntnisse aus entwicklungspsychologischer Forschung haben in den letzten Jahrzehnten dazu beigetragen, Bedingungen des Erwerbs fachspezifischen Wissens und kindlicher Vorstellungen in unterschiedlichen Altersgruppen und Domänen aufzuzeigen und diese für Lerngelegenheiten zu optimieren. Gerade für das Verständnis von naturwissenschaftlichen Phänomenen und deren Einordnung in ein bereichsübergreifendes Wissenschaftsverständnis (*Nature of Science*) hat sich die Bedeutung von grundlegenden (entwicklungs-) psychologischen Ansätzen wie denjenigen der Kategorienbildung, des *Conceptual Change* und des schlussfolgernden Denkens gezeigt. Dabei ist hervorzuheben, dass die Annahmen von Jean Piaget, welche auf bereichsübergreifenden Entwicklungsstufen beruhen und kognitive Prozesse im Bereich des schlussfolgernden und abstrakten Denkens erst ab einem Alter von 12 Jahren zugrunde legten, als überholt gelten (Saalbach, Leuchter & Stern 2010). Als bedeutungsvoll zur Erklärung von Altersunterschieden in der Verarbeitung von Information hat sich hingegen, neben dem bereichsspezifischen Wissen, die Arbeitsgedächtniskapazität erwiesen. Das Arbeitsgedächtnis ermöglicht die Steuerung von Handlungsabläufen sowie die Aufnahme und Sortierung von relevanter Information und ist ein erklärender Faktor für individuelle Unterschiede im Lernerfolg von Kindern. Gleichzeitig ist jedoch aufgrund der prinzipiell begrenzten Arbeitsgedächtniskapazität die Bedeutung des begrifflichen und des metakognitiven und strategischen Wissens für die erfolgreiche Informationsverarbeitung hervorzuheben. So werden altersbedingte Einschränkungen im Arbeitsgedächtnis durch die Einbettung von neuem Wissen in eine gut strukturierte und vernetzte Wissensbasis kompensiert (Schneider, Gruber, Gold & Opwis 1993).

2 Begriffliches Wissen

Begriffliches Wissen wird auch als Konzeptwissen bezeichnet, wobei Konzepte (kognitiv repräsentierte) Vorstellungen sind, mit Hilfe derer Gegenstände, Ereignisse oder Sachverhalte strukturiert bzw. klassifiziert werden können (vgl. zusammenfassend Siegler, DeLoache & Eisenberg 2011; Sodian 1998 und 2008). Die mentale Zusammenfassung aufgrund von Ähnlichkeiten wird auch als Kategorienbildung bezeichnet. Konzepte sind für das menschliche Handeln grundlegend, denn sie ermöglichen es, Erfahrungen zu verallgemeinern. Dabei ist umstritten, inwieweit die frühe Konzeptentwicklung auf einem bereits angeborenen Verständnis von Konzepten wie Zeit, Raum oder Zahl beruht oder ob lediglich die Mechanismen, mit denen Umwelteinflüsse wahrgenommen und kategorisiert werden, angeboren sind. Belegt ist jedoch, dass Säuglinge schon früh in der Lage sind, unterschiedliche Umweltfaktoren wahrzunehmen, zu klassifizieren und ihr Verhalten darauf abzustimmen. Beispielsweise erkennen Säuglinge im Alter von drei bis vier Monaten, dass sich Katzen von Hunden und Löwen unterscheiden – sie gewöhnen sich schnell an jeweils zwei Fotos unterschiedlicher Katzen (Habituation), schauen jedoch länger auf Bilder der jeweils anderen Tiere (Dishabituation) (Quinn & Eimas 1996). Ab etwa dem ersten Lebensjahr werden Kategorien nicht nur nach perzeptueller Ähnlichkeit (Farbe, Größe, Form), sondern auch nach Funktionen sowie strukturellen Merkmalen gebildet. Dabei spielt neben der wachsenden Wissensbasis auch die sprachliche Benennung (*Labeling*) von Objekten eine bedeutsame Rolle, so dass Kinder zunehmend in der Lage sind, Klassifizierungen auf der Grundlage von definitorischen Merkmalen vorzunehmen (Goswami 2001; Leuchter, Saalbach & Hardy 2010). Durch Ausdifferenzierungsprozesse werden somit nicht nur Basiskonzepte, sondern auch Vernetzungen mit über- und untergeordneten Begriffen gebildet, also beispielsweise ausgehend von der Basisebene Hund die übergeordnete Ebene Säugetier und die untergeordnete Ebene Dackel konstruiert. Diese Klassifikation lässt zu, dass Kinder auch unbekannte Objekte einer Klasse zuordnen können und somit deren Eigenschaften erschließen können – beispielsweise, dass ein Objekt sich bewegt, wächst und frisst, sofern es sich um ein Tier handelt. Nach Gelman (2003) werden dabei sowohl wahrnehmbare Eigenschaften wie Beine und Fortbewegung als auch nicht wahrnehmbare Merkmale wie Verdauung und Vererbung als konstitutiv für Lebewesen gesehen.

Die Unterscheidung zwischen belebten und unbelebten Dingen scheint insgesamt schon früh zu beginnen: So reagieren etwa einjährige Kinder überrascht, wenn sich ein unbelebtes Ding (Roboter) von selbst bewegt. Schwieriger ist es für junge Kinder jedoch, Pflanzen als Lebewesen und Menschen als Tiere zu klassifizieren; die Unterscheidungen von biologischen und psychologischen Prozessen, mit den verbundenen Merkmalen von Vererbung, Wachstum und Krankheit, werden erst im Vorschulter aufgebaut und ab dem Grundschulalter durch den Zuwachs an bereichsspezifischem Wissen so differenziert, dass sich eine biologische Domäne ausbildet. Dass die Zuordnungen von Pflanzen und entsprechenden Eigenschaften als Lebewesen nicht nur als Anreicherung von Wissen, sondern auch als implizite Theorie bzw. konzeptuelle Umstrukturierung beschrieben werden kann, verdeutlicht, dass die Verarbeitung von neuer Information als aktive Konstruktion und Integration in vorhandene Begriffssysteme verstanden werden sollte. Neben der Unterscheidung von belebten und unbelebten Dingen finden sich bereits im Säuglingsalter Belege für die Nutzung grundlegender Konzepte von Zahl, Objekteigenschaften und Kausalität, die für den Aufbau und die Ausdifferenzierung von Kategorien und vernetztem Wissen grundlegend sind. So sind Säuglinge von fünf Monaten in der Lage, Mengenunterschiede im Zahlenbereich bis drei Elementen wahrzunehmen (Wynn 1992) und Erwartungen zu bilden, dass Objekte nicht durch andere hindurchfallen oder im Raum stehen bleiben (Spelke, Katz, Purcell, Ehrlich & Breinlinger 1994). Dass es trotz dieser frühen Wissensbereiche deutliche Einflüsse der Umwelt auf die Entwicklung bereichsspezifischen Wissens gibt, lässt sich u.a. an kulturvergleichenden Studien verdeutlichen, welche beispielsweise Unterschiede in der Anzahl an Zahlwörtern von amerikanischen und chinesischen dreijährigen Kindern bei entsprechend unterschiedlichen Zahlensystemen und (sprachlich vermittelten) Lernerfahrungen belegen (Miller, Smith, Zhu & Zhang 1995).

3 Schlussfolgerndes Denken

Die Verarbeitung von neuen Erfahrungen und Informationen und damit der Aufbau einer vernetzten Wissensbasis, aber auch das problemlösende Denken und adaptive Handeln in neuen Situationen sind durch Prozesse des schlussfolgernden Denkens gekennzeichnet. Die Relevanz des schlussfolgernden Denkens für das naturwissenschaftliche Lernen, insbesondere im Kontext der *Scientific Inquiry*, wird zunehmend anerkannt und zum Untersuchungsgegenstand auch bei jüngeren Kindern gemacht (vgl. zusammenfassend Robisch 2015). Auf Basis von angemessenen Schlussfolgerungen können Argumentationsketten aufgestellt werden (Brown, Nagashima, Fu, Timms & Wilson 2010), Hypothesen abgeleitet und experimentelle Versuchsanordnungen geplant und gedeutet werden (Lawson 2009; Markovits 2006). Zimmermann (2007) sowie Oerter und Dreher (2002) fassen Befunde zur Entwicklung des schlussfolgernden Denkens zusammen und subsummieren darunter das deduktive Schließen, das analoge Schließen und das induktive Schließen.

Beim deduktiven Schließen werden Aussagen in Form von wenn-dann Verknüpfungen durch Regeln der Logik geprüft. Barrouillet, Gauffroy und Lecas (2008) formulierten ein Entwicklungsmodell des deduktiven Schlussfolgerns vor dem Hintergrund der *Mental Models* Theorie (Johnson-Laird und Byrne 2002), welche die Fähigkeit zu fehlerfreien deduktiven Schlüssen mit der Kapazität des Arbeitsgedächtnisses erklärt. So stellten sie beispielsweise in einer Querschnittstudie mit Dritt-, Sechst- und Neuntklässlern sowie Erwachsenen drei Entwicklungsniveaus im Kontext einer *truth-testing task* – Überprüfung der Aussage „Wenn der Kreis rot ist (Antezedenz), dann ist der Stern schwarz (Konsequenz)" durch jeweils unterschiedliche Formen der Evidenz – fest: Drittklässler zeigten ein konjunktives Verständnis, bei welchem die Verbindung zwischen Antezedenz und Konsequenz als einfaches ‚und' verstanden wird; Sechstklässler wiesen ein bikonditionales Verständnis auf, das die Antezedenz als einzigen Grund für die Konsequenz versteht. Bei Neuntklässlern wie auch bei Erwachsenen zeigte sich ein konditionales Verständnis. Insgesamt sind im Bereich des deduktiven Schließens zwar einige frühe Fähigkeiten im Vor- und Grundschulalter festzustellen, es bleiben jedoch Befunde, nach denen auch Erwachsene Fehler wie mangelnde Berücksichtigung von möglichen Widersprüchen, unerlaubte Konversionen oder Überzeugungsfehler begehen und insbesondere abstrakte Inhalte Schwierigkeiten bereiten (zur Übertragung des Paradigmas auf naturwissenschaftliche Kontexte siehe u.a. Robisch, Tröbst & Möller 2014; Tröbst, Hardy & Möller 2011).

Beim analogen Schließen werden auf der Grundlage von Ähnlichkeiten zwischen zwei Gegenständen oder Situationen Rückschlüsse gezogen, welche eine Problemlösung ermöglichen. Ein Transfer erfordert dabei in der Regel die Vernachlässigung von Oberflächenmerkmalen und die Berücksichtigung von strukturellen Merkmalen, welche in der Theorie des analogen Enkodierens zum Ausdruck gebracht wurden (Gentner & Markman 1997). Die Anregung zu Vergleichsprozessen ist eine wichtige instruktionale Strategie, welche es schon jungen Kindern ermöglichen kann, analoge Schlüsse zu ziehen. So konnten Gentner und Namy (1999) zeigen, dass nach einer entsprechenden Anregung bereits Vierjährige definitorische Gemeinsamkeiten zwischen präsentierten Objekten erkennen konnten, also strukturelle Analogien bildeten, die sie zur Klassifikation von Objekten nutzten. Diese und andere Befunde sprechen gegen die Aussagen von Inhelder und Piaget (1958), die eine ausschließliche Orientierung an Oberflächenmerkmalen für diese Altersgruppe postulierten.

Auch in Bezug auf das induktive Schließen lässt sich feststellen, dass die Fähigkeiten junger Kinder lange Zeit unterschätzt wurden. Beim induktiven Schließen werden auf der Grundlage von Einzelbeobachtungen und Fakten Schlussfolgerungen abgeleitet. Es stellt somit eine zentrale Komponente für das Aufstellen von Vorhersagen und die Generalisierung bzw. Spezifizierung von Begriffen in Begriffssystemen dar. Auch hier spielen nach Klauer (1993) Vergleichsprozesse eine zentrale Rolle, da Merkmale und Relationen auf Gleichheit und Verschiedenheit geprüft und auf deren Grundlage Regelhaftigkeiten festgestellt werden. Insgesamt zeigt sich in Studien zum schlussfolgernden Denken, dass entwicklungsbedingte Unterschiede zwischen Altersgruppen zum Teil durch die unterschiedliche Wissensorganisation und den Umfang der Wissensbasis erklärt werden können. Werden Kinder durch Hinweise und instruktionale Hilfen auf bedeutsame Merkmale in komplexen Lernumgebungen hingewiesen, finden sich insbesondere durch analoges und induktives Schließen Fähigkeiten zur Reorganisation von Wissensbeständen und Handlungsmustern.

4 Theorien der Entwicklung begrifflichen Wissens

Auch wenn Studien zeigen, dass Kinder bereits sehr früh Kategorisierungen ihrer Umwelt vornehmen und erste bereichsspezifische Konzepte entwickeln, stimmen diese häufig nicht mit wissenschaftlichen Konzepten überein. Mittlerweile besteht weitgehend Einigkeit darüber, dass Entwicklungen im kindlichen begrifflichen Wissen nicht allein durch Anreicherung vorhandenen oder Erwerb neuen Wissens möglich sind (Treagust & Duit 2008). Vielmehr wird davon ausgegangen, dass es sich um einen langwierigen Prozess der Ausdifferenzierung und Umstrukturierung vorhandenen Wissens handelt. So haben sich fehlerhafte (d.h. wissenschaftlich nicht anschlussfähige) Schülervorstellungen häufig als resistent gegenüber Instruktion erwiesen. Eine Erklärung dafür kann sein, dass kindliche Vorstellungen in (alternative) intuitive Theorien eingebettet sind (für einen Überblick z.B. Mähler 1999). Ähnlich wie wissenschaftliche Theorien bestehen diese aus einem umfassenden begrifflichen System und klar definierten Kategorien, die einen schlüssigen – wenn auch nicht wissenschaftlichen – Erklärungsapparat für Phänomene im Bereich dieser intuitiven Theorie darstellen (Astington & Gopnik 1991). Die Annahme intuitiver Theorien impliziert somit, dass fehlerhafte Vorstellungen keine lückenhaften Versionen der wissenschaftlich angemessenen Vorstellungen darstellen, die durch Anreicherung mit richtigem Faktenwissen korrigiert werden können, sondern dass die Entwicklung begrifflichen Wissens einer Modifikation des Gesamtsystems und somit eines Theoriewandels bedarf. Carey (1985) vergleicht einen solchen Wechsel von intuitiven Theorien zu wissenschaftlichen Theorien mit dem Wandel von Rahmentheorien in der Wissenschaftsgeschichte. Mittlerweile wird in der Entwicklungspsychologie auch die Metapher vom „Kind als Wissenschaftler" genutzt, um eine Analogie zum Erkenntnisprozess in den Wissenschaften zu verdeutlichen (vgl. Sodian 2008). Insgesamt lässt sich durch die Annahme des kindlichen Wissenserwerbs als Prozess des Theorienwandels erklären, warum eine Veränderung fehlerhafter Vorstellungen häufig sehr langwierig ist. Wie genau solche Veränderungsprozesse verlaufen, wird in Theorien des konzeptuellen Wandels bzw. *Conceptual Change* beschrieben. diSessa (2006) zeigt in einem Überblick, dass unter anderem aufgrund der Bedeutung von *Conceptual Change* in verschiedenen Disziplinen eine Vielzahl relevanter Erkenntnisse vorliegt, bislang jedoch keine einheitliche Theorie vorhanden ist. Eine aus kognitionspsychologischer Perspektive bedeutsame Diskussion betrifft die Frage, ob das anfängliche kindliche Wissen als kohärent oder fragmentiert angenommen werden kann und wie darauf aufbauend die konzeptuelle Entwicklung verläuft.

Kohärenzansatz

In Anlehnung an die Vorstellung intuitiver, naiver Theorien nehmen Vertreter des Kohärenzansatzes (Vosniadou & Brewer 1992) an, dass Kinder den Wissenserwerb mit einem kohärent organisierten, theorieähnlichen Erklärungssystem, einer sogenannten Rahmentheorie, beginnen. Diese ist in der Regel nicht nur inhaltlich inkompatibel mit wissenschaftlichen Theorien, sondern hat beispielsweise auch einen geringeren epistemischen Status, weniger fundierte Erklärungsmacht und ist einer metakognitiven Reflexion nicht zugänglich. Dennoch ermöglicht sie Kindern ein subjektiv konsistentes Verständnis ihrer Umwelt. Die Entwicklung wissenschaftlich angemessener Konzepte erfordert aus Sicht des Kohärenzansatzes fundamentale Umstrukturierungen der naiven Theorien. Diese werden als gradueller Prozess beschrieben, welcher ausgehend von einem initialen Modell entweder über synthetische Modelle oder fragmentierte Vorstellungen hin zum wissenschaftlichen Modell erfolgt. Fragmentierte Vorstellungen entstehen dann, wenn Kinder ihre initialen Modelle lediglich um (schulisch vermittelte) wissenschaftliche Informationen anreichern, ohne die interne Konsistenz zu berücksichtigen. Vosniadou (2013) nennt hierfür als Beispiel, dass einige Kinder den Tag-Nacht-Zyklus damit erklären, dass die Sonne nachts hinter dem Berg untergehe; gleichzeitig geben sie auch an, dass sich die Erde dreht (Vosniadou & Brewer 1994). Diese wissenschaftlich korrekte Information steht allerdings unverbunden neben der naiven Vorstellung. Synthetische Modelle beruhen hingegen auf dem Streben nach Kohärenz und entstehen dadurch, dass Kinder wissenschaftliche Informationen aufnehmen, diese uminterpretieren und so an ihre initialen Modelle anpassen, dass wiederum ein subjektiv konsistentes Erklärungssystem entsteht. In diesem Fall spricht Vosniadou (2014) von Misskonzepten. Beispielsweise entwickeln Kinder, die ursprünglich annehmen, dass es Nacht wird, weil die Sonne untergeht, auf Grundlage der wissenschaftlichen (aber kontraintuitiven) Information der Erdrotation die neue Vorstellung, dass sich die Sonne und der Mond um die Erde drehen (Vosniadou & Brewer 1994). Es entsteht somit eine Kombination des initialen Modells (Sonne und Mond bewegen sich, aber nicht die Erde) und des wissenschaftlich akzeptierten Modells (es handelt sich um eine Rotation und nicht um eine Auf- und Abwärtsbewegung). Gemäß dem Kohärenzansatz erfolgt somit durch die graduelle Modifikation initialer Modelle eine zunehmende Annäherung an wissenschaftlich akzeptierte Modelle.

Die Modifikationen und daraus hervorgehenden Vorstellungen können interindividuell durchaus unterschiedlich sein. Zum Beispiel verfügen jüngere Kinder zwar häufig über die initiale Vorstellung, die Erde sei eine flache, unbewegliche Scheibe (Vosniadou & Brewer 1992). Ausgehend von der wissenschaftlichen Information der kugelförmigen Erde lassen sich jedoch verschiedene synthetische Modelle beobachten (ebd.). So wird die Erde beispielsweise als Hohlkugel beschrieben, innerhalb derer die Menschen auf einer flachen Scheibe leben. Ebenso kann die

Vorstellung eines Zwei-Erden-Modells entstehen, nach dem es eine Scheibe gibt, auf der wir leben, und eine weitere kugelförmige Erde im Raum. Beide Modelle ermöglichen es, das Konzept der Erde als Kugel und Scheibe zu integrieren. Gegen Ende der Grundschulzeit scheint eine Mehrheit von Kindern schließlich die Modifikation zu einem Konzept der kugelförmigen Erde als astronomisches Objekt abgeschlossen zu haben.

Fragmentierungsansatz

Vertreter des Fragmentierungsansatzes bezweifeln, dass das anfängliche Wissen von Kindern kohärent strukturiert ist (diSessa 2013). Sie nehmen vielmehr an, dass es sich zunächst um sogenanntes „knowlegde in pieces" handelt, d.h. ein fragmentiertes Wissen, das aus einer Vielzahl von weitgehend isolierten Wissenselementen besteht (diSessa, Gillespie & Esterly 2004). Diese Wissenselemente werden auch als p-prims (*phenomenological primitives*) bezeichnet, da sie einerseits (phänomenologisch) auf generalisierten Beobachtungen der Umwelt beruhen und andererseits (primitiv) sehr einfache, vorkonzeptuelle Elemente darstellen, die weitgehend selbsterklärend sind, bzw. trotz ihrer Oberflächlichkeit von Individuen als hinreichend erklärend angesehen werden (diSessa 2017). Typische Beispiele für p-prims sind „Ohm's p-prim" (mehr Anstrengung führt zu einem größeren Effekt) und „dying away" (Bewegungen werden mit der Zeit langsamer und enden schließlich). Ebenso wie p-prims durch wiederholte Erfahrungen mit alltäglichen Phänomenen entstehen, werden sie auch durch bestimmte, wiedererkannte Kontexte aktiviert. So konnten diSessa, Gillespie und Esterly (2004) beispielsweise in einer Studie mit Kindern im Alter von 5 bis 15 Jahren zeigen, dass sie ihre ursprüngliche Vorstellung, Kraft sei eine immanente Eigenschaft von Objekten, die von deren Größe/Gewicht abhängt, bei bestimmten Aufgaben nicht nutzten. Aufgrund dieser angenommenen Kontextualität des anfänglichen Wissens hinterfragen Vertreter des Fragmentierungsansatzes den theorieähnlichen Charakter naiven Wissens. Während p-prims als eher atomistische Wissenselemente definiert sind, wird mit den Koordinationsklassen (*coordination classes*) noch eine weitere, stärker vernetzte Art mentaler Entitäten unterschieden (diSessa & Sherin 1998). Diese zeichnet sich demnach zum einen durch ein kausales Netz (*causal net*) aus, welches Informationen „koordiniert" und unter anderem auch p-prims enthalten kann. Zum anderen beinhaltet sie Strategien der Informationsaufnahme und -interpretation (*readout strategies*), welche es beispielsweise ermöglichen, die relevanten Aspekte in Beobachtungssituationen zu fokussieren, um daraus wiederum Schlussfolgerungen ziehen zu können. Es wird jedoch davon ausgegangen, dass Individuen mit naiven Vorstellungen zunächst nicht über Koordinationsklassen verfügen.

Konzeptuelle Entwicklung erfordert aus Sicht des Fragmentierungsansatzes vor allem eine zunehmende Integration der ursprünglich unverbundenen Wissenselemente (diSessa 1993). Die Weiterentwicklung wird darüber hinaus auch als Reorganisation z.B. durch Veränderung von Prioritäten in der Aktivierung von p-prims beschrieben. Demnach kann die Priorität mancher p-prims verstärkt bzw. reduziert und Kontexte zur Aktivierung können erweitert bzw. eingeschränkt werden. Auch können sich die Gewichtungen der Verbindungen zwischen p-prims verändern, neue p-prims durch fokussierte Beobachtungen entstehen und p-prims mit formalen Wissensstrukturen verbunden werden (diSessa & Sherin 1998). Als ein Beispiel für die konzeptuelle Entwicklung durch Veränderung der Prioritäten von p-prims nennt diSessa (1993) das Phänomen des „Saugens" von Wasser durch einen Strohhalm. In einer anfänglichen Vorstellung wird der offensichtlich Handelnde – die Person, die am Strohhalm zieht – als direkte Ursache der Bewegung der Flüssigkeit angesehen. In einer Zwischenstufe wird eine elaboriertere Begründungskette genutzt: Durch das Saugen wird die Luft im Strohhalm entfernt und das so entstandene Vakuum zieht die Flüssigkeit nach oben. In dieser Erklärung ist nicht mehr das Saugen die direkte Ursache, sondern die Bewegung der Flüssigkeit wird durch ein Vakuum erklärt. Der p-prim verliert somit an erklärender Priorität. In einer späteren, wissenschaftlich angemessenen bzw. anschlussfähigen Vorstellung wird schließlich der Luftdruck als direkte Ursache identifiziert, der das Wasser im Strohhalm hochdrückt, da ein Druckunterschied zwischen der Luft in- und außerhalb des Halms entstanden ist. Bei dieser Vorstellung wird das Vakuum nicht mehr als „ziehend" beschrieben und das ursprüngliche p-prim hat somit keine Bedeutung mehr. Insgesamt finden Vertreter beider dargestellten Ansätze empirische Belege für ihre Positionen. Mittlerweile deuten erste Studien jedoch darauf hin, dass der Fragmentierungs- und Kohärenzansatz nicht als alternativ zu sehen sind, sondern die Wissensorganisation und -entwicklung bei Kindern mit qualitativ unterschiedlichem Wissen beschreiben (Schneider & Hardy 2013). Um Unterricht auf diese unterschiedlichen Entwicklungsverläufe anpassen zu können, ist somit eine Diagnose der Schülervorstellungen zu unterschiedlichen Zeitpunkten im Lernprozess notwendig (vgl. die Beiträge in diesem Band von Möller, S. 35ff. und Hartinger & Murmann, S. 51ff. in diesem Band).

5 Metabegriffliches Wissen und Wissenschaftsverständnis

Neben Wissen in spezifischen Inhaltsbereichen verfügen Individuen auch über metabegriffliches Wissen. Dieses bezieht sich auf das Verständnis von Personen zum Prozess und der Veränderung ihres (eigenen) Wissens, d.h. dem reflexiven Zugang zur Wissenskonstruktion und -revision. Diese Prozesse werden im Zusammenhang mit dem Begriffswandel in den Naturwissenschaften auch als wissenschaftliches Denken bezeichnet (Sodian, Jonen, Thoermer & Kircher 2006). Nach Kuhn (2002) beinhaltet wissenschaftliches Denken die systematische Suche nach Erkenntnis, die

die Unterscheidung und die Koordination von Theorie und Evidenz voraussetzt. Dabei sind Kompetenzen zur Aufstellung, Prüfung und Revision von Theorien im Rahmen experimenteller Designs und Evidenzevaluation zentrale Bestandteile des Erkenntnisprozesses. Koerber, Mayer, Osterhaus, Schwippert und Sodian (2015) unterscheiden zudem beim metabegrifflichen naturwissenschaftlichen Wissen einerseits das Wissenschaftsverständnis, welches die epistemologischen Überzeugungen über die Natur wissenschaftlichen Wissens beinhaltet, und andererseits das Verständnis naturwissenschaftlicher Methoden bzw. Denk- und Arbeitsweisen wie der Logik des Experimentierens oder des wissenschaftlichen Zyklus. Dabei ist insbesondere die Einsicht in die Rolle von Theorien bei der wissenschaftlichen Erkenntnisgewinnung von Bedeutung. Die Bedeutung dieser Wissenskomponenten für den Lernerfolg im naturwissenschaftlichen Unterricht wurde vielfach postuliert (z.B. Windschitl, Thompson & Braaten 2008). In Studien konnte auch bei jüngeren Kindern schon ein rudimentäres Verständnis von Experimentierstrategien, Hypothesenprüfung und Evidenzevaluation belegt werden (Wilkening & Sodian 2005; Zimmerman 2007). Beispielsweise können sie bestimmen, welche Form der Evidenz für ein aussagekräftiges Experiment nötig ist (Sodian, Zaitchik & Carey 1991). Jedoch findet sich auch die Tendenz, bestätigende Evidenz zu suchen und zu nutzen, Evidenz als irrelevant einzuschätzen und Evidenz zu ignorieren oder umzudeuten (Chinn & Brewer 2001; Zimmermann 2007). Nach dem Modell von Carey, Evans, Honda und Unger (1989) und Sodian et al. (2006) können drei Hauptniveaus des Wissenschaftsverständnisses unterschieden werden. Im Grundschul- und Sekundarstufenalter werden Theorien auf einem unteren Niveau noch nicht berücksichtigt; Wissenschaft wird als Aktivität oder als Suche nach korrekten Fakten verstanden. Erst auf dem mittleren Niveau werden Theorien bzw. Hypothesen mit Experimenten und Evidenzinterpretation verbunden. Auf dem höchsten Niveau wird schließlich der zyklische Charakter der Erkenntnisgewinnung berücksichtigt und die Vorläufigkeit und Revision von Annahmen auf der Grundlage von Evidenz erkannt und in Begründungen für wissenschaftliches Vorgehen eingebracht. In mehreren Untersuchungen konnten Koerber et al. (2015) feststellen, dass das Wissenschaftsverständnis als eindimensionales Konstrukt verstanden werden kann. In einem Test mit unterschiedlichen Aufgabenformaten und -inhalten (Ziele der Wissenschaft, Theoriebezug, experimentelle Strategien und Designs, Dateninterpretation) für Kinder in der zweiten, dritten und vierten Klasse wurden in Anlehnung an Carey et al. (1989) drei Verständnisniveaus unterschieden: naives Verständnis, Zwischenvorstellungen, wissenschaftliches Verständnis. Es zeigte sich erwartungskonform unter Kontrolle von Lesekompetenz, kognitiver Grundfähigkeit und sozio-ökonomischem Status von der zweiten zur vierten Klasse eine Zunahme von wissenschaftlichen Vorstellungen und eine Abnahme von naiven Vorstellungen, während die Zwischenvorstellungen gleich häufig in den drei Altersgruppen auftraten. Auch Effekte von Instruktion auf das Wissenschaftsverständnis von Kindern und älteren Schülerinnen und Schülern sind bekannt. So fanden beispielsweise Sodian et al. (2006) und Quigley, Pongsanon und Akerson (2010) Auswirkungen eines an naturwissenschaftlichem Denken orientierten Curriculums auf das Wissenschaftsverständnis von Grundschulkindern. Effekte im Grundschul- und Sekundarstufenbereich deuten insgesamt darauf hin, dass die unterrichtliche Gestaltung eine nachhaltige Auswirkung auf das Verständnis von Wissenschaft und wissenschaftlichen Methoden der Schülerinnen und Schüler hat, auch ohne dass Methodenkompetenz explizit trainiert wird.

6 Fazit

Ältere entwicklungspsychologische Theorien nahmen an, dass sich die Struktur kindlicher Vorstellungen grundlegend vom Begriffssystem Erwachsener unterscheidet und sich zudem bereichsübergreifend entwickelt. Neuere Forschung zeigt jedoch, dass sich bereits sehr früh domänenspezifische Systeme begrifflichen Wissens entwickeln, die strukturelle Ähnlichkeiten zu denen Erwachsener aufweisen. Darüber hinaus können im Rahmen der *Conceptual Change*-Forschung zunehmend auch innerhalb von Domänen inhaltsspezifische Entwicklungsverläufe im begrifflichen Wissen beschrieben werden. Neben bereichsspezifischen Entwicklungen verweisen theoretische Annahmen und Modelle auf die Bedeutung bereichsübergreifender Aspekte wie dem schlussfolgernden Denken oder dem Wissenschaftsverständnis. So wird beispielsweise davon ausgegangen, dass ein unzureichendes metabegriffliches Wissen ein Hindernis für den Erwerb bereichsspezifischen Wissens darstellen kann (vgl. Sodian 1998 und 2008). Fehlendes Wissen über den Theorie-Evidenz-Bezug kann demnach zum Beispiel zu Schwierigkeiten führen, die Korrektheit von Aussagen zu hinterfragen und wissenschaftlich angemessene Vorstellungen aufzubauen. In einer aktuellen Studie konnten Vosniadou und Kollegen (2015) zudem einen Zusammenhang zwischen konzeptuellen Veränderungen und exekutiven Funktionen bei Kindern der vierten bis sechsten Jahrgangsstufe zeigen. Unter exekutiven Funktionen wurde hier beispielsweise die Inhibition gefasst, d.h. die kontrollierte Verhaltenshemmung, welche es ermöglicht, die im Rahmen konzeptueller Entwicklung häufig noch parallel existierenden naiven Vorstellungen zu unterdrücken und zunehmend wissenschaftlich anschlussfähige Vorstellungen zu aktivieren. Kinder mit höheren exekutiven Funktionen zeigten in der Studie häufiger wissenschaftlich angemessene konzeptuelle Entwicklungen. Insgesamt ist der Zusammenhang zwischen bereichsübergreifenden und bereichsspezifischen Aspekten kognitiver Entwicklung insbesondere bei elaborierten Vorstellungen bislang kaum untersucht. Weitere Studien zum Zusammenwirken im Entwicklungsverlauf könnten neben empirischer Evidenz für die Tragfähigkeit theoretischer Annahmen auch Hinweise auf Ansätze zur Förderung geben.

Literatur

Astington, J.W. & Gopnik, A. (1991): Theoretical explanations of children's understanding of the mind. In: British Journal of Developmental Psychology, 9, 7-31.

Barrouillet, P., Gauffroy, C. & Lecas, J. (2008): Mental models and the suppositional account of conditionals. In: Psychological Review, 115 (3), 760-771.

Brown, N., Nagashima, S. , Fu, A., Timms, M. & Wilson, M. (2010): A Framework for Analyzing Scientific Reasoning in Assessments. In: Educational Assessment, 15, 142-174.

Carey, S. (1985): Conceptual change in childhood. Cambridge, MA: Bradford Books, MIT Press.

Carey, S. , Evans, R., Honda M. & Unger J.E. (1989): An experiment is when you try it and see if it works. A study junior high school students understanding of the construction of scientific knowledge. In: International Journal of Science Education, 11, 514-529.

Chinn, C. & Brewer, W. (2001): Models of Data: A theory of How People Evaluate Data. In: Cognition and Instruction, 19(3), 323-393.

diSessa, A.A. (1993): Toward an epistemology of physics. In: Cognition and Instruction, 10, 105-225.

diSessa, A.A. (2006): A history of conceptual change research: Threads and fault lines. In: K. Sawyer (Eds.), Cambridge handbook of the learning sciences, Cambridge, UK, Cambridge University Press, 265-281.

diSessa, A.A. (2013): A bird's-eye view of the „pieces" vs. „coherence" controversy (from the „pieces" side of the fence). In: S. Vosniadou (Eds.): International handbook of research on conceptual change, 2nd ed., New York, Routledge, 31-48.

diSessa, A.A. (2017): Conceptual Change in a Microcosm: Comparative Learning Analysis of a Learning Event. In: Human Development, 60, 1-37.

diSessa, A.A., Gillespie, N.M. & Esterly, J.B. (2004): Coherence versus fragmentation in the development of the concept of force. In: Cognitive Science, 28, 843-900.

diSessa, A.A. & Sherin, B. (1998): What changes in conceptual change? In: International Journal of Science Education, 20, 1155-1191.

Gelman, S. A. (2003): The essential child: Origins of essentialism in everyday thought. Oxford Series in Cognitive Development.

Gentner, D. & Markman, A.B. (1997): Structure mapping in analogy and similarity. In: American Psychologist, 52(1), 45-56.

Gentner, D. & Namy, L.L. (1999): Comparison in the development of categories. In: Cognitive Development, 14(4), 487-513.

Goswami, U. (2001): So denken Kinder. Bern: Huber.

Inhelder, B. & Piaget, J. (1958): The growth of logical thinking from childhood to adolescence. New York: Basic.

Johnson-Laird, P.N. & Byrne, R. (2002): Conditionals: A theory of meaning, pragmatics, and inference. In: Psychological Review, 109, 646-678.

Klauer, K.J. (1993): Training des induktiven Denkens. In K.J. Klauer (Hrsg.): Kognitives Training. Göttingen: Hogrefe, 141-163.

Koerber, S. , Mayer, D., Osterhaus, C., Schwippert, K. & Sodian, B. (2015): The Development of Scientific Thinking in Elementary School: A Comprehensive Inventory. In: Child Development, 86 (1), 327-336.

Kuhn, D. (2002): What is scientific thinking and how does it develop? In U. Goswami (Ed.): Handbook of Childhood Cognitive Development. Oxford: Blackwall, 371-393.

Lawson, A.E. (2009): Basic Inferences of Scientific Reasoning, Argumentation, and Discovery. In: Science Education, 94, 336-364.

Leuchter, M., Saalbach, H. & Hardy, I. (2010): Die Gestaltung von Aufgaben in der Eingangsstufe. In: M. Leuchter (Hrsg.): Unterricht in der Schuleingangsstufe: Bildungsziele, didaktische Grundlagen und Umsetzungen. Zug: Klett und Balmer Verlag, 98-111.

Mähler, C. (1999): Naive Theorien im kindlichen Denken. In: Zeitschrift für Entwicklungspsychologie und Pädagogische Psychologie, 31, 53-66.

Markovits, H. (2006): Making conditional inferences: The interplay between knowledge and logic. In: L. Smith & J. Voneche (Eds.): Norms in Human Development, Cambridge: Cambridge University Press.

Miller, K.F., Smith, C.M., Zhu, J. & Zhang, H. (1995): Preschool origins of cross-national differences in mathematical competence: The role of number-naming systems. In: Psychological Science, 6(1), 56-60.

Oerter, R. & Dreher, M. (2002): Entwicklung des Problemlösens. In: R. Oerter & L. Montada (Hrsg.). Entwicklungspsychologie, Weinheim: Beltz, 469-494.

Quigley, C., Pongsanon, K. & Akerson, V.L. (2011): If we teach them, they can learn: Young students' views of nature of science during an informal science education program. In: Journal of Science Teacher Education, 22(2), 129-149.

Quinn, P.C. & Eimas, P.D. (1996): Perceptual cues that permit categorical differentiation of animal species by infants. In: Journal of Experimental Child Psychology, 63(1), 189-211.

Robisch, C. (2015): Förderung hypothesenbezogener Schlussfolgerungen bei Grundschulkindern im naturwissenschaftlichen Kontext. Dissertationsschrift, Westfälische Wilhelms-Universität Münster.

Robisch, C., Tröbst, S. & Möller, K. (2014): Hypothesenbezogene Schlussfolgerungen im Grundschulalter fördern. In: Zeitschrift für Grundschulforschung, 7, 88-101.

Saalbach, H., Leuchter, M. & Stern, E. (2010): Entwicklungspsychologische Perspektive auf den Unterricht der Schuleingangsstufe. In: M. Leuchter (Hrsg.): Unterricht in der Schuleingangsstufe: Bildungsziele, didaktische Grundlagen und Umsetzungen. Zug: Klett und Balmer Verlag

Schneider, M. & Hardy, I. (2013): Profiles of inconsistent knowledge in children's pathways of conceptual change. In: Developmental Psychology, 49(9), 1639-1649.

Schneider, W., Gruber, H., Gold, A. & Opwis, K. (1993): Chess expertise and memory for chess positions in children and adults. In: Journal of Experimental Child Psychology, 56, 328-349.

Siegler, R., DeLoache, J. & Eisenberg, N. (2011): Entwicklungspsychologie im Kindes-und Jugendalter. Heidelberg: Springer.

Spelke, E.S. , Katz, G., Purcell, S. E., Ehrlich, S. M. & Breinlinger, K. (1994): Early knowledge of object motion: Continuity and inertia. In: Cognition, 51(2), 131-176.

Sodian, B. (1998): Entwicklung bereichsspezifischen Wissens. In: R. Oerter & L. Montada (Hrsg.): Entwicklungspsychologie. Weinheim: Beltz, 622-650.

Sodian B. (2008). Entwicklung des Denkens. In: Oerter, R., Montada, L. (Hrsg.). Entwicklungspsychologie. 6. vollst. überarbeitete Auflage. Weinheim: Beltz, 436-479.

Sodian, B. (2002): Entwicklung des Denkens. In: R. Oerter & L. Montada (Hrsg.). Entwicklungspsychologie, Weinheim: Beltz, 436-488.

Sodian, B., Zaitchik, D. & Carey, S. (1991): Young Children's Differentiation of Hypothetical Beliefs from Evidence. In: Child Development, 62, 753-762.

Sodian, B., Jonen, A, Thoermer, C. & Kircher, E. (2006): Die Natur der Naturwissenschaften verstehen. Implementierung wissenschaftstheoretischen Unterrichts in der Grundschule. In: M. Prenzel & L.A. Allolio-Näcke (Hrsg.): Untersuchungen zur Bildungsqualität von Schule, Münster: Waxmann, 147-193.

Treagust, D.F. & Duit, R. (2008): Conceptual change: a discussion of theoretical, methodological and practical challenges for science education. In: Cultural Studies in Science Education, 3, 297-328.

Tröbst, S. , Hardy, I. & Möller, K. (2011): Die Förderung deduktiver Schlussfolgerungen bei Grundschulkindern in naturwissenschaftlichen Kontexten. In: Unterrichtswissenschaft, 39 (1), 7-20.

Vosniadou, S. (2013): Conceptual change in learning and instruction: The framework theory approach. In: S. Vosniadou (Ed.): International handbook of research on conceptual change, 2nd ed., New York, Routledge, 11-30.

Vosniadou, S. (2014): Examining cognitive development from a conceptual change point of view: The framework theory approach. In: European Journal of Developmental Psychology, 11(6), 645-661.

Vosniadou, S. & Brewer, W.F. (1992): Mental models of the earth: A study of conceptual change in childhood. In: Cognitive Psychology, 24, 35-585.

Vosniadou, S. & Brewer, W.F. (1994): Mental models of the day/night cycle. In: Cognitive Science, 18, 123-183.

Vosniadou, S. , Pnevmantikos, D., Makris, N., Ikospentaki, K., Lepenioti, D., Chountala, A. & Kyrianakis, G. (2015): Executive functions and conceptual change in science and mathematics. In: D.C. Noele, R. Dale, A.S. Warlaumont, J. Yoshimi, T. Mattlock, D.C. Jennings, & P.P. Maglio (Eds.): Proceedings of the 37th Annual Conference of the Cognitive Science Society, Austin, TX, Cognitive Science Society, 2529-2534.

Wilkening, F. & Sodian, B. (2005): Special Issue on Scientific Reasoning in Young Children. In: Swiss Journal Psychology, 64 (3), 137-139.

Windschitl, M., Thompson, J. & Braaten, M. (2008): Beyond the scientific method: Model-based inquiry as a new paradigm of preference for school science investigations. In: Science Education, 92(5), 941-967.

Wynn, K. (1992): Addition and subtraction by human infants. In: Nature, 358(6389), 749-750.

Zimmermann C. (2007): The development of scientific thinking skills in elementary and middle school. In: Developmental Review, 27(2), 172-223.

Kornelia Möller

Die Bedeutung von Schülervorstellungen für das Lernen im Sachunterricht

Eine Situation:
Die letzte, achte Unterrichtsstunde zum Thema Schwimmen und Sinken läuft. Wir sprechen über die Einsichten, die die Schülerinnen und Schüler über das Schwimmen von schweren Schiffen aus Stahl gewonnen haben. Verschiedene Begründungen werden von den Schülerinnen und Schülern als Ergebnis noch einmal zusammengetragen: Da meldet sich Josef, ein Schüler der sich in den bisherigen Stunden auffällig wenig an den Gesprächen beteiligt hat, ziemlich aufgeregt: „Jetzt weiß ich, jetzt weiß ich, das ist gar nicht der Lack, der das macht, das ist das Wasser, das Wasser drückt das hoch!“ Ich werde stutzig und frage nach, was er mit dem Lack meine. Er erzählt, dass er die ganze Zeit (über acht Unterrichtsstunden!) gedacht habe, das Schiff schwimmt, weil es lackiert ist, und jetzt habe er verstanden, dass es nicht am Lack, sondern am Wasser liegt. Ich frage nach, wieso er gedacht habe, es liege am Lack. Seine Antwort: Weil er im Kindergarten einmal Papierschiffe gefaltet habe. Und diese wurden dann außen mit Wachstiften bemalt, ganz dick, damit das Schiffchen nicht untergeht. Und es sei auch nicht untergegangen. Und die Wachsfarbe sei doch genauso wie der Lack beim Schiff. Und deshalb habe er das die ganze Zeit gedacht. Aber jetzt wisse er, beim Schiff liege das nicht am Lack, sondern am Wasser, weil das Wasser das Schiff nach oben drückt.

1 Begriff und historischer Kontext

Eine klare Definition des Terminus *Schülervorstellungen* ist kaum möglich, da der Begriff in didaktischen und lerntheoretischen Ansätzen in unterschiedlichen Begriffsnuancen genutzt wird. Ganz allgemein können unter *Schülervorstellungen* Vorstellungen verstanden werden, die von Schülerinnen und Schülern vor bzw. neben dem Unterricht, im Unterricht und auch nach dem Unterricht gebildet werden. Der Teilbegriff *Vorstellungen* bezieht sich dabei auf unterschiedlich ausgeprägte Bewusstseinsinhalte: So können wir sowohl Vorstellungen von Vergangenem als auch Vorstellungen über Zukünftiges ausbilden und uns sowohl Wahrgenommenes als auch abstrakte Begriffe und Ideen vorstellen. Vorstellungen können zudem enaktiv, ikonisch oder symbolisch repräsentiert sein: als raum-zeitliche Abläufe, als bildhafte Darstellungen oder als sprachlich oder anderweitig symbolisch Repräsentiertes. Repräsentiert werden sowohl Wissensbestandteile, Erfahrungen und Erlebnisse als auch geistige Entwürfe. Nach ihrem Verallgemeinerungsgrad lassen sich Vorstellungen unterscheiden, die sich auf spezifische Inhalte beziehen, wie z.B. die Vorstellung vom Getriebe des Fahrrads und solche, die übergreifend sind, wie z.B. die Vorstellung, dass Energie verbraucht wird. Schließlich lassen sich Vorstellungen nach dem Grad ihrer Verankerung unterscheiden: Wir können von Vorstellungen überzeugt sein, so dass sie unser Denken und Handeln bestimmen, Vorstellungen nur in bestimmten Situationen ausbilden oder auch ad hoc flüchtige Vorstellungen entwickeln, die leicht veränderbar und situationsabhängig sind.

Der Begriff *Schüler*vorstellungen erhielt große Aufmerksamkeit durch die Erforschung von Vorstellungen, mit denen Schülerinnen und Schüler in den naturwissenschaftlichen Unterricht eintreten. So entdeckte man in der Naturwissenschaftsdidaktik seit den 70er Jahren, dass bestimmte Schwierigkeiten beim Erlernen naturwissenschaftlicher Konzepte durch Vorstellungen bedingt sind, welche die Schülerinnen und Schüler im Alltag aufgebaut haben und in den Unterricht hineinbringen (Driver, Guesne & Tiberghien 1985; Driver, Squires, Rushworth & Wood-Robinson 1994; Häußler, Bünder, Duit, Gräber & Mayer 1998; Duit 2009). Ein Beispiel hierfür ist die Vorstellung, dass Strom verbraucht wird – diese entsteht z.B. durch im Alltag übliche Redewendungen wie „der Stromverbrauch ist hoch". Das Erlernen eines wissenschaftlich angemessenen Konzeptes wird durch eine solche Vorstellung erschwert.

Die Bedeutung der Schülervorstellungen für das schulische Lernen wurde in der Didaktik des Sachunterrichts bereits in den 70er Jahren betont, wie z.B. im genetisch- und problemorientierten (Sach-)Unterricht nach Wagenschein (1968), Soostmeyer (1978) und Köhnlein (2012). Das Anknüpfen an den Vorstellungen der Lernenden und das Berücksichtigen ihrer Denkweisen sind in diesen Ansätzen essentiell (Möller 2015).

Eine Intensivierung erfuhren die Erforschung von Schülervorstellungen und der Umgang mit ihnen Mitte der 90er Jahre im Kontext konstruktivistisch orientierter Sichtweisen zum Lernen. Zunächst lag der Schwerpunkt auch hier auf der Erforschung naturwissenschaftlicher Schülervorstellungen (Duit 1995; Möller 1999); schon bald aber wurde diese Forschungsrichtung auf andere Perspektivbereiche des Sachunterrichts übertragen, wie z.B. auf Geschichte und Geographie (vgl. dazu die Beiträge in diesem Band).

Im Laufe der Entwicklung der Schülervorstellungsforschung, die sowohl im deutschen als auch im englischen Sprachraum stattfand, wurde eine Reihe miteinander verwandter Begriffe geprägt: So wird mit den Begriffen *Alltagsvorstellungen* und *Alltagstheorien* ausgedrückt, dass es viele Vorstellungen gibt, die durch Erfahrungen in

der Alltagswelt entstehen und sich dort in vielen Bereichen auch bewähren. Beispielsweise wird die Vorstellung, dass die Luft beim Schwimmen von Gegenständen wichtig ist, durch Erfahrungen mit aufblasbaren Schwimmhilfen gefördert. Begriffe wie *Vorerfahrungen, Vorwissen, Vorverständnis* und *Präkonzepte* betonen Vorstellungen, die bei den Schülerinnen und Schülern vor einem unterrichtlichen Lernprozess vorhanden sind. Die Begriffe *Fehlkonzepte* bzw. *misconceptions* heben die Inkompatibilität von Schülervorstellungen mit wissenschaftlichen Vorstellungen hervor; weniger wertende, ebenfalls die Inkompatibilität bezeichnende Begriffe sind z.B. alternative Vorstellungen und children's science. Ob Vorstellungen als übergreifende Theorien oder Konzepte bzw. als Einzelwissen oder sinnliche Erfahrung repräsentiert sind, spiegelt sich z.B. in Begriffen wie *Alltagstheorien* und *alternative frameworks* bzw. *Vorwissen* und *Vorerfahrungen* wider (Wodzinski 2004, 2006; Heran-Dörr 2011; Wiesner, Schecker & Hopf 2011).
Während zu Beginn der Erforschung der Schülervorstellungen das Ziel vor allem die Identifizierung von Alltagsvorstellungen bzw. Präkonzepten war, die das Lernen erschweren, weitete sich der Forschungsbereich im Zuge konstruktivistisch orientierter Ansätze zum Lernen schon bald auf den Lernprozess und die erzielten Outcomes aus: Nun ging es nicht nur um die Erforschung von Vorstellungen, die Schülerinnen und Schüler mit in den Unterricht hineinbrachten, sondern auch um die Vorstellungen, die sie während des Unterrichts konstruierten und die sie am Ende des Unterrichts als Postkonzepte aufgebaut hatten (Möller 1999).
Der in diesem Band gewählte Begriff *Schülervorstellungen* kann als Oberbegriff für die Subsumierung unterschiedlicher Ansätze und Bezeichnungen betrachtet werden. Folgt man den hier dargestellten Erläuterungen (vgl. auch die Ausführungen in der Einführung S. 7ff.), so lassen sich Schülervorstellungen als enaktiv, ikonisch oder symbolisch repräsentierte Bewusstseinsinhalte verstehen, die Schülerinnen und Schüler vor, im und nach dem Unterricht innehaben.

2 Theoretische Kontexte zur Bedeutung von Schülervorstellungen

Die Erfassung und Berücksichtigung von Schülervorstellungen wird in verschiedenen didaktischen Kontexten gefordert. Bereits beim Reformpädagogen Dewey (1986) spielt die Berücksichtigung der Interessen und Erfahrungen der Schülerinnen und Schüler beim Lernen eine wichtige Rolle. Auch das forschend-entdeckende Lernen nach Bruner (1973), der genetische Unterricht nach Wagenschein (1968), Soostmeyer (2002) und Köhnlein (2012) sowie der sog. offene bzw. schülerorientierte Unterricht (Martschinke & Hartinger 2015) betonen die Bedeutung der Schülervorstellungen für den Lernprozess. In allen diesen Ansätzen geht es darum, die Perspektive der Lernenden und damit ihr Vorwissen, ihre Alltagsvorstellungen, Erfahrungen, Interessen, Denkweisen, Lernprozesse und Lernschwierigkeiten bei der Gestaltung von Lerngelegenheiten zu berücksichtigen.

Auch aus lern- und instruktionspsychologischer Sicht wird der Berücksichtigung von Schülervorstellungen große Bedeutung zugemessen. *Conceptual Change-Theorien* und *konstruktivistische Ansätze* heben die Notwendigkeit der Berücksichtigung bereits vorhandener Schülervorstellungen beim Aufbau neuer Vorstellungen hervor; theoretische Ansätze zum *Scaffolding* und zur *Zone der nächsten Entwicklung* betonen die Bedeutung der Berücksichtigung von Schülervorstellungen bei der Unterstützung der Lernenden durch die Lehrperson. In den folgenden beiden Teilkapiteln werden diese Konzepte zunächst kurz vorgestellt, um im Kapitel 3 auf der so gewonnenen theoretischen Grundlage Folgerungen für den Sachunterricht ableiten zu können.

2.1 Der Blick auf das Lernen: Conceptual Change und konstruktivistische Sichtweisen

Basierend auf der Äquilibrationstheorie von Piaget (1976) kann Lernen als Aufbau bzw. Veränderung von Vorstellungen betrachtet werden. Sowohl im Assimilations- als auch im Akkommodationsprozess versucht der Lernende, bereits vorhandene Vorstellungen – die als Begriffe, Wissen und/oder Schemata abgespeichert sein können – einzusetzen, um Unbekanntes zu erfassen. Bei der Assimilation werden vorhandene Vorstellungen lediglich geringfügig angepasst, differenziert, erweitert oder eingeschränkt; bei der Akkommodation ist eine Umstrukturierung, also eine Veränderung oder ein Neuaufbau von Vorstellungen, erforderlich. Die geistige Aktivität des Lernenden ist bei beiden Prozessen essentiell; der Lernende konstruiert aktiv neue oder veränderte Vorstellungen auf der Basis seiner vorhandenen. Insbesondere Umstrukturierungen im Sinne der Akkommodation, also Veränderungen von Vorstellungen, sind kein einfacher Prozess. Posner, Strike, Hewson und Gertzog haben bereits 1982 vier Bedingungen für die Begünstigung von Umstrukturierungen beschrieben:

- Dissatisfaction with existing conceptions (Unzufriedenheit)
- Intelligibility of a new conception (logisch)
- Initial plausibility of a new conception (plausibel)
- Fruitfulness of a new conception (fruchtbar)

Auch wenn dieser ursprüngliche *Conceptual-Change-Ansatz* inzwischen wesentlich erweitert wurde, indem motivationale, situationsbezogene und soziale Bedingungen für die Veränderung von Vorstellungen berücksichtigt wurden (Möller 2010), ist der Grundgedanke unumstritten: Lernprozesse erfordern – auf der Basis bereits vorhandener Vorstellungen – das aktive (Um-)Konstruieren von Vorstellungen durch die Lernenden, wobei es sich um eine Differenzierung, Erweiterung oder um einen Neuaufbau bzw. eine Umstrukturierung von Vorstellungen handeln kann.
Dieser Grundgedanke liegt auch sog. *konstruktivistisch orientierten Lerntheorien* zugrunde, die seit den 90er Jahren Verbreitung gefunden haben (Möller 2001,

2010). Die Kernidee konstruktivistischer Theorien zum Lernen besagt, dass Wissen nicht einfach vermittelt werden kann, sondern von den Lernenden mit Bezug zu ihrem bisherigen Wissen und Verständnis selbst aufgebaut, also aktiv konstruiert bzw. rekonstruiert, werden muss. Eine bloße Vermittlung führt dagegen häufig zu trägem, nicht verstandenem und nicht anwendungsfähigem Wissen. Sog. *sozial-konstruktivistische* Ansätze zum Lernen heben darüber hinaus hervor, dass die Konstruktion von Wissen in der Auseinandersetzung mit der sozialen Umwelt geschieht, dass also Kooperation und Kommunikation eine wichtige Rolle bei der Wissenskonstruktion spielen (Duit & Treagust 1998). In empirischen Untersuchungen konnte, z.B. für den Mathematik- und Sachunterricht, nachgewiesen werden, dass ein an konstruktivistischen Sichtweisen orientierter Unterricht, der die Vorstellungen und Vorerfahrungen der Lernenden berücksichtigt und zur aktiven (Um-)Konstruktion von Vorstellungen anregt, sich positiv auf Lernfortschritte auswirkt (Ewerhardy, Kleickmann & Möller 2012; Kunter & Ewald 2016). In der BIQUA-Untersuchung zum Schwimmen und Sinken zeigte sich insbesondere, dass ein solcher Unterricht langfristige Conceptual Change-Prozesse auslösen kann (Hardy, Jonen, Möller & Stern 2006).

2.2 Der Blick auf das Lehren – Theorieansätze zur Zone der nächsten Entwicklung und zum Scaffolding

Unterricht, der auf eine aktive (Um-)Konstruktion von Vorstellungen durch die Lernenden abzielt, berücksichtigt Schülervorstellungen und fördert deren Weiterentwicklung, indem er

- Vorerfahrungen und Vorstellungen, die von den Lernenden in den Lernprozess eingebracht werden, ermittelt,
- selbstständiges und kokonstruktives Denken, Erkunden, Explorieren, Lösen von Problemen und Entdecken von Zusammenhängen anregt,
- das Entwickeln und Überprüfen eigener Ideen, Vermutungen und Lösungen fordert,
- in der Gruppe und im Klassengespräch gemeinsam über Fragen, Problemlösungen, Ergebnisse und Schlussfolgerungen nachdenken lässt,
- Freiräume einplant, damit die Lernenden eigene Lernwege einschlagen können, und
- metakognitive Reflexionen, wie z.B. das Nachdenken über den eigenen Lernweg, ermöglicht.

An die Lehrperson stellt ein solcher Unterricht besondere Anforderungen. Ihre Aufgabe ist es, die Lernenden bei der (Um-)Konstruktion angemessener Vorstellungen zu unterstützen, ohne ihnen dabei ihre kognitive Aktivität „abzunehmen" (Möller 2012). Sowohl Vygotskis Theorie der *Zone der nächsten Entwicklung* als auch Theorien zum *Scaffolding* beschreiben diese unterstützende Rolle der Lehrperson, die sich von einer direkten, transmissiven Instruktion deutlich unterscheidet. In beiden Ansätzen spielt die Berücksichtigung der Schülervorstellungen eine entscheidende Rolle. Im Folgenden werden beide Ansätze in ihren Grundzügen zunächst kurz dargestellt, um anschließend aus der Perspektive der Instruktionspsychologie die Notwendigkeit einer Berücksichtigung von Schülervorstellungen begründen zu können.

Die Bedeutung von Schülervorstellungen im Kontext der Theorie Vygotskys

Vygotskys Theorie der *Zone der nächsten Entwicklung* (1978) betont, wie wichtig die Unterstützung von Lernprozessen durch Erwachsene oder auch Gleichaltrige ist. Lernende können in der Zone der nächsten Entwicklung mit Unterstützung durch erfahrenere Personen Aufgaben bewältigen, die sie auf dem *Level der aktuellen Entwicklung* – auf dem sie sich ohne Unterstützung durch einen erfahreneren Begleiter befinden – nicht lösen können. Mit Unterstützung durch Erfahrenere können sie den *Level der potentiellen Entwicklung* erreichen (vgl. Abb. 1).[1] Für den Unterricht ist es deshalb wichtig zu ermitteln, mit welchen Vorstellungen die Lernenden in den Lernprozess eintreten, welche Unterstützung in der „Zone der nächstmöglichen Entwicklung" nötig ist und welche „potentielle Entwicklung" mit entsprechender Unterstützung erreichbar ist. Mit anderen Worten: Die Lehrperson muss herausfinden, welche Vorstellungen Lernende – ausgehend von ihren vorunterrichtlichen Vorstellungen – mit geeigneter Unterstützung aufbauen können. In der Literatur spricht man häufig von *sozialer Ko-Konstruktion*; damit wird ausgedrückt, dass der Aufbau von Vorstellungen durch die soziale Interaktion mit erfahreneren Personen gefördert wird. Vygotskys Ansatz wird daher ebenfalls zu den konstruktivistischen Sichtweisen gezählt; er wird auch als Ansatz des *sozialen Konstruktivismus* bezeichnet (Gerstenmaier & Mandl 1995).

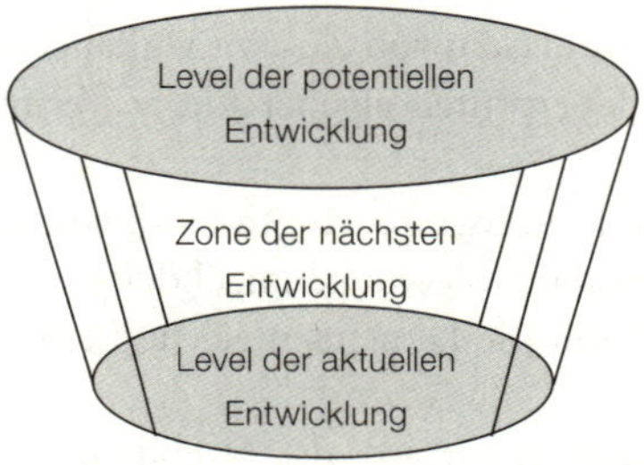

Abb. 1: Vygotskys Theorie der Zone der nächsten Entwicklung (eigene Darstellung)

1 Die Zone der nächsten Entwicklung ist definiert als der Abstand zwischen dem Level, auf dem der Lernende selbständig Aufgaben lösen kann (Level der aktuellen Entwicklung) und dem Level, den der Lernende mit Unterstützung durch erfahrenere Personen erreichen kann. (The zone of proximal development is „the distance between the actual developmental level as determined by independent problem solving and the level of potential development as determined through problem-solving under adult guidance, or in collaboration with more capable peers" (Vygotsky 1978, 86).

So plausibel dieser theoretische Ansatz erscheint, so anspruchsvoll ist seine Umsetzung in der Praxis: Zunächst muss die Lehrperson den Level der aktuellen Entwicklung der Schülerinnen und Schüler ermitteln, wozu auch die Ermittlung des Vorwissens und der Schülervorstellungen gehört. Auf dieser Basis werden sowohl Kompetenzansprüche als auch Unterstützungsbedarfe individuell an die Lernenden angepasst, um die Lernenden zu befähigen, den Level der möglichen Entwicklung zu erreichen.

Die Bedeutung von Schülervorstellungen im Kontext von Theorien zum Scaffolding

Während nach Vygotskys Theorie die Diagnose der vorunterrichtlichen Vorstellungen notwendig ist, um den Level der aktuellen Entwicklung vor Beginn des Lernprozesses zu ermitteln, betont der theoretische Ansatz des *Scaffoldings* die Notwendigkeit einer lernprozessbegleitenden Diagnostik der Schülervorstellungen.

Der Begriff *Scaffolding* wurde von Bruner im Zusammenhang mit dem forschend-entdeckenden Lernen bereits in den 70er Jahren eingeführt (Wood, Bruner & Ross 1976). Scaffolding bedeutet übersetzt „ein Gerüst bereitstellen". Das Gerüst soll Lernende bei der Lösung von Aufgaben und Problemen unterstützen, die sie ohne Hilfe nicht bewältigen können. Mit steigender Kompetenz soll die Unterstützung durch die Lehrperson (das Gerüst) immer weiter abgebaut werden.

Van de Pol, Volman und Beishuizen (2010) konstatieren in einem Review, dass es zwar keine einheitliche Definition für Scaffolding gibt, sich jedoch Kernelemente identifizieren lassen (vgl. Abb. 2): *Contingency* (Anpassung), *Fading* (Zurücknahme) und *Responsibility* (Verantwortung). Mit *Fading* ist die allmähliche Zurücknahme der Unterstützung gemeint – die Unterstützung soll nur in einem Ausmaß erteilt werden, wie es für die Lernenden erforderlich ist. Ziel des Scaffolding-Prozesses ist es, den Lernenden schrittweise mehr Verantwortung übertragen zu können, um sie in immer größer werdendem Ausmaß zu eigenständigem Denken und Lernen zu befähigen. Der Grad der Unterstützung und das Ausmaß des möglichen Fadings im Verlaufe des Lernprozesses hängen von dem jeweiligen Unterstützungsbedarf der Lernenden ab. Die auf den Bedarf zurechtgeschneiderte („taylored") und angepasste („adapted") Unterstützung wird von van de Pol, Volman und Beishuizen (2010) mit dem Begriff *Contingency* beschrieben: „A teacher acts contingently when he/she adapts the support in one way or another to a (group of) student(s)" (ebd., 5).

Um die ständige Anpassung der Unterstützung im Lernprozess zu ermöglichen, werden diagnostische Strategien zur Erfassung der Schülervorstellungen vor und im Lernprozess benötigt. „To provide contingent support, […] one must first determine the student's current level of competence. Only with such knowledge can the support to be provided be adapted to the student's level of learning […]" (ebd., 5).

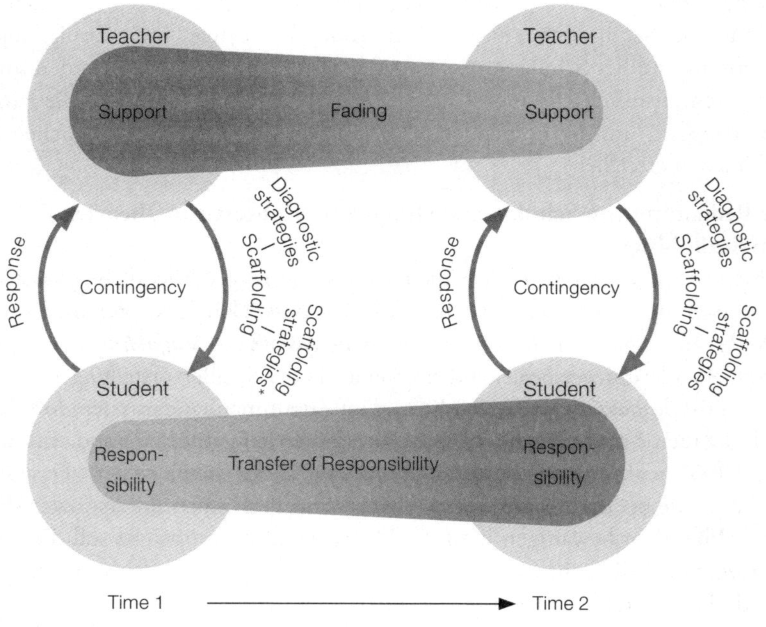

Abb. 2: Merkmale des Scaffolding-Prozesses (Van de Pol et al. 2010, 4)

Im abgebildeten Diagramm (Abb. 2) stellen van de Pol, Volman und Beishuizen (2010) die Beziehung zwischen den drei Kernbegriffen des Scaffoldings dar. Es veranschaulicht, dass die Rücknahme der Unterstützung und die Übertragung von immer mehr Verantwortung für den eigenen Lernprozess eine Entwicklung vollziehen: Während die Unterstützung durch die Lehrperson abnimmt, nimmt die Eigenverantwortung der Lernenden idealerweise während des Lernprozesses zu.

Die Kompetenz der Schülerinnen und Schüler sowie ihre vor dem Unterricht vorhandenen und während des Unterrichts entwickelten Vorstellungen müssen dabei fortlaufend diagnostiziert werden (vgl. Abb. 2). Dabei kann die Lehrperson unterschiedliche diagnostische Strategien anwenden, z.B. Gespräche, Aufgabenbearbeitung oder Interviews. Aufgrund der gegebenen „Antworten" der Schülerinnen und Schüler „konstruiert" die Lehrperson die vorliegenden Schülervorstellungen und -kompetenzen, wobei sie ihre Diagnose ggf. noch einmal überprüft. Auf dieser Basis werden an die Vorstellungen und Fähigkeiten der Lernenden angepasste Lerngelegenheiten entwickelt, deren Wirkung bei den Lernenden wiederum zu diagnostizieren ist (van de Pol 2012). Das Ermitteln

der vorhandenen Schülervorstellungen (-kompetenzen) ist daher sowohl zu Beginn des Unterrichts, fortlaufend im Unterrichtsprozess als auch zum Ende des Unterrichts durchzuführen.
Die Anpassung des Grads der Unterstützung an die diagnostizierten Schülervorstellungen ist eine „delikate" Aufgabe (Reiser 2004), da sowohl zu viel als auch zu wenig Unterstützung den Lernprozess beeinträchtigen kann: Ein zu viel an Unterstützung kann die kognitive Aktivität der Lernenden soweit einschränken, dass die aktive Konstruktion angemessener Vorstellungen erschwert ist. Zudem sind negative Auswirkungen auf Motivation und Selbstwirksamkeit denkbar. Eine zu geringe Unterstützung kann sich dagegen negativ auf das Verstehen auswirken; auch Motivationsverluste sind denkbar.
Von manchen Autoren wird die Diagnose der Schülervorstellungen im Prozess des Lernens auch als *formatives* (Shepard 2005) bzw. *dynamisches Assessment* (Swanson & Lussier 2001; Pea 2004; Lajoie 2005; Macrine & Sabbatino 2008) beschrieben. Das *formative Assessment* verfolgt das Ziel, die Vorstellungen der Schülerinnen und Schüler vor, im und nach einem Lernprozess zu evaluieren, um daraus Hinweise für eine an die Lernenden angepasste Gestaltung von Lerngelegenheiten zu gewinnen. Eine solche Anpassung von Lerngelegenheiten an individuelle Entwicklungsstände der Lernenden wird auch als *adaptives* Unterrichten bezeichnet (Hardy, Hertel, Kunter, Klieme, Warwas, Büttner & Lühken 2011). In all diesen Ansätzen soll eine lernbegleitende Diagnostik der vorhandenen bzw. der im Unterricht entwickelten Schülervorstellungen dazu beitragen, die individuellen Vorstellungen, Lernschwierigkeiten und -besonderheiten der Lernenden bei der Gestaltung von Lerngelegenheiten kontinuierlich zu berücksichtigen.

2.3 Die Bedeutung von Schülervorstellungen – konstruktivistische Ansätze zum Lernen und Lehren als theoretische Basis

Zusammenfassend betonen Conceptual Change- Theorien, Vygotskys Theorie der Zone der nächsten Entwicklung (Vygotsky 1978) und theoretische Ansätze zum Scaffolding die Bedeutung der Berücksichtigung von Schülervorstellungen im Kontext einer konstruktivistisch orientierten Sichtweise zum Lernen und Lehren. Lehrpersonen sollten davon ausgehen, dass die Lernenden häufig (aber nicht immer!) mit bereits vorhandenen Vorstellungen in den Lernprozess eintreten. Nicht selten erschweren diese Vorstellungen den Aufbau angemessener Vorstellungen. Auch individuelle Lernwege werden von solchen Präkonzepten möglicherweise beeinflusst (vgl. das Eingangsbeispiel). Die Veränderung solcher vorhandenen Vorstellungen ist ein anspruchsvoller Prozess, der die Aktivität der Lernenden erfordert: Die (Um-)konstruktion von Vorstellungen muss durch die Lernenden aktiv (mit-)vollzogen werden.

Nach Vygotsky hat die Lehrperson die Aufgabe, die bei den Schülerinnen und Schülern vorhandenen Fähigkeiten und Vorstellungen auf dem Level der aktuellen Entwicklung zu bestimmen, um daraus Hinweise für den Unterstützungsbedarf in der Zone der möglichen Entwicklung und für die Ermittlung des erreichbaren Levels zu gewinnen. Das Konzept des Scaffolding nach van de Pol geht noch darüber hinaus: Eine Diagnostik der Schülervorstellungen wird nicht nur zu Beginn des Lernprozesses, sondern auch in dessen Verlauf gefordert, um Art und Ausmaß der Lernunterstützung an die individuellen Bedarfe der Lernenden anpassen zu können, eine allmähliche Zurücknahme der Unterstützung zu ermöglichen und den Unterricht insgesamt adaptiv gestalten zu können. Eine kontinuierliche Diagnostik der Schülervorstellungen vor, während und nach dem Unterricht ist aus der Sicht der Scaffolding-Ansätze daher eine Voraussetzung für adaptives Unterrichten.
Aus der Perspektive der hier dargestellten Theorieansätze stellt das vorhergehende, den Lernprozess begleitende und den Unterricht abschließende Ermitteln und Berücksichtigen von Schülervorstellungen eine unverzichtbare Bedingung für einen an konstruktivistischen Sichtweisen orientierten Unterricht dar.

3 Zum Umgang mit Schülervorstellungen im Sachunterricht

Aus den dargestellten Theorieansätzen lassen sich Folgerungen für den Umgang mit Schülervorstellungen bei der Planung und Gestaltung von Sachunterricht ableiten:

Erfassung von Schülervorstellungen vor dem Unterricht:
Den Level der aktuellen Entwicklung ermitteln

Vor Beginn des Unterrichts sollte sich die Lehrperson zunächst über verbreitete vorunterrichtliche Vorstellungen zu dem unterrichteten Themengebiet informieren, soweit Literatur vorhanden ist. Die Beiträge in diesem Band liefern hierfür eine gute Basis. Darüber hinaus können mündliche oder schriftliche Befragungen, Zeichnungen, Handlungen sowie Gruppen- und Einzelgesprächen mit den Lernenden Aufschlüsse über deren individuellen Vorstellungen geben. Insbesondere sollte die Aufmerksamkeit auf Vorstellungen gelegt werden, die das Erlernen angemessener Konzepte erschweren können. Dies gilt vor allem für tief verankerte und generalisierte Vorstellungen, während ad hoc konstruierte Vorstellungen – die aus der Situation heraus und vielleicht sogar aus Verlegenheit geäußert wurden – weniger Mühe bei angestrebten Veränderungen machen.
Es geht aber nicht nur um das Ermitteln von Vorstellungen, die möglichweise Lernschwierigkeiten bedingen können. Ebenso gilt es, Vorerfahrungen und Vorwissen zu erkunden, um Anknüpfungspunkte und Lerngegenstände für den

Unterricht identifizieren zu können. So lassen sich der Level der aktuellen Entwicklung der Lernenden und damit die Ausgangsbasis für die Gestaltung von Lerngelegenheiten ermitteln.

Berücksichtigung von Schülervorstellungen bei der Planung von Unterricht: Den Level der nächsten Entwicklung abschätzen

Ermittelte vorunterrichtliche Vorstellungen müssen bereits bei der Planung von Unterricht berücksichtigt werden. Zunächst sollte, ausgehend von den ermittelten Schülervorstellungen, eine Analyse über die angestrebten Lern- und Erkenntnisprozesse im vorliegenden Thema erfolgen. Diese sind mit den ermittelten vorunterrichtlichen Vorstellungen zu vergleichen: Liegen hartnäckige und tief verankerte, das Lernen womöglich behindernde Präkonzepte vor? Welche Umstrukturierungen sind von den Lernenden zu leisten, um zu einem adäquaten Verständnis zu gelangen? Sind die für eine Umstrukturierung erforderlichen Lernschritte von den Lernenden zu leisten oder überschreiten sie den Level der nächsten Entwicklung? Kann auf der Basis der erlangten Einsicht in den aktuellen Level der Entwicklung und in die vorhandenen Präkonzepte die Zone der nächsten Entwicklung abgeschätzt werden? Welche Maßnahmen bzw. Aufgaben haben das Potential, erforderliche Umstrukturierungs- oder Aufbauprozesse in Gang zu setzen, um diesen Level zu erreichen? Welche Unterstützung sollte/muss die Lehrperson in der Zone der nächsten Entwicklung anbieten? Welche Differenzierungen bzgl. anvisierter Kompetenzen und angebotener Lerngelegenheiten scheinen nach den vorliegenden individuellen Voraussetzungen angebracht?

Umgang mit Schülervorstellungen im Unterricht

Häufig wird formuliert, dass Unterricht an den Schülervorstellungen anknüpfen solle. Sinnvoll ist das z.B., wenn die Lernenden schon über Vorerfahrungen verfügen, auf denen der Unterricht aufbauen kann. So lernen Kinder vielfach bereits im Vorschulalter, dass Magnete an bestimmten Gegenständen halten, an anderen nicht. Hiervon ausgehend kann im Grundschulunterricht mit ihnen erarbeitet werden, dass Magnete an Dingen halten, die aus Eisen gemacht sind, dass es also auf das Material ankommt, woraus die Dinge gemacht sind. Diese *Anknüpfungsstrategie* ist aber nur eine Möglichkeit, Schülervorstellungen bei der Planung von Unterricht zu berücksichtigen.

Nach der Conceptual Change-Theorie von Posner et al. (1982) kann es notwendig sein, sehr stabile und naive Vorstellungen bei den Lernenden zunächst einmal zu erschüttern, um Denk- und Lernprozesse in Gang zu setzen. Ein Beispiel hierfür ist die Vorstellung, dass schwere Dinge im Wasser untergehen. Erst wenn die Lernenden mehrfach erlebt haben, dass auch schwere Dinge schwimmen können und ihr Vorverständnis erschüttert ist, kann der Unterricht ein adäquates Ver-

ständnis des Schwimmens und Sinkens von Vollkörpern erarbeiten. Allerdings garantiert das Erzeugen eines solchen kognitiven Konflikts nicht, dass die Lernenden diesen auch erkennen. Die *Konfliktstrategie* ist daher nur geeignet, wenn sich überzeugende Gegenbeispiele finden lassen, die für die Lernenden auch glaubhaft sind. Beim Thema Schwimmen und Sinken eignet sich z.B. eine leichte, sinkende Stecknadel oder die Abbildung eines schweren, schwimmenden Schiffes aus Stahl, um verbreitete Vorstellungen der Lernenden (Leichtes schwimmt und Schweres sinkt) zu erschüttern.
Eine weitere Möglichkeit stellt die Verwendung der *Brückenstrategie* dar. Dabei werden vorhandene, den Aufbau angemessener Vorstellungen u.U. störende Vorstellungen übergangen und es wird im Unterricht direkt mit dem Aufbau angemessener Vorstellungen begonnen. Diese müssen verständlich und überzeugend für die Lernenden sein. Am Ende des Unterrichts kann dann gemeinsam mit den Lernenden darüber reflektiert werden, was sie vor Beginn des Unterrichts gedacht haben und was sich nun in ihrem Verständnis verändert hat. Dieses Vorgehen setzt allerdings ein hohes Maß an Reflexionsfähigkeit voraus, was zuvor erarbeitet sein muss (Möller 2010).

Erfassung von Schülervorstellungen im Unterricht

Folgt man der Annahme, dass Lernende ihr Wissen unter Einfluss vorunterrichtlich erworbener Vorstellungen individuell konstruieren, so ist es wichtig, diese Konstruktionsprozesse im Unterricht zu verfolgen und immer wieder zu diagnostizieren. Welche – durchaus unterschiedlichen – Vorstellungen bauen die Lernenden aufgrund der gegebenen Lerngelegenheiten auf? An welchen Stellen entstehen Probleme im Verstehensprozess? Wo entstehen nicht angemessene Vorstellungen? Eine aufmerksame Diagnostik der Schülervorstellungen während des Unterrichts ist erforderlich, um die individuellen Entwicklungen und Veränderungen von Konzepten sowie Denk-, Arbeits- und Handlungsweisen zu evaluieren und auf Lernschwierigkeiten angemessen reagieren zu können. Hierfür eignen sich z.B. Zwischenerhebungen in Form von schriftlichen Äußerungen, Aufgaben oder Gesprächen (vgl. dazu auch Kap. 2.2). Auch bei der Begleitung von Gruppen-, Partner- und Einzelarbeiten lassen sich Hinweise auf konstruierte Vorstellungen gewinnen. Wichtig ist, dass die Lehrperson an den individuellen Schüleräußerungen interessiert ist, bei Unklarheiten nachfragt oder zum Wiederholen der Gedanken auffordert. Dabei muss den Lernenden Zeit gegeben werden, über ihre Vorstellungen, z.B. ihre Vermutungen, Problemlösevorschläge oder Erklärungen, nachzudenken, bevor sie diese äußern sollen. Phasen, in denen die Lernenden zunächst allein und dann mit einem Partner ihre Vorstellungen entwickeln bzw. sich bewusst machen können, bieten hierfür gute Möglichkeiten. Aber auch nach dem Stellen von Fragen sollte die Lehrperson ausreichend Zeit geben, damit die

Lernenden die Möglichkeit zum Nachdenken über ihre individuellen Vorstellungen haben.
Die im Verlauf des Unterrichts diagnostizierten Schülervorstellungen geben der Lehrperson Anhaltspunkte für eine Adaption der geplanten Lerngelegenheiten. So können z.B. Wiederholungen oder alternative Zugänge geplant werden, wenn einige der Lernenden die zu erarbeitenden Konzepte bzw. Denk-, Arbeits- und Handlungsweisen noch nicht erfasst haben. Auch kann es sich anbieten, im Verlauf des weiteren Unterrichts zu differenzieren, indem bestimmte Inhalte mit einzelnen Lernenden noch einmal ausgiebiger erarbeitet werden und Lernende mit bereits erreichtem Verständnis weiterführende Aufgaben erhalten.

Erfassung von Schülervorstellungen am Ende des Unterrichts
Zum Ende der Unterrichtseinheit sollte der Lernfortschritt, das heißt die Veränderung der vorunterrichtlichen zu nachunterrichtlichen Vorstellungen, ermittelt werden. Aus diesen Vergleichen können individuelle Lernfortschritte ermittelt, beurteilt und ggf. bewertet werden. Auch Aufgaben, die Transferleistungen erfordern, eignen sich zur Erfassung des erreichten Lernstands.
Hält man die vor- und nachunterrichtlichen Vorstellungen der Lernenden fest, so können die Lernenden in die Diagnose von Vorstellungsänderungen einbezogen werden und damit den durchlaufenen Prozess selbst nachvollziehen und beurteilen lernen. So kann das Reflektieren über individuelle Lernwege und Kompetenzentwicklungen mit den Schülerinnen und Schülern eingeübt werden.
Bei der Beurteilung erfolgter Veränderungen in den Vorstellungen zu einem Lerninhalt sollte beachtet werden, dass insbesondere tiefgreifende Veränderungen, die mit dem Verwerfen von bisher plausiblen Alltagsvorstellungen einhergehen, häufig nur in Ansätzen oder in bestimmten Kontexten gelingen. Es ist durchaus möglich, dass Alltagsvorstellungen neben den neuaufgebauten Vorstellungen zumindest in einigen Anwendungsbereichen parallel erhalten bleiben. Auch kommt es häufig vor, dass die angestrebten Vorstellungen nur teilweise aufgebaut werden. Tab. 1 zeigt die in einem Interview ermittelten Vorstellungen vor und nach einem Unterricht zum Thema Schwimmen und Sinken. Wir stellten 9- bis 10-jährigen Kindern vor und nach dem Unterricht dieselbe Frage, wie es kommt, dass ein großes, schweres Schiff nicht untergeht. Das Beispiel zeigt, dass Lernende sehr individuelle und unterschiedlich weite Wege in der Veränderung ihrer Vorstellungen gehen. Teilweise geben sie bestehende Konzepte auf, teilweise kombinieren sie ihre Ausgangsvorstellungen mit neu erworbenen Vorstellungen. Die Antworten zeigen jedoch, dass die Lernenden dem Wasser nach dem Unterricht eine entscheidende Rolle zusprechen, während sie vor dem Unterricht die Form, die Luft im Schiff oder auch die Motoren als ursächliche Faktoren ansprechen (Möller et al. 2006).

Tab. 1: Aussagen der Lernenden vor und nach dem Unterricht (acht Doppelstunden)

PRÄ-Konzepte	POST-Konzepte
Vär leich wegen den Luft.	Das ligt Nicht an der luft das ligt auch Nicht an das glach(Gleich)gewicht, es ligt an den Wasser.
Weil das (Schiff) flach ist und aus Eisen gemacht ist!	Weil es so groß ist, wegen dem Wasser, weil das Wasser schwerer ist als das Schiff.
Weil Störopor in das Schiff gelegt wirt und viel Luft (im Schiff) ist.	Weil das Schiff leichter ist wie das Weckedengte (weggedrängte) Wasser.
So ein Schiff hat einen Motor und der Motor treibt das Schiff.	Das Wasser drückt das Schiff hoch, weil das Schiff leichter als das weggedrängte Wasser ist.
Weil in dem Schiff ganz viel Luft ist, und Luft schwimmt.	Weil das Schiff leichter ist, als genauso viel Wasser. Der Wasserdruck ist wichtig. In dem Schiff ist viel Luft. Weil das Schiff viel Wasser wegdrängt, und das Wasser möchte seinen Platz wiederhaben, und drückt das Schiff nach oben.
Weil vielleicht im Schiff Luft drin ist oder weil es bestimmte Motoren hat.	Das Schiff drängt ja Wasser weg und dieses Wasser trägt das Schiff. Weil das Wasser schwerer und stärker ist, hat es mehr Kraft das Schiff zu tragen. Wenn das Wasser weniger wiegt als das Schiff dann würde das Schiff untergehen.

4 Zusammenfassung

Folgt man konstruktivistischen Sichtweisen des Lernens und Lehrens, wonach Lernende Vorstellungen aktiv (um-)konstruieren müssen und die Lehrperson die Lernenden in diesem Prozess adaptiv unterstützen sollte, so ist die Erfassung der individuellen Schülervorstellungen unerlässlich. Diese darf nicht nur zu Beginn des Unterrichts erfolgen, sondern muss fortlaufend während und am Ende des Unterrichts durchgeführt werden. Nur so kann ein an Vorwissen, Präkonzepten, Vorerfahrungen, Lernschwierigkeiten und Interessen angepasster Unterricht gelingen.
Die Erfassung der Schülervorstellungen ist ein anspruchsvoller Prozess. Häufig haben die Lernenden Schwierigkeiten, ihre Vorstellungen mittels der Sprache zu äußern. Die Lehrperson sollte den Lernenden daher die Möglichkeit geben, neben schriftlichen und mündlichen Sprachäußerungen auch zeichnerische Darstellungen, Handlungen und Gesten zu nutzen, um Vorgestelltes zu äußern. Dabei sollte immer bedacht werden, dass wir uns lediglich ein Bild über die geäußerten Vorstellungen der Lernenden machen können. Daher ist es sinnvoll, diagnostizierte

Vorstellungen durch Rückfragen zu klären und zu evaluieren (vgl. dazu auch die Ausführungen und Hinweise im Beitrag von Hartinger & Murmann in diesem Band, S. 51ff.).

Literatur

Bruner, J.S. (1973): Der Akt der Entdeckung. In: Neber, H. (Hrsg.): Entdeckendes Lernen. Weinheim: Beltz, 15-27.

Dewey, J. (1986): Erziehung durch und für Erfahrung. Stuttgart: Klett-Cotta.

Driver, R.; Guesne, E. & Tiberghien, A. (Hrsg.) (1985): Children's Ideas in Science. Milton Keynes: Open University Press.

Driver, R.; Squires, A.; Rushworth, P. & Wood-Robinson, V. (1994): Making Sense of Secondary Science: Research into Childrens ideas. London, New York: Routledge.

Duit, R. (2009): STCSE: Students' and Teachers' Conceptions and Science Education. Kiel: IPN. Verfügbar unter: http://archiv.ipn.uni-kiel.de/stcse/[15.02.2018].

Duit, R. (1995): Zur Rolle der konstruktivistischen Sichtweise in der naturwissenschaftsdidaktischen Lehr- und Lernforschung. In: Zeitschrift für Pädagogik, 41(6), 905-923.

Duit, R. & Treagust, D.F. (1998): Learning in Science – from Behaviourism towards Social Constructivism and Beyond. In: Fraser, B.J. & Tobin, K.G. (Hrsg.): International Handbook of Science Education. London: Kluwer Academic Publishers, 3-25.

Ewerhardy, A.; Kleickmann, T. & Möller, K. (2012): Fördert ein konstruktivistisch orientierter naturwissenschaftlicher Sachunterricht mit strukturierenden Anteilen das konzeptuelle Verständnis bei den Lernenden? In: Zeitschrift für Grundschulforschung, 5(1), 76-88.

Gerstenmaier, J. & Mandl, H. (1995): Wissenserwerb unter konstruktivistischer Perspektive. In: Zeitschrift für Pädagogik, 41(6), 867-888.

Hardy, I.; Hertel, S. ; Kunter, M.; Klieme, E.; Warwas, J.; Büttner, G. & Lühken, A. (2011): Adaptive Lerngelegenheiten in der Grundschule. Merkmale, methodisch-didaktische Schwerpunktsetzungen und erforderliche Lehrerkompetenzen. In: Zeitschrift für Pädagogik, 57(6), 819-833.

Hardy, I.; Jonen, A.; Möller, K. & Stern, E. (2006): Effects of Instructional Support within Constructivist Learning Environments for Elementary School Students' Understanding of „Floating and Sinking". In: Journal of Educational Psychology, 98(2), 307-326.

Häußler, P.; Bünder, W.; Duit, R.; Gräber, W. & Mayer, J. (1998): Naturwissenschaftliche Forschung: Perspektiven für die Unterrichtspraxis. Kiel: IPN, 169-219.

Heran-Dörr, E. (2011): Von Schülervorstellungen zu anschlussfähigem Wissen im Sachunterricht. Publikation des Programms SINUS an Grundschulen. Verfügbar unter: http://www.sinus-an-grundschulen.de/fileadmin/uploads/Material_aus_SGS/Handreichung_Heran-Doerr.pdf [15.02.2018].

Köhnlein, W. (2012): Sachunterricht und Bildung. Bad Heilbrunn: Klinkhardt.

Kunter, M., & Ewald, S. (2016): Bedingungen und Effekte von Unterricht: Aktuelle Forschungsperspektiven aus der pädagogischen Psychologie. In: McElvany, N.; Bos, W.; Holtappels, H.G.; Gebauer, M.M. & Schwabe, F. (Hrsg.): Bedingungen und Effekte guten Unterrichts. Münster: Waxmann, 9-31.

Lajoie, S. P. (2005): Extending the Scaffolding Metaphor. In: Instructional Science, 33, 541-557.

Macrine, S. L. & Sabbatino, E.D. (2008): Dynamic Assessment and Remediation Approach: Using the DARA Approach to assist Struggling Readers. In: Reading & Writing Quarterly: Overcoming Learning Difficulties, 24, 52-76.

Martschinke, S. & Hartinger, A. (2015): Öffnung des Unterrichts. In: Kahlert, J.; Fölling-Albers, M.; Götz, M.; Hartinger, A.; Miller, S. & Wittkowske S. (Hrsg.): Handbuch Didaktik des Sachunterrichts. 2. Aufl. Bad Heilbrunn: Klinkhardt, 413-418.

Möller, K. (2015): Genetisches Lernen und Conceptual Change. In: Kahlert, J.; Fölling-Albers, M.; Götz, M.; Hartinger, A.; Miller, S. & Wittkowske S. (Hrsg.): Handbuch Didaktik des Sachunterrichts. 2. Aufl. Bad Heilbrunn: Klinkhardt, 243-248.

Möller, K. (2012): Konstruktion vs. Instruktion oder Konstruktion durch Instruktion? Konstruktionsfördernde Unterstützungsmaßnahmen im Sachunterricht. In: Giest, H.; Heran-Dörr, E. & Archie, C. (Hrsg.): Lernen und Lehren im Sachunterricht. Zum Verhältnis von Konstruktion und Instruktion. Bad Heilbrunn: Klinkhardt, 37-50.

Möller, K. (2010): Lernen von Naturwissenschaft heißt: Konzepte verändern. In: Labudde, P. (Hrsg.): Fachdidaktik Naturwissenschaft. 1.-9. Schuljahr. Stuttgart: Haupt Verlag, 57-72.

Möller, K. (2001): Konstruktivistische Sichtweisen für das Lernen in der Grundschule? In: Roßbach, H.-G.; Nölle, K. & Czerwenka, K. (Hrsg.): Forschungen zu Lehr- und Lernkonzepten für die Grundschule. Opladen: Leske + Budrich, 16-31.

Möller, K. (1999): Konstruktivistisch orientierte Lehr-Lernprozessforschung im naturwissenschaftlich-technischen Bereich des Sachunterrichts. In: Köhnlein, W. (Hrsg.): Vielperspektivisches Denken im Sachunterricht. Bad Heilbrunn: Klinkhardt, 125-191.

Möller, K.; Hardy, I.; Jonen, A. & Kleickmann, T. (2006): Naturwissenschaften in der Primarstufe – Zur Förderung konzeptuellen Verständnisses durch Unterricht und zur Wirksamkeit von Lehrerfortbildungen. In: Prenzel, M. & Allolio-Näcke, L. (Hrsg.): Untersuchungen zur Bildungsqualität von Schule. Abschlussbericht des DFG-Schwerpunktprogramms BiQua. Münster: Waxmann, 161-193.

Pea, R.D. (2004): The Social and Technological Dimensions of Scaffolding and related Theoretical Concepts for Learning, Education, and Human Activity. In: Journal of the Learning Sciences, 13, 423-451.

Piaget, J. (1976). Die Äquilibration der kognitiven Strukturen. Stuttgart: Klett-Cotta.

Posner, G.J.; Strike, K.A.; Hewson, P.W. & Gertzog, W.A. (1982): Accommodation of a Scientific Conception: Toward a Theory of Conceptual Change. In: Science Education, 66, 211-227.

Reiser, B.J. (2004): Scaffolding Complex Learning: The Mechanisms of Structuring and Problematizing Student Work. In: Journal of the Learning Sciences, 13(3), 273-304.

Shepard, L.A. (2005): Linking Formative Assessment to Scaffolding. In: Educational Leadership, 63, 66-70.

Soostmeyer, M. (1978): Problemorientiertes Lernen im Sachunterricht: Entdeckendes und forschendes Lernen im naturwissenschaftlich-technischen Sachunterricht. Paderborn, München, Wien, Zürich: Schöningh.

Soostmeyer, M. (2002): Genetischer Sachunterricht. Baltmannsweiler: Schneider Verlag.

Swanson, H.L. & Lussier, C.M. (2001): A Selective Synthesis of the Experimental Literature on Dynamic Assessment. In: Review of Educational Research, 71, 321-363.

Van de Pol, J. (2012): Scaffolding in Teacher-Student Interaction: Exploring, Measuring, Promoting and Evaluating Scaffolding. (Doctoral dissertation). The Netherlands: University of Amsterdam. Verfügbar unter: http://dare.uva.nl/search?arno.record.id=426432 [15.02.2018].

Van de Pol, J.; Volman, M. & Beishuizen, J. (2010): Scaffolding in Teacher-Student Interaction: A Decade of Research. In: Educational Psychology Review, 22, 271-296.

Vygotsky, L.S. (1978): Mind in Society. The Development of Higher Psychological Processes. Cambridge, MA: Harvard University Press.

Wagenschein, M. (1968): Verstehen lehren. Weinheim, Basel: Beltz.

Wiesner, H.; Schecker, H. & Hopf, M. (Hrsg.) (2011): Physikdidaktik kompakt. Köln: Aulis, 34-62.

Wodzinski, R. (2006): Lernschwierigkeiten erkennen – verständnisvolles Lernen fördern. Modul G 4. SINUS-Transfer Grundschule Naturwissenschaften. Kiel: IPN. Verfügbar unter: http://www.sinus-an-grundschulen.de/fileadmin/uploads/Material_aus_STG/NaWi-Module/N4.pdf [15.02.2018].

Wodzinski, R. (2004): Schülervorstellungen und Lernschwierigkeiten. In: Müller, R.; Wodzinski, R. & Hopf, M. (Hrsg.): Schülervorstellungen in der Physik. Köln: Aulis, 23-36.

Wood, D.; Bruner, J.S. & Ross, G. (1976): The Role of Tutoring in Problem Solving. In: Journal of Child Psychology and Psychiatry and Allied Disciplines, 17(2), 89-100.

Andreas Hartinger und Lydia Murmann

Schülervorstellungen erschließen – Methoden, Analyse, Diagnose

1 Einleitung – Warum Schülervorstellungen erschließen?

Stimmt man der Aussage von Kornelia Möller in diesem Band zu (vgl. S. 35), dass die Berücksichtigung von Schülervorstellungen aus lern- und instruktionspsychologischer Sicht von großer Bedeutung ist, um a) Unterricht so zu gestalten, dass er intelligentes anstelle von trägem Wissen unterstützt sowie b) um Lerngelegenheiten inkl. passender Scaffoldingmaßnahmen so zu planen, dass sie an die individuellen und unterschiedlichen Lernvoraussetzungen der Schülerinnen und Schüler angepasst sind, so ist die Frage zu klären, wie diese Schülervorstellungen erschlossen werden können. Wir werden in diesem Artikel dieser Frage nachgehen. Dabei legen wir den Schwerpunkt auf das Erfassen von Lernvoraussetzungen im Interesse der Gestaltung von Unterricht, auch dann, wenn wir über die Vorgehensweise aus wissenschaftlichen Studien berichten. Konsequenzen aus der Erforschung von Schülervorstellungen können im Unterricht z.B. in der Verschiebung von inhaltlichen Schwerpunktsetzungen oder in einer gezielten Aufmerksamkeitssteuerung bestehen. Unter Umständen lassen sich aus den Ergebnissen von Forschung aber auch Hinweise über die Angemessenheit von (noch nicht etablierten) Unterrichtsinhalten gewinnen (vgl. Murmann 2013, 1).

Wir erachten es jedoch außerdem als wichtig, dass sich Schülerinnen und Schüler selbst über ihre Vorstellungen bewusst werden, so dass sie die im Lernprozess erworbenen neuen Ideen explizit damit in Verbindung bringen können, um somit zu verhindern, dass parallele – gegebenenfalls sich widersprechende – Vorstellungen implizit vorhanden bleiben (vgl. Lange-Schubert & Rothkopf 2017, 43).

An dieser Stelle möchten wir einige grundlegende Unterscheidungen treffen, die bei der Analyse von Schülervorstellungen von Bedeutung sind: Zum einen ist zu unterscheiden, inwieweit die Schülervorstellungen als fest verankert gelten können oder nicht. „Unter 'deep structures'-Konzepten werden tief verankerte, stabile Überzeugungen verstanden, die gegenüber Veränderungen oft sehr resistent sind. Mit 'current constructions', die auch als Ad-hoc-Konstruktionen bezeichnet werden, sind spontane, oft in der jeweiligen Situation direkt entwickelte Vorstellungen und Überlegungen gemeint. Im Rahmen von Unterrichtsgesprächen oder Aufgabenstellungen zur Erhebung von Schülervorstellungen können „current constructions" auch Verlegenheitskonstruktionen sein, die mit Erfahrungen und bereits gebildeten inneren Bildern wenig zu tun haben" (Adamina 2008, 21).

Zum anderen können Schülervorstellungen bezüglich ihrer Struktur und damit auch in ihrer Komplexität unterschieden werden (vgl. diSessa 2006; Murmann 2013; vgl. auch den Beitrag von Hardy & Meschede in diesem Band, S. 21ff.). Wissenselemente erfordern didaktisch ggf. eine Korrektur oder Änderung auf der Ebene einfacher Informationen; theorieähnliches Wissen ist verzweigter und erfordert möglicherweise eine komplexere Umstrukturierung.

Eine weitere Differenzierung betrifft die der Art der Herausforderung, die Präkonzepte für ein Verständnis bzw. eine Akzeptanz fachlicher Vorstellungen darstellen. Je nachdem, wodurch sich Vorstellungen der Schülerinnen und Schüler von fachlich angemessenen Vorstellungen unterscheiden bzw. je nachdem wie anschlussfähig sie an fachliche Vorstellungen sind, ist auch der Prozess des Umlernens („Conceptual Change") verschieden. So sind insbesondere kategoriale Umordnungen andere Lernvorgänge als die Veränderung von Prozessvorstellungen (z.B. Chi & Roscoe 2002, Chi 2008).

Lernvoraussetzungen und Vorstellungen, die Schülerinnen und Schüler leicht verbalisieren können, lassen sich teilweise im Unterricht erfassen und können unmittelbar aufgegriffen werden. Und da Vorstellungen wissensbasiert bzw. erfahrungsbasiert entstehen, verändern sie sich in der Regel durch zunehmendes Wissen und zunehmende Erfahrung erheblich. Im Unterrichtskontext ist es daher häufig für die Entwicklung fachlich anschlussfähiger Konzepte ergiebig, durch Nachfragen in Erfahrung zu bringen, auf welches Wissen die Lernenden sich beziehen und anschlussfähiges Wissen zugänglich zu machen bzw. zu erarbeiten.

Sofern der angestrebte Lernprozess erhebliche konzeptuelle Umstrukturierungen erfordert oder wenn Schülervorstellungen weniger offensichtlich aber durchaus relevant sind, weil sie implizit die Wahrnehmung prägen und in ihrer Selbstverständlichkeit nicht verbalisiert werden können (und von daher im „normalen" Unterrichtsgeschehen auch nicht abgefragt werden können), ist Forschung erforderlich. Dies gab bereits in den 1980er Jahren international Anlass für die wissenschaftliche Untersuchung von Schülervorstellungen in den Naturwissenschaften, insbesondere der Physik (vgl. Duit 2009a). Methodisch kontrollierte Forschung steigert dann nicht nur die Validität der Daten, sondern ist im besten Fall in der Lage, grundlegende unterrichtsrelevante Fragen zu bearbeiten, auf die im Unterricht aufgrund der Kernaufgabe des Unterrichtens nicht fokussiert werden kann.

Wir trennen in diesem Beitrag zwischen den Instrumenten, die verwendet werden, um die entsprechenden Daten zu erhalten (Kap. 2) und den Verfahren, die erforderlich sind, aus diesen Daten die Vorstellungen der Schülerinnen und Schüler zu erschließen (Kap. 3.).

2 Status quo – Erhebungsinstrumente

Vorstellungen zu einem Sachverhalt schlagen sich immer dann nieder, wenn jemand sich zu einer Sache äußert, sei es schriftlich, durch eine Zeichnung, gestisch/mimisch oder mündlich. Um zu verstehen, welche Vorstellung sich hinter der Äußerung verbirgt, ist es hilfreich, wenn die Äußerung einigermaßen ausführlich ist und wenn Nachfragen möglich sind. Im Unterricht erfolgt ein Austausch über Vorstellungen und Präkonzepten daher häufig im Rahmen von Unterrichtsgesprächen. Seltener werden schriftliche oder zeichnerische Äußerungen zum Erschließen von Vorstellungen genutzt. Im Rahmen wissenschaftlicher Untersuchungen sind aufwändigere Methoden möglich – zudem kann es bei bestimmten Fragestellungen erforderlich sein, möglichst ökonomische Wege zu finden, die es ermöglichen, eine Studie mit einer großen Stichprobe durchzuführen.
Die Durchsicht der Beiträge des vorliegenden Bandes macht deutlich, dass mit unterschiedlichen Instrumenten versucht wird, die Daten zu erheben, mithilfe derer die Vorstellungen der Schülerinnen und Schüler anschließend diagnostiziert bzw. erschlossen werden sollen. Klar wird dabei auch, dass in den meisten Studien mit Interviews gearbeitet wird. Die Dominanz dieser Erhebungsform erinnert an die Formulierung „Königsweg", die im Zusammenhang mit Interviews in den entsprechenden Lehrbüchern noch immer häufig verwendet wird (z.B. Lamnek 2005, 329; Häder 2015, 189). Um Aussagen über den Status quo zu erhalten, also Informationen darüber zu gewinnen, welche Vorstellungen Lernende zu verschiedenen (unterrichtsrelevanten) Inhalten bzw. Themen zu einem bestimmten Zeitpunkt haben, eignen sich Interviews gut, da man davon ausgeht, dass die in Interviews gewonnenen Daten „unverzerrt-authentisch sind, intersubjektiv nachvollzogen und beliebig reproduziert werden können" (Lamnek 2005, 329). Auch wenn es sicherlich erforderlich ist, genaue Informationen über die konkret verwendeten Leitfäden u.Ä. zu haben, um einschätzen zu können, inwieweit die Daten tatsächlich als „unverzerrt" gelten können, so ist es doch nachvollziehbar, dass Interviews dazu geeignet sind, die „persönliche Sicht einer Person [...] zu erheben" (Eid, Gollwitzer & Schmid 2017, 57 – dort wird allerdings der Begriff der „Exploration" verwendet), da es in Interviews möglich ist, im Gesprächsverlauf zu reagieren, wenn dies erforderlich ist, um die interessierenden Informationen zu erhalten (indem z.B. Begründungen oder Beispiele eingefordert werden). Lamnek (2005, 333) verwendet in diesem Zusammenhang den Begriff des „informatischen Interviews", mithilfe dessen „Tatsachen aus den Wissensbeständen der Befragten" erfasst werden.
Ein Beispiel für ein solches „informatisches Interview" findet sich bei Kalcsics und Moser (2017). Ziel war festzustellen, welche Vorstellungen Kinder im Grundschulalter zu Regeln (als Teil der Organisation des Zusammenlebens im privaten und öffentlichen Raum) besitzen. Dazu wurden halbstandardisierte Leitfragen-

Einzelinterviews mit den Schülerinnen und Schüler geführt. Die Einstiegsfrage: „Was braucht es, damit Menschen gut zusammenleben können?“ ist eine offene Frage, die auch Beantwortungen außerhalb des anvisierten Forschungsinteresses zulässt. Damit geben die Antworten Hinweise darauf, inwieweit die befragten Kinder Regeln als Aspekt des Zusammenlebens als so bedeutsam erachten, dass sie ihn von sich aus nennen. Die weiterführenden Fragen, wie z.B. „Wer macht die Regeln?“ oder „Wo kannst du selber mitbestimmen?“ sind spezifischer ausgerichtet. In der Darstellung der Ergebnisse finden sich dann v.a. die Antworten auf diese fokussierten Fragen – wobei Kategorien berücksichtigt sind, die auf der Basis der Datenlage entwickelt wurden (wie z.B. die Unterteilung in verschiedene Aspekte der Lebenswirklichkeit der Kinder).

Häufig werden Interviews ergänzt, indem den Kindern Zeichnungen oder Materialien zur Einschätzung gegeben werden. Ein Grund dafür ist, dass es den Schülerinnen und Schülern durch die damit stattfindende Konkretisierung erleichtert werden soll, die Fragestellung zu verstehen bzw. ihre Gedanken zu formulieren. So arbeitete z.B. Bitter (2014) mit Bildkärtchen, um bei Vorschulkindern die „Vorstellungen vom Lebendigen“ zu erfassen. Die Kinder sollten zunächst die verschiedenen Kärtchen (u.a. Hund, Kaktus, Apfel, Auto, Teddybär) nach „lebendig“ bzw. „nicht lebendig“ sortieren und danach ihre Entscheidung begründen. Die Wahl der Kärtchen ermöglichte es dann auch, verschiedene zu erwartende Vorstellungen (wie z.B., dass eine sichtbare Bewegung oder hörbare Lautäußerungen zentrale Merkmale von Leben sind) zu testen. Zudem erhöhen solche Konkretisierungen die Wahrscheinlichkeit, bzw. schaffen die Möglichkeit, dass Übereinstimmungen oder Differenzen bzgl. der Gegenstandskonstitution zwischen Interviewer/-in und Befragten bemerkt und thematisiert werden.

Immer wieder werden Kinder auch gebeten, Zeichnungen selbst anzufertigen. Dies ist natürlich insbesondere dann plausibel, wenn visuelle Vorstellungen oder auch Beziehungen nicht visueller Art erfasst werden sollen. Häufig findet sich das – mit Blick auf die Kategorie „Raum“ – v.a. in der geographischen Perspektive des Sachunterrichts. Beispiele dafür sind Studien mit Grundschulkindern zur geographischen und politischen Struktur von Europa (Schniotalle 2003), zum Schalenaufbau der Erde (Gapp & Schleicher 2010), zum Wasserkreislauf (Russel, Harlen & Watt 1989) oder zur „Systemkompetenz“ (Sommer 2007). In all diesen Studien wurden von den Kindern Zeichnungen angefertigt, die anschließend nach bestimmten Kriterien analysiert wurden (z.B. inwieweit die Kinder vermuten, dass das Innere der Erde v.a. aus Humus und Kleingetier besteht oder ob die Kinder berücksichtigen, dass Wasser auch in die Erde versickert). Häufig werden diese Zeichnungen ergänzt, indem die Kinder dazu noch befragt werden oder gebeten werden, schriftliche Erläuterungen zu ergänzen. Auch wenn man argumentieren kann, dass das Erstellen einer Zeichnung gerade für Kinder geeignet ist, die sich noch nicht gut schriftlich ausdrücken können, so ist doch zu bedenken, dass auch

das Erstellen einer Zeichnung bestimmte Fähigkeiten benötigt (sehr ersichtlich, wenn z.B. ein dreidimensionales Bild der Erde gezeichnet werden soll), so dass Einschränkungen in der Validität gegeben sind, wenn erläuternde Ergänzungen nicht stattfinden (vgl. Löffler 1994). Es bleibt die methodische Herausforderung, gegebenenfalls widersprüchlich erscheinende Informationen zu interpretieren.
Gebhard (2013) nutzt für eine Erhebung zu Naturvorstellungen von Kindern die Gesprächsführung, die sich an der Tradition des „Philosophierens mit Kindern" anhand einer Dilemmageschichte („Ist es legitim, ein Baumhaus zu bauen, auch wenn ich zu diesem Zweck ein Stück Natur zerstören muss?") ausrichtet (ebd., 268). Damit ist die Erhebungsform deutlich offener. Gebhard begründet dieses Vorgehen nicht weiter – an den zitierten Äußerungen der beteiligten Kinder wird jedoch deutlich, dass es hier nicht das Anliegen ist, bestimmte Vorstellungen quantifizierbar festzuhalten, sondern aus den Ideen und Einschätzungen, die Kinder zu diesem Konflikt haben, kontextualisierte Naturverständnisse zu rekonstruieren. Die Naturverständnisse, mit denen die Kinder ihre Positionierungen und ihre Reaktionen aufeinander in diesem Kontext (Baumhaus) begründen, müssen nicht dieselben sein, die sie in einem anderen Kontext aktualisieren würden oder die sie als Antwort auf eine direkte Frage nach ihren Verständnissen der Natur äußern würden. Hier steht also im Vordergrund, einen qualitativen Fundus an möglichen Vorstellungen zu erstellen bzw. festzustellen, welche Vorstellungen unter bestimmten Bedingungen überhaupt eine Rolle spielen können, statt quantitative und statistisch reproduzierbare Vergleiche anzustellen.
Auch Asal und Burth (2016) wählten für ihre Studie zu Schülervorstellungen zur Politik die Form der Gruppendiskussion mit Grundschulkindern. Sie begründen dies u.a. damit, dass dieses Verfahren in gewisser Weise die Unterrichtsrealität widerspiegelt und die Kinder – durch die im Vergleich zu Einzelinterviews oder Fragebögen eher prüfungsunähnliche Atmosphäre – ermutigt werden, ihre Vorstellungen offen kundzutun (ebd., 73f.). Das methodische Problem, dass sich die Aussagen der einzelnen Kinder in solchen Diskussionen natürlich gegenseitig beeinflussen, wird von ihnen ebenfalls erwähnt. Mit Blick auf klassische quantitative Interventionsstudien in einem Prä- Posttest-Design ist zu ergänzen, dass dieses Verfahren keine echte Auswertung auf Individualebene zulässt, so dass Effekte des Unterrichts auch dann nicht überprüft werden könnten, wenn die Aussagen der Diskussionen quantifiziert werden. Effekte auf Gruppen- oder Klassenebene können natürlich getestet werden.
Insbesondere dann, wenn es Ziel ist, eine größere Anzahl an Kindern zu befragen, um repräsentative Daten zu gewinnen oder um Fragen zu beantworten, die einen empirisch-quantitativen Zugang erfordern (wie z.B. die Überprüfung der Effektivität bestimmter Lehrstrategien), ist es hilfreich, Verfahren zur Hand zu haben, die ökonomisch und leicht auswertbar sind. Auch aus diesem Grund werden immer wieder Fragebögen mit standardisierten Fragestellungen und Auswahlant-

worten eingesetzt, um einen Einblick in Schülervorstellungen zu erhalten. Betrachtet man diese Fragebögen, so wird schnell deutlich, dass sie vermutlich ganz gut geeignet sind, um bestimmtes Faktenwissen zu erfassen. Schwieriger wird es, komplexere Zusammenhänge so zu formulieren, dass ein einfaches Ankreuzen der Kinder (und erst durch solche geschlossenen Fragen wird ein Fragebogen leicht und schnell auswertbar) einen validen Rückschluss auf die Vorstellungen der Kinder zulässt. Aufgrund dieses Problems wird die Entwicklung eines Fragebogens oftmals durch Interviews vorbereitet oder flankiert. Rathke (2007) berichtet bei der „Entwicklung eines standardisierten Kinderfragebogens" zum politischen Wissen und Einstellungen von „Tiefeninterviews", um Hinweise über die von den Kindern verstehbaren Begriffe zu erhalten und um einschätzen zu können, welche Ein- und Vorstellungen überhaupt zu erwarten sind (ebd., 30ff.). In einer Studie zum Modellverstehen (Böschl, Gogolin, Lange-Schubert & Hartinger 2018) wurden die entwickelten Fragebögen durch nachgeschobene Interviews überprüft. Die Kinder füllten zunächst den Fragebogen aus, indem sie auf einer fünfstufigen Skala bewerteten, inwieweit bestimmte Antwortalternativen (diese repräsentierten Vorstellungen über die Eigenschaften bzw. den Zweck von Modellen) ihrer Meinung entsprechen. Im Anschluss daran wurden die Kinder in einem Einzelinterview gebeten, ihre Einschätzung zu begründen, um festzustellen, inwieweit sie die Antwortalternativen wie intendiert verstanden haben. Die Befunde zeigen, dass dies nicht immer der Fall ist – ergeben jedoch auch Hinweise, wie sich die Verständlichkeit verbessern lässt.

3 Auswertung – der Prozess des Erschließens

Schülervorstellungen kann man nicht erheben, erheben lassen sich nur Schüleräußerungen. Diese Feststellung ist Ausgangspunkt jeder methodisch reflektierten Auswertung, durch die Schülervorstellungen, z.B. im Rahmen einer wissenschaftlichen Studie, erschlossen werden. Sie trifft aber auch auf Unterrichtsgespräche zu, in denen Schülerinnen und Schüler ihre Vorstellungen zu einem Lerngegenstand mitteilen, denn auch die alltägliche und die pädagogische Kommunikation gelingen nur, wenn etwas Gemeintes auch verstanden wird. Das Verstehen oder Missverstehen einer Äußerung – sei es eine Zeichnung, eine Antwort auf eine Interviewfrage, eine Handlung oder ein Kreuz in einem Fragebogen – ist letztlich immer ein aktiver Prozess, nämlich eine Rekonstruktion dessen, was die Äußerung meint bzw. gemeint haben könnte.

Die Befragungsziele und die eigenen Vorstellungen der Forschenden zum Gegenstand des Interviews stellen für die Rekonstruktion eine unentbehrliche Orientierung dar, sie sind zugleich aber auch zu kontrollierende Einflussfaktoren. Bei einem fachdidaktischen Interesse an den Vorstellungen der Schüler und Schüle-

rinnen nutzen Wissenschaftler/innen insbesondere fachliche Vorstellungen zum jeweiligen Gegenstand als Vergleichshorizont für die Äußerungen der Befragten. Beim Vergleich von Schülerverständnissen mit fachlichen Verständnissen ist allerdings Einiges zu beachten, insbesondere die in den Erhebungskontext eingeschriebenen Deutungszusammenhänge und die in der Regel nicht übereinstimmenden Erkenntnisinteressen und Perspektiven von Lernenden und Fachleuten. Sehr klar hat Walter Jung diese Problematik als ein Resultat unterschiedlicher „Verstehensrahmen" herausgearbeitet (Jung 1987 und 1989). Denn lebensweltliche Betrachtungen verfolgen in der Regel nicht dieselbe Frage bzw. haben nur in Ausnahmefällen denselben Fokus wie eine fachliche Betrachtung. Auch Kalcsics und Moser (2017) weisen darauf hin, dass es nötig ist, „die Perspektivendifferenz zwischen Kindern und Erwachsenen zu berücksichtigen und anzuerkennen" (ebd., 131).
Selten – aber das kommt natürlich auch vor – ist eine Schülervorstellung gemessen an einem fachlichen Verständnis einfach „falsch". Ein Beispiel hierfür wäre möglicherweise die Annahme, dass Windräder den Wind verursachen. Dennoch erfordert die Interpretation der Behauptung „Das Windrad macht den Wind" eine Berücksichtigung des Kontextes, in dem sie erhoben wurde, und sie hängt auch davon ab, mit welchem Ziel die Aussage ausgewertet wird.

- Sofern die Behauptung die Antwort auf einen Wissenstest nach einer Unterrichtseinheit zu regenerativen Energiequellen ist, ist sie schlicht falsch und nicht schwer zu interpretieren.
- Sofern ein Schüler diese Behauptung aber in einem Unterrichtsgespräch äußert, in dem gemeinsam überlegt wird, wie Wind zustande kommt, so wäre festzuhalten, dass das Kind bereit und in der Lage ist, über Ursachen von Wind nachzudenken und dabei eine grundsätzlich plausible Überlegung anstellt: In Analogie z.B. zu einem Propeller (z.B. beim Fön) ist die Überlegung, dass durch das Windrad Wind entsteht, nachvollziehbar und sehr plausibel. Dem Kind fehlen letztlich lediglich Informationen, die im weiteren Unterricht erarbeitet werden können.

Wenn ein anderes Kind dieselbe Aussage in einer wissenschaftlichen Erhebung trifft, bei der in einem Test-Item ein Bild bereitgestellt wurde, auf dem eine pustende Wolke ein Windrad antreibt, ist die Aussage womöglich dahingehend zu verstehen, dass die Schülerin bzw. der Schüler sinnvoller Weise infrage stellt, dass Wolken pusten können, aber Erfahrungen damit hat, dass technische Geräte etwas bewirken können. Die Validität des Test-Items wäre zu hinterfragen.
Wissenschaftliche Erhebungen mit qualitativen Auswertungsverfahren von Schüleräußerungen können auch dann sinnvoll sein, wenn besondere didaktische Herausforderungen zwar gesehen aber noch nicht verstanden werden, d.h. wenn ein Inhalt didaktisch entweder noch nicht etabliert ist (z.B. „Welche Sprache sprechen Roboter?", „Wie entstehen Kriege?", „Evolution") oder wenn Inhalte trotz

scheinbar überschaubarer fachlicher Zusammenhänge offenkundig Lernschwierigkeiten bereiten, die Ursache aber von den Lehrenden bzw. Didaktikerinnen und Didaktikern noch nicht verstanden wird (dies war u.a. bei Studien zu physikalischen Inhalten häufig der Anlass). (Für einen Vergleich, wie Schülervorstellungen qualitativ mittels der „Grounded Theory", der „Qualitativen Inhaltsanalyse" oder der „Phänomenographie" rekonstruiert werden können (s. Murmann 2013.)

4 Abschließendes Fazit

„Schülervorstellungen" sind eine fachdidaktisch geprägte Bezeichnung für Konzepte und Lernvoraussetzungen inhaltlicher Art, die Schüler und Schülerinnen in den Unterricht mitbringen, und die im Interesse der Anschlussfähigkeit des Unterrichts an die Lernvoraussetzungen der Lernenden berücksichtigt werden sollten. Nicht in jedem Fall ist es möglich, sinnvoll oder ausreichend, die vorhandenen Lernvoraussetzungen ausschließlich im Kontext des Unterrichts zu erheben. Fachdidaktische Forschung in den vergangenen Jahrzehnten hat allerdings gezeigt, dass es durchaus möglich ist, erwartbare typische Vorstellungen zu Inhaltsbereichen unabhängig von der konkreten Lerngruppe zu erschließen. Das ist plausibel, denn Vorstellungen sind nicht nur an individuelle Erfahrungen gebunden, sondern auch von generellen Wahrnehmungsmöglichkeiten, d.h. der gegenstandsabhängigen Erfahrbarkeit von Zusammenhängen geprägt. Wir wollen unsere Unterscheidung zwischen dem Erschließen von Schülervorstellungen im regulären Unterricht und im Rahmen von wissenschaftlichen Studien hier noch näher präzisieren:

Mit Blick auf Prä-Post-Vergleiche besteht ein wesentlicher Unterschied zwischen einer methodisch kontrollierten Erhebung und einer Gesprächssituation im Unterricht darin, dass es im Unterricht nicht nur akzeptiert, sondern vielfach vermutlich sogar gewünscht ist, dass die Erschließung der Präkonzepte gleich dem Lerngewinn dient. Die Äußerung der Lernenden zu ihren Vorstellungen stellt dann zwar den Beginn dieses Lernprozesses dar, ist jedoch in der Unterrichtsrealität nicht als eigenständige, abtrennbare Phase zu sehen – im Unterschied z.B. zu Interventionsstudien im klassischen Prä- Posttestdesign, in dem der Lerngewinn durch die Prätesterhebung als (störende) Variable kontrolliert werden muss. Aus diesem Grund ist es im Unterricht dann natürlich auch unproblematisch, wenn durch entsprechende Impulse (z.B. in Gruppendiskussionen oder aufgrund entsprechender didaktischer Materialien) die bereits bestehenden Schülervorstellungen gleich erweitert werden. Dies bedeutet, dass eine fehlende Objektivität als (nach gängigen testtheoretischen Vorstellungen ja eine zentrale) Grundlage für Validität hier nicht eingefordert werden kann, da sich die Lehrperson nicht zwangsläufig möglichst herausnehmen sollte, sondern zur Förderung der Kinder durchaus Impulse geben kann bzw. sollte. Dies bedeutet natürlich auch eine geringere Generalisierbarkeit der so gewonnenen Aussagen.

Mit Blick auf empirisch qualitativ-rekonstruktive Untersuchungen besteht ein wesentlicher Unterschied zu einer Gesprächssituation im Unterricht darin, dass zusammenhängende ausführliche Äußerungen von Lernenden erhoben werden müssen, um die Struktur und die konstitutiven Elemente der Schülervorstellungen zu erschließen und zur Struktur und den konstitutiven Elementen fachlicher Verständnisse ins Verhältnis zu setzen. Sowohl die Erhebung als auch die Interpretation des Geäußerten erfordern deutlich mehr Zeit und Aufmerksamkeit als im Unterricht für einzelne Äußerungen aufgebracht werden kann. Mitunter stellt sich dabei heraus, dass die fachliche Sicht nicht oder nicht leicht durch lebensweltlich erfahrbare Zusammenhänge fundiert wird und dass eine gezielte inhaltliche Aufmerksamkeitssteuerung fachdidaktisch wünschenswert ist. Es können also überraschende Erkenntnisse zustande kommen wie z.B. dass vielen Schülerinnen und Schüler für ein physikalisches Verständnis des Auftriebs die Rolle des Wassers nicht hinreichend präsent ist, und es daher nicht genügt, auf Eigenschaften von Schwimmkörpern zu fokussieren, oder dass Lernende die helle Umgebung von Schatten nicht bewusst wahrnehmen, und das physikalische Verständnis von Schatten eher unterstützt wird, wenn weniger das Licht, das den Schatten nicht erreicht, als vielmehr der Kontrast zwischen beleuchteten und verschatteten Bereichen im Blick ist (vgl. Murmann 2008).

Der Vergleich zwischen fachlichen Vorstellungen und Schülervorstellungen kann dazu führen, die Vorstellungen der Lernenden als defizitär wahrzunehmen und scheint nahe zu legen, den Unterricht auf die fehlenden oder fachlich herausfordernden Vorstellungen auszurichten. Letztlich ist aber anzuerkennen, dass Schülerinnen und Schüler Vorstellungen in den Unterricht mitbringen, die sie durch frühere Lernprozesse erworben haben und die Produkte ihrer persönlichen Sinnstiftung sind. Als solche sind sie anzuerkennen und zu berücksichtigen.

Es stellt sich abschließend die Frage, wie es Lehrkräften gelingen kann, die Präkonzepte ihrer Schülerinnen und Schüler angemessen zu erschließen und in ihre Unterrichtsplanungen einzubeziehen. Nach unserer Einschätzung sind hier drei Elemente von Bedeutung. Es ist zum ersten erforderlich, im Unterricht Situationen zu schaffen, in denen die Lernenden ihre Vorstellungen kundtun können. Ziegler, Hartinger, Grygier und Lange-Schubert (2017, 219) schlagen hierzu folgende Optionen vor:

- „erklärungswürdige bzw. „kontraintuitive“ Phänomene
- die gezielte Konfrontation mit vielfältigen Vorstellungen von Schülerinnen und Schülern
- Aufgaben zum Ordnen und Sortieren
- einfache Forscheraufträge, die zu zweit oder in einer kleinen Gruppe durchgeführt werden“

Allen Vorschlägen ist gemein, dass sie einen Aufforderungscharakter innehaben, der es den Schülerinnen und Schülern erleichtern sollte, sich über die eigenen Vorstellungen bewusst zu werden und sie auch zu artikulieren. Bedeutsam ist hier, dass die Vorstellungen der Schüleräußerungen nicht frühzeitig in richtig oder falsch eingeteilt, sondern als legitime Vermutungen verstanden werden, die sich dann in der weiteren Arbeit (bei Recherchen, nach der Durchführung von Versuchen oder im sozialen Austausch) bestätigen oder verändern können (vgl. dazu auch Hartinger, Grygier, Tretter & Ziegler 2013).

Zum zweiten ist ein gewisses Methodenbewusstsein hilfreich. Dabei meinen wir im Kontext des „normalen" Unterrichts nicht die Fähigkeit, gemäß bestimmter Verfahren der Inhaltsanalyse systematisch auszuwerten, sondern v.a. das Bewusstsein, zwischen den von den Lernenden geäußerten Aussagen und den daraus zu erschließenden Vorstellungen zu unterscheiden.

Um einschätzen zu können, welche Vorstellungen hinter welchen Äußerungen stehen, ist zum dritten auch die Kenntnis der Sache erforderlich. Ohne ein ausreichendes Fachwissen über den Lerninhalt können die Konzepte nicht eingeordnet werden oder (jetzt wieder bezogen auf das Lernen der Kinder) angemessene Überlegungen zu passenden Lernschritten (in der „Zone der nächsten Entwicklung") gemacht werden. Zu letzterem sind z.B. die „Atlanten" zu learning progressions hilfreich (vgl. dazu Alonzo 2012) – die helfen, bestimmte Vorstellungen in einer in sich stimmigen Entwicklungslogik zu beschreiben. Die Kenntnis von „typischen" Schülervorstellungen – so wie sie im vorliegenden Band zu zentralen Themen des Sachunterrichts dargestellt sind – ist von daher eine wichtige Facette des fachdidaktischen Wissens von Sachunterrichtslehrerinnen und-lehrern (vgl. dazu auch Lange-Schubert & Hartinger 2017, 30).

Auf den Aspekt des adaptiven Umgehens mit Präkonzepten werden wir dem Fokus und Umfang des Beitrags entsprechend nicht weiter eingehen – vgl. dazu u.a. Duit 2009b oder Ziegler et al. 2017.

Literatur

Adamina, M. (2008): Vorstellungen von Schülerinnen und Schülern zu raum-, zeit- und geschichtsbezogenen Themen. Eine explorative Studie in Klassen des 1., 3. 5. und 7. Schuljahres im Kanton Bern. Münster: Wilhelms Universität. Verfügbar unter: https://d-nb.info/989758885/34 [20.03.2018].

Alonzo, A. (2012): Learning Progressions: Significant Promise, Significant Challenge. In: Zeitschrift für Erziehungswissenschaft, 15, 95-109.

Asal, K. & Burth, H.P. (2016): Schülervorstellungen zur Politik in der Grundschule. Lebensweltliche Rahmenbedingungen, politische Inhalte und didaktische Relevanz. Eine theoriegeleitete empirische Studie. Opladen/Berlin/Toronto: Budrich UniPress Ltd.

Bitter, R. (2014): Vorstellungen vom Lebendigen als Basis naturwissenschaftlichen Lernens. In: Zeitschrift für Grundschulforschung, 7(2), 22-32.

Böschl, F.; Gogolin, S. ; Lange-Schubert, K. & Hartinger, A. (2018): Modellverstehen von Grundschülerinnen und Grundschülern in Abhängigkeit von Kontext und Kompetenzniveau. In: Franz, U.; Giest, H.; Hartinger, A.; Heinrich-Dönges, A. & Reinhoffer, B. (Hrsg.): Handeln im Sachunterricht. Bad Heilbrunn: Klinkhardt, 93-100.

Chi, M.T.H. (2008): Three Types of Conceptual Change: Belief Revision, Mental Model Transformation, and Categorical Shift. In: Vosniadou, S. (Hrsg.): Handbook of Research on Conceptual Change. Hillsdale, NJ: Erlbaum, 61-82.

Chi, M.T.H. & Roscoe, R.D. (2002): The Processes and Challenges of Conceptual Change. In: Limon, M. & Mason, L. (Hrsg.): Reconsidering Conceptual Change: Issues in Theory and Practice. Netherlands: Kluwer Academic Publishers, 3-27.

diSessa, A.A. (2006) : A history of conceptual change research: Threads and fault lines. In K. Sawyer (Ed.): Cambridge handbook of the learning sciences. Cambridge, UK: Cambridge University Press.

Duit, R. (2009a): Bibliography STSCSE – Students' and Teachers' Conceptions and Science Education. Kiel: IPN. Verfügbar unter: http://archiv.ipn.uni-kiel.de/stcse/[16.4.2018].

Duit, R. (2009b): Alltagsvorstellungen und Physik lernen. In: Kircher, E. & Schneider, W. (Hrsg.): Physikdidaktik in der Praxis. Berlin: Springer, 1-26.

Eid, M.; Gollwitzer, M. & Schmitt, M. (2017): Statistik und Forschungsmethoden. 5. Aufl. Weinheim/Basel: Beltz.

Gapp, S. & Schleicher, Y. (2010): Alltagsvorstellungen von Grundschulkindern – Erhebungsmethoden und Ergebnisse, dargestellt anhand der Thematik ‚Schalenbau der Erde'. In: Reinfried, S. (Hrsg.): Schülervorstellungen und geographisches Lernen – Aktuelle Conceptual-Change-Forschung und Stand der theoretischen Diskussion. Berlin: Logos Verlag, 33-54.

Gebhard, U. (2013): Kind und Natur. Die Bedeutung der Natur für die psychische Entwicklung. 3. Aufl. Wiesbaden: Springer VS.

Häder, M. (2015): Empirische Sozialforschung. 3. Aufl. Wiesbaden: Springer.

Hartinger, A.; Grygier, P.; Tretter, T. & Ziegler, F. (2013): Lernumgebungen zum naturwissenschaftlichen Experimentieren, Modul für SINUS an Grundschulen. Kiel: IPN. Verfügbar unter: http://www.sinus-an-grundschulen.de/fileadmin/uploads/Material_aus_SGS/Handreichung_ Hartinger_et_al_fuer_web.pdf [23.03.2018].

Jung, W. (1989): Phänomenologisches versus physikalisches optisches Schema als Interpretationsinstrument bei Interviews. In: physica didactica, 16(4), 35-46.

Jung, W. (1987): Verständnisse und Missverständnisse. In: physica didactica, 14(1/2), 23-30.

Kalcsics, K. & Moser, I. (2017): Schülervorstellungen zu Regeln und Mitbestimmung von Primarschulkindern: Eine Annäherung durch rekonstruktive Verfahren. In: Mittnik, P. (Hrsg.): Empirische Einsichten in der Politischen Bildung. Innsbruck/Wien/Bozen: Studienverlag, 125-142.

Lamnek, S. (2005): Qualitative Sozialforschung. 4. Aufl. Weinheim/Basel: Beltz.

Lange-Schubert, K. & Hartinger, A. (2017): Naturwissenschaftliches Lehren und Lernen. In: Hartinger, A. & Lange-Schubert, K. (Hrsg.): Sachunterricht – Didaktik für die Grundschule. 4.Aufl. Berlin: Cornelsen, 26-37.

Lange-Schubert, K. & Rothkopf, A. (2017): Naturwissenschaftliches Lehren und Lernen. In: Hartinger, A. & Lange-Schubert, K. (Hrsg.): Sachunterricht – Didaktik für die Grundschule 4.Aufl. Berlin: Cornelsen, 38-63.

Löffler, G. (1994): Analyse und Reinterpretation von Untersuchungen von Novick und Nussbaum zum Teilchenbild der Materie. In: chimica didactica, 20, 5-34.

Murmann, L. (2013): Dreierlei Kategorienbildung zu Schülervorstellungen im Sachunterricht? Text, Theorie und Variation – Ein Versuch, methodische Parallelen und Herausforderungen bei der Erschließung von Schülervorstellungen aus Interviewdaten zu erfassen. In: Widerstreit-Sachunterricht, 19. Verfügbar unter: www.widerstreit-sachunterricht.de [24.04.18].

Murmann, L. (2008): Phänomenographie und Didaktik. In: Meyer, M.A.; Prenzel, M. & Hellekamps, S. (Hrsg.): Perspektiven der Didaktik. Zeitschrift für Erziehungswissenschaft. Sonderheft 9. Wiesbaden: VS Verlag für Sozialwissenschaften, 187-199.

Rathke, J. (2007): Entwicklung eines standardisierten Kinderfragebogens. In: van Deth, J.W.; Abendschön, S. ; Rathke, J. & Vollmar, M. (2007): Kinder und Politik. Politische Einstellungen von jungen Kindern im ersten Grundschuljahr. Wiesbaden: VS Verlag für Sozialwissenschaften, 29-82.

Russel, T.; Harlen, W. & Watt, D. (1989): Children's Ideas about Evaporation. In: International Journal of Science Education, 11, 566-576.

Schniotalle, M. (2003): Räumliche Schülervorstellungen von Europa – ein Unterrichtsexperiment zur Bedeutung kartographischer Medien für den Aufbau räumlicher Orientierung im Sachunterricht der Grundschule. Berlin: Tenea.

Sommer, C. (2007): Untersuchung der Systemkompetenz von Grundschülern. In: Lauterbach, R.; Hartinger, A.; Feige, B. & Cech, D. (Hrsg.): Kompetenzerwerb im Sachunterricht fördern und erfassen. Bad Heilbrunn: Klinkhardt, 91-101.

Ziegler, F.; Hartinger, A.; Grygier, P. & Lange-Schubert, K. (2017): Individuelle Förderung im Sachunterricht. In: Hartinger, A. & Lange-Schubert, K. (Hrsg.): Sachunterricht – Didaktik für die Grundschule. 4. Aufl. Berlin: Cornelsen, 213-225.

Sophia Bietenhard, Anne-Marie Gafner Knopf und Barbara Jaun-Holderegger[1]

Befinden und sich kennen: Glück, Gesundheit, Körper

1 Blickpunkt Mensch: Programme, Konzeptionen, Konzepte

Der erste Kompetenzbereich des Lehrplans 21 thematisiert den Menschen. Schülerinnen und Schüler beginnen die Welt wahrzunehmen und sie zu erschließen, auch indem sie Wissen über sich und andere Menschen aufbauen und dieses verstehen lernen. Umfassende anthropologische Grundkenntnisse sollen Kinder und Jugendliche dabei unterstützen, sich mittels multiperspektivischer Zugänge ein Grundverständnis zu Fragen der Identitätsentwicklung, zu Gesundheit und Wohlbefinden, zu Ernährung, zum Aufbau und zur Entwicklung des Körpers sowie zu Sexualität, Geschlechterbildern und -rollen aufzubauen (vgl. GDSU 2013, 27ff., 72ff.).

Die gegenwärtig leitenden Konzeptionen zum Kompetenzbereich 1 des Lehrplans 21 sind weniger über die klassischen, analytisch-philosophischen Anthropologien (z.B. Leib-Seele-Thematik) oder über entwicklungspsychologische Modelle der Identitätsbildung begründet. Letztere sehen einen guten Gesundheitszustand als Ausdruck des Individuums und somit als wesentliche Bedingung für eine gelingende persönliche Entwicklung und als entscheidenden Bestandteil von individueller Lebensqualität. Vielmehr beeinflussen heute politisch begründete Gesellschaftsprogramme und daher auch normativ angelegte Konzeptionen die schulische Gesundheitsförderung. Wie umfassend dieser Anspruch ist, zeigen die Anliegen der internationalen Gesundheitsförderungsprogramme. Gesundheitsförderung ist im Lehrplan 21 einerseits als fächerübergreifendes Anliegen unter der Leitidee der Bildung für Nachhaltige Entwicklung und andererseits mit Sachbezügen in verschiedenen Fächern angelegt. Je nach disziplinärem Zugang stehen unterschiedliche Teilaspekte schulischer Gesundheitsförderung im Vordergrund. Als domänenspezifische Rahmung der im Lehrplan 21 in unterschiedlichem Detailgrad vorliegenden Kompetenzen zur Gesundheitsförderung schlägt Högger (2015) den Begriff der *Lebenskompetenz* vor. Im Kern werden unter Lebenskompetenzen diejenigen Fähigkeiten verstanden, die einen angemessenen Umgang mit eigenen Herausforderungen des Alltags sowie einen sinnstiftenden Austausch

1 In diesem Beitrag stellt S. Bietenhard die Erhebungen zu den Bedingungen von Befindlichkeit und Glück bei Kindern vor, A. Gafner Knopf erläutert die Studien zu Wohlbefinden, Gesundheits- und Krankheitsprogrammen und -konzepten, und B. Jaun-Holderegger beschreibt die Körpervorstellungen von Schülerinnen und Schülern.

mit Mitmenschen ermöglichen. Dazu gehören persönliche, soziale, kognitive und physische Fähigkeiten und Fertigkeiten, die es den Menschen erlauben, ihr Leben zu steuern bzw. selbst Veränderungen zu bewirken (WHO 1994, 1).
Zum komplexen Konzept der Gesundheit finden sich in der Fachliteratur zahlreiche Definitionen aus medizinischer, psychologischer, soziologischer und sozialpolitischer (WHO) Sicht sowie solche, die verschiedene Ansätze wie z.B. biomedizinische oder biopsychosoziale Konzepte zu integrieren versuchen (Egger 2010, 38). Je nach Ansatz beschreiben sie Gesundheit als somatische Unauffälligkeit, als regenerierbare Ressource, als Kohärenzerleben von Körper und Seele, als Widerstandsfähigkeit und (vorläufige) Abwesenheit von Krankheit, als umfassendes Wohlbefinden oder als Wechselwirkungsgeschehen von Schutz- und Risikofaktoren. Das Spektrum reicht ferner von negativen (Abwesenheit von Krankheit) über positive (optimale Funktionsfähigkeit) bis hin zu multidimensionalen Definitionen, die Gesundheit als kontextbezogenes Kontinuum beschreiben und Modelle wie die der Salutogenese befürworten (Strittmatter 1995; Faltermaier 2005, 2006). Neben den medizinisch messbaren Indikatoren zu Gesundheitsfragen erscheinen ab den 1990er-Jahren zahlreiche Untersuchungen zu impliziten bzw. subjektiven Gesundheitskonzepten (Belz-Merk 1995; Flick 1991; Strittmatter 1995). Subjektive Konzepte beinhalten geordnetes Wissen über komplexe Sachverhalte, das vor dem Hintergrund individueller Erfahrungen verstanden wird (Dreher & Dreher 1999). Hier stellt die Einschätzung und Wertung erlebter Aspekte zur Gesundheit eine zentrale Kategorie dar.
In Bildungsplänen und -programmen scheint die Definition der WHO von 1946 weit verbreitet zu sein (Suter 2015, 104). Sie definiert Gesundheit als ein möglichst hohes Ausmass psychischen, sozialen und körperlichen Wohlbefindens und orientiert sich an einer ganzheitlichen salutogenetischen Ausrichtung von Gesundheitsförderung. Die Ottawa-Charta zur Gesundheitsförderung (WHO 1986, 1) leitete den Wechsel weg von einer auf Abschreckung und Faktenwissen ausgerichteten Gesundheitserziehung hin zu einer ressourcenorientierten Gesundheitsförderung ein. Ihr Ziel ist es, allen Menschen ein höheres Mass an Selbstbestimmung über ihre Gesundheit zu ermöglichen und sie damit zur Stärkung ihrer Gesundheit zu befähigen. Als grundlegende Bedingungen für Gesundheit werden Frieden, angemessene Wohnbedingungen, Bildung, Ernährung, ein stabiles Öko-System, eine nachhaltige Verwendung von Naturressourcen, soziale Gerechtigkeit und Chancengleichheit genannt. Die auf Ressourcen und Schutzfaktoren ausgerichtete Gesundheitsförderung fand Rückhalt in entwicklungspsychologischen Studien (Opp, Fingerle & Freytag 1999), in denen empirisch gezeigt wurde, dass Kinder und Jugendliche mit starken sozialen und persönlichen Ressourcen (z.B. gute Peerbeziehungen, positive Selbstkonzepte und gelingende Bindungen zu Bezugspersonen, Problemlösefähigkeiten) weniger zu gesundheitlichem Risikoverhalten neigen bzw. Erkrankungen besser bewältigen können. In diese Richtung gehen

auch Befunde im Erwachsenenalter, die zeigen, dass höhere berufliche Bildung die gesundheitsrelevanten Lebensverhältnisse und Teilhabechancen von Menschen beeinflussen (Mielck, Lüngen, Siegel & Korber 2012, 6).

Mit Blick auf diese programmatische Verortung der Gesundheitsförderung in Bildungsplänen, die neben der Sensibilisierung der Lernenden für eine gesunde Lebensweise auch zum Ziel hat, die Schule als Ganzes zu einem gesunden Lebensraum zu machen, schlägt Suter den Lehrpersonen eine kritisch-reflexive Haltung vor (Suter 2015, 116): Schulische Bildung soll Raum geben, um Fragen zur Gesundheitsförderung kontrovers zu diskutieren sowie Prozesse zur Veränderung von Gesundheit, Krankheit oder dem Anderssein in den Blick zu nehmen. Dabei soll deutlich werden, dass das, was man unter Gesundheit versteht, keine invariable objektive Grösse darstellt, sondern vielmehr vor dem Hintergrund einer gesellschaftspolitischen Entwicklung immer wieder neu zu deuten und zu verhandeln ist. Eine auf das Individuum ausgerichtete Gesundheitsförderung verbindet den Erwerb von fachlichen Kompetenzen mit Verantwortungsübernahme in Entscheidungsprozessen.

Die hier dargestellten Studien beschreiben Vorstellungen zu ausgewählten Aspekten der Befindlichkeit von Kindern und zu ihren Konzepten sowie der Faktoren, die zum eigenen Glücksempfinden beitragen, dann der kindlichen Vorstellungen über Gesundheit und Krankheit und den Körper des Menschen. Leider nicht behandelt werden konnten Studien zu Themen der Identitätsentwicklung, z.B. welche Konzepte Schülerinnen und Schüler zum Selbst, zu Geschlechtskonzepten (soziales Geschlecht und Geschlechterrollen; vgl. Riegel 2004, 80ff.), zur kognitiven Wahrnehmung von Gefühlen (vgl. Hansen Lagattuta & Thompson 2007) oder zur Biographie des Menschen (vgl. Hempel 1997) äussern.

2 Befindlichkeit, Ursachen von Glück und Gefühle

Studien zur Lebenssituation von Kindern beziehen sich ebenfalls auf ihre Befindlichkeit. Obwohl sich die Aussagen der Kinder dazu je nach Alter, Herkunft, Umgebung und Geschlecht unterscheiden, äussern sie sich im Grundschulalter zum eigenen Wohlbefinden überwiegend positiv. Die Ergebnisse aus deutschen Erhebungen sprechen dabei wohl auch weitgehend für die (deutschsprachige) Schweiz (z.B. LBS-Initiative Junge Familie 2002; World Vision 2007; Schächter 2009). Die Bereiche Familie, Schule und Freunde bilden das mehrdimensionale lebensweltliche Konzept, zu dem die Kinder der ersten Erhebungswelle 1998-2000 des LBS-Kinderbarometers im deutschen Bundesland Nordrhein-Westfalen über ihr Wohlbefinden Auskunft gaben. Befragt wurden 5 894 Kinder zwischen 9 bis 14 Jahren. Den Kindern zufolge bilden Familie und Schule die wichtigsten Einflussfaktoren auf das eigene Wohlbefinden. Entscheidend für das Wohlbefinden ist nicht primär das Mass des Wohlstands – obwohl sozioökonomische Faktoren eine Rolle spielen –, sondern sinngebende Aktivitäten mit den Eltern und Peers (LBS-Initiative Junge Familie 2002; vgl. Bucher 2011; World Vision Deutschland 2013). Mit zunehmendem Alter nennen sie den Kreis der Freundinnen und Freunde als wesentliche Bezugsgrösse, während die Beziehung zu den Eltern problematischer wird (Mayr & Ulich 2002; Krappmann 2002). Kinder im Übergang zum Jugendalter nehmen sich vor allem in Beziehung zu anderen Menschen wahr und dort über die Aktivitäten, die sie mit ihnen teilen.

Die Befunde jüngerer Erhebungen zum Glücksempfinden, zur Lebenssituation und zur Befindlichkeit von Kindern decken sich weitgehend mit Studien zum Kindheitsglück. Die folgende Darstellung beschreibt deshalb Konzeptualisierungen zum Wohlbefinden von Kindern anhand ihrer Aussagen zum Glücksempfinden, da Kinder dieses Gefühl als die früheste Selbsteinschätzung bewusst zeigen oder nennen. Genauer werden hier die Faktoren beschrieben, welche das eigene Wohl- bzw. Glücksbefinden aus Kindersicht ausmachen und beeinflussen. Der Beitrag in diesem Band zum Kompetenzbereich 11 wird demgegenüber näher auf die konkreten Glückskonzepte von Kindern eingehen.

Wegweisend für die Glücksforschung bei Kindern wurden im deutschsprachigen Raum die Studien von Anton Bucher. Er führt in den entsprechenden Publikationen ebenfalls in die Denktraditionen zum Glücksbegriff und die vielfältigen und kaum objektivierbaren Glückskonzeptionen ein (Bucher 2001, 2009, 2011). Bucher führte zunächst eine explorative Studie mit 390 Schulkindern im Schweizer Kanton Luzern durch, aus der ein Survey mit Befragungen von 1319 Kindern und 275 Erzieherinnen und Erziehern im österreichischen Salzburg erfolgte (Bucher 2001). Ebenfalls zeichnete Bucher verantwortlich für eine qualitative und eine quantitative Erhebung im Auftrag des ZDF von 2007 unter der Fragestellung „Wie glücklich sind die Kinder in Deutschland und was können wir dazu tun?" (Schächter 2009; vgl. Bucher 2009, 2011). Die qualitative Studie auf der Grundlage der Psychologischen Morphologie zum Kinderglück befragte 60 Kinder im Alter von 4 bis 12 Jahren (4 bis 5-, 7 bis 9- und 10 bis 12-Jährige), je nach Alter in Spielgruppen, als Freundschaftspaare oder mit Einzelinterviews, wobei auch nonverbale und projektive Techniken eingesetzt wurden. Zudem wurden mit je sieben Eltern aus jeder Altersgruppe Interviews geführt (Schumacher & Kayser 2009). Die quantitative Studie unter Bucher, repräsentativ für die Population der bundesdeutschen Kinder, befragte 1239 Kinder zwischen 6 und 13 Jahren.

Nach Bucher können die meisten Zweijährigen die auf Gesichtsphotographien eindeutig ausgedrückten Gefühle zwar nicht selber benennen, doch bei der Benennung „glücklich" durch die Versuchsleiter zeigen 80% auf das glücklich lächelnde Gesicht, während nicht einmal die Hälfte die Begriffe „wütend" oder „traurig" mit dem entsprechenden Photo in Verbindung brachten. Schon ab dem dritten, vierten Lebensjahr können Kinder angeborene Gefühle wie Angst, Zorn und Freude/

Glück identifizieren. Dreijährige (amerikanische) Kinder kennen die Begriffe „happy" und „sad" und können sie auf die eigene Befindlichkeit beziehen, hingegen kennt nur eine Minderheit von Vierjährigen die Gefühle „verlegen" und „neidisch" (Bucher 2011, 39f.). Mit sieben Jahren nehmen Kinder emotionale Gesichtsausdrücke differenziert wahr und benennen Ursachen von Glück. Kinder im Alter der Vorschule und der Schuleingangsstufe beschreiben Glück mit Einzelerlebnissen und kürzeren Erlebnisphasen und koppeln sie mit dem konkreten Ereignis, z.B. Geschenke erhalten, mit der Mama kuscheln, gelobt werden. Sie identifizieren sich unmittelbar mit dem erlebten Gefühl (Oswalt 2009, 11: „Glück ist, wenn ich glücklich bin"), reflektieren jedoch nicht begrifflich darüber (vgl. den Überblick bei Fried 2012). Kinder erfahren ihre Empfindungen im gesamten Grundschulalter vor allem in der Bewegung und als physischen Ausdruck und beschreiben entsprechend auch Glückserlebnisse als Körpererfahrung. Kinder äussern Erfahrungen mit Hilfe ihrer Körpersensibilität, sie spüren den Körper als „leise" oder „laut", und sie setzen ihn als Mittel zur Kommunikation und als „bewegliches Handlungszentrum" ein (Schweizer 2007, 432; vgl. Bucher 2011, 41).

Viele Kinder im Grundschulalter setzen Glück mit Freude und Fröhlichkeit gleich (Bucher 2011, 41). Besonders wichtig für die Identitätsentwicklung und das Selbstwertgefühl sind für Kinder im Vor- und Grundschulalter Glückserfahrungen, die sie sich mit dem Erwerb von Fähigkeiten, mit gelingenden Leistungen, Mitbestimmung und prosozialem Verhalten schaffen. „Haben Grundschüler die Möglichkeit, den Unterricht selbst mitzugestalten, liegt ihre Chance auf Wohlbefinden in der Schule bei 72%", so die Ergebnisse der zweiten Erhebungswelle des Kinderpanels in Deutschland (Gisdakis 2007, 125; vgl. Mayr & Ulich, 2002). Die Erfahrung von Glück bzw. Wohlbefinden ist demnach wesentlich am Aufbau von Selbstwirksamkeit beteiligt. Die Schule trägt bei zunehmendem Alter über Lernleistung (Hausaufgaben) und Notengebung zum Wohlbefinden bei, ist aber gleichzeitig bei zunehmendem Alter signifikant für den Rückgang der Glückserfahrungen verantwortlich (Bucher 2001, 144f.; Bucher 2009, 144ff., 168f.; ebd. 2011, 44f.; Gisdakis 2007; Wild 2002). Entsprechend mindern schulische Belastungen, z.B. Angst vor Tests oder aufwändige Hausaufgaben, das allgemeine Glücksempfinden und besonders das Wohlbefinden in der Schule (vgl. Schneider 2005). Nicht zuletzt wollen Kinder die Wünsche ihrer Eltern, gute Schulleistungen zu erbringen, erfüllen. Mädchen fühlen sich zwar wohler in der Schule, aber ihr Wohlbefinden nimmt ab der dritten Klasse signifikant ab (Gisdakis 2007, 117).

Wesentlich am Glücksempfinden beteiligt sind Schulferien, Freundschaften, die Mutter und soziale Aktivitäten (vgl. Bucher 2011, 45). Bei Kindern ab 10 Jahren wird Glück zu einem abstrakten Begriff, der reflexiv auf das eigene Befinden bezogen wird und damit auf die Brüche, die die Heranwachsenden dabei erleben, z.B. durch das sich verändernde Körpergefühl, die Auseinandersetzung mit der älteren Generation sowie schulische Belastungen (Bucher 2009, 124, 139). Entsprechend nehmen die Glückserlebnisse und die allgemeine Glücksbefindlichkeit ab (Schumacher & Kayser 2009; Bucher 2009; Bucher 2011, 43). Obwohl diese konfliktuellen Erfahrungen zur Identitätsbildung beitragen, ist doch die Art und Weise ihrer Bewältigung entscheidend für die Deutung von Vergangenheit, Gegenwart und Zukunft und das Gefühl von Zuversicht (Schweizer 2007, 487). Der zweitstärkste Faktor ist gemäss der ZDF-Studie die Familienform. Kinder, die bei beiden Eltern aufwachsen, schätzen sich signifikant häufiger als glücklich ein als alleinerzogene Kinder, obwohl auch diese zu mehr als der Hälfte ihr bisheriges Leben als grundsätzlich glücklich beurteilen. Diese Ergebnisse der empirischen Surveys werden bestätigt durch neuere Einschätzungen aus der Kinderpsychologie. Ihnen gemäss ist die Deckung der drei Grundbedürfnisse, Geborgenheit, soziale Akzeptanz und Entwicklung bzw. Leistungsfähigkeit bedeutsamer für eine gesunde Kindheit als die Familienform oder deren Veränderungen. Trennungen der Eltern sind für Pubertierende belastend, allerdings zeigt sich die Problematik über Verhaltensauffälligkeiten bereits lange vor der effektiven Scheidung (Largo & Czernin 2003). Nachhaltig wichtig sind Anerkennung und Zuwendung, welche die Kinder in der Familie – unabhängig von ihrer Form – erhalten sowie Familienaktivitäten. Kinder mit vollzeitlich engagierten Vätern sind glücklicher, aber da Kinder mehrheitlich von ihren Müttern betreut werden, gewichten sie die Beziehung zur Mutter bezüglich Wohlbefinden aus dieser Erfahrung heraus stärker. Nachhaltig wichtig sind Anerkennung und Zuwendung, welche die Kinder in der Familie – unabhängig von ihrer Form – erhalten sowie Familienaktivitäten. Kinder mit vollzeitlich engagierten Vätern sind glücklicher, aber da Kinder mehrheitlich von ihren Müttern betreut werden, gewichten sie die Beziehung zur Mutter bezüglich Wohlbefinden aus dieser Erfahrung heraus stärker. Doch halten sich Kinder von teilzeitlich berufstätigen Müttern für signifikant glücklicher als diejenigen mit voll berufstätigen bzw. mit nicht erwerbstätigen Müttern. Dabei vermindern die verschiedenen Formen von Fremdbetreuung das Glücksgefühl in den Einschätzungen der Kinder nur geringfügig.

Wesentlich zum Kindheitsglück tragen weiter häufige Treffen mit Freundinnen und Freunden in der Freizeit und Hobbies bei. In der Schule sind es freundliche Lehrpersonen und ein spannender Unterricht. Mädchen beurteilen die Schule – wie übrigens auch die Familie – positiver als Jungen. Mehr als die Hälfte der befragten Kinder beantworten die Frage nach dem Glückserleben bei kirchlichen Aktivitäten oder durch religiöse Elemente nicht, auffallend sind hier die vielen neutralen Antworten. Mädchen und Kinder aus ländlichen Umgebungen sind hier positiver gestimmt (Bucher 2011, 42f.). Der Blick auf Studien zum Jugendalter lassen allerdings auf mögliche Unschärfen der vorliegenden Studien zum Kindesalter bzw. auf Forschungslücken hin, wenn es um den Zusammenhang zwischen religiöser Sozialisation und Befindlichkeit geht. Als Beispiel sei die repräsentative, quantitativ und qualitativ angelegte Studie von Käppler und Morgenthaler zur Identitätsentwicklung und psychischen Gesundheit von 13- bis 17-jährigen Adoleszenten in Süddeutschland und der Schweiz 2008 und 2009 mit unterschiedlichen religiösen bzw. nicht-religiösen Zugehörigkeiten erwähnt: Sie zeigt, dass Zusammenhänge bestehen zwischen einer positiv und tendenziell stabil verlaufenden Entwicklung der personalen Identität, einem authentischem Verhalten in verschiedenen Umwelten, Religiosität und dem Erleben von Kohärenz, d.h. das eigene Leben als verstehbar, bewältigbar und sinnvoll zu erfahren. Jugendliche aus Migrationsfamilien erfahren daher die Unterschiede ihrer sozialen Kontexte als belastender als solche aus ansässigen Familien (Käppler & Morgenthaler 2013).

Jungen sitzen häufiger vor Computer und Spielkonsole als Mädchen, sie treiben mehr Sport, obwohl auch mehr als die Hälfte der Mädchen regelmässig sportlich aktiv ist – die Korrelationen mit dem Glücksbefinden fallen allerdings nicht ins Gewicht. Mit zunehmendem Alter schauen die Kinder mehr Fernsehen, doch ist hier die Korrelation mit Traurigem in der Kindheit gering. Die Kinder selber stufen häufiges Fernsehen als beglückend ein (Bucher 2001, 148; 2009, 152).

Bedeutsam für das Wohlbefinden von Kindern und Jugendlichen ist die räumliche Situation, in der sie aufwachsen (Bucher 2009, 152ff.; vgl. Klöckner, Stecher & Zinnecker 2002, 275ff.; Steinhübl 2005, 239ff.) Dem Kindheitsglück förderlich sind grosszügige und anregende Wohn-, Spiel- und Bewegungsumgebungen, insbesondere ein eigener Garten. Dies ist häufiger in ländlichen Räumen der Fall, doch wird die Glücksrelevanz der Stadt mit zunehmendem Alter höher eingestuft. Als gefährlich eingeschätzte Umgebungen und beengte Wohnverhältnisse empfinden die Kinder hingegen als belastend, beängstigend und traurig, sie sind häufiger alleine und schlafen schlechter. Allerdings haben das Familieneinkommen, Armut und der Bildungsstand der Eltern einen geringeren Einfluss auf das Kindheitsglück als gemeinhin angenommen wird (vgl. Beisenherz 2007). In Bezug auf Familienarmut muß jedoch zwischen länger andauernder Familienarmut, bei der sich die Einschätzungen zum Wohlbefinden nicht von dem der Mittelstandskinder abheben und derjenigen von Kindern, die zeitweilig von der ökonomischen Unsicherheit ihrer Eltern betroffen sind und sich als weniger glücklich bezeichnen, unterschieden werden (Gisdakis 2007). Die befragten Kinder der ZDF-Studie schätzen ihr Wohlbefinden jedoch höher ein, je mehr Taschengeld sie erhalten (Bucher 2009, 131). Die Korrelationen zwischen Wohnverhältnissen, Familienform, Familieneinkommen und kindlichem Glücksempfinden werden damit deutlich sichtbar. Die befragten Kinder haben eine sehr positive Meinung von sich und zwar unabhängig von Geschlecht, Alter, Familienform (Bucher 2009, 168), die extrovertierten eine noch höhere als die introvertierten, die häufig ein geringeres Selbstwertgefühl besitzen. Einzig die Schulart beeinflusst die Einschätzung des Kindheitsglücks, indem sich Schülerinnen und Schüler aus Haupt- und Realschule weniger „total in Ordnung“ finden als solche aus Grundschule und

Gymnasium. Als belastend und traurig bewerten Kinder Streit mit den Eltern und mit anderen Kindern, zudem neben schulischen Belastungen auch Einsamkeit, Streit, Langeweile und krank sein (Bucher 2009, 170f.; ebd. 2011).

3 Gesundheit und Krankheit

Die Erforschung kindlicher Vorstellungen zu Gesundheit und Krankheit erfuhr ab den 1980er-Jahren grössere Aufmerksamkeit (Natapoff 1978; Bibace & Walsh 1980, 1981, 1994; Schmidt & Fröhling 2000). Die meisten Erhebungen verfolgen einen entwicklungsbezogenen Ansatz und zeigen, dass sich die Struktur von Wissen bei Kindern deutlich von der von Erwachsenen unterscheidet (Dreher & Dreher 1999). Während etliche Untersuchungen von der strukturgenetischen Theorie nach Piaget (1983) ausgehen, basieren neuere Erhebungen auf der Conceptual Change-Theorie und ihrer kognitionswissenschaftlichen Grundlegung. Als einflussreich für spätere Untersuchungen ist die Studie von Natapoff (1978) zu nennen. Sie befragte 264 amerikanische Kinder im Alter zwischen 6 und 12 Jahren zu Gesundheit und Krankheit mit den Fragen (a) Was bedeutet das Wort Gesundheit?, (b) Wie fühlst du dich, wenn du gesund/nicht gesund bist?, c) Woran kannst du erkennen, ob ein anderes Mitglied der Familie gesund ist?, und (d) Kann man gleichzeitig teilweise gesund und teilweise krank sein?

Natapoff verband die alters- und entwicklungsabhängigen Vorstellungen mit subjektiven Einschätzungen und Bewertungen der Kinder zu Gesundheit. Subjektives Erleben von Gesundheit geht von einem ganzheitlichen Empfinden von körperlichen und psychischen Zuständen aus, die auch soziales und erfahrungsbasiertes Wissen beinhalten. Demgegenüber konzentriert sich eine objektive Erfassung von Gesundheit stärker auf funktionale Aspekte des Körpers sowie messbare Verfahren und Abweichungen von körperlichen Normen. Aus Natapoffs Ergebnissen wird deutlich, dass Kinder aller Altersgruppen Gesundheit als Zustand des Wohlbefindens beschreiben, der es ihnen ermöglicht, aktiv am Leben teilzunehmen, Sport zu treiben und Freunde zu treffen. Natapoff zeigte ferner, dass Kinder im Vorschulalter (5-6 Jahre) Gesundheit und Krankheit als zwei getrennte Konzepte wahrnehmen. Zusammenhänge zwischen beiden Konzepten, wie sie ältere Schulkinder erstellen, z.B. Krankheit als vorübergehende Beeinträchtigung der Gesundheit, sahen nur 22% der befragten Sechsjährigen. Die Frage, ob jemand zum Teil krank und zum Teil gesund sein kann, wurde hingegen von 74% der Neunjährigen und 84% der Zwölfjährigen bejaht. Gesundheit und Krankheit sind offenbar aus Sicht der meisten jüngeren Kinder nicht zwei Enden eines kontinuierlichen und reversiblen Konzeptes (vgl. Bibace, Schmidt & Walsh 1994, 14).

Kurtz (2014) untersuchte in einer Interventionsstudie mit Kontrollgruppe (n=81) das Wissen von 139 fünfjährigen deutschen Kindern zu Gesundheit, Krankheit und medizinischen Interventionen. Die Autorin kommt zum Schluss, dass die Kinder der Interventionsgruppe eine Art naive Theorien zu Gesundheit und zu medizinischen Gesundheitsinterventionen entwickelten, die als parallel geführte Wissensinseln beschrieben werden können. Die Antworten der Kinder bezogen sich dabei auf eigene Erlebnisse und familiäre Betroffenheit, die Herleitung von zusammenhängenden Kausalitätsketten war kaum möglich. Vielmehr stellt die Autorin sowohl inter- als auch intraindividuelle Wissensunterschiede fest, die sie auf Krankheitserfahrungen oder gesundheitsbezogene Erfahrungen der Kinder in der Familie zurückführt. Dieser Befund wird von Lohaus & Ball (2006) bestätigt, wonach die Differenziertheit und Komplexität der Gesundheitskonzepte der Kinder eng mit ihren Erfahrungen im außerschulischen Umfeld zusammenhängen. So können Kinder mit ansonsten differenzierten kognitiven Fähigkeiten durchaus weniger elaborierte Konzepte zu Krankheit oder Gesundheit aufweisen (Petermann & Wiedebusch 2001). Piko & Bak (2006) erhoben Vorstellungen zu Gesundheit und Krankheit bei 128 ungarischen Primarschülerinnen und -schülern im Alter von 8 bis 11 Jahren aus unterschiedlichen soziokulturellen Milieus. Die Datenerhebung geschah mittels kombinierter Methode und anhand einfacher Fragen (Was verstehst du unter Gesundheit? Was tust du, um gesund zu bleiben? Was kann dich krank machen? Was tust du, um nicht krank zu werden?), zu denen kommentierte Zeichnungen gefertigt wurden. Die Zeichnungen wurden in der Gruppe präsentiert, diskutiert und auf diese Weise kommunikativ validiert. Die Resultate zeigten, dass die Mehrheit der Kinder über ein differenziertes Wissen zu Gesundheit, Krankheit sowie zu Risikofaktoren wie Unfällen und Gesundheitsgefahren verfügen. *Gesund zu sein* beschreiben die meisten Kinder als positive Ressource zur Lebensbewältigung (Mädchen 10 Jahre: „Gesundheit ist eine Ressource für das Leben"; Mädchen, 11 Jahre: „Gesundheit ist so etwas wie ein natürliches Umfeld"; Junge, 10 Jahre: „Gesundheit heisst, ich gehe an die frische Luft"; Piko & Bak 2006, 643-653). Gesundheit wurde von vielen Kindern oft symbolisch mit Elementen der Natur verbunden, z.B. mit blühenden Bäumen, Schmetterlingen und grünen Wiesen. Systematische Verbindungen von Gesundheit und einer ökologisch gesunden Lebenswelt beschreibt auch Pache (2012, 450), der in Gruppengesprächen mit Schweizer Primärschülerinnen und Primarschülern der 3. und 4. Klasse Konzepte der Ernährung erforschte. Den Gesundheitswert von Lebensmitteln sehen Kinder umso höher, je näher sie produziert wurden. Importierte Lebensmittel und lange Transportwege korrelieren für sie negativ mit Gesundheit, sind darüber hinaus gefährlich (z.B. vergiftet mit Spinnen und Abgasen) und zudem teurer als inländische Nahrungsmittel. Zu beachten ist, dass nur jüngere Schüler sichtbare und unmittelbar wahrnehmbare Aspekte vorbringen, während ältere Schülerinnen und Schüler verstanden haben, dass Umweltverschmutzung unsichtbar ist und sich z.B. in Form von Treibhausgasen manifestiert.

Ferner zeigt Pache (ebd.), dass Kinder ihre Konzepte häufig mit prototypischen Beispielen illustrieren. So sprechen sie z.B. von Erdbeeren, wenn es um den Konsum von nicht saisonalen Nahrungsmitteln geht. Es darf vermutet werden, dass diese Strategien auch bei der Beschreibung von Krankheit und Gesundheit angewendet werden, denn zahlreiche Kinder definieren Gesundheit aus einer eher biomedizinischen Perspektive als Abwesenheit von Bakterien, Viren oder Schmerzen. Kinder mit stärker differenzierten Konzepten gehen von einer holistischen Perspektive aus (Junge 11 Jahre: „Gesund zu sein bedeutet, sich körperlich und psychisch wohlzufühlen und Freude am Leben zu haben“, ebd.; Mädchen 11 Jahre: „Gesund zu sein heisst glücklich zu sein“, ebd.). Einige Beschreibungen verbinden mit Gesundheit auch soziale Aspekte (Mädchen 12 Jahre: „Wenn ich gesund bin, gehe ich zur Schule und freue mich, mit den Freunden zu spielen“, ebd.).
Diese ganzheitlichen Beschreibungen zu Gesundheit bewegen sich sehr nahe an der Konzeption der WHO, indem wie dort die Konzepte „sich wohl fühlen“, „im Gleichgewicht mit sich selber und mit der Umwelt zu sein“ genannt werden.
Die Untersuchung von Piko & Bak (2006) zeigt außerdem, dass ältere Kinder der Primarstufe bereits komplexe Vorstellungen zu Gesundheit äussern, so ein Mädchen (10 Jahre):

> „Um nicht krank zu werden, sollte ich mich viel bewegen, viel ausruhen, gesunde Lebensmittel essen, nicht viel Zucker und Salz – jedoch viele Früchte und Gemüse, Milchprodukte essen und auf fettiges Fleisch, Alkohol und Zigaretten und Drogen verzichten“ (zitiert nach Piko & Pak 2006, 650).

Einige Kinder beschreiben auch lebensweltlich überlappende Konzepte (Junge, 10 Jahre: „Um gesund zu bleiben, spiele ich Fußball, versuche gesund zu essen und reinige meine Zähne zweimal täglich. Am Abend nehme ich immer ein Bad“; ebd.). Interessanterweise geben die Autorinnen an, dass sie keine verlässlichen Ergebnisse fanden, die auf geschlechtsspezifische Unterschiede in den Aussagen verweisen würden.
Im Alter der Primarstufe erweitern und differenzieren Schülerinnen und Schüler ihre Konzepte zu Gesundheit und Krankheit und nehmen zunehmend die Reversibilität beider Konzepte wahr (Ball 2004). Nach Lohaus & Ball (2006) organisieren Kinder bereits auf der Primarstufe ihr Wissen zu speziellen gesundheitsbezogenen Themen in Form von semantischen Strukturen (vgl. Büttner & Zimmermann 2011).
Eine deutsche Studie von Schmidt & Fröhling (1998) befragte 99 Kinder und Jugendliche zwischen 5 und 16 Jahren, (a) was ihnen das Wort Gesundheit bedeute, (b), wie sie sich fühlen, wenn sie gesund sind, (c) was sie alles tun können, wenn sie gesund sind, und (d) was sie alles tun können, um gesund zu bleiben.
Ältere Kinder und Jugendliche beschreiben den Begriff der Gesundheit positiv und sehen diese nicht nur als Gegenteil von Krankheit. Am häufigsten werden

in diesem Zusammenhang die Aspekte der subjektiven Befindlichkeit und Funktionalität des Körpers genannt (vgl. Schmidt & Fröhling 1998, 39). Mit Blick auf die Mitverantwortung bei der Gesundheitsförderung wird aus der Studie von Schmidt & Fröhling deutlich, dass Kinder vor allem bei der Ernährung und Bewegung durchgängige Muster der Beeinflussung ihrer Gesundheit sehen.
Erhebungen der Gesundheitskonzepte von Kindern und Jugendlichen sind insofern relevant, als damit auch Zusammenhänge für die Entwicklung von psychischen und somatischen Erkrankungen festgestellt werden können. Ausgehend von zahlreichen Studien zu Gesundheit bzw. Krankheit verlaufen Lernprozesse im Primarschulalter über das Aufgreifen und Verbinden von teils parallel laufenden Vorstellungen der Kinder. Während es im frühen Schulalter um ko-konstruktive Formen begrifflicher Klärung gehen könnte, scheint ab dem späteren Primarschulalter die Erfassung von Tiefenstrukturen möglich. Diese sind für das Verstehen und Verbinden eines facettenreichen Gesundheitsverständnisses notwendig. Mit Blick auf die von den Kindern geäusserten elaborierten Konzepte (vgl. oben) sind Zweifel angebracht, inwieweit diese Konzepte von ihnen tatsächlich erschlossen und verstanden werden, oder ob sie nicht vielmehr das Resultat einer gesellschaftlichen Konstruktion von Gesundheit abbilden.

4 Der menschliche Körper

Vier- bis achtjährige Kinder sind nicht nur mit dem typischen Aussehen des menschlichen Körpers gut vertraut, sondern auch mit zahlreichen seiner Fähigkeiten und Eigenschaften. Sie konstruieren auch erste Zusammenhänge, wie beispielsweise, dass man blutet, wenn man sich schneidet oder dass man Nahrung braucht. Die Zusammenfassung eines Gesprächs unter vier Schülern zur Frage „Weshalb muß man essen?“ verläuft dann beispielsweise wie folgt:

> „Wenn man nicht isst, hat man Hunger, man hat Bauchweh, der Bauch unser Bauch grummelt, man wird dünner und man sieht alle Knochen, man kann nicht schlafen, man denkt an gutes Essen, man fängt sich Krankheiten wie den Hungerbauch ein, man übergibt sich, einem ist schlecht, man wird blass, man hat keine Innergie [sic] mehr und man stirbt“ (Mjenr/Desco 2002).

Was es sonst noch so alles im Körperinneren gibt, wo das Blut herkommt oder wie wir merken können, dass wir uns geschnitten haben, ist für die Kinder oft geheimnisvoll, unklar, oder sie haben noch nie darüber nachgedacht (Lohmann 2016).
Die folgende Auflistung der Organsysteme aus der Untersuchung von Óskarsdóttir, Stougaard, Fleischer, Jeronen, Lützen & Krakenes (2011) kann dazu dienen, die anschliessenden Erläuterungen zu Körperkonzepten von Kindern ab sieben Jahren einzuordnen.

Tab. 1: Checkliste mit Definitionen von Organsystemen zur Einordnung der untersuchten Zeichnungen (Óskarsdóttir et al. 2011)

Organsystem	Definition zur Kodierung der Zeichnungen
Skelettsystem	Schädel, Wirbelsäule, Rippen, Extremitäten
Gasaustauschsystem/ Atmung	Zwei Lungen, zwei Bronchien, Luftröhre, die an Mund und/ oder Nase anschliesst
Nervensystem	Gehirn, Rückenmark, periphere Nerven (z.B. Sehnerv)
Verdauungssystem	Röhre/Schlauch von Mund zu Anus mit Hinweis auf Windungen und/oder Kompartimentierung
Endokrines System	Zwei endokrine Organe (z.B. Schildddrüse, Hirnanhangdrüse, Nebennieren) neben Bauchspeicheldrüse (Zusammenhang mit Verdauungssystem) oder Geschlechtsdrüsen (Zusammenhang mit Urogenitalsystem)
Urogenitalsystem	Zwei Nieren, zwei Harnleiter, Blase und Harnröhre oder zwei Eierstöcke, zwei Eileiter und Uterus oder zwei Hoden, zwei Nebenhoden und Penis
Muskelsystem	Zwei Muskelgruppen (z.B. Unterarm und Oberschenkel) mit Verbindung der Ansätze zum entsprechenden Gelenk
Blutkreislaufsystem	Herz, Arterien und Venen zum und/oder vom Herzen und, mindestens teilweise, im ganzen Körper

Diese Vorstellungen der Kinder und Jugendlichen zum menschlichen Körper wurden bei Schülerinnen und Schülern ab etwa sieben Jahren untersucht. Die Studien entstanden teilweise in internationaler Zusammenarbeit, was interessante Unterschiede zwischen den Ländern zu Tage förderte (Reiss & Tunnicliffe 2002; Óskarsdóttir et al. 2011). Zu den Präkonzepten von jüngeren Kindern sind kaum wissenschaftliche Arbeiten bekannt. Bei den meisten Untersuchungen zu Primarschulkindern stand methodisch die Auswertung von Zeichnungen im Vordergrund, bei Schülerinnen und Schülern der Ober- und der gymnasialen Stufe wurde oft auch mit Interviews oder mit gemischten Methoden („mixed methods") gearbeitet. Bereits Siebenjährige haben ein breites Wissen über Strukturen in ihrem Körper und kennen mehrere Organe. Bei offenen Aufgabenstellungen („Zeichne, was in dir drinnen ist!") zeichneten die Mädchen und Jungen am häufigsten das Verdauungssystem (22%), das Gasaustausch-System (18%) und das Skelettsystem (12%). Am unteren Ende stehen das Blutkreislaufsystem (2%), das endokrine System (1%) und das Muskelsystem (0%) (Reiss & Tunnicliffe 2002). Die Resultate von internationalen Studien spiegeln kulturelle Unterschiede wider. Koch- und Essgewohnheiten, Bilder in bekannten Bilderbüchern und typische sprachliche Ausdrücke scheinen die kindlichen Vorstellungen von Knochen und Organen im menschlichen Körper zu beeinflussen (Óskarsdóttir et al. 2011). In Taiwan war der Unterschied zwischen dem Wissen von 7- und 15-jährigen Schülerinnen und Schülern nicht signifikant, weil manche Siebenjährige das Verdauungs-, das Gasaustausch- und das Ausscheidungsystem bereits sehr differenziert zeichnen konnten (Reiss & Tunnicliffe 2002).

Organe, deren Aktivität von aussen wahrnehmbar ist (z.B. das Herz), sind Sechsjährigen eher bekannt als nicht spürbare Organe (z.B. Leber, Nieren). Die wenigsten Kinder können deren genaue Lage benennen (Óskarsdóttir et al. 2011). Auch die Zusammenhänge zwischen einzelnen Organen sind für die Kinder schwierig zu verstehen, weshalb sie selten ganze Organsysteme beschreiben. 15-Jährige haben zwar ein deutlich breiteres Wissen über die Organe und ihre Vielfalt, aber immer noch wenig Zusammenhangswissen über Organsysteme (Reiss & Tunnicliffe 2002; Cuthbert 2000). Dies zeigt sich beispielsweise in den Darstellungen zum Verdauungssystem in einer Unterrichtssituation bei Primarschülerinnen und -schülern (Mjenr/Desco 2002). Jüngere Kinder stellen sich teilweise noch vor, dass aufgenommene Nahrung irgendwo im Körper ist. Dieses Konzept wird von manchen Autoren „Körper als Behälter" genannt. Ein blind endender Magen wurde von Kindern zwischen 7 und 11 Jahren beschrieben (Cuthbert 2000). Lernende mit dieser Vorstellung sehen keinen Zusammenhang zwischen Nahrungsaufnahme und Ausscheidung. Auch bei älteren Schülerinnen und Schülern der Primarstufe sind die Reihenfolge und die Lage der Verdauungsorgane oft noch unklar (Carvalho, Silva & Lima 2004).

Die Analyse von Kinderzeichnungen zur Ermittlung von Verständnisstufen nach einer achtstufigen Skala bewährte sich bei offenen Aufgabenstellungen („Zeichne, was in dir drin ist!") und wurde in mehreren Untersuchungen eingesetzt:

Tab. 2: Checkliste zur Auswertung von Zeichnungen zum Inneren des Menschen und Verständnisstufen (Óskarsdóttir et al. 2011, modifiziert nach Reiss & Tunnicliffe 2002).

Stufen	Vorhandene Strukturen in der Zeichnung
1	Keine Repräsentation von inneren Strukturen
2	Ein inneres Organ (z.B. Gehirn oder Herz) zufällig platziert
3	Ein inneres Organ (z.B. Gehirn oder Herz) an passender Position
4	Zwei innere Organe (z.B. Gehirn, Herz oder Magen) zufällig platziert
5	Zwei innere Organe (z.B. Gehirn, Herz oder Magen) an passender Position, aber keine deutlichen Beziehungen zwischen ihnen hergestellt
6	Mehr als zwei innere Organe an passender Position, aber keine deutlichen Beziehungen zwischen ihnen hergestellt
7	Mehr als zwei innere Organe an passender Position und ein Organsystem dargestellt (z.B. Kopf-Darm-Anus oder Verbindungen zwischen Herz und Blutgefässen)
8	Mehr als zwei der folgenden Organsysteme: Verdauung, Blutkreislauf, Gasaustausch/Atmung und Nervensystem

Die wenigen vorhandenen Daten lassen bei Jungen etwas stärker differenzierte Vorstellungen zu Geschlechtsorganen vermuten als bei Mädchen (Reiss & Tunnicliffe 2002). In einer Studie wurden Zeichnungen von 62 Jungen und 96 Mädchen verschiedener Altersgruppen analysiert und dabei explizit die Geschlechtsorgane verglichen. Keines der 4- bis 7-jährigen Kinder zeichnete ein Geschlechtsorgan, bei den Kindern der dritten Klasse waren Geschlechtsteile nur bei einigen wenigen Jungen Bestandteil ihrer Darstellung. In der sechsten Klasse zeichneten 44% der Jungen und 64% der Mädchen Geschlechtsorgane. Überraschenderweise stellte die überwiegende Mehrheit der Mädchen männliche Geschlechtsorgane dar. Bei den Jugendlichen der neunten Klasse nahm der Anteil der Mädchen wieder ab (54%) und nur noch einer von 11 Jungen bezeichnete die entsprechende Körperregion als „Genitalien". In keiner der 158 Darstellungen war eine Klitoris gezeichnet oder benannt, in 13 war hingegen der Penis gezeichnet und in 10 davon mit verschiedenen Begriffen benannt. Bei Oberstufenschülerinnen und -schülern sowie bei Studierenden zeichneten oder erwähnten signifikant mehr Frauen weibliche Geschlechtsorgane als dass Männer männliche zeichneten und/oder nannten (Reiss & Tunnicliffe 2001).

In einer qualitativen Untersuchung (Rutke 2006) von Vorstellungen bei Erstklässlern zur Entwicklung des menschlichen Lebens wurde festgestellt, dass sowohl zur Zeugung wie auch zur Entwicklung des Fötus sehr unterschiedliche Vorstellungen bestehen. Die meisten Kinder stellten sich dabei vor, dass nur Vater *oder* Mutter einen stofflichen Beitrag zur Zeugung leistet. Bezüglich der Entwicklung im Mutterleib sind manche Kinder der Überzeugung, dass nur diejenigen Fähigkeiten vor der Geburt ausgebildet sind, die das Ungeborene in dieser Phase braucht:

> „Ich weiß nicht, ob das Baby im Bauch sehen kann. Es kann nicht hören. Schlucken kann es auch nicht. Atmen muß es auf jeden Fall. Das Baby im Bauch kann nicht winken. Ich meine, dass das Baby im Bauch noch nicht essen und trinken muß. Der Bauchnabel atmet für den Bauch, glaube ich" (Moritz, 1. Klasse).

Dabei ist oft auch die Vorstellung vorhanden, dass vorgeburtlich noch Einfluss auf das Geschlecht genommen werden kann.

In einer Studie in den nordischen Ländern an 6- bis 8-jährigen Kindern war Stufe 2 der Skala (vgl. Tabelle 3) am häufigsten vertreten: Die meisten Kinder zeichneten Knochen als Linien oder Kreise. Die Kinder auf den Färöer-Inseln bezogen häufiger als alle anderen (26%) die Rippen mit ein. Stufe 3 wurde von etwa 8% der Kinder erreicht. Wenn ein Knochen korrekt eingezeichnet wurde, war dies meist der Schädel.

Tab. 3: Checkliste zur Auswertung von Zeichnungen des Skeletts nach Verständnisstufen (Reiss & Tunnicliffe 1999).

Stufen	Vorhandene Strukturen in den Zeichnungen
1	Keine Knochen
2	Knochen vorhanden, dargestellt als einfache Linien oder Kreise
3	Knochen dargestellt als „Hundeknochen" und zufällig oder verteilt im ganzen Körper
4	Ein Knochentyp in korrekter Position
5	Mindestens zwei Knochentypen (z.B. Wirbelsäule und Rippen) in korrekter Position zueinander
6	Anordnung der Knochen gemäß Wirbeltierskelett (z.B. Wirbelsäule, Schädel und Extremitäten und/oder Rippen)
7	Vollständiges Skelett (z.B. Verbindungen zwischen Wirbelsäule, Schädel, Extremitäten und Rippen)

Schülervorstellungen zum Blutkreislauf gelten als gut untersucht (Riemeier, Jankowski, Kersten, Pach, Rabe, Sundermeier & Gropengiesser 2010; Hammann 2003). Erfahrungsbasierte Konzepte, die unmittelbar erfahren werden können, umfassen Vorstellungen zum Blut, zur Schorfbildung und zu Blutgefässen, die unmittelbar erfahren werden können. So stellen sich Schülerinnen und Schüler Blut als rote Flüssigkeit vor, die durch den Körper fließt. Zur Blutgerinnung meint Michael (8. Klasse) z.B., dass sich das Blut wie eine „Kruste" auf die Wunde setzt und die Ader verschließt. Dabei ist die Kruste seiner Vorstellung nach „getrocknetes Blut". Vorstellungen zum Blutfluss in Adern, Leitungen, Röhren oder Bahnen sind sehr häufig. Den Gegensatz von blau erscheinenden Venen an der Hautoberfläche und der Erfahrung, dass beim Bluten rotes Blut austritt, lösen manche Kinder, indem sie sich vorstellen, Blut sei in den Adern blau und färbe sich an der Luft rot. Dazu die folgende Aufstellung:

Tab. 4: Erfahrungsbasierte Konzepte zu Blut, Herz und Kreislauf (nach Riemeier et al. 2010, 83ff.).

Bereiche	Konzeptnamen	Konzeptbeschreibung
Blut, Bluten	Rote Flüssigkeit	Blut ist flüssig und rot
	Blut fliesst	Blut fliesst durch den Körper
	Blut trocknet	Blut trocknet an der Luft
Adern	Blut in Adern	Blut fliesst in Adern durch den Körper
	Blaues Blut	Innerhalb der Adern erscheint das Blut blau
Hautröte	Rot werden	Erröten kommt von starker Durchblutung

Bereiche	Konzeptnamen	Konzeptbeschreibung
Herzschlag	Herz als Mitte	Das Herz ist in der Mitte des Körpers
	Herz als Antrieb	Das Herz treibt den Blutfluss im Körper an
Denkfigur „Personifiziertes Blut“	Blutkörperchen	Blutkörperchen sind kleine Männchen, die im Körper umherlaufen
	Blutgruppen	Blutkörperchen gleicher Blutgruppen erkennen einander; mit anderen streiten und kämpfen sie
	Blut versorgt	Blut versorgt den Körper mit Sauerstoff und/oder Nährstoffen und entsorgt Kohlenstoffdioxid und Abfallstoffe
	Blut bekämpft	Blut oder dessen Bestandteile kämpfen gegen Krankheitserreger

Imaginäre Konzepte werden meist durch Metaphern und Analogien erschlossen. Beispielsweise enthält die Denkfigur „Personifiziertes Blut“ das Konzept Blutkörperchen, in welchem Schülerinnen und Schüler menschliche Fähigkeiten auf Blutzellen übertragen oder ihnen kognitive Fähigkeiten zuschreiben, so Michael (8. Klasse):

> „Blutkörperchen, das sind so kleine Männchen, die da in den Adern herum laufen, wie kleine Bällchen vielleicht. (…) Blutgruppen sind wahrscheinlich unterschiedliche Formen von Blutkörperchen. Manche Formen passen einfach nicht zusammen und die machen sich gegenseitig kaputt, also wie Streit, dass die sich nicht verstehen und dann gegenseitig kaputt machen“ (Riemeier et al. 2010, 83).

Vorstellungen der Versorgung von Muskeln bzw. Organen durch das Blut sind weitgehend vorhanden. Blut versorgt sie mit „Nahrungsstoffen“ oder „Sauerstoff“ und „sorgt für den Abtransport von nicht mehr gebrauchten Stoffen wie Kohlenstoffdioxid“ (Yvonne, 8. Klasse, in: ebd., 84). Diese Vorstellungen können als Konzept *Blut versorgt* zusammengefasst werden, wobei als transportierte Stoffe Sauerstoff, Nährstoffe, Kohlenstoffdioxid oder auch „Abfallstoffe“ genannt werden. Die Versorgung mit Sauerstoff, der als unbedingt lebensnotwendig gilt, wird als Hauptaufgabe des Blutes verstanden (ebd.; Kattmann 2007).
Auch 12- bis 14-Jährige geben noch den eigenen körperlichen Erfahrungen Vorrang vor den diesen offenbar widersprechenden wissenschaftlichen Erkenntnissen. So ist für die Kinder beispielsweise schwer nachvollziehbar, dass es zwei Blutkreisläufe gibt – den Körper- und den Lungenkreislauf –, obwohl man nur einen Herzschlag hört (Riemeier et al. 2010). Bei den Vorstellungen zur Blutzirkulation existieren zwei Verständnisschwierigkeiten: der grosse Blutkreislauf, der nur in Herznähe gemeinsam, sonst aber vielfach verzweigt verläuft, sowie die Verknüpfung mit dem Lungenkreislauf. Der Herzschlag ist einfach erfahrbar, die Lunge und der Gasaustausch jedoch nicht. Dies ist wohl mit ein Grund, dass für Schülerinnen und Schüler das Herz das zentrale Organ des Blutkreislaufs ist und die Lunge nicht mitgedacht wird (ebd.; Hammann 2003).

Insgesamt ermöglichen im Unterricht gezeichnete Vorstellungen, Einblick in die Vielfalt der Konzepte zu nehmen. Sie können als Diskussionsgrundlage und zum Vergleich mit den fachlichen Vorstellungen dienen. Grundsätzlich ist bei den Organen und Organsystemen zu empfehlen, nicht mit ganzen Organsystemen zu beginnen und diese dann zu zerlegen, sondern einzelne Organe vertieft zu bearbeiten und diese dann miteinander zu verbinden (Reiss & Tunnicliffe 2002). Die Zusammenhänge von Verdauung, Transport der Nährstoffe durch das Blut zu den Zellen und äusserer Atmung sollten bereits in der Primarstufe (5./6. Klasse) eingeführt werden, um ein physiologisches Verständnis für Ernährung und Verdauung aufzubauen (Hammann & Asshoff 2015).
Beim Lerngegenstand Blutkreislauf sollte für eine anfängliche Erhebung auf den Begriff des „Kreislaufs“ verzichtet werden, damit die Kinder ihre eigenen kindlichen Vorstellungen der Durchblutung einbringen können. Der Zusammenhang mit dem Lungenkreislauf sollte bereits früh einbezogen werden (Hammann 2003).

5 Ausblick

Aus den vorgestellten Forschungsfeldern lassen sich etliche Anregungen für die weitere Unterrichtsentwicklung und Unterrichtsforschung ableiten:
Zu nennen ist das Spannungsfeld zwischen programmatischen Konzeptionen einerseits, welche bis hin zur internationalen Ebene eine häufig vordefinierte Entwicklung von Kindern und Jugendlichen im Blick haben und den empirischen Erhebungen andererseits, die von soziökonomischen Gegebenheiten und feststellbaren Vorstellungen der Kinder und Jugendlichen ausgehen. Dass zum Beispiel Armut nicht gleichbedeutend mit unglücklich oder weniger gesund sein muß, weist auf die Komplexität der Begriffe Wohlbefinden, Glück und Gesundheit hin. Oder Konzepte von Gesundheit, Wohlbefinden oder Normalität, die gesellschaftlich oder gar durch internationale Gremien normativ gesetzt werden, könnten allenfalls durch empirische Studien befragt und überarbeitet werden.
Eine Herausforderung bildet sicherlich die Breite des Bildungs- und Forschungsgebietes. Neben der Fachdidaktik erforschen die Sozialwissenschaften und die Psychologie verschiedene Lebensbereiche, Einstellungen und Konzepte von Kindern und Jugendlichen. Die Inhalte zu Identität, Körper und Gesundheit werden aus unterschiedlichen disziplinären Traditionen, domänenspezifischen Bildungsbereichen und mit der entsprechenden Vielfalt an Methoden angegangen. Der domänenspezifische Kontext, in welchem Konzepte aufgebaut werden, z.B. die Schulfächer, beeinflusst die Konzeptualisierungen (vgl. Büttner & Zimmermann 2011). Biologische und physiologische Konzepte zum Menschen kommen damit neben ernährungs- und gesundheitsbezogene, soziale oder psychologische Vorstellungen zu stehen. Hier ist zum einen die fachliche

und fachdidaktische Vernetzung im Unterricht gefordert, damit junge Menschen über derart sinnhaft gestaltete Bildungsprozesse zu *Lebenskompetenz*, das heißt zu einem kohärenten Verständnis bezüglich *Identität, Körper und Gesundheit* gelangen und *sich Sorge tragen können*, wie dies der Lehrplan 21 fordert oder in einer fachdidaktischen Grundlegung wie dem Perspektivrahmen GDSU angelegt ist (GDSU 2013). Zum andern wäre eine vermehrt interdisziplinär und international geführte Forschung sachdienlich, um die vorhandenen Bezüge zwischen leib-seelischer bzw. körperlich-psychosozialer Befindlichkeit und ihrem Ausdruck durch Kinder und Jugendliche und ihren Vorstellungen näher zu bestimmen. Ein bedenklicher Befund ist dabei, dass das Forschungsfeld für den Schweizer Kontext kaum bearbeitet ist.

Der befragte Inhaltsbereich ist auf die Entwicklung von Kindern und Jugendlichen ausgerichtet. Längsschnittstudien zur Entwicklung der Kompetenzvorstellungen wären deshalb nötig, um entsprechende Konzeptentwicklungen zu Identität, Körper und Gesundheit zu erheben. Hier sind besonders Fragestellungen der Genderforschung beizuziehen, sowohl bezüglich der zu untersuchenden Inhalte als auch in Bezug auf die Methodologie und die interdisziplinären Bezüge.

Literatur

Ball, J. (2004): Untersuchung und Erfassung von kindlichen Krankheitskonzepten im Grundschulalter. Dissertation Universität Marburg. Verfügbar unter: http://archiv.ub.uni-marburg.de/diss/z2004/0629/?C=N%3BO=D [].

Beisenherz, H.G. (2007): Wohlbefinden und Schulleistung von Kindern armer Familien. Auswirkungen der Dauer der Armut auf Grundschulkinder. In: Alt, Ch. (Hrsg.): Kinderleben – Start in die Grundschule. Band 3: Ergebnisse aus der zweiten Welle. (Schriften des deutschen Jugendinstituts: Kinderpanel). Wiesbaden: Verlag für Sozialwissenschaften, 189-210.

Belz-Merk, M. (1995): Gesundheit ist Alles und alles ist Gesundheit. Frankfurt am Main: Lang.

Bibace, R. & Walsh, M.E. (1981): Children's conception of illness. In: R. Bibace & M.E. Walsh (eds.): New direction for child development: children's conception of health, illness and bodily functions. San Francisco: Jossey-Bass, 34-42.

Bibace, R. & Walsh, M.E. (1980): Development of children's concepts of illness. In: Pediatrics, 66, 912-917.

Bibace, R.; Schmidt, L. & Walsh, M.E. (1994): Children's perceptions of illness. In: Penny, G.N.; Bennet, P. & Herbert, M. (eds.): Health psychology: A lifespan perspective. Chur: Harwood Academic Press, 13-30.

Bucher, A.A. (2011): „Das kribbelt so im Bauch ..." – Kinder und Glück. In: Bucher, A.A.; Büttner, G.; Freudenberger-Lötz, P. & Schreiner, M. (in Verbindung mit Kraft, F. und Schwarz, E.E.) (Hrsg.): „Gott gehört so ein bisschen zur Familie". Mit Kindern über Glück und Heil nachdenken. (Jahrbuch für Kindertheologie, Band 10). Stuttgart: Calwer, 37-48.

Bucher, A.A. (2009): Was Kinder glücklich macht? Eine glückspsychologische Studie des ZDF. In: Schächter, M. (Hrsg.): Wunschlos glücklich? Konzepte und Rahmenbedingungen einer glücklichen Kindheit. Frankfurt am Main: ZDF tivi und Nomos, 94-195.

Bucher, A.A. (2001): Was Kinder glücklich macht. Historische, psychologische und empirische Annäherungen an Kindheitsglück. Weinheim und München: Juventa Verlag.

Büttner, G. & Zimmermann, M. (2011): „Aber plötzlich ist er dann wieder geworden!“ Grundschulkinder deuten Krankheit im Kontext von Glauben. In: Bucher, A.A.; Büttner, G.; Freudenberger-Lötz, P. & Schreiner, M., (in Verbindung mit Kraft, F. und Schwarz, E.) (Hrsg.): „Gott gehört so ein bisschen zur Familie“. Mit Kindern über Glück und Heil nachdenken. (Jahrbuch für Kindertheologie, Band 10). Stuttgart: Calwer, 81-95.

Carvalho, G.; Silva, R. & Lima, N. (2004): Portuguese primary school children's conceptions about digestion: identification of learning obstacles. In: International Journal of Science Education, 26(9), 1111-1130.

Cuthbert, A.J. (2000): Do children have a holistic view of their internal body maps?. In: School Science Review, 82(299), 25-32.

Dreher, E. & Dreher, M. (1999): Konzepte von Krankheit und Gesundheit in Kindheit, Jugend und Alter. In: von Hagen, C.; Oerter, R.; Röper, G. & Noam, G. (Hrsg.): Klinische Entwicklungspsychologie. Weinheim: Verlags Union, 623-653.

Egger, J.W. (2010): Gesundheit. Aspekte eines komplexen biopsychologischen Konstrukts und seine Korrelation zu Optimismus und Glückserleben. Psychologische Medizin, 21(1), 38-48.

Faltermaier, T. (2006): Die Salutogenese als Forschungsprogramm und Praxisperspektive. Anmerkungen zu Stand, Problemen und Entwicklungschancen. In: Wydler, H.; Kolip, P. & Abel, T. (Hrsg.): Salutogenese und Kohärenzgefühl. Grundlagen, Empirie und Praxis eines gesundheitswissenschaftlichen Konzepts. 3. Aufl. Weinheim: Juventa Verlag, 185-196.

Faltermaier, T. (2005): Gesundheitspsychologie. (Grundriss der Psychologie, Band 21). Stuttgart: Kohlhammer Verlag.

Flick, U. (1991): Alltagswissen über Gesundheit und Krankheit. Subjektive Theorien und soziale Repräsentationen. Heidelberg: Asanger.

Fried, L. (2012): Junge Kinder als „intuitive Theoretiker ihrer gesamten Welt“? – Forschungsergebnisse zu Wissenslandkarten bei jungen Kindern. In: Kalloch, Ch. & Schreiner, M. (Hrsg.): „Gott hat das in Auftrag gegeben„. Mit Kindern über Schöpfung und Weltentstehung nachdenken. (Jahrbuch für Kindertheologie, Band 11). Stuttgart: Calwer, 22-37.

GDSU, Gesellschaft für Didaktik des Sachunterrichts (2013): Perspektivrahmen Sachunterricht. Bad Heilbrunn: Klinkhardt.

Gisdakis, B. (2007): Oh, wie wohl ist mir in der Schule… Schulisches Wohlbefinden – Veränderungen und Einflussfaktoren im Laufe der Grundschulzeit. In: Alt, Ch. (Hrsg.): Kinderleben – Start in die Grundschule. Band 3: Ergebnisse aus der zweiten Welle. (Schriften des deutschen Jugendinstituts: Kinderpanel). Wiesbaden: Verlag für Sozialwissenschaften, 107-136.

Hammann, M. (2003): Aus Fehlern lernen. In: Unterricht Biologie, 287, 31-38.

Hammann, M. & Asshoff, R. (2015): Schülervorstellungen im Biologieunterricht. Ursachen für Lernschwierigkeiten. 2. Aufl. Seelze: Friedrich Verlag.

Hansen Lagattuta, K. & Thompson, R.A. (2007): The Development of Self-Conscious Emotions. Cognitive Processes and Social Influences. In: Tracy, J.L.; Robins, R.W. & Tangney Price, J. (eds.): The Self-conscious Emotions. Theory and Research. New York & London: The Guilford Press, 91-113.

Hempel, M. (1997): Lebensentwürfe von Grundschulkindern – ein Forschungsthema für den Sachunterricht. In: Marquardt-Mau, B.; Köhnlein, W. & Lauterbach, R. (Hrsg.): Forschung zum Sachunterricht. Bad Heilbrunn: Klinkhardt, 169-189.

Högger, D. (2015): Gesundheitsbildung und Prävention im Lehrplan 21. Verfügbar unter: www.fhnw.ch/de/weiterbildung/paedagogik/beratungsstellen-und-beratungsangebote/beratungsstelle-gesundheitsbildung-und-praevention/publikationen-gesundheitsbildung/media/gesundheit-im-lp21.pdf [20.12.2017].

Käppler, Ch. & Morgenthaler, Ch. (Hrsg.) (2013): Werteorientierung, Religiosität, Identität und die psychische Gesundheit Jugendlicher. Stuttgart: Kohlhammer.

Kattmann, U. (2007): Biologie-Lernen mit Alltagsvorstellungen. In: Unterricht Biologie, 329.

Klöckner, Ch.; Stecher, L. & Zinnecker, J. (2002): Kinder und ihre Wohnumgebung. In: LBS-Initiative Junge Familie (Hrsg.): Kindheit 2001 – das LBS-Kinderbarometer: Was Kinder wünschen, hoffen und befürchten. Opladen: Leske und Budrich, 275-327.

Krappmann, L. (2002): Kinder und ihre Freunde. In: LBS-Initiative Junge Familie (Hrsg.): Kindheit 2001 – das LBS-Kinderbarometer: Was Kinder wünschen, hoffen und befürchten. Opladen: Leske und Budrich, 257-274.

Kurtz, L. (2014): Verändert sich das krankheits- und gesundheitsbezogene Wissen von Vorschulkindern beim Besuch der „Teddyklinik Marburg“? Eine Pilotstudie. Dissertation Universität Marburg. Verfügbar unter: www.http://archiv.ub.uni-marburg.de/diss/z2014/0706/pdf/dlk.pdf [20.11.2017].

Largo, R.H. & Czernin, M. (2003): Glückliche Scheidungskinder. Trennungen und wie Kinder damit fertig werden. München und Zürich: Piper.

LBS-Initiative Junge Familie (Hrsg.) (2002): Kindheit 2001 – das LBS-Kinderbarometer: Was Kinder wünschen, hoffen und befürchten. Opladen: Leske und Budrich.

Lohaus, A. & Ball J. (2006): Gesundheit und Krankheit aus der Sicht von Kindern. 2. überarbeitete und erweiterte Auflage. Göttingen: Hogrefe.

Lohmann, M. (2016): Themenbroschüre Forschen rund um den Körper. Berlin: Stiftung „Haus der kleinen Forscher“.

Mayr, T. & Ulich, M. (2002): Wohlbefinden im späten Kindes- und frühen Jugendalter – Wie erleben Kinder/Jugendliche Familie, Freunde und Schule? In: LBS-Initiative Junge Familie (Hrsg.): Kindheit 2001 – das LBS-Kinderbarometer: Was Kinder wünschen, hoffen und befürchten. Opladen: Leske und Budrich, 45-70.

Mielck, A.; Lüngen, M.; Siegel, M. & Korber, M. (2012): Folgen unzureichender Bildung für die Gesundheit, Bertelsmann Stiftung, Gütersloh. Verfügbar unter: http://www.bertelsmannstiftung.de/fileadmin/files/user_upload/Studie_Folgen_unzureichender_Bildung_fuer_die_Gesundheit.pdf [15.03.2018].

MJENR (Ministère de la jeunesse, de l'éducation nationale et de la recherche), DESCO (Direction de l'enseignement scolaire & französische Académie des sciences/La main à la pâte (2002): Was wird aus den Nahrungsmitteln, die wir essen?. Verfügbar unter: https://www.sonnentaler.net/aktivitaeten/humanbio/nahrung/verdauung/[30.11.2017].

Natapoff, J.N. (1978): Childrens' view of health. A development study. In: American Journal of Public Health, 68, 995-1000.

Opp, G.; Fingerle, M. & Freytag, A. (1999): Was Kinder stärkt. Erziehung zwischen Risiko und Resilienz. München: Ernst Reinhardt.

Óskarsdóttir, G.; Stougaard, B.; Fleischer, A.; Jeronen, E.; Lützen, F. & Krakenes, R. (2011): Children's ideas about the human body – A Nordic case study. In: NorDiNa, 7(2), 179-189.

Oswalt, R. (2009): Einleitung. In: Schächter, M. (Hrsg.): Wunschlos glücklich? Konzepte und Rahmenbedingungen einer glücklichen Kindheit. Frankfurt am Main: ZDF tivi und Nomos, 11-18.

Pache, A. (2012): Erziehung zu nachhaltiger Entwicklung im Licht der Weltbilder von Primarschülerinnen und Primarschülern. In: Beiträge zur Lehrerbildung, 30(3), 434-453.

Petermann, F. & Wiedebusch, S. (2001): Patientenschulung mit Kindern: Wie lassen sich subjektive Krankheits- und Behandlungskonzepte berücksichtigen? In: Kindheit und Entwicklung, 10, 13-27.

Piko, B.F. & Bak, J. (2006): Children's perception of health and illness: images and lay concepts in preadolescences. In: Health Education research. Theory & practice, 21(5), 643-653.

Reiss, M. & Tunnicliffe, S. (2002): An international study of young peoples' drawings of what is inside themselves. In: Journal of Biological Education, 36(2), 85-64.

Reiss, M. & Tunnicliffe, S. D. (2001): Students' Understandings of Human Organs and Organ Systems. In: Research in Science Education, 31, 383-399.

Reiss, M.J. & Tunnicliffe, S. D. (1999): Children's knowledge of the human skeleton. In: Primary Science Review, 60, 7-10.

Riegel, U. (2004): Gott und Gender. Eine empirisch-religionspädagogische Untersuchung nach Geschlechtervorstellungen in Gotteskonzepten. Münster: Lit.

Riemeier, T.; Jankowski, M.; Kersten, B.; Pach, S. ; Rabe, I.; Sundermeier, S. & Gropengiesser, H. (2010): Wo das Blut fliesst. Schülervorstellungen zu Blut, Herz und Kreislauf beim Menschen. In: Zeitschrift für Didaktik der Naturwissenschaften, 16, 77-93.

Rutke, U. (2006): Schülervorstellungen und wissenschaftliche Vorstellungen zur Entstehung und Entwicklung des menschlichen Lebens – ein Beitrag zur Didaktischen Rekonstruktion. Dissertation. München: Ludwigs-Maximilians-Universität.

Schächter, M. (Hrsg.) (2009): Wunschlos glücklich? Konzepte und Rahmenbedingungen einer glücklichen Kindheit. Frankfurt am Main: ZDF tivi und Nomos.

Schmidt, L.R. & Fröhling, H. (2000): Lay concepts of health and illness from a developmental perspective. In: Psychology and Health, 15, 229-238.

Schmidt, L.R. & Fröhling, H. (1998): Gesundheits- und Krankheitsvorstellungen von Kindern und Jugendlichen. In: Flick, U. (Hrsg.): Wann fühlen wir uns gesund? Subjektive Vorstellungen von Gesundheit und Krankheit. Weinheim: Juventa, 33-44.

Schneider, U. (2005): Vom Recht des Kindes auf die Chance zum Glück. In: Schächter, M. (Hrsg.): Wunschlos glücklich? Konzepte und Rahmenbedingungen einer glücklichen Kindheit. Frankfurt am Main: ZDF tivi und Nomos, 74-76.

Schumacher, G. & Kayser, S. (2009): Wie erleben Kinder Glück? Ergebnisse einer tiefenpsychologischen Studie des ZDF. In: Schächter, M. (Hrsg.): Wunschlos glücklich? Konzepte und Rahmenbedingungen einer glücklichen Kindheit, Frankfurt am Main: ZDF tivi und Nomos, 83-93.

Schweizer, H. (2007): Soziologie der Kindheit. Verletzlicher Eigen-Sinn. Wiesbaden: Verlag für Sozialwissenschaften.

Steinhübl, D. (2005): Sag mir wo du wohnst… Risiken und Ressourcen unterschiedlicher Räume für Kinder. In: Alt, Ch. (Hrsg.): Kinderleben – Aufwachsen zwischen Familie, Freunden und Institutionen. Band 2: Aufwachsen zwischen Freunden und Institutionen. (Schriften des deutschen Jugendinstituts: Kinderpanel). Wiesbaden: Verlag für Sozialwissenschaften, 239-276.

Strittmatter, R. (1995): Alltagswissen über Gesundheit und gesundheitliche Protektivfaktoren. Frankfurt am Main: Lang.

Suter, S. (2015): Zwischen Ermächtigung, Paternalismus und Disziplinierung – eine soziologische Studie zur Gesundheitsförderung an Schulen. Bielefeld: transcript.

WHO, World Health Organization (1994): Programme on Mental Health. Verfügbar unter: www. http://apps.who.int/iris/bitstream/10665/63552/1/WHO_MNH_PSF_93.7A_Rev.2.pdf [19.10.2017].

WHO, Weltgesundheitsorganisation (1986): Ottawa Charter for Health Promotion. Regionalbüro für Europa. Verfügbar unter: http://www.euro.who.int/_data/assets/pdf_file/0006/129534/Ottawa_Charter_G.pdf?ua=1 [19.10.2017].

Wild, E. (2002): Lebensraum Schule – Analysen zum Wohlbefinden von Schülern und ihren Einstellungen zu Schule und Lernen. In: LBS-Initiative Junge Familie (Hrsg.): Kindheit 2001 – das LBS-Kinderbarometer: Was Kinder wünschen, hoffen und befürchten, Opladen: Leske und Budrich, 237-255.

World Vision Deutschland e.V. (Hrsg.) (2013): Kinder in Deutschland 2013 – 3. World Vision Kinderstudie, Weinheim und Basel: Beltz.

World Vision Deutschland e.V. (Hrsg.) (2007): Kinder in Deutschland 2007. 1. World Vision Kinderstudie. Konzeption & Koordination: Klaus Hurrelmann, Sabine Andresen & TNS Infratest Sozialforschung. Frankfurt am Main: Fischer Taschenbuch.

Marcus Schrenk und Petra Baisch

Tiere, Pflanzen und Lebensräume erkunden und erhalten – Schülervorstellungen

1 Biologie – Lebenswissenschaften – Begriffsklärung und Definition

Die Biologie als die Wissenschaft, die sich mit Lebewesen und Lebensvorgängen beschäftigt, gliedert sich mittlerweile in zahlreiche Teildisziplinen, die sich in ihren Inhalten und Methoden mitunter so erheblich unterscheiden, dass häufig statt von der Biologie eher von den Lebenswissenschaften gesprochen wird. Auch innerhalb der Naturwissenschaften hat Biologie Alleinstellungsmerkmale

> „Ist in der Physik die kausale Frage die einzig sinnvolle und naturwissenschaftlich zulässige, so liegt uns bei biologischen Phänomenen in der Regel die funktionelle Frage (teleologische Fragestellung) viel näher" (Lichtner 2004, 4).

Hört eine Schülerin oder ein Schüler an einem lauen Märzabend eine Amsel singen und fragt, warum diese singt, gibt es demnach zwei Antwortmöglichkeiten: Die Amsel nimmt über ihre Sinnesorgane und mittels des Gehirns wahr, dass die Tage nun länger geworden sind, die Sonneneinstrahlung intensiver und es allgemein wärmer ist. Das Gehirn ist über die Hypophyse mit dem Hormonsystem verbunden. Die Ausschüttung bestimmter Sexualhormone bewirkt das abendliche Singen. Dies wäre die kausale (proximate) Erklärung, die Antwort auf die Frage „Wie kommt es, dass?", „Was ist die Wirkursache?". Diese Antwort wäre meistens nicht das, was der Schüler eigentlich wissen wollte, sondern eher die andere Antwortmöglichkeit: Das Amselmännchen singt, weil es Frühjahr geworden ist und es sich fortpflanzen möchte. Mit dem Gesang teilt es anderen Männchen mit, dass hier sein Revier ist und gleichzeitig möchte es Weibchen anlocken. Dies wäre die Antwort auf die funktionale (ultimate) Frage „zu welchem Zweck?". Die Frage lässt sich aber noch weiter entwickeln. Wir finden zahllose andere Strategien im Tierreich, um Reviere zu markieren und Weibchen anzulocken. Warum machen es nicht alle auf die gleiche Art und Weise? Wie kam die erste Amsel oder der erste Vogel auf diese Idee? Oder biologisch korrekter: Wie konnte sich diese Verhaltensweise entwickeln und etablieren? Der Evolutionsbiologe Theodosius Dobzhanski formulierte hierzu: „Nothing in biology makes sense except in the light of evolution" (Dobzhanski 1973, 126). Die Biologie als Wissenschaft muss also immer auch danach fragen, wie sich etwas entwickelt hat und entwickeln konnte. Diese historische Dimension macht die Biologie unter den Naturwissenschaften einzigartig.

Angesichts der zahlreichen biologischen Disziplinen und der kaum noch zu überschauenden lebenswissenschaftlichen Erkenntnisse und Fakten stellt sich zurecht die Frage, was in der Schule vermittelt werden kann und soll. Die Konferenz der Kultusministerien der deutschen Bundesländer (KMK 2004) hat sich dazu auf einen verbindlichen Katalog biologischer Basiskonzepte geeinigt. Auch im Lehrplan 21 (D-EDK 2015) sind im Fachbereich Natur, Mensch, Gesellschaft in ähnlicher Form grundlegende Konzepte aufgenommen.

Basiskonzepte sind als Grundeinsichten der jeweiligen Fachdisziplin zu sehen. Gerade in der Biologie besteht die Gefahr, dass Inhalte als Einzelfakten rein additiv vermittelt und gelernt werden. Nicht zuletzt auch deshalb, weil sie sich gut zur Bewertung summativ abfragen lassen. Unter dem Gesichtspunkt der Basiskonzepte ist es wenig sinnvoll, auswendig zu lernen, wieviel Junge ein Eichhörnchen pro Wurf und wie viele Würfe es pro Jahr hat. Erst unter dem Aspekt der r- und k- Strategie und ihrer Zwischenformen ist ein Vergleich der Reproduktionszahlen von Säugetieren sinnvoll. Es kann dann aufgezeigt werden, dass sich im Laufe der Evolution Arten darauf spezialisiert haben, nur wenige Nachkommen zu haben, aber in diese sehr viel Brutpflege zu investieren oder aber sehr viele Nachkommen zu erzeugen und dabei allenfalls Brutfürsorge, aber keine oder nur wenig Brutpflege zu betreiben (Blattläuse oder Erdkröten sind r-Strategen. Der Bär oder der Steinadler hingegen k-Strategen. Letztere leben in der Regel an der Kapazitätsgrenze des Lebensraums). Diese Strategien finden sich je nach Stellung in der trophischen Pyramide und der zoologischen Systematik häufiger bzw. seltener. Es ist ebenso überflüssig, die Körpermaße des Eichhörnchens auswendig zu lernen, wenn diese nicht in den Kontext der arboricolen (auf Bäumen) Lebensweise gestellt werden wie z.B.: großer Schwanz zum Balancieren, Gleiten und Lenken bei Sprüngen, Gegenruder zum Körper bei Stürzen; große Hinterbeine zum Springen; braune Fellfarbe oben, helle unten etc. Es ist auch obsolet auswendig zu lernen, dass das Nest des Eichhörnchens Kobel heißt, wenn diese nicht mit „Bauten“ anderer baumlebender Tiere (Nisthöhlen, Nester, Astgabeln, …) in ihren Vor- und Nachteilen verglichen wird.

Deckelmann und Neuhaus (2014) z.B. ordnen die biologischen Unterrichtsinhalte des Lehrplans für die bayerische Grundschule den drei Basiskonzepten „Struktur und Funktion“, „System“ und „Entwicklung“ zu. Wobei unter „System“ Aspekte der „Kompartimentierung“ als auch der „Stoff- und Energieumwandlung“ zuzuordnen sind und „Entwicklung“ dem Basiskonzept „Reproduktion“ in Abbildung 1 entspricht. Es ist also möglich und auch sehr sinnvoll, biologische Themen im Sachunterricht orientiert an Basiskonzepten zu lehren und lernen. In ähnlicher Ausrichtung werden auch im Lehrplan 21 im Fachbereich NMG grundlegende biologische Konzepte aufgenommen, so insbesondere im Kompetenzbereich 2 „Tiere, Pflanzen und Lebensräume erkunden und erhalten“ (EDK 2015).

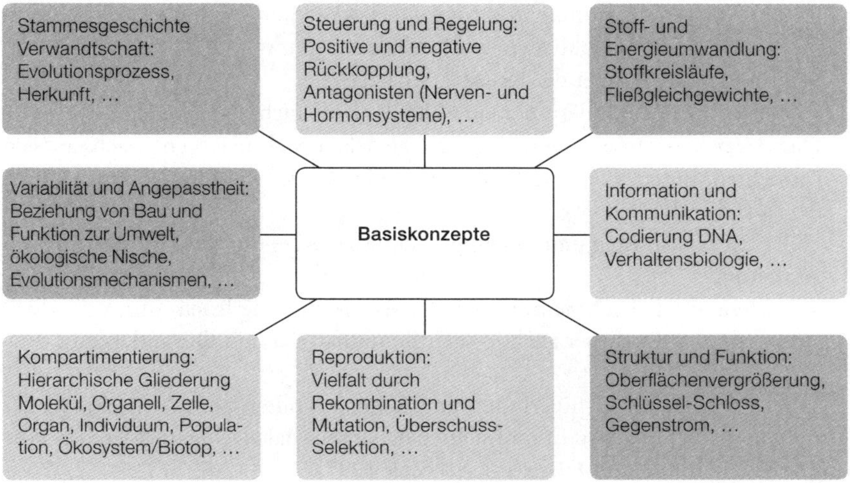

Abb. 1: Biologische Basiskonzepte (nach KMK 2004). Dunkelgrau unterlegt wurden die Basiskonzepte, die nach Meinung der Autoren für die Grundschule besonders bedeutsam sind.

2 Schülervorstellungen zu Tieren und Pflanzen, zu Ökologie und Lebensräumen

2.1 Der Begriff vom Lebewesen

„Was ist ein Lebewesen?" lautet das Stundenthema in einer vierten Klasse. Eine Lehrerin hat sich dazu eine Geschichte ausgedacht und Bildkarten vorbereitet. Bewohnerinnen und Bewohner eines fiktiven Planeten müssen diesen verlassen und auf einen kleineren ausweichen. Sie wollen nur das mitnehmen, was lebendig ist. Es ist geplant, die Bildkarten an der Tafel zu ordnen. Im Rahmen dieses Klassengesprächs sollen Kriterien für ein Lebewesen – wie sie durch die Fachwissenschaft Biologie definiert sind (Gestalt, Stoffwechsel, Produktivität, Irritabilität) – den Kindern bewusst gemacht und schriftlich festgehalten werden. Die Lehrerin plant für diese Phase maximal 20 Minuten ein und rechnet mit nur geringem Klärungsbedarf. Zuerst scheint es auch keine Probleme zu geben. Die Kinder bezeichnen rasch Bäume, Blumen, Tiere und „Marsmenschen" als Lebewesen und nennen auch die Kriterien: atmen, essen und trinken (Stoffwechsel); groß werden, Kinder oder Junge kriegen (Produktivität); sich bewegen, etwas spüren (Irritabilität), sehen, hören, riechen, schmecken, denken, fühlen, sprechen, sterben und krank sein können, etwas wollen; besonderes Aussehen (Gestalt). Bald zeigt sich aber, dass die Schülerinnen und Schüler, gerade indem sie nun konsequent diese Kriterien anlegen, auch Vulkan, Fluss und Feuer als Lebewesen bezeichnen. Es wird

eine ganze Unterrichtsstunde kontrovers diskutiert und es gelingt der Lehrerin nicht, gerade die nachdenklichen und intellektuell am weitesten fortgeschrittenen Schülerinnen und Schüler der Klasse zu überzeugen.
Die Argumente der Schülerinnen und Schüler sind auch bestechend:

- Das Feuer kann fressen, hungrig sein, ersticken, sich bewegen, wachsen, sich vermehren, indem es kleine Funken und Glutstücke wie Blumensamen durch den Wind verbreiten lässt.
- Will man es auspusten und es gelingt nicht, so wird es nur noch grösser, um sich zu wehren.
- Wie Tiere, die je nach dem, was sie fressen und wo sie leben, unterschiedlich aussehen, so sehen Feuer auch je nach Brennmaterial und Ort anders aus.

Gerade die kritischen Schülerinnen und Schüler wollten genau wissen, wo der Unterschied festzumachen ist und stellten daher sehr hartnäckig und geschickt die angeführten Kriterien in Frage (vgl. Schrenk 1997).
Schon in den zwanziger Jahren untersuchte Stückrath (1965) Schülervorstellungen zum Feuer. Nach seinen Beobachtungen schreiben Kinder im Grundschulalter dem Feuer zahlreiche Eigenschaften eines Lebewesens zu, aber mit etwa zehn Jahren begreifen Kinder zunehmend das Feuer als stofflichen Vorgang.
Auch Piaget (1988) untersuchte, wie Kinder verschiedener Altersstufen Lebewesen definieren. Er kam zu dem Ergebnis, dass Kinder frühestens mit 11 Jahren die Eigenschaft ‚lebendig' Tieren und Pflanzen vorbehalten. Das Phasenmodell Piagets beschreibt die Entwicklung allgemeiner Denkstrukturen. Forschungen basierend auf dem Paradigma des „Conceptual Change" haben gezeigt, dass es weniger tauglich ist, wenn es auf bereichsspezifische Wissensentwicklungen angewandt wird (vgl. Einsiedler 1997; vgl. dazu auch die Ausführungen im Beitrag von Möller in diesem Band, S. 35ff.). Susan Carey stellte Untersuchungen über die kognitive Konzeptualisierung von Begriffen wie Tier, Pflanze und Lebewesen bei Kindern im Grundschulalter an. Danach unterscheiden fast alle Kinder ab etwa zehn Jahren sicher zwischen Lebewesen und physikalischen Objekten. Der Weg dorthin führt nach ihren Experimenten und Untersuchungsergebnissen, aber weniger über qualitative Sprünge in den Denkstrukturen, sondern mehr durch Transformation vorhandener Wissensstrukturen (vgl. Carey 1985). Nach Carey ist für die Vorstellung davon, was ein Lebewesen ausmacht, der Vergleich zum Menschen bzw. zum eigenen Körper besonders bedeutsam. Je mehr die Kinder grundlegende Einsichten in biologische bzw. physiologische Prozesse gewinnen (z.B. Ernährung, Atmung, Entwicklung), desto ausdifferenzierter wird ihr Konzept vom Lebendigen bzw. von Lebensvorgängen bei Tieren und Pflanzen.
Dass schon Vier- und Fünfjährige überwiegend zwischen Pflanzen und unbelebten Objekten wie z.B. einem Stein unterscheiden können, zeigten Inagaki und Hatano (1996). Kindern wurden Bildkarten gezeigt und sie konnten aussuchen,

wie eine kleine Pflanze, die ein Junge auf dem Weg zum Kindergarten morgens sieht, auf dem Heimweg aussehen wird und wie ein paar Monate später im Sommer. Mehrheitlich wählten die Vorschulkinder für den Zeitpunkt ein paar Monate später eine große Sonnenblume aus, während sie für den Heimweg am gleichen Tag bei dem Bild eines kleinen Pflänzchens blieben. Den unbelebten Objekten billigten sie solche Veränderungen meist nicht zu, egal zu welchem Zeitpunkt.

Tamir, Gal-Choppin und Nussinovitz (1981) befragten mittels Bildkarten Schülerinnen und Schüler der 3.-9. Klassenstufe Israels. Den Probanden wurden jeweils Bildkarten von drei Tier- und drei Pflanzenarten, einem Pflanzensamen, einem Ei und acht unbelebten Objekten vorgelegt. Es konnten keine statistisch signifikanten Unterschiede zwischen den Befragten im Grundschulalter und der Sekundarstufe festgestellt werden. Es wurden 99% der Tiere, 82% der Pflanzen, von 61% das Ei und von 52% der Pflanzensamen als lebendig bezeichnet. Die unbelebten Objekte wurden von 81% richtig klassifiziert. Interessant ist, dass krautige Pflanzen zu 86%, Bäume aber nur zu 78% als lebendig eingestuft wurden. In einer Untersuchung mit Schülerinnen und Schülern der Sekundarstufe I kamen Roland und Marzin (1996) zu ähnlichen Ergebnissen. Bei den Tieren wurde aber das ‚Lebendig-Sein' an anderen Kriterien festgemacht als bei den Pflanzen: „Der Elefant ernährt sich, atmet und verteidigt sich", „Der Rabe fliegt", „Die Spinne webt ein Netz", „Die Geranie nimmt Wasser auf", „Der Kaktus produziert Wasser" und „Der Baum stellt Humus her". Einen guten Überblick über diese und weitere Studien geben Hammann und Asshoff (2014).

Besonders heftig protestierten die Schülerinnen und Schüler in der eingangs geschilderten Stunde gegen die Behauptung, ein Fluss sei kein Lebewesen. Nicht hinnehmbar war für sie der Vergleich eines Flusses mit Wasser, das von einem Glas in ein anderes geschüttet wird. Ein Gefälle – so hatten viele Kinder schon sehr genau beobachtet – sei beispielsweise am Neckar nicht zu sehen. Obwohl es dort ganz eben sei, ströme er zielstrebig in seinem Bett weiter. Diese Feststellung der Kinder würde sich ganz im Sinne von Piagets Stufentheorie interpretieren lassen. Tatsächlich ist bei vielen großen Flüssen das Gefälle nicht sichtbar. Man muss es sich im Sinne einer formalen Operation – also der höchsten piagetschen Entwicklungsstufe der kognitiven Leistung – denken. Diese Beobachtung deckt sich mit weiteren Studien. Schülerinnen und Schülern im Grundschulalter fällt es schwer, Wolken, Flüsse, Vulkane und Himmelskörper als unbelebte Objekte zu definieren (Tyler, De Melo & Peterson 2012; Hellberg-Rode 1996).

Eine Erklärung könnte darin zu finden sein, dass die Lehrerin gelehrt hat, einen Fluss vor allem unter physikalischem Aspekt als fließendes Wasser zu sehen. Er ist H_2O, das einem Gefälle folgt. Gerade eine solche, auf wissenschaftliche Disziplinen beruhende Sichtweise ist Kindern im Grundschulalter oft noch fremd. Aus biologischer Sicht ist ein Fluss ja auch ein Lebensraum: zu ihm gehören – nicht nur aus Sicht von Grundschülerinnen und -schülern – auch Lebewesen, die auf vielfältige Art und Weise untereinander, aber auch mit unbelebten natürlichen Strukturen des Flusses verbunden sind.

2.2 Ökologie

Die Ökologie gilt als „die Wissenschaft vom Stoff- und Energiehaushalt der Biosphäre und ihrer Untereinheiten (z.B. Ökosysteme), von den Wechselwirkungen zwischen den verschiedenen Organismen und zwischen den Organismen und den auf sie einwirkenden unbelebten Umweltfaktoren sowie zwischen den einzelnen unbelebten Umweltfaktoren" (Jäkel & Schrenk 2017, 67).
Eine zentrale Kompetenz, um ökologische Inhalte und Prozesse verstehen zu können, ist das systemische Denken. Für den Sachunterricht an der Grundschule konkretisiert sich das meistens an der Darstellung von Nahrungsnetzen und trophischen Pyramiden häufiger einheimischer Lebensräume wie Wald, Wiese, Bach oder Teich. (Zu) selten wird der Boden als zu untersuchender Lebensraum gewählt, obwohl er vielfältige Möglichkeiten der originalen Begegnung bietet und in seiner Bedeutung als Lebensgrundlage des Menschen unterschätzt wird.
Es gibt einige Untersuchungen, die die Fähigkeiten im Rahmen von Lebensgemeinschaften systemisch zu denken bei Schülerinnen und Schülern der Sekundarstufe untersuchten. Schülerinnen und Schüler im Grundschulalter waren aber selten einbezogen (vgl. Hammann & Asshoff 2014). Grundsätzlich fällt es Schülerinnen und Schülern schwer, mehrere Parameter miteinander in Beziehung zu setzen und indirekte Einflüsse und Rückkopplungen zu berücksichtigen (vgl. Hogan 2000). In der Regel werden nur direkte Abhängigkeiten erkannt und trophische Pyramiden meist nur von oben nach unten interpretiert. Gibt es viele Füchse, gibt es auch weniger Mäuse. Der Einfluss einer hohen Mäusepopulation auf deren Prädatoren wie Füchse, Marder und Greifvögel wird eher selten wahrgenommen. In diesem Kontext wird auch meist die Bedeutung von Produzenten, also grüner Pflanzen in Ökosystemen, als Basis aller Nahrungs- und damit Energieflüsse in Lebensgemeinschaften nicht erkannt. Dies ist sicherlich auch im Kontext der unten beschriebenen ‚Plant Blindness' zu interpretieren. Sommer (2006) fand im Rahmen einer Interventionsstudie heraus, dass Grundschülerinnen und Grundschüler durchaus relativ umfangreiches und komplex vernetztes biologisches Fachwissen erwerben können (vgl. dazu die Hinweise im Beitrag von Adamina in diesem Band, S. 218f.).
Strommen (1995) erhob die Vorstellungen von Schülerinnen und Schülern der ersten Klasse zum Lebensraum Wald. Hierzu wurden die Lernenden darum gebeten, einen Wald mit möglichst vielen Lebewesen zu zeichnen. Anschließend fanden umfangreiche Interviews mit Kartenabfragen statt. Es zeigte sich, dass Lernende im Grundschulalter über teilweise hohes Detailwissen verfügen, aber von sich aus dieses nicht in übergeordnete Zusammenhänge gliedern. So werden

keine Gruppen gebildet wie Pflanzen- oder Fleischfresser oder Tiere auf Bäumen oder auf dem Waldboden. Indirekt bestätigte auch diese Untersuchung die These der „plant blindness", da Tiere deutlich häufiger als Pflanzen genannt wurden (durchschnittlich 14,6 Tierarten im Gegensatz zu 2,8 Pflanzenarten). Für den Sachunterricht bedeuten die Ergebnisse dieser Studie, dass bei der Behandlung von Lebensräumen den Pflanzen und ihrer Bedeutung für das Ökosystem deutlich mehr Beachtung geschenkt werden sollte und dass Einzelfaktenwissen der Lernenden strukturiert und zu ökologischen Oberbegriffen geführt werden sollte (Hammann & Asshoff 2014, 202).

Neben der Fähigkeit, Lebewesen in (funktionelle) Gruppen zu gliedern und sinnstiftende Beziehungen zwischen Körperbau, Lebensweise und Lebensraum zu bilden (Schrenk 2010), bedarf es der Fähigkeit, Stoff- und Energieflüsse in Ökosystemen nachvollziehen zu können, um das Zusammenwirken von Organismen verstehen zu können (Carlsson 2002). Baisch (2009) erhob die Vorstellungen von Grundschülern der 3. Klassenstufe zum Stoffkreislauf im Boden. Ähnlich wie bei den Untersuchungen von Leach, Driver, Scott und Wood-Robinson (1995,1996) mit 14- bis 16-Jährigen nannten die befragten Schülerinnen und Schüler der Grundschule als Gründe für das Verfaulen von Früchten natürliche Alterungsprozesse, Zersetzung durch Makro- und Mikroorganismen, durch die Einwirkung von abiotischen Faktoren wie Sonne, Wärme oder Luft oder durch menschliche Einflüsse. Für den Unterricht bedeutsam ist hierbei, dass es nicht ausreicht, nur das Zersetzen durch Asseln oder Kompostwürmer zu zeigen. Es muss der Stoffwechsel dieser von abgestorbener organischer Substanz lebender Organismen selbst thematisiert werden, um deren Rolle für die Mineralisierung aufzuzeigen. Schrenk und Baisch (2011) konnten im Rahmen einer konstruktivistischen Lernumgebung, in der mit Kompostkisten gearbeitet wurde, aufzeigen, dass schon Grundschülerinnen und -schüler Vorstellungen eines Kreislaufs der Stoffe zwischen Produzenten, Konsumenten und Destruenten entwickeln können.

2.3 Interessen und Vorstellungen zu Tieren

Kinder im Grundschulalter interessieren sich sehr für Tiere und fühlen sich von vielen auch stark emotional angezogen. Der Wunsch nach einem Tier ist bei Kindern besonders ausgeprägt und steht für die meisten an erster Stelle (vgl. Gebhard 2013). Neben zahlreichen empirischen Belegen sprechen auch theoretische Begründungen dafür. Zu nennen ist hier die Biophilie-Hypothese nach Kellert und Wilson (1993). Sie gehen davon aus, dass der Mensch im Laufe der Evolution einem starken selektiven Druck ausgesetzt war, der demjenigen einen höheren Fortpflanzungserfolg garantierte, der Tieren und Pflanzen besondere Beachtung schenkte. Tiere sind nicht nur selbst Nahrung, sie zeigen auch Nahrung an wie Früchte oder unterirdische Knollen, sie warnen vor Raubtieren, Unwettern und Erdbeben. Kellerts und Wilsons These einer angeborenen Neigung und Zunei-

gung gegenüber anderen Lebewesen und Lebensprozessen könnte sich durchaus in dem starken Wunsch von Kindern (und auch Erwachsenen) nach Nähe zu Tieren oder zumindest einem Tier äußern.
Im schulischen Kontext ist es zudem von Bedeutung, dass der Umgang mit Tieren auch durchaus positive Effekte auf die psychosoziale Entwicklung von Heranwachsenden hat. So lernen sie im regelmäßigen Kontakt und Versorgen von Haustieren beispielsweise Verantwortungsbereitschaft und trainieren kommunikative Fähigkeiten wie das mimische Dechiffrieren (vgl. Greiffenhagen 2007; Vernooij & Schneider 2008).
Es besteht aber auch die Gefahr, dass Kinder Vorstellungen zu kognitiven Fähigkeiten und charakterlichen Eigenschaften von Tieren entwickeln, die wenig realistisch sind. Häufig wird dies durch Erzählungen und Darstellungen in Medien gestärkt. Zu nennen wären hier Klassiker der Kinderliteratur mitsamt Verfilmungen wie Rudyard Kiplings Dschungelbuch. Es kommt bei Kindern gut an, wenn Tiere stark vermenschlicht dargestellt werden und häufig klüger, weiser und von edlerem Charakter als manche Menschen sind. Zimen (2010) beschreibt anschaulich, wie sehr er darunter litt, dass er bei seinem eigenen Hund, sobald der Vater abends nach Hause kam, „abgeschrieben" war. Es entsprach aber dem wölfischen Erbe, dass sein Hund mit einem untrüglichen Gespür für Hierarchie ausgestattet war und sich mit dem „Alphatier des Rudels" instinktiv gut stellen wollte, auch wenn der Vater selbst den Hund kaum beachtete. Für den jungen Erik Zimen bedeutete es aber eine Art Treuebruch, dass der Hund, den er den ganzen Tag umsorgte und mit dem er stundenlang spielte, ihn plötzlich ignorierte und sich dem Vater so deutlich zuwandte. Das Verhalten von Tieren ist aber in erster Linie von Instinkten geprägt und nicht unbedingt von Einsicht und Gutmütigkeit.
Gebhard plädiert dafür, dass Kinder Naturphänomene und eben auch Tiere beseelen dürfen. „In anthropomorphen bzw. animistischen Weltdeutungen offenbart sich nämlich nicht nur eine kognitive Interpretation der Welt, sondern zugleich auch eine affektive Beziehung zu ihr" (Gebhard 2013, 50). Eine emotionale Zuwendung zur natürlichen Umwelt ist Grundlage jeden Umweltbewusstseins und ihre Förderung damit im Sinne Klafkis ein Beitrag zur Lösung eines epochaltypischen Schlüsselproblems. Kritisch wird die anthropomorphe Wahrnehmung von Tieren dann, wenn Beobachtungen anthropomorph interpretiert werden, was folgendes Beispiel verdeutlicht. Bei einem Versuch zur Geruchswahrnehmung des Regenwurms kam dieser unbeabsichtigt mit einem in Essig getränkten Wollfaden in Kontakt. Die Schülerinnen und Schüler konnten beobachten, dass der Regenwurm sich in der Folge heftig wand und meinten: „Der Regenwurm tanzt!" Hier zeigt sich eindrücklich, wie wichtig es ist, die Beobachtung von der Deutung zu trennen und als Lehrkraft die fachlichen Informationen zu vermitteln, um die Schülerinnen und Schüler beim Aufbau angemessener Vorstellungen zu unterstützen.

Für den Sachunterricht ergibt sich demnach die Aufgabe, einerseits eine realistische, sachliche Sichtweise von Tieren zu vermitteln und andererseits aber auch, Tiere nicht ausschließlich und vorschnell zu objektivieren und kindliche Emotionen ihnen gegenüber zuzulassen.

Tiere, die dem Kindchenschema entsprechen und niedlich aussehen, sind bei Kindern im Grundschulalter emotional positiv besetzt. Dies erkennt man häufig schon an der Diminutivform im Namen wie z.B. beim Eichhörnchen oder Meerschweinchen. Gebhard (2013) führt verschiedene Erhebungen auf, aus denen hervorgeht, dass sich Kinder häufig vor Schlangen, Krokodilen und großen Prädatoren (Löwe, Bär) fürchten und vor Spinnen, Schnecken, Würmern und Ratten ekeln (ebd. 170f.). Klingenberg (2012) konnte diese Studien weitestgehend bestätigen. Er fand aber ebenso heraus, dass einige dieser Tiere von Schülerinnen und Schülern auch als spannend bewertet wurden. Nach den Erfahrungen der Autoren eignen sich Wirbellose wie Schnecken, Regenwürmer, Asseln oder Heuschrecken ebenso wie ungiftige Reptilien und Amphibien sehr gut für den Lebendeinsatz in Grundschulklassen (vgl. Schrenk 2006; Schrenk & Lidle 2010). Die Kenntnisse von Schülerinnen und Schülern der Grundschule über einheimische Arthropoden sind leider gering. Schrenk und Haase (2005) konnten feststellen, dass Schülerinnen und Schüler der 3. Grundschulklasse völlig harmlose einheimische Wirbellose wie Libellen, Schwebfliegen oder Weberknechte nicht selten als sehr gefährlich einschätzen. Diese Arten werden bei Lebensraumuntersuchungen wie Kleingewässer, Wiese oder Boden häufig angetroffen. Angst vor eigentlich harmlosen, aber recht imposanten Arthropoden wie z.B. Libellen kann dann sehr rasch die Begeisterung für schulische Outdooraktivitäten dämpfen. In diesem Kontext sei auch an bisweilen völlig übertriebene Ängste vor den Folgen von Zeckenstichen erinnert. Nach Berichten von Lehrerinnen verweigern Eltern vereinzelt die Genehmigung für außerschulischen Unterricht in der Natur mit dem Hinweis auf Zecken. Auch Schülerinnen und Schüler sind deshalb teilweise stark verunsichert. Die Thematisierung von Zecken im Sachunterricht mit Lebendbeobachtungen sowie Elterninformation stellen die beste Möglichkeit dar, Sachlichkeit in die Diskussion zu bringen (vgl. Schrenk 2007).

Wie sehr Kinder im Grundschulalter von gefährlichen Tieren fasziniert sind, zeigen auch Erhebungen zum Wissen und zu Einstellungen über Dinosaurier (Schilke 1999; Cohen 1990). Nach diesen Untersuchungen interessieren sich Schülerinnen und Schüler der Grundschule sehr für die ausgestorbenen vorzeitlichen Giganten und haben teilweise hohe Detailkenntnisse. Schwierigkeiten bereitet ihnen die korrekte Vorstellung der Zeiträume.

2.4 Interessen und Vorstellungen zu Pflanzen

Pflanzen spielen eine herausragende Rolle in allen Lebensbereichen des Menschen: Essen, Kleidung, Heizmaterial, Medizin – ohne Pflanzen gäbe es keine Tiere und

Menschen auf diesem Planeten (Vocilka & Schrenk 2012, 86). Trotzdem können Pflanzen mit der Beliebtheit von Tieren nicht mithalten. Vermutlich weil sie nicht in dem Maße als Individuen und ‚biografiefähige Akteure' (Gebhard 2013, 196) wahrgenommen werden. Kinder und Jugendliche finden Pflanzen weniger interessant als Tiere und häufig geradezu langweilig – sie bewegen sich scheinbar nicht und fungieren in der Lebenswelt v.a. als dekorative Objekte. Wandersee & Schussler (1999) prägten für dieses Desinteresse verbunden mit der Unkenntnis von Pflanzen den Begriff „plant blindness". Nichtsdestotrotz zeichnen die wenigen empirischen Befunde zu dieser Thematik ein differenzierteres Bild. Danach hängt das Interesse an Pflanzen in besonderem Maße von der Art und Weise der unterrichtlichen Auseinandersetzung ab (vgl. Gebhard 2013). Erfahrungsorientierte Zugangsweisen, in der sich die Schülerinnen und Schüler konkret mit den Pflanzen auseinandersetzen können, bewirken positive Veränderungen im Hinblick auf das Interesse an pflanzenkundlichen Themen (vgl. Löwe 1992 in Gebhard 2013). Die bis dato erhobenen Schülervorstellungen lassen sich den folgenden Bereichen zuordnen:

Morphologie und Systematik von Pflanzen
Analog zur Konzeptualisierung des Tierbegriffs entwickelt sich auch der inhaltliche Begriff, den Kinder von Pflanzen haben, im Laufe der Grundschulzeit (vgl. Carey 1985). In einer Untersuchung von Klemm (1974), wurden Kindern der 2. und 6. Jahrgangsstufe Abbildungen vorgelegt mit der Aufgabe, diejenigen Bilder zu benennen, die keine Pflanzen darstellen. Dabei zeigte sich, dass für jüngere Schülerinnen und Schüler vorwiegend Blütenpflanzen (Garten- und Schnittblumen) das Pflanzenbild bestimmen. Getreide und Moose aber auch Bäume werden von den Kindern häufig nicht zu den Pflanzen gezählt; ein Ergebnis, welches sich einer Replikationsstudie 2007 bestätigte (vgl. Gabriel 2007 in Gebhard 2013), auch wenn die Bäume in dieser Untersuchung eher als Pflanzen bezeichnet werden.

Der Frage, wie Kinder Pflanzen ordnen und welche Vorstellungen zur Klassifikation von Pflanzen sie haben, gehen Krüger und Burmester (2005) nach. Dabei wurden u.a. Schüler und Schülerinnen der 4. und 6. Jahrgangsstufe befragt. In erster Linie ordnen die Lernenden nach dem Aussehen (z.B. Wuchsform, Größe), gefolgt von der Nützlichkeit, wobei insbesondere der Aspekt der Ernährung (z.B. Gemüse, Getreide) bedeutsam ist. Ein verwendetes Kriterium ist darüber hinaus der Lebensraum, während botanische Systematik keine Rolle spielt (vgl. Krüger & Burmester 2005). Dieses Ergebnis deckt sich mit der Untersuchung von Dougherty (1979, aufgenommen in Krüger & Burmeister 2005), die in ihrer Studie auf die Entwicklung grundlegender morphologischer Kategorisierungen von Pflanzen bei Kindern im Alter von 2 bis 8 Jahren fokussierte. Auch hier zeigte sich, dass Kinder die Pflanzen vor allem hinsichtlich ihrer Wuchsform in

Bäume und andere Pflanzen klassifizierten. Erst in der weiteren Entwicklung erfolgte eine Ausdifferenzierung der Gruppe der anderen Pflanzen in Gras, Busch, Kaktus und Blumen (vgl. ebd. in Krüger & Burmester 2005, 95). Zuweilen wird beim Ordnen das Kriterium der Wuchsform mit einem Merkmal kombiniert, z.B. Busch mit Beeren, womöglich deshalb, weil diese Pflanzenteile für Kinder einen Spiel- bzw. Bastelwert besitzen. Es scheint so zu sein, dass Bäume einen besonderen Stellenwert in der Bewertung und im Erleben von Kindern spielen und aus diesem Grund häufig nicht den (langweiligen) Pflanzen zugeordnet werden. Als gemeinsames Ergebnis verschiedener Studien zeigt sich, dass Schülerinnen und Schüler eine eher geringe Artenkenntnis aufweisen. Interessant ist hier insbesondere die Studie von Hamann (2004), die im Rahmen ihrer Dissertation 944 4. Klässler zu ihren Vorstellungen zur Landwirtschaft befragt hat. Dabei verfügten die befragten Kinder nur über geringe Kenntnisse zum Pflanzenbau und zu Nutzpflanzen. Unabhängig vom Wohnort wurden Tiere als der wichtigste Faktor in der Landwirtschaft verstanden. Nur einige Nutzpflanzen wurden benannt und die Bedeutung von Nutzpflanzen für unsere Ernährung nur von wenigen erkannt. Dabei prägt die Realbegegnung mit der Landwirtschaft die Kinder mehr als alle anderen Einflussfaktoren. Bezogen auf die Wahrnehmung von Biodiversität, kam Lindemann-Matthies (1999) in ihrer Studie zu ähnlichen Ergebnissen. Sie ging in ihrer Dissertation der Frage nach, wie Schweizer Schülerinnen und Schüler die biologische Vielfalt im Alltag wahrnehmen, welche Vorlieben für Arten sie haben und wie sich das Unterrichtsprogramm „Natur auf dem Schulweg" in dieser Hinsicht auswirkt. Ein Ergebnis der Untersuchung ist, dass die Einschätzung der Kinder, wie viele verschiedene Pflanzen und Tiere es auf ihrem Schulweg gibt, in engem Zusammenhang mit der Anzahl Arten steht, die sie benennen können. Dies deutet darauf hin, dass Arten erst bekannt sein müssen, bevor ein Gefühl für Biodiversität entsteht (ebd.).

Lebensvorgänge in Pflanzen

Das eher geringe Interesse an Pflanzen geht Hand in Hand mit einem geringen Kenntnisstand. Zuweilen werden Pflanzen von Kindern als „tote Lebewesen" (Gebhard 2013, 197) bezeichnet und ihnen demzufolge auch wenig Aktivität oder gar Stoffwechseltätigkeit zugestanden. Hinzu kommt, dass viele Vorgänge, z.B. die Fotosynthese aufgrund der fachlichen Komplexität für Lernende der Grundschule nur schwer zugänglich sind. Untersuchungen von Barker (1998) und Vocilka und Schrenk (2012) zeigen, dass Kindern der Vorgang der Wasseraufnahme bei Pflanzen nicht verständlich ist. Sie vermuten häufig, dass Wasser über die Blätter oder andere Pflanzenteile eingezogen wird, weil die Pflanze von oben besprengt wird. Auch der Vorgang der Verdunstung ist ihnen nicht bewusst, weil sie diesen nicht unmittelbar beobachten können. Die Präkonzepte zur Funktion der Blätter sind vielfältig. Dabei weisen einige Schülerinnen und Schüler den

Laubblättern der Bäume eine wichtige Rolle in der Verbesserung der Luftqualität zu. Die Blätter fungieren in ihrer Vorstellung als eine Art Filter, der die Schadstoffe herausfiltert und die Luft so für die Menschen wieder nutzbar macht (vgl. Vocilka & Schrenk 2012). Die Vorstellung eines Gastaustausches ist dabei nicht vorhanden, es dominiert die anthropozentrische Perspektive, dass die Pflanzen für ‚uns' sauberen Sauerstoff bzw. saubere Luft produzieren. Nichtsdestotrotz haben manche Kinder durchaus eine Vorstellung davon, dass Pflanzen und insbesondere Bäume und ihre Blätter das Sonnenlicht auf eine Art nutzen können, wie es Tieren und Menschen nicht möglich ist (ebd.). Die Vorstellung, dass die grünen Pflanzen gleichsam als Energieumwandler fungieren, die Sonnenlicht in chemische Energie umwandeln können, ist naturgemäß bei Grundschülerinnen und -schülern nicht vorhanden. Sie vermuten hingegen, dass Pflanzen ihre Nahrung aus dem Boden über die Wurzeln aufsaugen (vgl. Helldén 1998; Baisch 2009) – eine Fehlvorstellung, die häufig durch entsprechende Abbildungen in Unterrichtsmaterialien verstärkt wird. Für die Grundschule liegt eine größere Studie von Bertsch (2008) vor. Er evaluierte Unterrichtsmaterialien zum Pflanzenstoffwechsel, die für einen kooperativen Einsatz in botanischen Gärten und Schulen entwickelt wurden (vgl. Drolshagen 2007) und konnte aufzeigen, dass ein Arbeiten zum Pflanzenstoffwechsel in der Grundschule mit guten Ergebnissen möglich ist. Wegen der fachlichen Komplexität verzichtete Bertsch aber auf die Thematisierung des energetischen Aspekts der Fotosynthese.

Anthropomorphes Verständnis von Pflanzen

Auch wenn Pflanzen in ihrem äußeren Erscheinungsbild und in den Lebensäußerungen dem Menschen sehr unähnlich sind, ist es auffällig, dass Kinder Pflanzen und insbesondere Bäumen menschliche Eigenschaften bzw. Organe zuschreiben. Beobachten lässt sich dies anhand von Analogien, die Kinder bilden: Stamm und Beine, Harz und Blut bzw. Tränen, Blätter und Haare werden in ihrer Funktion gleichgesetzt (vgl. Barker 1998). Bäume bieten sich für diese Anthropomorphisierungen besonders an. Ihnen werden auch entsprechende Gefühle (z.B. Angst, Schmerz) und Absichten (z.B. schneller wachsen zu wollen als andere Bäume) zugestanden. In philosophischen Gesprächen mit Kindern zeigt sich die Ambivalenz zwischen animistischer und funktional biologischer Betrachtung, die nebeneinander bestehen können und für die Kinder keinen Widerspruch darstellen (vgl. Gebhard 2013, 208). Im Gegenteil können solche anthropomorphen Interpretationen gleichsam eine Verständnishilfe für das Verstehen komplexer Prozesse sein (vgl. Kattmann 2005).

Entwicklung von Pflanzen

Die Mehrheit der Schülerinnen und Schüler haben Schwierigkeiten, die pflanzliche Entwicklung als Zyklus zu verstehen (vgl. Benkowitz & Lehnert 2009). Das Denkmodell des Lebenszyklus, welches beschreibt, wie sich eine Art erneuert und fortpflanzt, ist vielen Schülerinnen und Schülern nicht bewusst. Zu diesem Ergebnis kamen Benkowitz und Lehnert in ihrer Untersuchung, in der 136 Erstklässler echte Pflanzen in verschiedenen Wachstumsstadien in eine zeitliche Reihenfolge bringen sollten (vgl. ebd.). Zusätzlich wurden die Schülerinnen und Schüler zu ihrem Vorwissen bzw. zu ihren Vorstellungen zur Herkunft und Entstehung von Samen befragt. Dabei zeigte sich ein hochsignifikanter Zusammenhang zwischen dem Zusammenstellen der korrekten Reihenfolge und der eigenen Erfahrung des Aussäens. Die eigene Erfahrung scheint ein wichtiger Ausgangspunkt für das Verständnis und die Entwicklung des Konzepts des Pflanzenzyklus zu sein. Zur Herkunft von Samen konnten viele der Probanden keine Angaben machen, außer dass man diese im Laden kaufen kann (vgl. ebd.; vgl. auch Hofmeister et al. in Gebhard 2013). Konsequent weiter gedacht steckt dahinter die Vorstellung, das Pflanzen hergestellt werden können.

3 Pflanzen, Tiere und Lebensräume – Hinweise und Anregungen für die Entwicklung von Lerngelegenheiten im Unterricht

Die Auseinandersetzung mit dem Thema Pflanzen stellt Schülerinnen und Schüler und die Lehrpersonen vor eine besondere Herausforderung. Als Lebewesen sind sie dem Menschen sehr unähnlich, nur einzelne Kriterien des Lebendigen sind bei Pflanzen unmittelbar beobachtbar; sie wachsen ein Leben lang, zeigen im Jahreslauf ein sehr unterschiedliches Erscheinungsbild (nahezu leblos im Winter) und können z.T. Jahrhunderte überleben. In diesem Spannungsfeld zwischen Gemeinsamkeiten und Unterschieden zum Menschen stecken aber auch ein großes Potenzial und die Chance, das Interesse an diesen besonderen Lebewesen zu wecken.

Untersuchungen belegen, dass das Sammeln konkreter Erfahrungen mit dem Wachsen von Pflanzen das Verständnis bzw. die Erkenntnis von Lebendigkeit fördern. Besonders gewinnbringend sind hier das Säen von Samen, die Beobachtung des Wachstums und im Idealfall der Entwicklung der Pflanzen bis zum Ernten der Früchte im Schulgarten. Dabei können die Vorstellungen zum Verständnis des Pflanzenzyklus gefördert, aber auch weitere Erkenntnisse zu Wachstumsbedingungen von Pflanzen gewonnen werden. Der Einfluss des Bodens, des Lichtes, des Wassers und der Temperatur können bereits in der Grundschule experimentell und handlungsorientiert entdeckt werden. Insbesondere die Wasseraufnahme bzw. -abgabe und der Faktor Licht lassen sich eindrücklich veranschaulichen. Alle Abbildungen und Modelle, die zur Veranschaulichung genutzt werden, sollten kritisch im Hinblick auf fachliche Korrektheit (Inhalte, aber auch Größenverhältnisse u.ä.) analysiert werden, da sie sonst unbeabsichtigt zur Bildung von Fehlvorstellungen beitragen können.

Einen weiteren Lernanlass bietet die Auswahl von Zimmerpflanzen, die nahezu in jedem Klassenzimmer zu finden sind. Um ein ökologisches Grundverständnis des Zusammenhangs zwischen Standortfaktoren und Pflanzenwachstum zu fördern, sollten die Schülerinnen und Schüler bereits an der Auswahl der Pflanzen beteiligt werden. Dazu informieren sie sich über die Bedürfnisse der Zimmerpflanzen und gleichen diese mit den Bedingungen in ihrem Klassenzimmer (z.B. Lichtverhältnisse, Temperatur) ab. Entscheiden die Schülerinnen und Schüler auf dieser Grundlage selbst über die Auswahl der Zimmerpflanzen, ist zu erwarten, dass sie sich verantwortlich fühlen und diese über einen längeren Zeitraum pflegen. Zudem bieten sich viele Zimmerpflanzen für die unterrichtliche Auseinandersetzung mit der vegetativen Vermehrung über Stecklinge oder Ableger an. Zu beobachten, wie sich aus einem abgeschnittenen Blattstück (z.B. des Bogenhanfs) neue Triebe entwickeln, ist eine faszinierende Erfahrung für Kinder und ermöglicht ihnen grundlegende Einsichten in das biologische Basiskonzept der Reproduktion (Vocilka & Schrenk 2012).

Von besonderem Interesse für Kinder ist die Auseinandersetzung mit pragmatischen und wirklichkeitsorientierten Aspekten von Pflanzen, d.h. neben der Ästhetik insbesondere der Essbarkeit, dem Spielwert (z.B. Kastanien) und interessanten Berührungserfahrungen (z.B. Kletten). Dies zeigt sich auch in der Namensgebung der Baumarten, z.B. der kindlichen Benennung des Ahorns als Nasenzwickerbaum. Diesen Zugängen zu Pflanzen bzw. Teilen von Pflanzen sollte in besonderem Maße Rechnung getragen werden, was im Alltag bereits häufig umgesetzt wird. Anknüpfend daran bietet sich eine ganzheitliche, kulturgeschichtliche und naturwissenschaftliche Betrachtung ausgewählter Pflanzen an, um bei den Schülerinnen und Schülern das Bewusstsein zu schärfen, dass Pflanzen heute wie früher in wichtigen Bereichen unseres Lebens eine bedeutsame Rolle spielen. Vielversprechend im Hinblick auf die Interessensentwicklung für pflanzliche Themen scheint auch die Auseinandersetzung mit dem Bereich der Bionik zu sein. Diese beschäftigt sich mit der Entschlüsselung von Strukturen und Mechanismen der belebten Natur und ihrer Nutzanwendung in der Technik (Gebauer 2009, 183). Mögliche Unterrichtsthemen wären hier die Untersuchung der Konstruktion und Stabilität von Halmen, der Klettverschluss oder der Lotuseffekt (ebd.).

Um Biodiversität wahrzunehmen und wertzuschätzen, ist Artenkenntnis unumgänglich. Unterrichtsanregungen und didaktische Materialien zu dieser Thematik fokussieren allerdings zu einseitig auf das Anfertigen von Steckbriefen. Im Hinblick auf ein Verständnis und die Wahrnehmung der Artenvielfalt kann die Arbeit mit einfachen Bestimmungsschlüsseln hilfreich sein. Dabei geht es zunächst weniger um die Kenntnis vieler Pflanzennamen, vielmehr soll der Blick für die unterschiedlichen Phänomene der Pflanzenwelt geschärft werden (vgl. Flämig & Vogt 1998). Folgerichtig ergibt sich daraus die Auseinandersetzung mit Angepasstheiten und dem Zusammenhang von Bau und Funktion zur Umwelt. Zu-

nächst sollten aber die Schülerinnen und Schüler Pflanzen hinsichtlich ihrer eigenen Ordnungssysteme einteilen dürfen. Dabei erwerben sie Kompetenzen im Umgang mit der wissenschaftlichen Methode des Vergleichens. Wird das Aussehen als Vergleichskriterium gewählt, gewinnen die Kinder erste Einblicke in formenkundliche Betrachtungen und botanische Systematik. Aber auch das Ordnen von Pflanzen nach dem Aspekt der Nützlichkeit bzw. nach essbaren Pflanzenteilen bietet die Möglichkeit, an den vorhandenen Schülervorstellungen anzuknüpfen. Der lebensweltlichen Einteilung in Obst und Gemüse kann z.B. kontrastierend die botanische Ordnung gegenüber gestellt und so ein produktiver kognitiver Konflikt geschaffen werden (vgl. Krüger & Burmester 2005).
Animistische und anthropomorphe Betrachtungsweisen werden durch bestimmte Darstellungsweisen von Pflanzen (und Tieren) in den Medien verstärkt. Kinder bringen diese fachlich unangemessenen Vorstellungen in den Unterricht mit. Positiv gewendet können diese aber ein Lernanlass sein, indem die entsprechenden Verhaltensweisen und medialen Darstellungen (z.B. in Trickfilmen, Bilderbüchern) im Hinblick auf ihren biologischen Wahrheitsgehalt reflektiert werden. Ziel ist es dabei nicht, den Kindern eine funktional-rationale Weltsicht zu vermitteln. Beziehungen zu Pflanzen und insbesondere zu Tieren sind immer auch anthropomorph geprägt und Kognition und Affektivität sind untrennbar miteinander verbunden. Sie erlauben es den Kindern (und Erwachsenen), in Beziehung mit Lebewesen zu treten, ihnen Bedeutung und Wert zu geben und weiter gedacht eine naturschützende Haltung zu entwickeln (vgl. Gebhard 2013). Im Hinblick darauf können philosophische Gespräche mit Kindern fruchtbar sein, um beide Anteile zu kultivieren und der Lehrperson einen Einblick in das Denken von Kindern zu geben.

Literatur

Baisch, P. (2009): Schülervorstellungen zum Stoffkreislauf – eine Interventionsstudie im Kontext einer Bildung für nachhaltige Entwicklung. Hamburg: Verlag Dr. Kovac.

Barker, M. (1998): Understanding Transpiration – More than Meets the Eye. In: Journal of Biological Education, 33(1), 17-20.

Benkowitz, D. & Lehnert, H.-J. (2009): Denken in Kreisläufen – Überlegungen zu Lernerperspektiven zum Entwicklungszyklus von Blütenpflanzen. In: I.D.B. – Berichte des Institutes für Didaktik der Biologie, 17, 31-40.

Bertsch, C. (2008): Forschend-begründendes Lernen im naturwissenschaftlichen Unterricht. Wege zu einer naturwissenschaftlichen Grundbildung am Übergang Primar/Sekundarstufe am Beispiel von Unterrichtsmaterialien zum Thema Fotosynthese. Dissertation. Insbruck: Universität. Verfügbar unter: https://www.imst.ac.at/imst-wiki/images/2/2b/Dissertation_ChristianBertsch.pdf [27.01.2018]

Carey, S. (1985): Conceptual Change in Childhood. Cambridge (Mass.): The MIT Press.

Carlsson, B. (2002): Ecological Understanding 1: Ways of Experiencing Photosynthesis. In: International Journal of Science Education, 24(7), 681-699.

Cohen, J. (1990): Here be Dragons. Journal of Biological Education, 24(3), 158-161.

Deckelmann, N. & Neuhaus, B. (2014): Basiskonzepte und problemorientierte Kontexte im Heimat- und Sachunterricht der Grundschule. Projektskizze. In: Erkenntnisweg Biologie 2014, 105-117. Verfügbar unter: http://www.bcp.fu-berlin.de/biologie/arbeitsgruppen/didaktik/Erkenntnisweg/2014/Deckelmann.pdf [27.01.2018]

D-EDK, Deutschschweizer Erziehungsdirektorenkonferenz (2015): Lehrplan 21. Fachbereich Natur, Mensch, Gesellschaft. Verfügbar unter: <http://vorlage.lehrplan.ch/> [27.01.2017].

Dobzhanski, T. (1973): Nothing in Biology makes Sense except in the Light of Evolution. In: American Biology Teacher, 35, 125-129.

Drolshagen, C. (Hrsg) (2007): Pflanzenforscher unterwegs: In der Schule und im botanischen Garten; für SchülerInnen von 8-12 Jahren. Innsbruck: IUP University Press.

Einsiedler, W. (1997): Probleme und Ergebnisse der empirischen Sachunterrichtsforschung. In: Marquardt-Mau, B.; Köhnlein, W. & Lauterbach, R. (Hrsg.): Forschung zum Sachunterricht. Bad Heilbrunn: Klinkhardt, 18-42.

Fläming, K. & Vogt, H. (1998): Systematische Pflanzenbestimmung im Grundschulunterricht. Ein Gehölz-Bestimmungsschlüssel für die 4. Jahrgangsstufe. In: I.D.B. – Berichte des Institutes für Didaktik der Biologie, 7, 87-113.

Gebauer, M. (2009): Themenfeld Bionik. In: Gebauer, M. & Schrenk, M. (Hrsg.): Wir experimentieren in der Grundschule. Einfache Versuche zum Verständnis biologischer Zusammenhänge. Weinstadt: Aulis Verlag, 183-219.

Gebhard, U. (2013): Kind und Natur. Die Bedeutung der Natur für die psychische Entwicklung. 4. Aufl. Wiesbaden: Springer VS.

Greiffenhagen, S. (2007): Tiere als Therapie. Neue Wege in Erziehung und Heilung. 3. Aufl. Mürlenbach Eifel: Kynos Verlag.

Hamann, S. (2004): Schülervorstellungen zur Landwirtschaft im Kontext einer Bildung für nachhaltige Entwicklung. Verfügbar unter: https://phbl-opus.phlb.de/frontdoor/index/index/docId/7 [18.09.2017].

Hammann M. & Asshoff R. (2014): Schülervorstellungen im Biologieunterricht. Ursachen für Lernschwierigkeiten. Seelze: Klett Kallmeyer.

Hellberg-Rode, G. (1996): Was ist lebendig. In: Unterricht Biologie, 211(1), 14-17.

Helldén, G. (1998): A Longitudinal Study of Pupils' Conceptualization of Ecological Processes. Paper presented at the Annual Meeting of the National Association for Research in Science Teaching. San Diego.

Hogan, K. (2000): Assesing Students System Reasoningin Ecology. In: Journal of Biological Education, 35, 22-26.

Inagaki, K. & Hatano, G. (1996): Young Children's Recognition of Commonalities between Animals and Plants. In: Child Development, 67, 2823-2840.

Jäkel, S. & Schrenk, M. (2017): Die Sache lebt – Biologische Grundlagen im Jahreslauf, 4. Aufl. Hohengehren/Baltmannsweiler: Schneider Verlag.

Kattmann, U. (2005): Lernen mit anthropomorphen Vorstellungen? – Ergebnisse von Untersuchungen zur Didaktischen Rekonstruktion in der Biologie. In: Zeitschrift für Didaktik der Naturwissenschaften, 11, 165-174

Kellert, S. R. & Wilson, E. (1993): The Biophilia Hypothesis. Washington D.C.: Island Press.

Klemm, I. (1974): Vergleichende Untersuchung über den Pflanzenbegriff bei Schülern. In: Praxis der Naturwissenschaften, 23(6), 154-160.

Klingenberg, K. (2012): Lebende Tiere im Unterricht. Analysen – Studien – Konzepte. Berlin: Logos Verlag.

KMK, Kultusministerkonferenz (2004): Bildungsstandards im Fach Biologie für den mittleren Schulabschluss. Berlin und Bonn: KMK; München: Luchterhand. Verfügbar unter: http://www.kmk.

org/fileadmin/Dateien/veroeffentlichungen_beschluesse/2004/2004_12_16-Bildungsstandards-Biologie.pdf [27.01.2018]

Krüger, D. & Burmester, A. (2005): Wie Schüler Pflanzen ordnen. In: Zeitschrift für Didaktik der Naturwissenschaft, 11, 85-102.

Leach, J.; Driver, R.; Scott, P. & Wood-Robinson, C. (1996): Children's Ideas about Ecology 2: Ideas found in Children aged 5-16 about the Cycling of Matter. In: International Journal of Science Education, 18(1), 19-34.

Leach, J.: Driver, R.; Scott, P. & Wood-Robinson, C. (1995): Children's Ideas about Ecology 1: Theoretical Background, Design and Methodology. In: International Journal of Science Education, 17(6), 721-732.

Lichtner, H.-D. (2004): Strukturierendes Lernen mit Basiskonzepten. Verfügbar unter: http://www.biologieunterricht.org/Basiskonzepte.pdf [5.9.2017].

Lindemann-Matthies, P. (1999): Children's Perception of Biodiversity in Everyday Life and their Preference for Species. Zürich: Univ. Zürich, Institut für Umweltwissenschaften.

Piaget, J. (1988): Das Weltbild des Kindes. München: Klett-Cotta im Deutschen Taschenbuch-Verlag.

Roland, A. & Marzin, P. (1996): Études des critères du concept de vie chez des élevés de sixième. In: Didaskalia, 9, 57-82.

Schilke, K. (1999): Lernvoraussetzungen von Kindern zum Thema Dinosaurier. Zeitschrift für Didaktik der Naturwissenschaften, 5(2), 3-14.

Schrenk, M. (2010): Tiere im Zoo betrachten. In: Schrenk, M. (Hrsg.): Sache Wort Zahl. Heft Nr.114 „Zoo". Halbergmoos: Aulis Verlag in der Stark Verlagsgesellschaft mbH& Co., 4-17.

Schrenk, M. (Hrsg.) (2007): Sache Wort Zahl. Heft Nr.83 „Mücken – Milben – Zecken". Köln: Aulis Verlag Deubner.

Schrenk, M. (2006): Zum Einfluss von Lebendbeobachtung auf das Wissen – eine vergleichende Untersuchung im Rahmen des Sachunterrichts. In: Hinz, R. & Schumacher, B. (Hrsg.): Auf den Anfang kommt es an: Kompetenzen entwickeln – Kompetenzen stärken. In: Jahrbuch Grundschulforschung Band 10. Wiesbaden: VS Verlag für Sozialwissenschaften, 59-66.

Schrenk, M. (1997): Zum Stand der naturwissenschaftlichen Elementarbildung. In: Meier, R.; Unglaube, H. & Faust-Siehl, G. (Hrsg.): Sachunterricht. Frankfurt a.M.: Arbeitskreis Grundschule, 194-203.

Schrenk, M. & Baisch, P. (2011): Conceptual Change in Primary School. Children following a Moderate Constructivist Lesson Dealing with Decomposition. In: Yarden, A. & Carvalho, G.S. (Hrsg.): Authenticity in Biology Education: Benefits and Challenges. A Selection of Papers presented at the 8th Conference of European Researchers in Didactics of Biology (ERIDOB). Braga: ERIDOB, 105-116.

Schrenk, M. & Haase, H.-M. (2005): Angst vor harmlosen und potentiell gefährlichen Tieren – wie schätzen Schülerinnen und Schüler im Grundschulalter die Gefährlichkeit häufig anzutreffender Athropoden ein? In: Schrenk, M. & Holl-Giese, W. (Hrsg.): Bildung für nachhaltige Entwicklung – Ergebnisse empirischer Untersuchungen. Hamburg: Verlag Dr. Kovač, 61-68.

Schrenk, M. & Lidle, S. (2010): Heuschrecken – Wieseninsekten im Klassenzimmer beobachten und halten. In: Schrenk, M. (Hrsg.): Sache Wort Zahl. Heft Nr.109 „Wiese". Halbergmoos: Aulis Verlag in der Stark Verlagsgesellschaft mbH& Co., 20-30.

Sommer, C. (2006): Untersuchung der Systemkompetenz von Grundschülern im Bereich Biologie. Kiel: IPN.

Strommen, E. (1995): Lions and Tigers and Bears, Oh my! Children's Conceptions of Forests and their Inhabitants. Journal of Research in Science Teaching, 32, 683-698.

Stückrath, F. (1965): Studien zur pädagogischen Psychologie. Braunschweig: Westermann.

Tamir, P.; Gal-Choppin, R. & Nussinovitz, R. (1981): How Donnerstag Intermediate and Junior High School Students conceptualize Living and Nonliving? In: Journal of Research in Science Teaching, 18(3), 241-248.

Tyler, A.; De Melo, F. & Peterson, S. (2012): Living Things and Environment. In: Skamp, K. (Hrsg), Teaching Primary Science Sonstructively. Sydney: Cengage Learning Australia Pty Limited, 245-298.

Vernooij, M.A. & Schneider, S. (2008) Handbuch der tiergestützten Intervention. Wiebelsheim: Quelle und Meyer.

Vocilka, A. & Schrenk, M. (2012): Fotosynthese – (k)ein Thema für die Grundschule? Schülervorstellungen über pflanzenphysiologische Prozesse und Möglichkeiten ihrer Veränderung im naturwissenschaftlichen Sachunterricht. In: Giest, H.; Heran-Dörr, E. & Archie, C. (Hrsg.): Lernen und Lehren im Sachunterricht. Zum Verhältnis von Konstruktion und Instruktion. Bad Heilbrunn: Klinkhardt, 127-134.

Vocilka, A. & Schrenk, M. (2009): Themenfeld Pflanzen. In: Gebauer, M. & Schrenk, M. (Hrsg.): Wir experimentieren in der Grundschule. Einfache Versuche zum Verständnis biologischer Zusammenhänge. Weinstadt: Aulis Verlag, 86-104.

Wandersee, J.-H. & Schussler, E.E. (1999): Preventing Plant Blindness. In: The American Biology Teacher, 61(2), 84-86.

Zimen, E. (2010): Der Hund. München: Goldmann.

Jan Christoph Hadenfeldt, Irene Neumann, Knut Neumann und Mirjam Steffensky

Stoffe, Energie und Bewegungen beschreiben, untersuchen und nutzen – Schülervorstellungen

1 Stoffe, Energie und Bewegungen: übergeordnete Kernkonzepte der Naturwissenschaften

Naturwissenschaften werden von vielen Menschen als Sammlung unzähliger Fakten wahrgenommen, die sich nicht zu einem kohärenten Bild zusammenfügen lassen (vgl. Harlen 2015). Vor diesem Hintergrund wird in der Naturwissenschaftsdidaktik seit längerem die Orientierung an wenigen, zentralen übergeordneten Konzepten, so genannten Kernkonzepten (auch als Basiskonzepte, big ideas, key ideas oder core concepts bezeichnet) vorgeschlagen (vgl. Bransford, Brown & Cocking 2000; Harlen 2015). Die Orientierung an Kernkonzepten spiegelt sich auch in vielen neuen Bildungsplänen wider (vgl. EDK 2011; KMK 2004; National Research Council 2012), die Kompetenzen im Umgang mit den Kernkonzepten benennen. Stoffe oder Materie, Kräfte und Bewegungen sowie Energie sind drei Kernkonzepte, die man so oder in ähnlichen Formulierungen in vielen Bildungsplänen findet, siehe z.B. im Lehrplan 21 „Stoffe, Energie und Bewegungen" (vgl. D-EDK 2015).

Kernkonzepte sind über verschiedene Inhaltsbereiche und Kontexte hinweg erklärungsmächtig. Energie ist beispielsweise sowohl eine zentrale Größe zur Beschreibung von Ökosystemen als auch von chemischen Reaktionen. So kommt Kernkonzepten eine wichtige Rolle für die Entwicklung von Wissen zu, das über Inhaltsbereiche hinweg vernetzt und nicht (nur) an spezifische Kontexte gebunden ist. Kernkonzepte können zudem auch eine Domäne strukturieren und Lernenden helfen, neue Informationen schnell einzuordnen (Krajcik, Sutherland, Drago & Merritt 2012). So gesehen stellen sie auch eine wichtige Grundlage für das weitere Lernen dar. Das Wissen über Kernkonzepte baut sich kumulativ über die verschiedenen Bildungsetappen auf.

Um das Lernen der Kinder angemessen zu begleiten und Wissen über Kernkonzepte bzw. Teilaspekte dieser Kernkonzepte bei Schülerinnen und Schülern anzubahnen, ist Wissen über wichtige Elemente der Konzepte, typische Schülervorstellungen (Präkonzepte), Entwicklungen des Wissens über Kernkonzepte sowie über Strategien der Lernunterstützung und Möglichkeiten der Diagnose von

Lernständen wichtig. Gerade für Lehrpersonen der Primarschule, die Unterricht umsetzen müssen, der nach unten (Kita/Eingangstufe) und oben (weiterführende Schulen) anschlussfähig ist, ist das Wissen über Entwicklungen eines Konzeptverständnisses sowie die zentralen Zwischenstufen bedeutsam, um kumulative Lernwege zu ermöglichen.
In den folgenden Abschnitten werden die drei Konzepte 1.) Stoffe, 2.) Energie und 3.) Bewegungen kurz skizziert, typische Schülervorstellungen und die mögliche Entwicklung dieser Vorstellungen über die Bildungsstufen dargestellt sowie Hinweise auf den Unterricht gegeben. Es gibt eine recht umfassende Forschung zu Schülervorstellungen zu diesen Kernkonzepten bzw. zu spezifischen Aspekten dieser, so z.B. zum Schwimmen und Sinken. An dieser Stelle wird auf Aspekte fokussiert, die für das Lernen von Kindern im Übergang zur Primarschule und/oder zum Ende der Primarschule im Übergang zu den weiterführenden Schulen relevant sind.

2 Stoffe

Bereits im Kita- und Grundschulalter sammeln Kinder Erfahrungen im Umgang mit verschiedenen Stoffen. Sie prüfen, ob ein Gegenstand auf dem Wasser schwimmen kann, wissen, dass bestimmte Stoffe schmelzen können, wenn es zu heiß ist, und haben in der Regel eine Vielfalt von Stoffeigenschaften erspürt. Diese Aspekte sind Teil des Kernkonzepts Stoffe. Genau genommen gehören sie zu dem Teilaspekt Stoffe und ihre Eigenschaften/physikalische Veränderungen von Stoffen (Abb. 1), dem Teilaspekt des Kernkonzeptes, der für jüngere Kinder vermutlich die wichtigste Rolle spielt.
Zu diesem Teilaspekt gehören die Eigenschaften von Stoffen, die unmittelbar erfahrbar sind, z.B. Oberflächenbeschaffenheit, sowie solche, die nicht unmittelbar wahrgenommen werden können, z.B. magnetische Eigenschaften. Neben den Eigenschaften gehört auch die Idee, dass Stoffe sich verändern können, zu diesem Kernkonzept Stoffe. Dabei wird differenziert zwischen physikalischen Veränderungen, z.B. Verdunsten, und chemischen Veränderungen (Reaktionen), z.B. Verbrennen oder Rosten. Für die Schülerinnen und Schüler der Primarschule wird diese Differenzierung zwischen physikalischen und chemischen Veränderungen noch nicht getroffen, da hier ein differenziertes Teilchenverständnis notwendig ist. Auch wenn Stoffe sich verändern, bleiben die Teilchen, aus denen sie bestehen, erhalten. Dieses ist eine zentrale, aber gleichzeitig kontraintuitive Idee des Kernkonzeptes Stoffe. Bei der Verdunstung ändert Wasser seinen Zustand und wird zu unsichtbarem gasförmigen Wasserdampf, was den Eindruck der Vernichtung oder des Verschwindens nahelegt. Gleiches gilt auch für chemische Reaktionen, bei einer Verbrennung wird der Gegenstand, z.B. das Holzscheit, vernichtet, die

Teilchen, aus denen das Holzscheit aufgebaut ist, ändern ihre Zusammensetzung, reagieren mit den Teilchen aus der Luft, und es entstehen neue Stoffe mit neuen Eigenschaften (im Fall der Verbrennung entsteht gasförmiges Kohlenstoffdioxid und Wasser), was auch den Eindruck der Vernichtung von Materie nahelegt.
Der vierte zentrale Aspekt des Stoff-Konzepts ist die Struktur und Zusammensetzungen von Stoffen auf der Teilchenebene (Struktur-Eigenschaften-Beziehungen), die grundlegend für die makroskopischen Eigenschaften eines Stoffes ist. Diese beantwortet letztlich die Frage, *warum* bestimmte Stoffe bestimmte Eigenschaften haben. In der Abbildung 1 sind zentrale Aspekte des Kernkonzeptes Stoffe dargestellt, im Text wird aber nur auf die Aspekte eingegangen, die auch für jüngere Kinder relevant sind, gleiches gilt auch für die Abbildung 2 und 3.

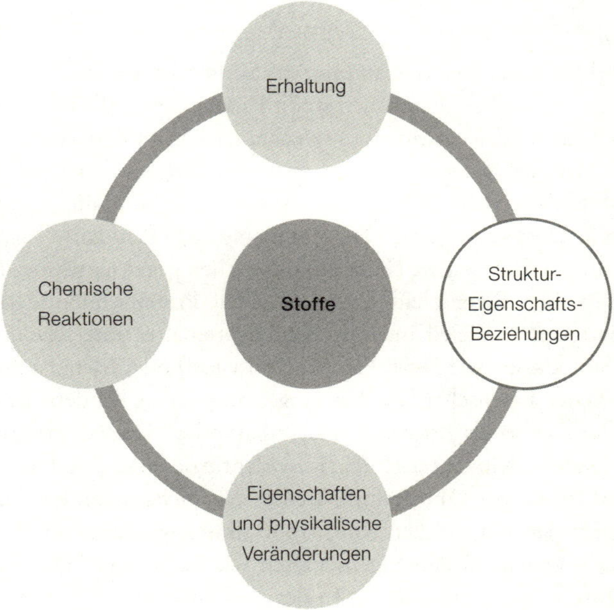

Abb. 1: Zentrale Aspekte des Kernkonzepts Stoffe (vgl. Hadenfeldt, Neumann & Liu 2015; NRC 2012)

Bedeutsam für den Kindergarten und die Primarschule sind vor allem a) die Kenntnis von (lebensweltlich relevanten) Stoffen oder Stoffklassen und deren direkt wahrnehmbaren Eigenschaften oder solchen, die mit einfachen Hilfsmitteln erfasst werden können, b) verschiedene „einfache" Umwandlungen von Stoffen sowie c) ein erstes Verständnis der Erhaltung von Materie (Steffensky 2015). Dabei besteht die Möglichkeit, die vielfältigen Vorerfahrungen der Schülerinnen und Schüler im Umgang mit Materie aufzugreifen und zu verallgemeinern, sodass sie

Stoffe als zentrale Kategorie (und Konzept) in den Naturwissenschaften über unterschiedliche Kontexte hinweg erkennen. Die Struktur von Stoffen auf der Teilchenebene ist für Schülerinnen und Schüler ein extrem schwieriger Lernschritt, der erst in den Klassen 5 und 6 mit ersten einfachen Teilchenvorstellungen und dann vor allem in der Sekundarstufe über verschiedene Themen hinweg erarbeitet wird. Von einer zu frühen Thematisierung der Teilchenebene wird eher abgeraten (NRC 2007), da sie zu vielen wissenschafftlich nicht ausschlussfähigen Vorstellungen führen können, die in der Regel nur sehr schwer zu überwinden sind. Gleichzeitig legen Befunde nahe, dass ein Verständnis von Stoffen auf der makroskopischen Ebene für ein späteres Teilchenverständnis bedeutsam ist (Wiser & Smith 2008). Auch dies spricht dafür, in der Primarschule das Augenmerk vor allem auf die makroskopische Ebene zu legen.

Stoffklassen

Grundlegend für ein erstes Verständnis von Stoffen ist die Erkenntnis, dass Gegenstände aus Stoffen bestehen. Auch wenn Kinder die Stoffklassen kennen, ordnen jüngere Kinder Gegenstände spontan eher nach ihrer Form oder Funktion als nach ihrem Material. Insbesondere bei festen Stoffen wird eher auf den Gegenstand als auf das Material verwiesen („das ist eine Tasse“ und nicht „etwas, das aus Porzellan ist“). Die konsequente Differenzierung zwischen dem Gegenstand und dem Material, aus dem er gemacht ist, und zwischen gegenstandsspezifischen und materialspezifischen Eigenschaften bereitet auch Primarschulkindern zum Teil noch Schwierigkeiten. Viele Kinder im Kindergartenalter unterscheiden zwischen bekannten Stoffklassen wie Holz, Plastik (Kunststoff) oder Metall anhand unmittelbar erfahrbarer Eigenschaften, aber längst nicht allen Kindern ist der Begriff Stoff (im Alltag ja eher als Textilstoff verstanden) oder Material vertraut. Während Holz und Metall für Kinder relativ leicht zu identifizieren und zu beschreiben sind (mit der Ausnahme von Aluminium, weil es ein nicht besonders hartes Metall aus dem Alltag darstellt), stellen Kunststoffe (umgangssprachlich Plastik) durch die sehr große Vielfalt in den Eigenschaften wie Farbe und Härte eine größere Schwierigkeit dar (Steffensky 2017). In der zweiten Hälfte der Primarschule differenzieren viele Kinder zunehmend zwischen spezifischen Vertretern der Stoffklassen, z.B. Eisen, Kupfer oder Gold als verschiedene Metalle. Die Zuordnung von ganz unterschiedlichen Gegenständen zu Materialwürfeln stellt eine mögliche Lerngelegenheit dar, die Unterscheidung zwischen Gegenständen und Stoffen, die Klassifizierung nach Stoffklassen und typische Eigenschaften von Stoffklassen zu thematisieren (Steffensky & Hardy 2013).

Gewicht, Volumen und Dichte von Stoffen

Grundlegend für ein Verständnis von Stoffen ist, dass Stoffportionen etwas wiegen, also ein Gewicht haben (eigentlich Masse; in der Primarschule wird häufig der vertrautere Begriff „Gewicht“ verwendet). Um z.B. den gasförmigen Zustand als nicht Nichts zu verstehen, muss zunächst verstanden sein, dass Stoffportionen ein Gewicht haben. Erst dann macht das Wiegen eines Balls vor und nach dem Aufpumpen Sinn. Viele jüngere Kinder setzen „ein Gewicht haben" gleich mit „sich schwer anfühlen", weswegen zum Beispiel eine Stecknadel vermeintlich kein Gewicht hat. Auch nehmen sie an, dass Gegenstände, die groß sind, immer schwerer als kleine Gegenstände sind, oder, dass das Gewicht eines Gegenstands sich ändert, wenn sich dessen Form ändert, z.B. das Wasser aus dem geschmolzenen Eiswürfel vermeintlich weniger wiegt als der Eiswürfel. Zentrale Lernschritte in dieser Phase sind also das Verständnis, dass Gegenstände, und seien sie noch so klein, ein Gewicht haben, und das Verständnis, dass dieses sich nicht ändert, wenn die Form sich ändert.

Die Einführung der Dichte als stoffspezifische Größe ist schwierig, Kinder in der zweiten Hälfte der Primarschule können aber differenzieren zwischen einem schweren Gegenstand und einer schweren Art von Stoff (z.T. auch als Schwere beschreiben). Anbahnen kann man solche Vorstellungen zum Beispiel durch die Auseinandersetzung mit Einheitswürfeln, also Würfeln aus unterschiedlichen Materialien mit dem gleichen Volumen, aber unterschiedlicher Masse (Jonen & Möller 2005).

Aggregatzustände und ihre Änderungen

Vorschulkinder können in der Regel den Aggregatzustand eines Objektes benennen bzw. umschreiben („wie Luft") und verschiedene Objekte den Zuständen zuordnen, wobei erwartungsgemäß der feste und flüssige Zustand leichter zu identifizieren ist als der gasförmige Zustand (Driver, Squire, Rushworth & Wood-Robinson 1994). Schwierig einzuschätzen sind Stoffe wie Zucker oder Sand, die man gießen kann, die aber trotzdem keine Flüssigkeiten sind. Um zu erkennen, inwiefern Kinder zwischen festen und flüssigen Stoffen unterscheiden können, eignen sich solche Beispiele, weil man anhand der Begründungen der Kinder („aber das einzelne Sandkörnchen ist ganz hart") auf ihre Vorstellungen schließen kann.

Entsprechend fällt es Kindern auch leichter, ein Verständnis der Prozesse Schmelzen und Gefrieren (auf der Phänomenebene) im Vergleich zur Verdunstung zu entwickeln (Carstensen, Lankes & Steffensky 2011). Typische „Erklärungen" des Verdunstungsprozesses sind „das ist einfach so" oder Erklärungen, bei denen die Änderung des Ortes, aber nicht der Form angenommen wird (Russell, Harlen & Watt 1989), z.B. „Wasser aus der Pfütze sickert in den Untergrund ein", „Wasser dringt in die Reifen des Autos ein" oder „Wasser sammelt sich an der Zimmerdecke oder in der Sonne". Weiter ausdifferenzierte Vorstellungen, die sowohl die Änderung des Ortes als auch der Form ausweisen, z.B. „Wasser wird in Luft umgewandelt" (Bar & Galili 1994), findet man kaum bei jüngeren Kindern. Bei älteren Primarschulkindern findet man aber durchaus die anschlussfähige Vorstellung, dass verdunstetes Wasser unsichtbar in der Luft vorliegt, und gleichzeitig die Ablehnung von Erklärungen, wie bspw. „das Wasser sei in den Untergrund eingezogen" (Kleickmann, Hardy, Pollmeier & Möller 2011). Der Prozess der Kondensation ist noch schwieriger vorstellbar. Hier findet man bei jüngeren Kindern vor allem situationsspezifische Erklärungen wie das Hochspritzen von Wasser zur Erklärung von Feuchtigkeiströpfchen am Topfdeckel beim Kochen.

Lösen von Stoffen
Ähnlich wie beim Verdunsten sind auch die Vorstellungen zum Prozess des Lösens stark von den Beobachtungen auf der makroskopischen Ebene beeinflusst, z.B. „der gelöste Stoff verschwindet" oder „wird zu Wasser" (Piaget & Inhelder 1974). Weiterhin wird angenommen, dass der Stoff seine Eigenschaften auf das Wasser überträgt (Farbigkeit oder Geschmack), aber selbst nicht erhalten bleibt. Häufig treten auch Verwechslungen der Prozesse Lösen und Schmelzen auf, da auf der makroskopischen Ebene in beiden Prozessen Stoffe flüssig werden, also etwas Ähnliches passiert („der Lutscher schmilzt im Mund").

Erhaltung
Insbesondere jüngere Kinder nutzen selten die Idee der Erhaltung von Stoffen spontan. Möglichkeiten, diese Idee anzubahnen, bieten einerseits Lerngelegenheiten im Kontext des Wasserkreislaufs, in denen unter der Frage „Wo bleibt das verdunstete Wasser?" Kondensationsprozesse untersucht werden. So kann deutlich gemacht werden, dass das unsichtbare Wasser wieder als flüssiges Wasser sichtbar gemacht werden kann. Beispiele für Situationen, in denen Kinder dieses Phänomen erfahren können, wären das Beschlagen der Brille beim Betreten eines Raums im Winter, des Spiegels beim Duschen, des Topfdeckels beim Kochen oder der kalten Flasche im warmen Raum. Auch Aktivitäten, in denen der Frage nachgegangen wird, ob der im Wasser gelöste Zucker oder das Salz wirklich weg sind (beispielsweise Wasser vor und nach dem Lösen von Salz wiegen, oder Salzwasser verdampfen lassen), können weitere Grundlagen für ein Verständnis der Erhaltung schaffen.

Chemische Reaktionen
Kinder begegnen im Alltag neben den Aggregatzustandsänderungen noch einer Reihe von anderen Veränderungen von Stoffen, z.B. dem Brennen einer Kerze, dem Rosten des Fahrrads oder dem Entstehen eines Spiegeleis. Dieses sind chemische Reaktionen, bei denen ein oder mehrere Stoffe mit spezifischen Eigenschaften zerstört werden und neue Stoffe mit anderen spezifischen Eigenschaften entstehen. Die dabei reagierenden Teilchen bleiben erhalten, sortieren sich aber neu zusammen. Gängige Vorstellungen zu diesen Reaktionen sind, dass ein Stoff vernichtet wird („die Kerze verbrennt", „das Holz verrottet") oder ein Stoff seine Eigenschaften ändert („das Eisen ist rostig geworden" oder „das Kupfer ist grün geworden"). Ein tatsächliches Verständnis dieser Prozesse ist nur mithilfe eines

differenzierteren Teilchenmodells möglich. Nach unserer Einschätzung reicht es auf dieser Stufe zunächst aus, wenn Kinder die Veränderungen beschreiben und Bedingungen der Veränderungen untersuchen.

Ansätze im Unterricht
Ohne bereits das Ziel einer tragfähigen Teilchenvorstellung im Unterricht zu verfolgen, ist es wichtig, dass Schülerinnen und Schüler in der Primarschule ein stärker kohärentes, anschlussfähiges Verständnis von Materie auf Stoffebene entwickeln. Ein Vorschlag, Lerngelegenheiten dahingehend zu strukturieren, beinhaltet die Berücksichtigung von zwei Leitfragen (vgl. Smith, Wiser, Anderson & Krajcik 2006):

- Woraus bestehen Gegenstände und wie können wir ihre Eigenschaften erklären?
- Wie können sich Stoffe verändern, was ändert sich bei diesen Prozessen und was ändert sich nicht?

Anhand dieser Leitfragen können Lerngelegenheiten erzeugt werden, die das Erkennen von Gemeinsamkeiten und Zusammenhängen zwischen vielen einzelnen Beispielen unterstützen. Dies kann zum Beispiel die Beschreibung von Stoffklassen anhand charakteristischer Eigenschaften sein: „Viele oder alle uns bekannten Metalle fühlen sich hart an“, „leiten den Strom“ und „Vollkörper aus Metall sinken“. Dies stellt eine Möglichkeit dar, Zusammenhänge zwischen sehr unterschiedlichen Themenfeldern herzustellen und die Bedeutung des Konzeptes Stoff/Stoffeigenschaften themenübergreifend zu verdeutlichen. Gleichzeitig können diese Leitfragen auch eine Orientierung darstellen, um stärker allgemeingültige Aussagen zu treffen, z.B. können alle Stoffe schmelzen, schmelzen alle Stoffe bei der gleichen Temperatur?

3 Energie

Energie (bzw. Energieumwandlung oder -übertragung) manifestiert sich in zahlreichen Phänomen wie Bewegung, Schall, Licht oder magnetischen Wechselwirkungen, aber eine einfache Definition davon, was Energie eigentlich ist, gibt es nicht. Physikerinnen und Physiker stellen sich sogar auf den Standpunkt, dass wir nicht wissen, was Energie ist, und es in der Folge auch nicht klar definieren können. Für die Begleitung von Lernprozessen zum Thema Energie ist es aber wichtig, eine Definition für Energie zu finden (Duit 1981). Denn Schülerinnen und Schüler wünschen sich eine Antwort auf die Frage, was Energie ist, und werden für sich eine Antwort finden – unabhängig davon, ob die Lehrperson ihnen eine anbietet (Papadouris & Constantinou 2011). Historisch wurde Energie als die Kapazität (eines Systems), Arbeit zu verrichten, eingeführt. Da der (physikalische)

Begriff der Arbeit aber nicht für alle Schülerinnen und Schüler leicht zu verstehen ist, schlagen neuere Konzeptionen vor, Energie als die Fähigkeit einzuführen, Veränderungen hervorzurufen, z.B. ein Stück Knete zu verformen (Nordine, Krajcik & Fortus 2011).

Neben der Frage, was Energie eigentlich ist, sind auch die Energieformen ein weiterer zentraler Aspekt dieses Kernkonzepts (Abb. 2). So kann sich Energie in verschiedenen Formen manifestieren, z.B. als Bewegungsenergie oder Lageenergie. Der Begriff Form, aber entsprechend auch Energieumwandlung kann irreführend sein, da mit Formen nicht ontologisch verschiedene Kategorien zu verstehen sind, sondern verschiedene Erscheinungsformen. Eine vollständige Umgehung der Bezeichnungen bei jüngeren Kindern ist aber kaum möglich, da Energie in der Regel eingeführt wird über die Umwandlungen verschiedener Energieformen ineinander. So kann Energie von einem System auf ein anderes übertragen werden, wobei sich die Energieform ändern kann, wie z.B. beim Pendel die Lageenergie in Bewegungsenergie und wieder zurück. Dabei bleibt die Gesamtmenge an Energie erhalten, wobei bei vielen Prozessen Teile der Energie entwertet werden, z.B. durch Abgabe von Wärme an die Umgebung. Diese Wärmeenergie ist nicht mehr nutzbar, um etwas zu tun, und in dem Sinne entwertet.

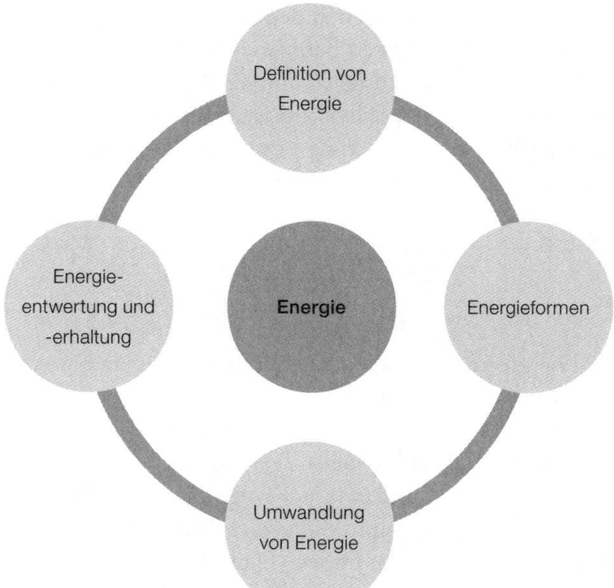

Abb. 2: Zentrale Aspekte des Kernkonzepts Energie (Lacy, Tobin, Wiser & Crissman 2014; Neumann, im Druck; vgl. NRC 2012)

Energie ist nicht nur ein zentrales Konzept der Naturwissenschaften, sondern spielt auch im alltäglichen Leben eine Rolle. „Du hast heute aber viel Energie" oder „Mach das Licht aus, um Energie zu sparen" sind nur zwei Beispiele, in denen der Begriff Energie verwendet wird. Aus diesen alltäglichen Erfahrungen im Umgang mit dem Begriff Energie entwickeln Schülerinnen und Schüler eigene Vorstellungen von Energie, die nicht notwendigerweise der naturwissenschaftlichen Vorstellung entsprechen.

Vorstellungen von Energie

Viele Schülerinnen und Schüler assoziieren Energie häufig nur mit lebenden Objekten und beschreiben sie z.B. als menschliche Eigenschaft (Black & Solomon 1983). Hier wird Energie mit der alltagssprachlichen Bedeutung assoziiert („ich bin heute voller Energie"). Energie wird häufig auch als eine Art universeller Treibstoff verstanden (ebd.). Energie ist in manchen Stoffen bzw. Objekten gespeichert, z.B. in Nahrung und Batterien. Diese Stoffe fungieren als Energielieferanten. Diese Vorstellung resultiert aus der Tatsache, dass sämtliche Dinge unseres Alltags Energie erfordern. Energie wird zum Teil auch als Aktivität, z.B. Bewegung, verstanden. Schülerinnen und Schüler mit dieser Vorstellung haben häufig Schwierigkeiten, zwischen Energie und Kraft, Reibung oder Arbeit zu unterscheiden. Energie wird manchmal auch als stoffliches Element verstanden und häufig mit anderen Flussgrößen wie dem elektrischen Strom oder sich bewegenden Entitäten, z.B. Elektronen, assoziiert. Formulierungen wie „da fließt Energie rein" legen diese Vorstellung nahe. Häufig wird Energie auch mit anderen physikalischen Größen wie Arbeit, Temperatur oder Strom gleichgesetzt oder mit diesen in Verbindung gebracht, z.B. wenn auf ein Objekt eine Kraft wirkt, dann wird Energie auf das Objekt übertragen (Gilbert & Watts 1983). Die Vermischung der verschiedenen Größen lässt sich u.a. durch alltagssprachliche Formulierungen erklären, denn die oben erwähnten Formulierungen „Du hast heute aber viel Energie" oder „Mach das Licht aus, um Energie zu sparen" finden sich so oder in ähnlicher Formulierung auch mit den Begriffen Kraft bzw. Strom. Speziell bei Kindern im Übergang zur bzw. zu Beginn der Primarstufe ist die Vorstellung von Energie als menschlicher Aktivität und als etwas, das in Batterien gespeichert ist, weit verbreitet (Lacy et al. 2014).

Energieverbrauch/Energieerhaltung

Die weit verbreitete Vorstellung des Verbrauchs von Energie entspricht genau den Alltagserfahrungen der Schülerinnen und Schüler, dass alle Prozesse enden, wenn man keine Energie zuführt, z.B. hört eine Murmel irgendwann auf zu rollen, kühlen heiße Sachen ab, und eine Batterie ist irgendwann „leer". Im Alltag ist nicht ersichtlich, wo die scheinbar verschwundene Energie hingeht, und Erklärungen einer leichten Erwärmung der Umgebung sind nicht wahrnehmbar. Spontan äußern entsprechend Lernende kaum die Idee der Energieerhaltung.

Ansätze im Unterricht

Die Erkenntnisse aus der Forschung zu Schülervorstellungen von Energie werfen die Frage auf, wie Schülerinnen und Schüler eine (wissenschaftlich) angemessene Vorstellung von Energie entwickeln. Driver et al. (1994) schlagen ausgehend von den ihnen vorliegenden Untersuchungen zu Schülervorstellungen von Energie in verschiedenen Altersgruppen vor, dass sich die Entwicklung einer wissenschaftlichen Vorstellung aus den beschriebenen Vorstellungen in folgenden Stadien vollzieht: Schülerinnen und Schüler 1) identifizieren Energie als menschliche Eigenschaft, 2) verstehen Energie als Eigenschaft aller Lebewesen, 3) nehmen Energie als Fähigkeit nicht-lebendiger Dinge wahr, etwas zu tun, 4) erkennen, dass in elastischen Materialien Energie gespeichert werden kann, 5) erkennen, dass Gegenstände Lageenergie besitzen können, 6) können Ereignisse mit Hilfe der Energie beschreiben, 7) können Prozesse quantitativ beschreiben (unter Berücksichtigung der Energieerhaltung), und 8) verstehen den Prozess der Entwertung von Energie (d.h. dass alle Prozesse enden, wenn keine Energie zugeführt wird). Evidenz, dass sich die Vorstellungen von Schülerinnen und Schülern tatsächlich entsprechend entwickeln, bieten verschiedene Studien (Neumann, Viering, Boone & Fischer 2013; Opitz, Harms, Neumann, Kowalzik & Frank 2015). Die Ergebnisse legen nahe, dass Schülerinnen und Schüler ausgehend von der Vorstellung von Energie als Aktivität, über die Vorstellung von Energie als (die Fähigkeit von Maschinen) Arbeit (zu verrichten), zunächst eine Vorstellung von Energieformen, sowie anschließend von Energieumwandlung und -entwertung, sowie zuletzt von Energieerhaltung entwickeln. Alle Untersuchungen zeigen auch, dass Schülerinnen und Schüler am Ende der Sekundarstufe I noch Schwierigkeiten mit der Energieerhaltung haben.

In der Folge stellt sich die Frage, wie das Energiekonzept angebahnt werden kann, um die Grundlage für die Entwicklung einer angemessenen Vorstellung der Energieumwandlung und Energieerhaltung zu legen. In der Regel geht es in der Primarschule insbesondere um die alltagssprachliche Beschreibung ausgewählter Phänomene vor allem der Energieumwandlung, z.B. „wenn ich die Hände aneinander reibe, werden sie warm" oder „die Sonne erwärmt die Erdoberfläche". Zur Entwicklung des Verständnisses von Energie als Kernkonzept müssen Lernende lernen, dass beim Reiben der Hände Bewegungsenergie in Wärmenergie umgewandelt wird und im Falle der Sonne diese nicht die Erde direkt erwärmt, sondern das Licht der Sonne von der Erdoberfläche absorbiert (aufgenommen) und in Form von Wärmestrahlung wieder abgegeben wird; Lichtenergie also in Wärmeenergie umgewandelt wird. Schwierig erscheint es allerdings, die zahlreichen Vorstellungen, die durch alltagssprachliche Formulierungen entwickelt werden, hier aufzugreifen und zu problematisieren, weil die Kinder dieser Altersstufe noch zu wenig reflektierte Erfahrungen und Wissen mit dem bzw. über das Konzept Energie haben. Die Gefahr ist entsprechend groß, dass sie Begriffe und Merksätze

unverstanden auswendig lernen. So erscheint es sinnvoller, alltagssprachliche Formulierungen bestehen zu lassen und möglicherweise an entsprechenden Stellen zu erweitern, z.B. „Energie sparen bedeutet Benzin sparen".
Für die Entwicklung einer erfahrungsbasierten qualitativen Vorstellung ist es wichtig zu erkennen, in welchen Größen sich Energie manifestiert, z.B. sind die Geschwindigkeit und die Masse Indikatoren für Bewegungsenergie oder die Höhe und die Masse Indikatoren für die Lageenergie (vgl. Nordine; Krajcik & Fortus 2011). Schülerinnen und Schüler können zum Beispiel beschreiben, dass ein Auto umso mehr Energie hat, je schneller es sich bewegt. Durch Beschreibung von Phänomenen oder Prozessen, wie z.B. einem schwingenden Pendel, können Schülerinnen und Schüler erkennen, dass Energie in einer Form abnimmt (Lageenergie, Indikator: Höhe), während sie in einer anderen zunimmt (Bewegungsenergie, Indikator: Geschwindigkeit). Eine Möglichkeit, das Konzept der Entwertung und Erhaltung grundzulegen, ist der Einsatz von Wärmebildkameras (Nordine & Weßnigk 2016). So kann die Erwärmung des Fußbodens beim Auftreffen eines Balles, aber auch die Erwärmung einer Oberfläche, wenn sich ein Körper darüber bewegt, oder die Erwärmung der Umgebung in der Nähe elektrischer Geräte aufgezeigt werden. Durch die Untersuchung zunehmend besser isolierter Systeme kann dann deutlich gemacht werden, dass die Energie in (abgeschlossenen und) isolierten Systemen tatsächlich erhalten bleibt. Diese Lernschritte erfolgen aber frühestens am Ende der Primarschule. Voraussetzung dafür ist, dass die Lernenden Wärme als eine Energieform identifizieren. Leitfragen (ähnlich wie bei dem Stoff-Konzept) im Zusammenhang mit der Auseinandersetzung mit dem Energie-Konzept sind (vgl. Lacy et al. 2014):

- Wo treten in dem interessierenden System beobachtbare Veränderungen auf?
- Wo ändert sich die Energie in dem System?
- Wo kommt die Energie her? Wo geht die Energie hin?

4 Bewegungen

Im Alltag sind Bewegungen eng verknüpft mit dem Aufwenden von Kräften. Ohne dass wir kontinuierlich Kraft aufwenden, bewegt sich kein Gegenstand. Diese Alltagserfahrung steht in offensichtlichem Widerspruch zum ersten Newtonschen Axiom, das besagt, dass sich ein Körper, auf den keine Kraft wirkt, geradlinig gleichförmig weiterbewegt. Es ist u.a. dieser Widerspruch, der das Konzept der Kraft für Schülerinnen und Schüler so schwierig macht. Weil Kraft und Bewegung durch das erste Newtonsche Axiom untrennbar miteinander verbunden sind, bereitet es Schülerinnen und Schülern entsprechend Schwierigkeiten, die Bewegung von Körpern, insbesondere jedoch die Änderung der Bewegung von Körpern, physikalisch angemessen zu erklären (Halloun & Hestenes 1985).

Erschwerend kommt hinzu, dass *Kraft,* ähnlich wie Energie, ein auch in der Alltagssprache häufig verwendeter Begriff ist. Dabei entspricht die Bedeutung des Begriffs in der Alltagssprache selten der physikalisch korrekten Bedeutung. Dies wird in Aussagen deutlich wie z.B. „Die Sonne hat heute viel Kraft" oder „Die Wanderung ist kräftezehrend". Die alltagssprachliche Verwendung des Begriffs Kraft sowie die Tatsache, dass bei der physikalisch adäquaten Verwendung häufig Modellierungen (wie beispielsweise Reibungsfreiheit oder punktförmige statt ausgedehnte Massen) vorgenommen werden, die jedoch so im Alltag meist nicht zu beobachten sind, sind vermutlich (mit-)ursächlich für die Ausbildung naturwissenschaftlich nicht adäquater Schülervorstellungen. Vor diesem Hintergrund liegt der Fokus in der Primarschule in der Regel auf der Beschreibung von Bewegungen und der Untersuchung der Veränderungen von Bewegungen und nicht auf der Einführung eines umfassenden wissenschaftlichen Kraft-Begriffs (vgl. Abbildung 3).

Abb. 3: Zentrale Aspekte des Konzeptes Kräfte und Bewegungen (NRC 2012)

Vorstellungen zu Bewegungen

Gerade jüngere Kinder verknüpfen Bewegungen mit Tieren, Menschen und Fahrzeugen (Nuffield Primary Science 1995). Sie nehmen an, dass diese die Eigenschaft, „sich bewegen zu können", aufweisen, ohne dieses weiter zu begründen. Häufig verweisen sie in ihren Begründungen der Bewegungen auch auf die Beine, Flügel oder Räder (oder Ruder, Segel…) von Tieren, Menschen und Fahrzeugen. Auf die Frage, warum zum Beispiel ein Auto eine Rampe runterrollt, ist die häufigste Antwort, „weil es schwer ist". Die genannten Beispiele deuten darauf hin, dass Kinder spontan nicht die Wirkung bestimmter Kräfte annehmen. Ähnliches zeigt sich auch im Zusammenhang mit einem fallenden Gegenstand, der an seinen „natürlichen Ort zurückgeht". Bei einem hochgeworfenen Ball dagegen, begründen Kinder das Hochfliegen mit der Kraft, die man aufwenden muss.

Vorstellungen zu Kraft und Bewegung
Eine Übersicht über die z.T. sehr unterschiedlichen Schülervorstellungen zum Kraftbegriff findet sich bei Alonzo und Steedle (2009):

- Alle bewegten Objekte tragen eine Kraft in sich, die die Bewegung aufrecht erhält.
- Wenn eine Kraft wirkt, resultiert daraus Bewegung.
- Wenn sich ein Objekt bewegt, wirkt eine (resultierende) Kraft in Richtung der Bewegung.
- Eine konstante Geschwindigkeit ist das Produkt einer konstanten (resultierenden) Kraft.
- Eine Kraft kann ein Objekt nicht unendlich beschleunigen.
- Bewegt sich etwas, wirkt eine Kraft darauf.

Aus den beschriebenen Schülervorstellungen ergeben sich eine Reihe von Schwierigkeiten: Beobachten Schülerinnen und Schüler zum Beispiel, wie ein Objekt ein anderes schiebt oder zieht, haben sie häufig Probleme, die Größe der Kraft mit der resultierenden Bewegung in Zusammenhang zu bringen (d.h. unabhängig von der Größe der Kraft resultiert für die Schülerinnen und Schüler immer dieselbe Bewegung). Außerdem haben Schülerinnen und Schüler Schwierigkeiten, die Rolle der Masse des bewegten Körpers zu erkennen oder Reibung auch als eine Form von Kraft zu identifizieren. Beobachten Schülerinnen und Schüler ein Objekt in Ruhe, gehen sie häufig davon aus, dass einige oder alle darauf wirkenden Kräfte Null sein müssen oder dass – wenn das Objekt gezogen oder geschoben wird – eine weitere Kraft dem Zug bzw. Schub entgegenwirken müsse, die jedoch größer als dieser ist (Halloun & Hestenes 1985). Darüber hinaus erklären sie Bewegungen mit konstanter Geschwindigkeit oft durch resultierende Kräfte in derselben Richtung, und erkennen nicht, dass Kräfte im Gleichgewicht sowohl mit Objekten in Ruhe als auch mit konstanter Geschwindigkeit zusammenhängen (Gilbert & Watts 1983). Bei eindimensionalen Bewegungen haben Schülerinnen und Schüler oft Probleme mit den Zusammenhängen zwischen Kraft und Beschleunigung. So tritt die Vorstellung auf, dass bei Bewegungen immer ein Überschuss an Kraft vorhanden sein muss bzw. ein Verlangsamen durch das „Aufbrauchen" der Kraft bedingt ist (Halloun & Hestenes 1985). Viele dieser Schwierigkeiten treten auch noch in höheren Jahrgängen oder sogar in der Universität auf (ebd.). Finegold und Gorsky (1991) führen dieses vor allem darauf zurück, dass die Konzepte Kraft und Bewegung in ihrer Beziehung zueinander im Unterricht nicht ausreichend elaboriert werden.

Ansätze im Unterricht

Alonzo und Steedle (2009) schlagen in der Folge dieser Schwierigkeiten eine Sequenz von vier Stufen vor, entlang derer sich eine angemessene wissenschaftliche Vorstellung von Kraft und Bewegung im Verlauf der Schulzeit entwickelt bzw. entwickeln lässt. Stufe 1 repräsentiert dabei eine basale, eher durch Alltagserfahrungen bestimmte Vorstellung von Kraft, die Stufen 2 und 3 repräsentieren Zwischenvorstellungen. Stufe 4 entspricht der naturwissenschaftlich angemessenen Vorstellung.

Tab. 1: Entwicklung einer (wissenschaftlich angemessenen) Vorstellung von Kraft und Bewegung (übersetzt und adaptiert nach Alonzo und Steedle 2009).

Stufe	Beschreibung
1	SuS verstehen Kraft als Schub oder Zug, der mit Bewegung zusammenhängt oder auch nicht. Dabei nehmen sie häufig an, dass nur Lebewesen Kräfte bewirken können, und dass Kräfte Eigenschaften von Objekten sind, die mit deren Gewicht zusammenhängen.
2	SuS verstehen Kräfte und Bewegungen inhärent miteinander verknüpft. Sie haben dabei jedoch noch keine wissenschaftlich adäquate Vorstellung vom Zusammenhang zwischen Kraft und Bewegung. Beispielsweise denken sie, dass keine Bewegung keine Kraftwirkung impliziert, oder dass die Richtungen von Bewegung und Kraft gleich sein müssen. Oft stellen sie sich auch vor, dass Kraft etwas ist, das einem Objekt mitgegeben werden kann und sich im Laufe der Bewegung aufbraucht.
3	SuS erkennen, dass Objekte in ihrem Bewegungszustand verharren, weil keine Kräfte oder keine resultierende Kraft (Gesamtkraft aller wirkenden Kräfte) auf sie wirken. Die Kraft wird jedoch als proportional zur Geschwindigkeit (und nicht zur Beschleunigung) oder Bewegung angenommen.
4	SuS erkennen, dass die resultierende Kraft auf ein Objekt proportional zur Beschleunigung (der Änderung von Geschwindigkeit oder Richtung) ist, diese Kraft muss nicht in die Richtung der Bewegung zeigen. Kräfte definieren die Interaktion zwischen Objekten.

SuS= Schülerinnen und Schüler

Ordnet man die ursprünglich in der Sekundarstufe erprobten Stufen (vgl. Tabelle 1) der Primarschule zu, geht es in der Regel um die ersten beiden Stufen, wobei auch Schülerinnen und Schüler der Sekundarstufe Vorstellungen, die diesen Levels entsprechen, haben. Zunächst wird der Schwerpunkt in der Regel auf Änderungen der Bewegungen, zum Beispiel durch Ziehen oder Schieben gelegt. Der Schritt zur Kraft führt dann über die Untersuchung der Ursachen für Bewegungsänderungen. Im Kern geht es also darum zu erarbeiten, wie Kräfte Bewegungen initiieren, verändern oder stoppen (Fortus & Nordine 2017). Darauf aufbauend entwickeln Lernende ein qualitatives Verständnis von Kräften, z.B. lernen sie verschiedene Kräfte wie Reibungskräfte kennen, erkennen, dass Kräfte unterschiedlich groß sind, in eine bestimmte Richtung wirken und dass unterschiedliche Kräfte auf ein Objekt wirken können. Dieses stellt die Grundlage dar, um (später) ein Verständnis der resultierenden Kraft zu entwickeln. Ähnlich wie bei dem Energie-Konzept entwickelt sich ein physikalisch angemessener Kraft-Begriff erst im Verlauf der weiteren Schulzeit. Um Zusammenhänge zwischen verschiedenen Situationen, in denen Bewegungen und Kräfte thematisiert werden, herzustellen, können folgende Leitfragen hilfreich sein (vgl. Nuffield Primary Science 1995):

- Warum bewegt sich der Gegenstand?
- Warum fällt der Gegenstand herunter?
- Warum bewegen sich Gegenstände unterschiedlich?
- Warum hören Bewegungen auf bzw. verlangsamen bzw. beschleunigen sich?

5 Zusammenfassung

Stoffe, Energie und Bewegungen sind Kernkonzepte in den Naturwissenschaften, die besonders hilfreich sind, um unbekannte Phänomene zu explorieren. Wissen über diese Konzepte ermöglicht es Schülerinnen und Schülern, aus dem Alltag bereits bekannte Phänomene zu erklären und plausible Ansätze für noch unbekannte Phänomene zu explorieren. So können Fragen nach den Stoffen in einem System, deren Veränderungen, nach Energie(formen) und deren Umwandlungen oder Kräften gestellt werden, um ein Phänomen zu beschreiben und zu deuten. Um ein Verständnis dieser übergeordneten Konzepte anzubahnen und deren Erklärungsmacht zu verdeutlichen, müssen Lernende unterstützt werden. Dies kann beispielsweise durch die Anregung von Vergleichen oder dem Herstellen von Zusammenhängen zwischen vielen Einzelthemen geschehen. Auch sich über verschiedene Themen wiederholende Leitfragen, siehe Beispiele im Text, können hierfür hilfreich sein. Ziel ist es dabei, stark erfahrungsbasierte Grundlagen für ein erfolgreiches, tiefergehendes Verständnis in den folgenden Schuljahren zu legen. Didaktische Materialien, die auf kumulative Lernwege ausgerichtet sind und Bezüge zu übergeordneten Konzepten in der beschriebenen Weise herstellen, finden sich beispielsweise in den Spiralcurricula zum Thema Magnetismus (Steffensky & Hardy 2013; Möller, Bohrmann, Hirschmann, Wike & Wyssen 2013) oder Schwimmen und Sinken (Hardy, Steffensky, Leuchter & Saalbach 2017; Möller & Wyssen 2017).

Literatur

Alonzo, A.C. & Steedle, J.T. (2009): Developing and Assessing a Force and Motion Learning Progression. In: Science Education, 93, 389-421.

Bar, V. & Galili, I. (1994): Stages of Children's Views about Evaporation. In: International Journal of Science Education, 16, 157-174.

Black, P. & Solomon, J. (1983): Life World and Science World: Pupils' Ideas about Energy. In: Marx, G. (Hrsg.): Entropy in the School. Proceedings of the 6th Danube Seminar on Physics Education. Budapest: Roland Eoetvoes Physical Society, 43-55.

Bransford, J.; Brown, A.L. & Cocking, R.R. (2000): How People Learn: Brain, Mind, Experience, and School. Expanded ed. Washington, D.C: National Academy Press.

Carstensen, C.H.; Lankes, E.-M. & Steffensky, M. (2011): Ein Modell zur Erfassung naturwissenschaftlicher Kompetenz im Kindergarten. In: Zeitschrift für Erziehungswissenschaft, 14, 651-669.

D-EDK, Deutschschweizer Erziehungsdirektorenkonferenz (2015): Lehrplan 21. Fachbereich Natur, Mensch, Gesellschaft. Verfügbar unter: http://vorlage.lehrplan.ch/[27.10.2017].

Driver, R.; Squires, A.; Rushworth, P. & Wood-Robinson, V. (1994): Making Sense of Secondary Science: Research into Children's Ideas. Florence KY: Routledge.

Duit, R. (1981): Students' Notions about the Energy Concept – Before and After Physics Instruction. In: Jung, W.; Pfundt, H. & von Rhoeneck, C. (Hrsg.): Proceedings of the International Workshop on ‚Problems concerning Students' Representation of Physics and Chemistry Knowledge. Ludwigsburg: Pädagogische Hochschule, 268-319.

EDK (2011): Grundkompetenzen für die Naturwissenschaften – Nationale Bildungsstandards. Bern: Schweizerische Konferenz der kantonalen Erziehungsdirektoren.

Finegold, M. & Gorsky, P. (1991): Students' Concepts of Force as applied to related Physical Systems: A Search for Consistency. In: International Journal of Science Education, 13, 97-113.

Gilbert, J. & Watts, D. (1983): Concepts, Misconceptions and Alternative Conceptions: Changing Perspectives in Science Education. In: Studies in Science Education, 10, 61-98.

Hadenfeldt, J.C.; Neumann, K. & Liu, X. (2015): Framing Students' Progression in Understanding Matter: A Review of Previous Research. In: Studies in Science Education, 50, 181-208.

Halloun, I. & Hestenes, D. (1985): Common Sense Concepts about Motion. In: American Journal of Physics, 53, 1056-1065.

Hardy, I; Steffensky, M.; Leuchter, M. & Saalbach, H. (2017): Spiralcurriculum Schwimmen und Sinken. Band 1: Elementarbereich. Verfügbar unter: https://www.telekom-stiftung.de/sites/default/files/files/Spiral_Elementar_27-11.pdf [31.5.2018]

Harlen, W. (2015): Working with big Ideas. Trieste: Science Education Programme (SEP) of IAP.

Jonen, A. & Möller, K. (2005): Die KiNT-Boxen – Kinder lernen Naturwissenschaft und Technik. Klassenkisten für den Sachunterricht. Paket 1: Schwimmen und Sinken. Essen: Spectra.

Kleickmann, T.; Hardy, I.; Pollmeier, J. & Möller, K. (2011): Zur Struktur naturwissenschaftlichen Wissens von Grundschulkindern. In: Zeitschrift für Entwicklungspsychologie und Pädagogische Psychologie, 43, 200-212.

KMK (2004): Beschlüsse der Kultusministerkonferenz. Bildungsstandards im Fach Chemie für den Mittleren Schulabschluss (Jahrgangsstufe 10). Beschluss vom 16.12.2004. München: Luchterhand.

Krajcik, J.S. ; Sutherland, L.M.; Drago, K. & Merritt, J. (2012): The Promise and Value of Learning Progression Research. In: Bernholt, S. ; Neumann, K. & Nentwig, P. (Hrsg.): Making it Tangible. Learning Outcomes in Science Education. Münster: Waxmann, 261-283.

Lacy, S. ; Tobin, R.G.; Wiser, M. & Crissman, S. (2014): Looking Through the Energy Lens: A Proposed Learning Progression for Energy in Grades 3-5. In: Chen, R.F.; Eisenkraft, A.; Fortus, D.; Krajcik, J.; Neumann, K.; Nordine, J. & Scheff, A. (Hrsg.): Teaching and Learning of Energy in K – 12 Education. Cham: Springer International Publishing, 241-265.

Möller, K. & Wyssen, H.-P. (2017) Spiralcurriculum Schwimmen und Sinken. Band 2: Primarbereich. Ergänzungs-Handbuch. Verfügbar unter: https://www.telekom-stiftung.de/sites/default/files/files/Spiral_Primar_27-11.pdf [31.5.2018]

Möller, K.; Bohrmann, M.; Hirschmann, A.; Wike, T. & Wyssen, H.-P. (2013): Spiralcurriculum Magnetismus. Naturwissenschaftlich denken und arbeiten lernen – Primarbereich. Seelze: Friedrich Verlag.

NRC, National Research Council (2012): A Framework for K-12 Science Education: Practices, Crosscutting Concepts, and Core Ideas. Committee on a Conceptual Framework for New K-12 Science Education Standards. Board on. Science Education, Division of Behavioral and Social Sciences and Education. Washington, DC: The National Academies Press.

NRC, National Research Council (2007): Ready, Set, SCIENCE!: Putting Research to Work in K-8 Science Classrooms. Washington, DC: The National Academies Press.

Neumann, K. (2017). Die Entwicklung physikalischer Kompetenz – Stand der Forschung und Desiderata. In: Plus Lucis, 2017(1), 35-39.

Neumann, K.; Viering, T.; Boone, W.J. & Fischer, H.E. (2013): Towards a Learning Progression of Energy. In: Journal of Research in Science Teaching, 50, 162-188.

Nordine, J. & Weßnigk, S. (2016): Exposing hidden Energy Transfers with inexpensive Thermal Imaging Cameras. In: Science Scope, 39(7), 25-32.

Nordine, J.; Krajcik, J. & Fortus, D. (2011): Transforming Energy Instruction in Middle School to support Integrated Understanding and Future Learning. In: Science Education, 95, 670-699.

Fortus, D. & Nordine, J. (2017): Motion and Stability: Forces and Interactions. In: Golan Duncan, R.; Krajcik, J. & Rivet, A. (Hrsg.): Disciplinary Core Ideas: Reshaping Teaching and Learning. Arlington: NSTA Press, 33-53.

Nuffield Primary Science (1995): Teachers' Guides Forces and Movement. London: Collins Educational.

Papadouris, N. & Constantinou, C.P. (2011): A Philosophically informed Teaching Proposal on the Topic of Energy for Students aged 11-14. In: Science & Education, 20, 961-979.

Piaget, J. & Inhelder, B. (1974): The Child's Construction of Quantities. London: Routledge and Kegan.

Opitz, S. ; Harms, U.; Neumann, K.; Kowalzik, K. & Frank, A. (2015): Students' Energy Concepts at the Transition between Primary and Secondary School. In: Research in Science Education (RISE), 45(5), 691-715.

Russell, T.; Harlen, W. & Watt, D. (1989): Children's Ideas about Evaporation. In: International Journal of Science Education, 11, 566-576.

Smith, C.L.; Wiser, M.; Anderson, C.W. & Krajcik, J. (2006): Implications of Research on Children's Learning for Standards and Assessment: A Proposed Learning Progression for Matter and the Atomic-Molecular Theory. In: Measurement: Interdisciplinary Research & Perspective, 4, 1-98.

Steffensky, M. (2017): Naturwissenschaftliche Bildung in Kindertagesstätten. Weiterbildungsinitiative Frühpädagogische Fachkräfte. Band 48. München: WiFF-Expertisen.

Steffensky, M. (2015): Chemische Aspekte. In: Kahlert, J.; Fölling-Albers, M.; Götz, M. & Hartinger, A. (Hrsg.): Handbuch Didaktik des Sachunterrichts. 2. Aufl. Bad Heilbrunn: Klinkhardt, 128-132.

Steffensky, M. & Hardy, I (2013): Spiralcurriculum Magnetismus. Naturwissenschaftlich denken und arbeiten lernen – Elementarbereich. Seelze: Friedrich Verlag.

Wiser, M. & Smith, C.L. (2008): Teaching about Malter in Grades K-8: When should the Atomic Molecular Theory be Introduced? In: Vosniadou, S. (Hrsg.): International handbook of research on conceptual change. New York: Routledge, 205-239.

Florian Böschl, Thomas Ottlinger und Kim Lange-Schubert

Phänomene der lebenden und nicht lebenden Natur erforschen: Sinne, Optik, Akustik – Schülervorstellungen

Die Wahrnehmung von Reizen ermöglicht es Menschen und Tieren, mit ihrer Umwelt in Wechselwirkung zu treten und sich in der Welt zurechtzufinden. Die im lebenden Organismus ablaufenden neuronalen Prozesse, bei denen Sinneszellen auf Reize reagieren und Informationen über das Nervensystem in das Gehirn weitergeleitet werden, sind notwendig, um Informationen aus der Umwelt aufnehmen, verarbeiten und darauf reagieren zu können. Ohne diese Fähigkeiten oder durch Einschränkungen des Sinneswahrnehmungssystems würde das Leben unmöglich oder stark beeinträchtigt – die Sinneswahrnehmung und -leistung ist damit eine wichtige Voraussetzung für Leben (vgl. Frings & Müller 2014). Die zugrundeliegenden Prozesse sind allgemein – doch besonders mit Blick auf die Grundschule – sehr komplex und können nur durch eine umfassende naturwissenschaftliche Betrachtungsweise erschlossen werden, da biologische, chemische und physikalische Modelle und Theorien zur Erklärung der Sinneswahrnehmung und -leistung gleichermaßen zu berücksichtigen sind, ebenso wie erkenntnistheoretische Aspekte (vgl. Gropengießer 2002). Der Sachunterricht und der Fachbereich *Natur, Mensch, Gesellschaft* (NMG) bieten durch ihre Konzeption als vielperspektivische Fächer die besten Voraussetzungen für eine erste umfassende Betrachtungsweise der Sinne, wenngleich es aufgrund der Komplexität des Themas erstmal nur um den Aufbau von anschlussfähigen Vorläuferkonzepten gehen kann. Ausgehend von den eigenen Sinneswahrnehmungen, deren Thematisierung in allen deutschsprachigen Lehrplänen in den Klassenstufen 1 und 2 für den Unterricht vorgesehen ist, können einzelne Sinne näher betrachtet, die Funktionsweisen erschlossen und die hinter den Phänomenen liegenden physikalischen Modelle und Theorien erkundet werden. Nicht in allen bundesdeutschen Vorgaben wird auf die Erschließung einzelner Sinnesorgane sowie die exemplarische Erkundung der damit verbundenen physikalischen Phänomene eingegangen. Viele Lehrpläne und Curricula betonen alleinig das Wahrnehmen der prominenten Sinnesleistungen (Riechen, Schmecken, Hören, Sehen, Fühlen) und verschenken unserer Meinung nach somit dem Fachinhalt innewohnendes didaktisches Potential. Diese Erschließung einzelner Sinne soll laut Vorgabe der Lehrpläne und Kerncurricula in der Regel in Bezug auf das Sehen und/oder das Hören erfolgen. Die Erschließung der physikalischen Grundlagen bezieht sich somit auf optische und akustische Phänomene. Die Befassung mit den neurologischen Prozessen der Sinneswahrnehmung und Reizverarbeitung durch das zentrale Nervensystem ist für die Grundschule nicht vorgesehen. In diesem Beitrag sollen die Themenkomplexe *Sinne*, *Optik* und *Akustik* zunächst fachwissenschaftlich umrissen, anschließend einschlägige typische Schülervorstellungen skizziert und weiterführend Implikationen für die Gestaltung von Unterricht in der Grundschule abgeleitet werden.

1 Sinne, Optik und Akustik – Begriffsklärung und Grundlagen

1.1 Sinne – oder wie die Welt in unseren Kopf kommt

Die klassische Einteilung in „fünf menschliche Sinne“ (Riechen, Schmecken, Sehen, Hören und Tasten bzw. Fühlen) geht auf den griechischen Philosophen Aristoteles zurück; die Organe, die die Sinneszellen (oder Rezeptoren) für die fünf Sinne beheimaten, sind die Nase, die Zunge, das Auge, das Ohr und die Haut. Jeder dieser fünf Sinne sendet Informationen über eigene Bahnen an spezifische Zielregionen im Gehirn. Dazu kommen nach dem heutigen Stand der Forschung der Dreh- sowie der Lagesinn, welche ebenfalls im Innenohr lokalisiert sind. Beide Sinne werden als wichtig für die Interpretation der Informationen aus dem Seh- und dem Hörsinn erachtet. Nehmen die Ohren zum Beispiel eine Veränderung der Richtung der Schallquelle wahr, ist es wichtig zu wissen, ob sich der Mensch selbst oder ob sich das Objekt bewegt hat. Über diese beiden Sinne hinaus werden Sinneszellen in Muskeln und Gelenken als menschliche Sinne geführt, die Informationen zur Stellung der Körperteile und Gelenke registrieren und weiterleiten. Außerdem gibt es Sinneszellen, die in unserem Körper wichtige Stoffwechselprozesse überwachen, einen Temperatursinn sowie einen Schmerzsinn. Schmerzzellen melden uns dabei mechanische Verletzungen wie Schnitte oder Quetschungen und auch Entzündungen im Körper. Der Mensch kommt damit auf eine sinnesphysiologische Ausstattung von zehn Sinnen. Einige Tiere können darüber hinaus Dinge wahrnehmen, die Menschen mit ihren Sinnen nicht wahrnehmen können, wie z.B. das Magnetfeld der Erde oder elektrische Felder. Allein durch diese Tatsache wird deutlich, dass wir die Welt nicht objektiv wahrnehmen können, sondern nur in dem Umfang, in welchem unsere Sinne dies zulassen und wie wir unsere Sinne auch nutzen.

Will man die Sinneswahrnehmung insgesamt verstehen, muss man den gesamten Prozess, angefangen von den Sinneszellen z.B. in unseren Augen, Nasen oder Ohren über die Weiterleitung der Informationen im Nervensystem bis zur Analyse und Verarbeitung der Informationen im Gehirn betrachten. Vereinfacht gesagt reagieren Sinneszellen auf Reize mit elektrischen Signalen. Reize, auf die Menschen und Tiere reagieren können, sind vielfältig und können beispielsweise Licht, mechanische Reize wie Berührung oder Schallwellen, Wärme und Kälte, chemische Reize wie Zucker oder Säuren, magnetische Felder, den Blutdruck in der Arterie, die Konzentration von Kohlendioxid im Blut oder Verletzungen umfassen. Das Signal der Sinneszelle wird nach der Detektion des Reizes über Nervenzellen bis zum Gehirn weitergeleitet. Die Sinnes- und Nervenzellen sind dabei zu einem neuronalen Netzwerk miteinander verknüpft, in dem Informationen aufgenommen, verarbeitet und weitergegeben werden. Dies geschieht über elektrische Weiterleitung und chemische Übertragung von Botenstoffen (sog. Neurotransmitter). Die so weitergeleitete Information wird am Ende durch das Gehirn gefiltert (nur ein Bruchteil der Sinnessignale gelangt in unser Bewusstsein) und interpretiert. Dabei ist Wahrnehmung viel mehr als eine immer gleich ausfallende Reaktion auf einen Sinnesreiz, denn nicht immer führt ein und derselbe Reiz zu ein und derselben Reaktion (wie z.B. bei einem Reflex) bzw. Interpretation. Dies wird deutlich, wenn man an optische Täuschungen denkt, z.B. an das Bild, in dem man eine Hexe oder eine Dame mit Hut erkennen kann. Hier wird deutlich, dass unsere Wahrnehmung entscheidend davon abhängt, wie unser Gehirn die Daten interpretiert – je komplexer das Objekt oder die Ereignisse, desto stärker die Interpretation. Dabei gilt die Interpretation als ein Entscheidungsakt des Gehirns, durch den andere Wahrnehmungen ausgeschlossen werden. Man kann z.B. in einem Moment nur die Hexe oder nur die Dame mit Hut sehen, nie beides zur gleichen Zeit (vgl. Frings & Müller 2014).

Das Sehen ist für uns Menschen der wichtigste Sinn – er liefert uns ca. 70% der Informationen, die wir über unsere Umwelt erhalten. Das Sehen ist dabei ein Fernsinn, mit dem wir weit entfernte Objekte wie Sterne wahrnehmen können. Die Informationsverarbeitung beim Sehen ist extrem komplex: Der Sehsinn ermöglicht es uns, nicht nur unterschiedliche Helligkeit und Farben wahrzunehmen, sondern auch Objekte und ihre Entfernungen zu bestimmen. Außerdem liefert er uns Information über räumliche Strukturen in unserer Umwelt. Das Sehen – insbesondere das Erkennen von sich bewegenden Objekten und Gesichtsausdrücken – spielt eine entscheidende Rolle für die Interaktion zwischen Organismen und stellt einen entscheidenden Überlebensvorteil dar (Erkennung von Feinden, um die Flucht zu ergreifen; Erkennung von Beute zum Jagen). Aus physikalischer Sicht basiert der Sehvorgang auf der Tatsache, dass in unser Auge gelangende Lichtstrahlen in den dort ansässigen Sinneszellen einen Impuls auslösen, der über das Nervensystem an das Gehirn weitergegeben und dort interpretiert wird. Beim Sehen entstehen die wahrgenommenen Bilder also nicht im Auge, sondern im Gehirn, welches die Entstehung von mentalen Bildern durch Verarbeitungsprozesse in der Großhirnrinde ermöglicht (vgl. Hammann & Asshoff 2014, ausführlich in 1.2.). Neben dem Sehen ist der Hörsinn der wichtigste Sinn, mit dessen Hilfe sich Menschen in der Umwelt orientieren. Das Organ, mit dem wir hören, ist das Ohr, welches in Außenohr, Mittelohr und Innenohr gegliedert wird. Hören wird als eine Analyse der uns umgebenden Luftbewegung beschrieben. Die Ohren sind zur Luft hin geöffnet – beim Hören werden aus dem

Zustand der Luft Informationen gewonnen. Dabei werden feine Druckschwankungen aufgespürt, weitergeleitet und verstärkt, bevor Informationen über diese Druckunterschiede an Sinneszellen übertragen und zum Gehirn zur Interpretation weitergeleitet werden (vgl. Frings & Müller 2014). Wir Menschen hören, wenn unser Trommelfell in Bewegung versetzt wird, d.h. wenn es schwingt. Weitergeleitet wird diese Schwingung in das Mittelohr, wo die Gehörknöchelchen (Hammer, Amboss und Steigbügel) diese Schwingung verstärken und sie an das Innenohr übertragen (vgl. Jeschonek 2012). In der *Cochlea*, auch als *Hör-* oder *Gehörschnecke* bezeichnet, werden feinste Härchen von einer Flüssigkeit umgeben. Diese Härchen bewegen sich durch die übertragene Schwingung und transformieren die mechanischen Signale in elektrische Nervensignale, die über die Nervenbahnen an das Gehirn übermittelt werden (ebd.). Der Hörsinn kann – wie alle Sinne – als passiv angesehen werden.

1.2 Physikalische Grundlagen des Sehens: Die Optik

In der Physik wird im Gebiet der allgemeinen Strahlungslehre unter dem zentralen Begriff der *Optik* die Lehre vom sichtbaren Licht verstanden. *Sichtbares Licht* bezeichnet dabei sich im Raum ausbreitende elektromagnetische Wellen – ausgehend von Lichtquellen wie beispielsweise der Sonne, einer Glühlampe oder Flamme –, die in einem schmalen Spektralbereich von etwa 390 bis 770 Nanometer (nm) eine Lichtempfindung im Auge hervorrufen (vgl. Stuart & Klages 2006). Im Gegensatz dazu steht nicht sichtbares Licht des Spektralbereichs etwa in Form von kurzwelligem Ultraviolett-Licht und langwelligem Infrarot-Licht. Licht wird dabei in der Physik als eigene Entität angesehen, die Energie überträgt. Von einer Lichtquelle breitet sich Licht stets nach allen Richtungen geradlinig aus, es macht folglich keine Kurven oder Knicke (vgl. Bannwarth, Kremer & Schulz 2011). Als eine universelle Konstante in der Natur bewegt sich Licht dabei mit einer Geschwindigkeit (= *Lichtgeschwindigkeit*) von 300 000 km/s. Anders als beim Schall (s. 1.3. Akustik) bedarf die Lichtausbreitung dabei keines materiellen Mediums (vgl. Stuart & Klages 2006). Als unmittelbarer Beweis für die geradlinige Ausbreitung von Licht kann die Bildung von Schatten herangezogen werden. Trifft nämlich Licht bei seiner Ausbreitung auf einen undurchsichtigen Körper, entsteht dahinter ein *Schattenraum*, in den kein Licht gelangt. Differenziert werden muss dann die Anzahl der Lichtquellen, die in Wechselwirkung mit einem solchen Körper stehen. Bei nur einer punktförmigen Lichtquelle wird der entstehende Schatten als *Kernschatten* bezeichnet. Sind zwei punktförmige Lichtquellen nebeneinander, leuchten beide ein Stück weit in den Schattenraum der anderen, es entstehen also neben dem Kernschatten – im völlig dunkel bleibenden gemeinsamen Schattenraum der beiden Lichtquellen – auch *Halbschatten* (vgl. Kuchling 2007). Wenn beide Lichtquellen weiter voneinander weg sind, kommt es zu einer gegenseitigen vollständigen Ausleuchtung der jeweiligen Schattenräume. Es gibt dadurch keinen Kernschatten, sondern lediglich zwei getrennte Halbschatten. Handelt es sich um eine ausgedehnte Lichtquelle (z.B. Leuchtstoffröhre), geht der Halbschatten diffus in den Kernschatten über (vgl. Bannwarth, Kremer & Schulz 2011). Auf der geradlinigen Ausbreitung des Lichts basiert jedoch nicht nur die Schattenbildung, sondern auch der Sehvorgang. Um sehen zu können, muss Licht in das Auge gelangen. Ein Gegenstand kann also gesehen werden, wenn er unmittelbar selbst Licht aussenden kann (Glühlampe usw.), das geradlinig ungehindert ins Auge fällt. Er kann aber auch gesehen werden, wenn Licht einer Lichtquelle zunächst auf den (undurchsichtigen) Gegenstand trifft und dort teilweise absorbiert und *reflektiert* bzw. *gestreut* wird, wobei es das reflektierte bzw. gestreute Licht ist, das letztlich ins Auge trifft und die Sinneszellen auf der Netzhaut des Auges aktiviert (vgl. Wiesner 1992).

Sehen ist demnach kein aktiver Prozess, der vom Auge ausgeht; das Auge ist vielmehr ein passiver Empfänger von aktiv von Lichtquellen ausgesandten oder von reflektierten Lichtstrahlen (vgl. Hammann & Asshoff 2014). Eine solche elementarisierte Konzeption von Sehen und Licht wird auch als *Sender-Empfänger-Vorstellung* (SEV) bezeichnet (vgl. Wiesner 1992). Bei rauen oder unebenen Körperoberflächen wird das Licht ungerichtet, das heißt diffus nach allen Seiten reflektiert, wobei man von *Streuung* spricht (vgl. Stuart & Klages 2006). Die Mehrheit an Körpern reflektiert das Licht nicht, sondern streut es. Dass Körper dem Auge unterschiedlich hell und farblich erscheinen, liegt am Lichtabsorptionsgrad als Eigenschaft der Körper (vgl. Bannwarth, Kremer & Schulz 2011). Wird das Licht fast oder gar vollständig reflektiert und dabei kaum bzw. nicht verzerrt, ist von gerichteter Reflexion oder auch *Spiegelung* die Rede (vgl. Harten 2014). Das Spiegelbild liegt *hinter* dem Spiegel im gleichen Abstand wie der Körper davor. Dennoch entspricht es nicht dem Bild, welches andere Personen von einem haben würden: wenn man vor dem Spiegel mit der rechten Hand winkt, so scheint das Spiegelbild mit der linken Hand zu winken. Es liegt die Annahme nahe, die Seiten würden vertauscht werden, obwohl tatsächlich eigentlich vorne und hinten vertauscht werden. Würde rechts mit links getauscht werden, müsste ein Spiegel nämlich auch unten und oben vertauschen, was in der Regel jedoch nicht der Fall ist. Stellt man etwa einen Würfel vor einen Spiegel, lässt sich das gut veranschaulichen.

1.3 Physikalische Grundlagen des Hörens: Die Akustik

Die *Akustik* ist die Lehre vom *Schall* und seiner Ausbreitung. Als Schall bezeichnet man alles, was man hören kann. Alles, was Schall aussendet, wird als Schallquelle bezeichnet. Schall ist an Schwingungen oder Bewegungen von Objekten gebunden, die z.B. Luft – als elastisches Medium – kurzzeitig zusammendrücken. Aufgrund der Elastizität dehnt sich die Luft nach dem Zusammendrücken durch die Schwingung der Schallquelle von selbst wieder aus, wodurch eine Druckwelle entsteht. Diese Druckwelle breitet sich kugelförmig aus. Das liegt daran, dass die Luftteilchen in dem Bereich hohen Drucks selbst in starke Schwingungen versetzt werden. Diese Schwingungen werden auf benachbarte Luftteilchen übertragen (vgl. Frings & Müller 2014). Hinter der Druckwelle stellen die Teilchen ihre Bewegung wieder ein, sie bewegen sich also nicht weg. Der Schall bzw. die Schwingung ist daher als Übertragung von Energie zu sehen, es handelt sich um „Druckschwankungen in der Luft, die sich von einem (winzigen) Luftvolumen zum nächsten ausbreiten" (Kruisz & Hitzenberger 2011, 176). Es bedarf immer einer *Schallquelle*, die ihre Schwingung an die umgebende Luft oder ein anderes Medium weitergibt, wodurch letztlich die an unserem Trommelfell anliegenden Luftmoleküle den Druck ans Trommelfell übertragen.[1] Das Medium Luft spielt dabei eine entscheidende Rolle: Im Vakuum wird keine Schwingung und somit kein Schall übertragen. Der bekannte Versuch mit dem mechanischen Wecker unter der Vakuumglocke beweist dies eindrücklich: man hört den Wecker nach und nach leiser werden, bevor er verstummt, obwohl er noch sichtbar „schwingt". Allerdings wird Schall auch durch andere Medien übertragen, zum Teil sogar deutlich besser und vor allem schneller. So liegt die Schallgeschwindigkeit in Luft bei rund 340 m/s (u.a. auch temperaturabhängig), in Wasser bei 1.485 m/s und in Stahl sogar bei 5.100 m/s (ebd.). Das letzte Stück Weg wird beim Hören aber gewissermaßen immer durch Luft gefüllt, außer wir sind unter Wasser oder halten uns z.B. die Stimmgabel so an den Kopf, dass die Schwingungen direkt auf die Schädelknochen übertragen werden. Ob ein *Ton* hoch oder tief ist, hängt von seiner *Frequenz* ab, d.h. von der Anzahl der Schwingungen pro Zeiteinheit. Je häufiger der Gegenstand schwingt, desto höher ist seine Schwingungsfrequenz und somit der Ton, den er erzeugt. Gemessen wird die Tonhöhe in Schwingungen pro Sekunde, die dazugehörige Einheit ist *Hertz*. Der vom Mensch hörbare Frequenzbereich liegt bei 16 Hz bis 16 kHz (vgl. Harten 2014). Allerdings ist nicht allein die Frequenz entscheidend dafür, ob der Mensch einen Ton hören kann, sondern auch die Lautstärke. Damit ein Ton lauter ist, muss der entsprechende Gegenstand *stärker* schwingen. Das bedeutet, es muss – bei gleicher Schwingungsfrequenz – mehr Energie übertragen werden. Dieses Mehr an Energie erkennt man am stärkeren Ausschlag der Schwingung, der *Amplitude*. Man kann sich das gut mit einer Gitarrensaite vorstellen. Der erzeugte Ton bleibt der gleiche (sofern man die Länge bzw. die Spannung der Saite nicht variiert), aber je stärker man die Saite zupft, d.h. je intensiver die Schwingung ausschlägt, desto *lauter* ist der Ton. Die Saite schwingt gleich häufig hin und her, aber sie geht weiter in beide Richtungen. Dieses Mehr an hin und her versetzt auch die umliegenden Luftteilchen stärker in Schwingung, es wird folglich mehr Energie übertragen. Man kann

1 Analog zum Sehen kommt auch das eigentliche Hören durch die Übersetzung der eintreffenden Reize in elektrische Nervensignale zustande.

allerdings auch einen *Resonanzkörper* verwenden, um die Lautstärke zu erhöhen. Der Gegenstand (Stimmgabel, Gitarrensaite, Spieluhr, etc.) überträgt dabei seine Schwingung z.B. auf eine Tischplatte, wodurch diese ebenfalls in Schwingung versetzt wird. Folglich wird mehr Energie an die Luftteilchen abgegeben und der Ton ist lauter zu hören als ohne Tischplatte.

2 Befunde zu Schülervorstellungen: Sinne, Optik und Akustik

Im Rahmen des konstruktivistischen Lernverständnisses der Conceptual-Chance-Theorie lernen Schülerinnen und Schüler, indem sie neue Inhalte und Verfahren in bestehende Wissensstrukturen integrieren. Sie verändern ihr Vorwissen und passen die Konzepte im Sinne einer Annäherung an die wissenschaftlichen Zielkonzepte an (vgl. dazu die Ausführungen im Beitrag von Möller in diesem Band, S. 35ff.). Für Lehrkräfte ist es daher unverzichtbar, die Präkonzepte zu erheben, auf denen aufgebaut werden soll. Wirft man einen Blick in die Forschungsliteratur, so findet man wenig aktuelle Daten und Erhebungen zu den hier betrachteten Themen. Die meisten wissenschaftlich erhobenen Schülervorstellungen stammen aus den 1980er und 1990er Jahren und beziehen sich selten auf die Grundschule. Ausnahme bildet ein von der DFG finanziertes Projekt (1985-1988) um Hartmut Wiesner und Kollegen zu Schülervorstellungen im Bereich Optik. Bis heute wegweisend bei den Schülervorstellungen im Bereich der Akustik in der Grundschule sind die Befunde von Patrick Wulf und Manfred Euler (1996), die in einer Interviewstudie 22 Schülerinnen und Schüler aus den ersten vier Jahrgangsstufen nach deren Erklärungen für schallbezogene Phänomene befragt haben. Die Arbeiten zum übergeordneten Komplex Sinne und Sinneswahrnehmung sind in der Biologiedidaktik verortet und beziehen sich ausschließlich auf die Sekundarstufe (vgl. Gropengießer 2002; Sundermeier 2009). Da diese Studien aber Ableitungen für die Grundschule erlauben, sollen sie im Folgenden ausgeführt werden.

2.1 Schülervorstellungen zu Sinnen und Sinnesleistungen

In den Untersuchungen zu Sinnen und Sinnesleistungen, die vorwiegend im Bereich Sehen (Auge) durchgeführt wurden, zeigten sich in Bezug auf die *Richtung der Wahrnehmung* sowohl für Grundschul- als auch für Sekundarstufenschülerinnen und -schüler von der fachwissenschaftlichen Sicht abweichende Vorstellungen. Das Sehen wird von vielen Lernenden als selbstverständliche Fähigkeit oder Aktivität wahrgenommen (vgl. Murmann 2002). In Zeichnungen zum Sehvorgang stellen Grundschülerinnen und Grundschüler zwar in der Regel eine Verbindung zwischen Auge und Gegenstand her (vgl. u.a. Osborne, Black, Smith, & Meadows 1990), jedoch eher als Verkörperung eines Blicks – ein „Sehstrahl", den Sehende mithilfe der Augen aktiv aussenden, um zu gucken, etwas zu betrachten oder zu untersuchen (vgl. Fetherstonhaugh & Treagust 1992). Aus alltäglicher Perspektive werden beim Sehvorgang Dinge aktiv in den Blick genommen, Menschen sehen etwas bzw. jemanden an oder in einen Behälter hinein. Nach dem alltäglichen Erleben führt die Richtung des Sehens vom Auge des Sehenden (innen) in Richtung des Objekts (außen). Auch alltagssprachliche Ausdrücke und Redewendungen zeugen hiervon, z.B. sprechen wir vom „Augenlicht" oder davon, „etwas in Augenschein zu nehmen". Tatsächlich aber ist das Auge der passive Empfänger reflektierter oder ausgesendeter Lichtstrahlen. Die lebensweltlich geprägten Vorstellungen der Schülerinnen und Schüler stehen somit in unmittelbarem Widerspruch zu geltenden Annahmen in der Physik, in der Sehen als aktiver Prozess abgelehnt wird (vgl. Murmann 2002; Gropengießer 2002). Mit zunehmendem Alter nimmt die Deutung des Sehvorgangs von innen nach außen ab. Im Bereich der Sekundarstufe werden häufig auch Mischformen gefunden, bei denen Strahlen vom Auge ausgehen und vom Gegenstand zurück ins Auge reflektiert werden (vgl. Gropengießer 2002; Hammann & Asshoff 2014). Für das Hören stellen sich die Ergebnisse der Studien für junge Lernende ähnlich dar. Sie beschreiben das Ohr als notwendig für das Hören und sprechen ihm eine aktive Rolle zu („Hinhören", „Lauschen"). Als *Instanzen der Wahrnehmung* werden häufig ausschließlich die Organe der Sinneswahrnehmung betrachtet – die zentrale Rolle des Gehirns wird – insb. mit Blick auf das Sehen – in der Regel nicht beachtet. In Bezug auf das Sehen z.B. entstehen Bilder in der Vorstellung der Lernenden auf der Netzhaut (als verkleinerte und umgedrehte Bilder), welche als exakte Kopie des Originals angesehen werden. Dabei ist das Auge der Ort der Bildentstehung, wobei die Funktion des Gehirns nicht gesehen oder nur darin gesehen wird, das Bild, das vom Auge zum Gehirn gelangt, umzudrehen (vgl. Dannemann & Krüger 2010). In Bezug auf das Hören ist die Studienlage wesentlich geringer ausgeprägt. Die vorliegenden Studien deuten aber darauf hin, dass insbesondere jüngere Lernende davon ausgehen, dass man hört, weil ein Ton ins Ohr kommt (= Aktivität im Ohr). Die meisten haben dabei keine Vorstellung vom Aufbau und der Funktion des Ohres und benennen – wenn überhaupt – das Trommelfell als bedeutendes Element des Ohres für das Hören. Andere Lernende beschreiben ausschließlich das Gehirn als Instanz der Wahrnehmung (der Ton kommt zum Gehirn). In einer schwedischen Studie wurde diese Vorstellung von Viertklässlern sogar am häufigsten benannt (vgl. West 2011). Das Zusammenspiel des Ohrs mit den Elementen des Innenohrs und den für das Hören verantwortlichen kleinsten Härchen in der Schnecke sowie die Umwandlung von mechanischen in elektrische Signale wird von Lernenden der Grundschule selten benannt. Vorherrschend bei allen Prozessen der Sinneswahrnehmung ist die Vorstellung, dass Sinnesorgane die Welt so abbilden, wie sie wirklich ist und objektive Erkenntnis ermöglichen (*naiver Realismus;* vgl. Gropengießer 2002; Hammann & Asshoff 2014).

2.2 Schülervorstellungen: Optik

Um das physikalische Prinzip von *Licht als elektromagnetische Strahlung* erschließen zu können, ist es essentiell, Licht als theoretische Entität zu begreifen. Da dies in der Lebenswirklichkeit der Schülerinnen und Schüler so nicht direkt beobachtet werden kann, bewegen sich ihre Vorstellungen in der Regel auf einer sinnlich-perzeptiven Ebene, das heißt, sie sind eng an ihre tatsächliche Wahrnehmung gebunden (vgl. Murmann 2002). Aus ihren Untersuchungen zu Schülervorstellungen zum Lichtbegriff folgert Guesne (1984 und 1985) dahingehend zwei verschiedene Konzepte, auf die sich Lernende beziehen, wenn sie von Licht sprechen: (1) Licht wird gleichgesetzt mit der zugehörigen Lichtquelle, seinen Auswirkungen (z.B. Beleuchtung) oder seinem Zustand (z.B. etwas Hellmachendes, Helligkeit). Die Anwesenheit von Licht wird also vielfach mit dessen Intensität und folglich mit Sichtbarkeit verbunden. Mehrheitlich vorzufinden ist dieses naive Konzept von Licht gerade bei Schülerinnen und Schülern im Alter bis 12 Jahre (vgl. Jung, Wiesner & Blumör 1986 und 1988; Osborne et al. 1990). (2) Licht wird als eigene Entität zwischen der Lichtquelle und seinem Effekt wahrgenommen. Schülerinnen und Schüler ab etwa 13 bis 14 Jahren beginnen sich dieser Konzeption zu öffnen bzw. stehen einer solchen Vorstellung weniger ablehnend gegenüber als zuvor (vgl. Guesne 1984). Bezüglich der *Ausbreitung von Licht* sprechen Grundschülerinnen und Grundschüler zwar häufig von einer Bewegung des Lichts, beziehen sich dabei aber in der Regel nicht auf die in der Physik akzeptierte Vorstellung, dass von einer Lichtquelle ständig neues Licht strömt (vgl. auch Jung, Wiesner & Blumör 1986, 1988). Vielmehr beziehen sie sich auf unmittelbare Effektveränderungen (z.B. Taschenlampe anschalten) oder eine Bewegung der Lichtquelle (z.B. Taschenlampe schwenken) (vgl. Guesne 1985). Die Mehrzahl der Grundschülerinnen und -schüler geht dabei davon aus, dass sich das Licht einer Lichtquelle lediglich endlich (durch einen Raum) ausbreitet bzw. bewegt. Für viele Lernende steht dies nicht im Widerspruch mit einer in diesem Zusammenhang häufig geäußerten Annahme, dass man eine weit entfernte eingeschaltete Taschenlampe sehen könne, obwohl sie gleichzeitig angeben, dass das Lampenlicht nicht bis zur beobachtenden Person reicht (vgl. Wiesner & Claus 1985; Osborne et al. 1990). Die Idee, Licht breite sich in Übereinstimmung mit der zugrundeliegenden physikalischen Konzeption stets geradlinig im Raum aus, stößt wiederum auf große Zustimmung bzw. ist eine häufig anzutreffende Vorstellung im Zusammenhang mit Licht und Lichtausbreitung bei Grundschülerinnen und Grundschülern (vgl. Wiesner 1992). Die für den nachfolgenden Sehvorgang zentrale Vorstellung, dass Licht von Körpern reflektiert oder gestreut werden kann, wird von ihnen in der Regel kaum bewusst wahrgenommen (vgl. Murmann 2002).

Licht als Bedingung für das Sehen ist der Mehrzahl der Schülerinnen und Schüler bekannt (vgl. Wiesner 1992), jedoch erfüllt Licht dabei die Funktion, Körper überhaupt erst sichtbar zu machen, also Helligkeit bereitzustellen (vgl. Osborne et al.

1990). Nicht verwunderlich erscheint deshalb, dass gerade die Sender-Empfänger-Vorstellung des Sehvorgangs Lernenden große Schwierigkeiten bereitet (vgl. Murmann 2002), lehnen sie doch in der Mehrheit die Möglichkeit ab, dass Körper bei einfallendem Licht dieses auch selbst wieder aussenden (reflektieren bzw. streuen) können und ein Teil dieses Lichts im Anschluss ins Auge fallen muss, damit der Körper gesehen werden kann (vgl. Selley 1996). Guesne (1984) fasst die in ihren Untersuchungen erhobenen Vorstellungen von Schülerinnen und Schülern zu Licht in Verbindung mit dem Sehvorgang in vier Kategorien (hypothetische Lernfortschrittskala) zusammen: (1) *Lichtsee*: Das Auge, ein Körper und die Lichtquelle sind von Licht umgeben, ohne dass eine Verbindung zwischen dem Auge und dem Körper hergestellt wird. (2) *Beleuchtendes Licht*: Licht einer Lichtquelle beleuchtet direkt einen Körper, eine Verbindung zwischen Auge und Körper besteht nach wie vor nicht. (3) *Sicht*: Licht einer Lichtquelle beleuchtet direkt einen Körper, zudem wird im Sinne von Sehen als Bewegung eine Verbindung vom Auge zum Körper hergestellt. (4) *Physikalisches Modell*: Licht einer Lichtquelle fällt auf einen nicht selbst leuchtenden Körper und wird in das Auge reflektiert. Insbesondere in der Grundschule sind dabei die beiden ersten Kategorien vorherrschend. Weitere ausgewählte Zusammenfassungen zu wichtigen Befunden der lebensweltlich geprägten Vorstellungen von Schülerinnen und Schülern finden sich etwa auch in Beiträgen von Gropengießer (2002), Wiesner (1992) und Selley (1996).

Wie die Ausbreitung von Licht und das Sehen gehören auch *Schatten* beleuchteter Körper als Phänomene fest zur (kindlichen) Lebenswelt. Wird Licht dabei selten als eigene Entität angesehen, legen im Gegensatz dazu Untersuchungen von Schüleräußerungen zu Schatten die Interpretation nahe, dass diese vermehrt als Objekte mit entsprechenden Eigenschaften – etwa Form oder Platzbedarf – angesehen werden (vgl. Murmann 2002). Besonders differenziert werden müssen Schülervorstellungen zu Schatten insbesondere hinsichtlich des Verständnisses davon, ob Licht überhaupt als Bedingung für Schattenbildung erkannt wird und falls ja, in welcher Ausprägung (Entität etc.) (vgl. Blumör 1993). Für den Grundschulbereich ergibt sich daraus die Unterscheidung von zwei grundsätzlichen naiven Konzepten, für die jeweils verschiedene Vorstellungen gelten (verändert nach ebd., 74f.): *(1) Schatten brauchen die Anwesenheit von Licht bzw. Helligkeit* nicht*:* Ist dieses Konzept gegeben, bestehen Vorstellungen dazu, dass Körper grundsätzlich über Schatten verfügen (vgl. Feher & Rice 1988). Für deren Entstehung werden dann jedoch andere Gründe als Licht oder Helligkeit angegeben, etwa, dass der Schatten aus den Körpern herauskommt oder magische Gründe (vgl. Blumör 1993). Im Dunkeln wird der Schatten indes unsichtbar – obgleich er noch existiert – oder er verweilt in der Nähe des Körpers (ebd.; vgl. Feher & Rice 1988). Insgesamt besteht also ein räumlich-geometrischer Zusammenhang zwischen Schatten und Körper. *(2) Schatten benötigen die Anwesenheit von Licht bzw. Helligkeit*: Der primäre Unterschied zum ersten Konzept besteht darin, dass Körper

nun nur Schatten bilden, wenn Licht, etwa in Form von Helligkeit vorkommt, um den Schatten freizusetzen (vgl. Blumör 1993). Ist es dunkel, verschwindet der Schatten beispielsweise in den Körper oder dessen Oberfläche (ebd.). Ein Körper wirft dann in den Vorstellungen der Lernenden Schatten, wenn Licht daran gehindert wird, durch ihn hindurchzugehen (= „Lichtbehinderung") oder vom Körper abgelenkt wird (vgl. Feher & Rice 1988). Der entstehende Schatten ist dabei der Bereich, in den kein Licht kommt (vgl. Wiesner & Claus 1985) und stets in der Nähe des Körpers, direkt um ihn herum oder ein wenig getrennt davon (vgl. Blumör 1993). Es kann auch vorkommen, dass Schülerinnen und Schüler, die das Vorkommen von Schatten mit Helligkeit oder starken Lichtquellen assoziieren, vorhersagen, dass sich der Schatten auf der dem Licht zugewandten Seite des Körpers bildet. In beiden Konzepten lässt sich die Vorstellung einer Gestaltähnlichkeit zwischen Körper und Schatten (vgl. Feher & Rice 1988) finden sowie die Vorstellung, dass sich Schatten zweier Körper gegebenenfalls überdecken oder mischen können (vgl. Blumör 1993). Implizit kann also vorsichtig von ersten Ansätzen einer Vorstellung von Kern- und Halbschatten gesprochen werden.
Auch das *Spiegelbild* nimmt im Optikunterricht eine zentrale Stellung ein. Wiesner (1992) stellt typische Vorstellungen in diesem Bereich wie folgt zusammen: Der Spiegel ist in den Augen der meisten untersuchten Lernenden primär ein besonderes Objekt, welches vor ihm befindliche Körper „sehen" kann und dieses „Gesehene" in Form des Spiegelbilds zurück zum Betrachter wirft. Wie zuvor wiederholt anklang, vermuten Grundschülerinnen und Grundschüler für gewöhnlich nicht, dass (undurchsichtige) Körper Licht zurückwerfen können bzw. haben sie keine (genaue) Idee davon. Beim „Sonderfall" Spiegel erkennen Lernende in der Regel dennoch zahlreich, dass dieser – anders als gewöhnliche Körper – Licht, beispielsweise als Helligkeit, reflektiert (vgl. Blumör 1993). Lichtwege, die die Schülerinnen und Schüler dabei beschreiben, genügen insbesondere bei symmetrischen Darstellungen schon vor etwaigen Interventionen dem Reflexionsgesetz (ohne dass dies von ihnen bewusst angestrebt wird) (vgl. Jung, Wiesner & Blumör 1988). Weitgehend vorherrschend ist dennoch die Vorstellung, der Spiegel vertausche rechts und links, jedoch nicht oben und unten (ebd.). Aus physikalischer Sicht liegt das Spiegelbild hinter dem Spiegel, was in der Regel bei Schülerinnen und Schülern, etwa bei Akzeptanzbefragungen (vgl. Blumör & Wiesner 1992), auf entschiedene Ablehnung stößt, spricht man doch auch im Alltag davon, dass man sich *im* Spiegel sieht und nicht dahinter. Schüleraussagen zufolge liegt das Spiegelbild folglich nur scheinbar, etwa als optische Täuschung, hinter dem Spiegel, wobei es aber eigentlich auf dem bzw. im Spiegel liegt.

2.3 Akustik

In Bezug auf die *Entstehung von Schall* und von Tönen besitzen viele Grundschülerinnen und -schüler die Vorstellung, dass der Ton die unmittelbare Folge einer

Handlung ist; ausschlaggebend für den Ton ist also das Tun (vgl. Wulf & Euler 1996; Kircher & Engel 1994). Die dem Ton zugrunde liegende Schwingung eines Gegenstands wird von fast keiner bzw. keinem der befragten Schülerinnen und Schüler als Ursache für den Ton genannt. Dies ist insofern überraschend, als die Lernenden die Schwingungen z.T. sehr wohl wahrnehmen können, sie erkennen und beschreiben sogar das gleichzeitige Auftreten von Schwingung und Ton. Allerdings wird dies nicht als ursächlich, sondern lediglich als „zufällig" ebenfalls auftretende Erscheinung angesehen (vgl. Wulf & Euler 1996). Kircher und Engel (1994) vermuten als Grund, „dass die Schwingungsbewegung meistens nicht (gut) sichtbar ist" (ebd., 53). In Bezug auf die Fähigkeit der Lernenden, durch gelenkte Versuche die Schwingung als verantwortlich für den Ton zu erkennen, nehmen die beiden Erhebungen eine unterschiedliche Einschätzung und Bewertung vor: Kircher und Engel (1994) haben in einem Versuch mit nicht sichtbarer Schwingung von Metallophonplättchen diese Fähigkeit bei Lernenden der 2. Klasse nicht beobachten können und auch in der 3. und 4. Klasse waren nur einzelne Schülerinnen und Schüler dazu fähig, die „Bewegung" der Gegenstände zu beschreiben (ebd.). Allerdings waren in einem weiteren Versuch mit einer Stimmgabel (fühlbare Schwingung bzw. Vibration) drei Viertel der Lernenden in der Lage, die Schwingung als Tonursache zu erkennen. Wulf und Euler (1996) hingegen fanden eine andere Datenlage:

> „Obwohl das Auflegen des Fingers auf die klingende Metallplatte die deutlich fühlbare Schwingung zum Erliegen und gleichzeitig den Ton zum Verschwinden bringt, sehen die Lernenden keinerlei tieferen Zusammenhang" (ebd., 257).

Kircher und Engel (1994) gehen zusätzlich auch auf die Phänomene Pfeifen und Flöten ein, welche für Grundschülerinnen und -schüler aufgrund der nicht sicht- und fühlbaren Schwingungsbewegung und dem nicht sichtbaren Schallerreger Luft besonders schwierig zu verstehen sind. Die Autoren beobachteten neben Nicht-Antworten sogar einen Rückgriff auf zwischenzeitlich richtigerweise verworfene Erklärungsmuster: Die Lernenden gaben an, dass eine Handlung (das Hineinblasen bzw. die Bewegung der Finger) oder etwa ein schwingendes Plättchen innerhalb der Flöte den Ton erzeugt; nur vier Viertklässler nannten die sich bewegende Luft als Ursache (ebd.).

Die Notwendigkeit eines Mediums für die *Schallausbreitung* ist fast keinem Grundschulkind bekannt. Die meisten Erklärungen lassen sich dem sogenannten *substance schema* zuordnen (vgl. Wulf & Euler 1996; Kircher & Engel 1994; Reiner, Slotta, Chi & Resnick 2000). Dabei werden einem Ton stoffliche Eigenschaften zugewiesen, beispielsweise eine räumliche Ausdehnung (= Platzbedarf). Die Übertragung erfolgt also, indem der Ton „wandert". Dieser Vorstellung liegt die Annahme zugrunde, dass ein Ton Materie und eben nicht nur Bewegungsenergie ist. Tatsächlich kann man Anhaltspunkte im Alltag finden, die eine solche Schlussfolgerung nahelegen, etwa beim Echo, bei dem der Schall „wie ein Ball durch die Luft fliegt, an großen Gegenständen (z.B. Bergen) reflektiert wird und dann wieder zurückfliegt" (Kircher & Engel 1994, 56). Auch die im Alltag verwendete Sprache unterstützt häufig das Entstehen einer gegenständlichen Vorstellung, so spricht man z.B. von „schalldichten Räumen", was eine Analogie zu Flüssigkeiten erwarten lässt. Besonders Lernende in den ersten Jahrgangsstufen erklären die Schallausbreitung häufig mit antropomorphen Eigenschaften des Tons, welcher denken kann und einen Willen besitzt (vgl. Wulf & Euler 1996; Mazens & Lautrey 2003). Einige Schülerinnen und Schüler beschreiben eine gewisse Teilchenvorstellung, in denen der Ton von der Schallquelle zur hörenden Person wandert und eingefangen werden kann. Dass der Ton die hörende Person überhaupt erreicht, sei reiner Zufall, so die Interpretation von Kinderzeichnungen durch Wulf und Euler (1996). Der Ton wandert ohne konkrete Richtung durch den Raum und passiert irgendwann auch das Ohr des Menschen, was die beiden Autoren als „Diffundier- oder Vagabundiermodell" (ebd., 258) bezeichnen. Ferner zeichnen einige der befragten Grundschülerinnen und Grundschüler eine zirkuläre Ausbreitung, d.h. der Ton fliegt durch den Raum und anschließend wieder zurück in den Gegenstand. Er wird als Eigenschaft des Gegenstands gesehen, die erst herausgelockt werden muss und dann wieder dorthin zurückkehrt (ebd.). Die kugelförmige Ausbreitung in alle Richtungen beschreibt keine/r der befragten Lernenden.

Die größte Schwierigkeit sehen die Autoren übereinstimmend in der kindlichen Vorstellung von Luft (vgl. Wulf & Euler 1996; Kircher & Engel 1994): Wenn (wie in diesem Alter noch häufig anzutreffen) Luft als „Nichts" angesehen wird, kann die fachwissenschaftliche Zielvorstellung nicht vorhanden sein. Dass viele Schülerinnen und Schüler der Luft keine Bedeutung für die Schallübertragung zuschreiben, erkennen die Autoren an den Antworten auf die Frage, ob man auch ohne Luft hören kann (Hören bzw. Schallausbreitung im Vakuum). 26 von 42 befragten Schülerinnen und Schüler bejahten die Frage. Einzelne Lernende waren dabei sogar der Meinung, dass Luft störend oder hemmend agiere. Nur zwei Lernende drückten genauer aus, dass Luft zum Hören nötig ist (Kircher & Engel 1994). Ferner erachten Lernende alle festeren Medien (etwa Wasser, Holz, Stahl, etc.) als hinderlich für die Ausbreitung des Schalls. Die befragten Grundschülerinnen und Grundschüler gaben z.B. häufig an, dass man im Wasser schlechter hört (ebd.). Konfrontierte man Schülerinnen und Schüler mit Versuchen, in denen die bessere Schallleitung in festen Stoffen deutlich wird (z.B. Schallausbreitung über eine Tischplatte), schrieben sie dem Medium (in diesem Falle dem Holz) eine Schallleitungs- oder Bündelungsfunktion zu, nach welcher der Ton am Medium bzw. an der Tischplatte entlangläuft und dann zum aufgelegten Ohr gelangt (vgl. Wulf & Euler 1996). In Bezug auf *Lautstärke* vertraten die untersuchten Schülerinnen und Schüler der Grundschule mehrheitlich die Auffassung, dass die Lautstärke mit der aufgewendeten Kraft bei der Schallerzeugung verbunden ist: Man muss einfach mehr Kraft aufwenden, um einen lauteren Ton zu erzeugen (was bei einer Trommel oder einem Schlag auf eine Tischplatte auch funktioniert). Die Resonanz wird als Konzept hingegen noch nicht erkannt – praktisch alle Lernende haben auf die Aufforderung hin, lauter mit einer Spieluhr zu spielen, schneller an der Kurbel gedreht (ebd.).

3 Sinne, Optik und Akustik – Hinweise und Anregungen für Lerngelegenheiten und -arrangements

Einer der robustesten Befunde der naturwissenschaftlichen Lehr-Lernforschung zeigt, dass vorunterrichtliche Vorstellungen unbedingt in den Unterricht eingebunden werden müssen, damit Schülerinnen und Schüler langfristig wissenschaftsnähere Konzepte aufbauen können. Nimmt man die zuvor aufgeführten Schülervorstellungen ernst, betrifft dies im Bereich Sinne und Sinnesleistung die Richtung der Wahrnehmung, die Instanzen der Wahrnehmung sowie die dahinterliegende Idee des naiven Realismus. Vor diesem Hintergrund raten wir davon ab, ein Organ wie das Ohr oder das Auge allein in den Mittelpunkt des Unterrichts zu rücken, da die zentrale Rolle des Gehirns dann zu wenig beachtet wird. Vielmehr plädieren wir für eine mehrperspektivische Betrachtung, in der Aspekte der Sinnesphysiologie und Optik oder Akustik verbunden betrachtet werden, um das Auge bzw. das Ohr und seine jeweilige Funktionsweise sinnhaft erschließen zu können. Selbst wenn Aspekte der physikalischen Grundlagen zusätzlich zu der biologischen Sinnesphysiologie gelehrt werden, sollte die Betrachtung der Prozesse nicht innerhalb eines Organs stehen bleiben – häufig endet das Sehen im herkömmlichen Unterricht an der Netzhaut, das Hören im Innenohr. Den Aufbau der Nervenfaser lernen die Schülerinnen und Schüler erst in der Sekundarstufe kennen, es ist nicht nötig, dies explizit in der Grundschule zu behandeln. Ein erstes Bewusstsein für diese neuronalen Prozesse sollte allerdings in der Grundschule angebahnt werden, hierfür eignet sich die Thematik der Sinne, insbesondere in der Auseinandersetzung mit Wahrnehmungstäuschungen. Ausgehend von Sinnes-Erlebnissen und Sinnes-Erfahrungen, u.a. im Bereich der optischen Täuschung, sollten die Rolle des Gehirns thematisiert und erkenntnistheoretische Grundlagen zumindest angerissen werden (vgl. die Anregungen von Gropengießer 2002 für die Sekundarstufe). Dabei können die Schülerinnen und Schüler lernen, dass ein und derselbe Reiz nicht automatisch zu einer stabilen und immer gleichbleibenden Interpretation durch das Gehirn führt. Unterrichtliche Ausführungen dazu finden sich u.a. bei Rieck (2010) oder bei Grygier, Günter und Kircher (2007). Im Bereich der Optik werden in der Literatur in besonderem Maße Präkonzepte zum Sehvorgang beschrieben, die den fachwissenschaftlichen

Vorstellungen entgegenstehen, wie die in der Sender-Empfänger-Vorstellung beschriebenen Wechselwirkungsprozesse zwischen Licht(quelle), Körper und Auge. Für deren Verständnis wird eine belastbare Vorstellung von Licht und Lichtausbreitung (Reflektion, Streuung) benötigt, die sich in diversen Untersuchungen im Grundschulbereich jedoch, wenn überhaupt, nur rudimentär abzeichnet. Wir erachten es folglich als wichtig, im Sachunterricht der Grundschule den Fokus auf die Anbahnung von Vorläuferkonzepten zu Licht und Lichtausbreitung (z.B. geradlinige Ausbreitung, Schattenbildung) zu legen, bevor eine genauere Betrachtung des Sender-Empfänger-Schemas und des Sehvorgangs angestrebt wird (auch wenn das eine Verlagerung dieses Bereichs in den Fachunterricht der weiterführenden Schulformen nach sich ziehen sollte). Anregungen dazu finden sich u.a. bei Rieck (2010). In der Akustik ist indes besonders auf die Vorstellung eines Tons als etwas Materielles und die Luft-ist-nichts-Vorstellung hinzuweisen, die den erfolgreichen Konzeptwechsel blockieren könnten. Nur wenn die Grundschülerinnen und Grundschüler wissen, dass Luft aus kleinen Teilchen bzw. Molekülen besteht, welche sich bewegen können und Raum einnehmen, können sie die Schallausbreitung verstehen. Eine Lernumgebung zur Luft erachten wir daher als zwingende Voraussetzung für den Lerninhalt der Akustik. Eine umfassende Aufbereitung des Themas *Schall* findet sich in den Materialien der „Klassenkisten für den Sachunterricht“ (vgl. Möller, Jonen & Nachtigäller 2008). In einzelnen Sequenzen, die es den Lernenden erlauben, sich Schritt für Schritt die komplexe Schall-Thematik zu erarbeiten, werden die Schwingungen des Schalls handelnd erfahren, genau beobachtet und selbst erzeugt. Hierfür durchlaufen die Grundschülerinnen und Grundschüler einzelne Stationen im Sinne eines Phänomenkreises, an denen sie etwa Schwingungen von Instrumenten spüren, selbst ein Instrument bauen oder beobachten, wie ein Lautsprecher eine Kerzenflamme flackern lässt. Begleitet wird der Lernprozess mit einem Forscherbuch, in das die Lernenden ihre Entdeckungen an den jeweiligen Stationen eintragen. Für die Lehrkräfte gibt es fachwissenschaftliche Hintergründe übersichtlich aufbereitet, genaue Anleitungen bzgl. der Stationen sowie Kopiervorlagen für die Forscherbücher.

Wenngleich wir uns stark für die vielperspektivische Betrachtung des Themas Sinne, Optik und Akustik aussprechen, gilt es, die inhaltliche und sachlogische Strukturierung von Sachunterricht als ein wesentliches Merkmal eines guten Sachunterrichts zu berücksichtigen (vgl. Hardy, Jonen, Möller & Stern 2006). Wir plädieren daher dafür, die Grundschülerinnen und Grundschüler im Lernbereich der Sinne nicht mit allen Themen und Unterthemen gleichzeitig zu überhäufen, sondern nach und nach einzelne Bereiche in den Fokus zu nehmen. Optik und Akustik sollten also nicht unter dem Dach der Sinnesthematik gleichzeitig (in Form einer Lernwerkstatt oder Ähnlichem), sondern gezielt nacheinander behandelt und einzeln didaktisch sequenziert werden, abhängig von den Vorgaben in den Lehrplänen. Mit dem Argument des exemplarischen Lehrens und Lernens

(vgl. Wagenschein 1991) könnte auch nur einer der beiden Aspekte vertiefend behandelt werden.
Weitere zentrale Forderungen an den naturwissenschaftlichen Sachunterricht in der Grundschule beinhalten unter anderem die Anschlussfähigkeit an nachfolgenden naturwissenschaftlichen Fachunterricht, etwa durch den kumulativen Aufbau von Fachkonzepten im Sinne der Kompetenzentwicklung. Solche Fachkonzepte sind in der Regel unterschiedlich komplex, so kann Schatten als Teilkonzept von Wechselwirkungen zwischen Materie und Strahlung aufgefasst und im Laufe der Schullaufbahn über die Optik hinaus ausgeweitet werden. Für die Grundschule erscheint es sinnvoll, anknüpfend an die vorzufindenden Vorstellungen der Schülerinnen und Schüler zunächst ein Verständnis für kleinere, zusammenhängende Strukturen anzubahnen. Konkret kann dies bedeuten, die Lernenden in einem ersten Schritt an die Bedingungen für die Entstehung von Schatten heranzuführen, etwa an das Vorhandensein von Licht. Aufbauend darauf können in einem nächsten Schritt begründete Vorhersagen eingefordert werden, wie sich Schatten verändern, wenn beispielsweise die Lichtquelle oder die schattenwerfenden Gegenstände variiert werden. Ferner kann thematisiert werden, dass Schatten auch Raum einnehmen kann (dreidimensional), also mehr ist, als nur ein Schatten auf einer Fläche (zweidimensional). Die dargestellte Literatur gibt Hinweise darauf, dass bereits diese Schritte Schülerinnen und Schüler im Grundschulalter vor erhebliche Herausforderungen stellen, weshalb wir dafür plädieren, es bei diesen ersten zusammenhängenden Konzepten im Sachunterricht zu belassen. Im späteren Fachunterricht, hier Physik, kann auf dieser Basis dann das Konzept „Schatten" weiter präzisiert, ausgeschärft und wiederum in neue, übergeordnete Strukturen eingeordnet werden (Kern-, Halbschatten, Strahlensätze usw.) (vgl. Wodzinski 2015). Um eine solche kontinuierliche Arbeit an naturwissenschaftlichen Konzepten zu ermöglichen, sehen wir großes Potential in schulformübergreifenden Spiralcurricula, wie sie etwa für den Bereich Magnetismus von der Arbeitsgruppe um Möller, Bohrmann, Hirschmann, Wilke und Wyssen (2013) entwickelt wurden (von der Grundschule bis Jahrgangsstufe 7). In Ermangelung dieser Spiralcurricula im Bereich der Optik verweisen wir bezüglich ausgearbeiteter Unterrichtshinweise zu Schatten und Spiegelbild auf die kostenfrei im Internet zugängliche SUPRA-Lernplattform für Sachunterrichtslehrkräfte.

Literatur

Bannwarth, H.; Kremer, B.P. & Schulz, A. (2011): Basiswissen Physik, Chemie und Biochemie. Vom Atom bis zur Atmung – für Biologen, Mediziner und Pharmazeuten. 2. überarbeitete und erweiterte Aufl. Berlin, Heidelberg: Springer.

Blumör, R. (1993): Schülerverständnisse und Lernprozesse in der elementaren Optik. Ein Beitrag zur Didaktik des naturwissenschaftlichen Sachunterrichts in der Grundschule. Magdeburg, Essen: Westarp Wissenschaften.

Blumör, R. & Wiesner, H. (1992): Das Spiegelbild. Untersuchungen zu Schülervorstellungen und Lernprozessen (Teil 1). In: Sachunterricht und Mathematik in der Primarstufe, 20(1), 2-6.

Dannemann, S. & Krüger, D. (2010): Evaluation eines Aufgabeninventars zur Ermittlung von Schülervorstellungen zum Sehen. In: Harms, U. & Mackensen-Friedrichs, I. (Hrsg.): Lehr- und Lernforschung in der Biologiedidaktik. Band 4. Innsbruck: Studienverlag, 137-154.

Feher, E. & Rice, K. (1988): Shadows and Anti-Images: Children's Conceptions of Light and Vision II. In: Science Education, 5, 637-649.

Fetherstonhaugh, A.R. & Treagust, D.F. (1992): Students' Understanding of Light and its Properties: Teaching to Engender Conceptual Change. In: Science Education, 76(69), 653-672.

Frings, S. & Müller, F. (2014): Biologie der Sinne. Vom Molekül zur Wahrnehmung. Heidelberg: Springer Spektrum.

Gropengießer, H. (2002): Sehen – Schülervorstellungen, wissenschaftlichen Theorie und deren Vermittlung. Unterrichtsanregung. In: Materialien des IPN zum BLK Programm SINUS Steigerung der Effizienz des mathematisch-naturwissenschaftlichen Unterrichts.

Grygier, P.; Günther, J. & Kircher, E. (Hrsg.) (2007): Über Naturwissenschaften lernen – Vermittlung von Wissenschaftsverständnis in der Grundschule. Baltmannsweiler: Schneider Verlag Hohengehren.

Guesne, E. (1985): Light. In: Driver, R.; Guesne, E. & Tiberghien, A. (Hrsg.): Children's Ideas in Science. Milton Keynes: Open University Press, 10-33.

Guesne, E. (1984): Die Vorstellungen von Kindern über Licht. In: physica didacta, 11, 79-98.

Hammann, M. & Asshoff, R. (2014): Schülervorstellungen im Biologieunterricht. Ursachen für Lernschwierigkeiten. Seelze: Kallmeyer/Klett.

Hardy, I.; Jonen, A.; Möller, K. & Stern, E. (2006): Effects of Instructional Support Within Constructivist Learning Environments for Elementary School Students' Understanding of „Floating and Sinking". In: Journal of Educational Psychology, 98(2), 307-326.

Harten, U. (2014): Physik. Eine Einführung für Ingenieure und Naturwissenschaftler. 6. Aufl. Berlin, Heidelberg: Springer.

Jeschonek, S. (2012): Entwicklung des Verständnisses zum Thema Akustik bei Kindern im Alter von 3 bis 10 Jahren: Empfehlungen für die Umsetzung des Themenschwerpunkts Akustik mit Kindern, Kita- und Grundschul-Fachkräften. In: Stiftung „Haus der kleinen Forscher" (Hrsg.): Praxisbücher für die frühkindliche Bildung: Wissenschaftliche Untersuchungen zur Arbeit Stiftung „Haus der kleinen Forscher". Schriftreihe Band 4. Schaffhausen: Schubi Lernmedien, 84-108.

Jung, W.; Wiesner, H. & Blumör, R. (1988): Schülervorstellungen über elementare optische Sachverhalte. Abschlussbericht des DFG Projektes Ju 150-1/2. Frankfurt am Main: Universität Frankfurt.

Jung, W.; Wiesner, H. & Blumör, R. (1986): Schülervorstellungen über elementare optische Sachverhalte. Zwischenbericht. Frankfurt: Polyscript.

Kircher, E. & Engel, C. (1994): Schülervorstellungen über Schall. In: Sachunterricht und Mathematik in der Primarstufe, 22(2), 53-57.

Kruisz, C. & Hitzenberger, R. (2011): Physik verstehen. Ein Lehrbuch für Mediziner und Naturwissenschaftler. 2. überarb. Aufl. Wien: Facultas.

Kuchling, H. (2007): Taschenbuch der Physik. 19. aktualisierte Aufl. Leipzig: Carl Hanser.

Mazens, K. & Lautrey, J. (2003): Conceptual Change in Physics: Children's Naïve Representations of Sound. In: Cognitive Development, 18, 159-176.

Möller, K.; Bohrmann, M.; Hirschmann, A.; Wilke, T. & Wyssen, H.-P. (2013): Spiralcurriculum Magnetismus: Naturwissenschaftlich arbeiten und denken lernen. Primarbereich. Seelze: Friedrich.

Möller, K.; Jonen, A. & Nachtigäller, I. (2008): Die KiNT-Boxen – Kinder lernen Naturwissenschaft und Technik. Klassenkisten für den Sachunterricht. Paket 3: Schall – was ist das? Mit Kindern Schallerzeugung, Schallübertragung, das Hören, Lärm und Musikinstrumente erforschen. Essen: Spectra-Verlag.

Murmann, L. (2002): Physiklernen zu Licht, Schatten und Sehen. Eine phänomenografische Untersuchung in der Primarstufe. Berlin: Logos.

Osborne, J.; Black, P.; Smith, M. & Meadows, J. (1990): Light. Primary Space Project Research Report, Liverpool: Liverpool University Press.

Reiner, M.; Slotta, J.D.; Chi, M.T.H. & Resnick, L.B. (2000): Naïve Physics Reasoning: A Commitment to Substance-based Conceptions. In: Cognition and Instruction, 18(1), 1-34.

Rieck, K. (2010): Themenfeld Licht und Sehen. In: Kahlert, J. & Demuth, R. (Hrsg.): Wir experimentieren in der Grundschule. Einfache Versuche zum Verständnis physikalischer und chemischer Zusammenhänge. 2. Aufl. Hallbergmoos: Aulis, 79-140.

Selley, N.J. (1996): Children's Ideas on Light and Vision. In: International Journal of Science Education, 18(6), 713-723.

Stuart, H.A. & Klages, G. (2006): Kurzes Lehrbuch der Physik. Mit 22 Tabellen, 235 Aufgaben und ausführlichen Lösungen. 18. aktualisierte Aufl. Berlin: Springer.

Sundermeier, S. (2009): Der Prozess der Sinneswahrnehmung. Historisch didaktische Rekonstruktion und Entwicklung einer fächerübergreifenden Lernumgebung. Beiträge zur Didaktischen Rekonstruktion, Band 22; Zugl.: Oldenburg, Univ., Diss., 2008. Oldenburg: Didaktisches Zentrum Carl-von-Ossietzky-Universität.

West, E. (2011): Learning for Everyday Life. Pupils' Conceptions of Hearing and Knowledge about Tinnitus from a Teaching-Learning Sequence. In: International Journal of Science Education, 33(9), 1245-1271.

Wiesner, H. (1992): Verbesserung des Lernerfolgs im Unterricht über Optik (I). Schülervorstellungen und Lernschwierigkeiten. In: Physik in der Schule, 30, 286-290.

Wiesner, H. & Claus, J. (1985): Vorstellungen zu Schatten und Licht bei Schülern der Primarstufe. In: Sachunterricht und Mathematik in der Primarstufe, 13(9), 318-322.

Wagenschein, M. (1991): Verstehen lehren. Genetisch-sokratisch-exemplarisch. 9. Aufl. Weinheim und Basel: Beltz.

Wodzinski, R. (2015): Physikalische Fachkonzepte anbahnen – Anschlussfähigkeit verbessern. In: Kircher, E.; Girwidz, R. & Häußler, P. (Hrsg.): Physikdidaktik. Theorie und Praxis. 3. Aufl. Berlin: Springer Spektrum, 429-450.

Wulf, P. & Euler, M. (1996): Schülervorstellungen zum Schall. Objektartige Tonkonzepte und ganzheitliche Ausbreitungsmodelle. In: Deutsche Physikalische Gesellschaft, Fachausschuss Didaktik der Physik: Vorträge Physikertagung 1995. Gießen: Institut für Didaktik der Physik, 128-135.

Jan Christoph Schubert

Schülervorstellungen zu naturwissenschaftlich-geographischen Phänomenen und Themen

1 Zentrale naturwissenschaftlich-geographische Konzepte

Naturwissenschaftlich-geographische bzw. physiogeographische Themen beziehen sich auf die natürlichen Sphären der Erde. Dazu zählen die Lufthülle (Atmosphäre), das Gestein (Lithosphäre), das Wasser (Hydrosphäre), der Boden (Pedossphäre) und die Vegegtation und Tierwelt (Biosphäre). Betrachtet werden in diesem Zusammenhang zudem die Erde als Planet und die Stellung der Erde im Universum. Zusammen mit dem Faktor Mensch (Anthropospähre), die jedoch in diesem Beitrag nicht im Fokus steht, bilden diese als Geosphäre den Gegenstandsbereich der Geographie. Die in den natürlichen Sphären jeweils ablaufenden Prozesse sind so zahlreich und komplex, dass eine Erläuterung im Rahmen dieses Beitrages nicht möglich ist. Entsprechende Grundlagen und Erläuterungen finden sich in verschiedenen Standardwerken der Geographie, die auch aus fachdidaktischer Perspektive und für den Unterricht im Bereich der geographischen Perspektive im Sachunterricht bzw. im Fachbereich Natur, Mensch, Gesellschaft wichtig und dienlich sind – vgl. z.B. Gebhardt, Glaser, Radtke und Reuber (2012), Egli, Hasler und Probst (2016) sowie Glaser, Hauter, Faust, Glawion, Saurer, Schulte und Sudhaus (2016).

In Bezug auf die Vorstellungen der Schülerinnen und Schüler ist darauf zu verweisen, dass sich zwar fachwissenschaftliche Vorstellungen mit neueren Forschungserkenntnissen verändern, jedoch der aktuelle Forschungsstand im Gegensatz zu gesellschaftswissenschaftlichen Themenkomplexen eindeutiger umschrieben werden kann. Während in den gesellschaftswissenschaftlichen Bereichen oftmals mehrere Antworten auch aus fachlicher Perspektive als zutreffend einzustufen sind bzw. es fachlich gesehen unterschiedliche zutreffende Perspektiven bzw. Beurteilungen gibt, lässt sich die fachlich gesehen korrekte Erklärung in den naturwissenschaftlichen Kontexten eindeutiger bestimmen. Insofern sind Vorstellungen von Lernenden klarer als aus fachlicher Perspektive zutreffend oder unvollständig bzw. fehlerhaft zu klassifizieren als das in gesellschaftswissenschaftlichen Feldern der Fall ist.

2 Empirische Befunde zu naturwissenschaftlich-geographiebezogenen Schülervorstellungen

Die Erforschung von Vorstellungen von Schülerinnen und Schülern in den naturwissenschaftlich-geographischen Bereichen hat zahlreiche Erkenntnisse ergeben, u.a. in den Themenbereichen Erde als Planet, Wasser, Luft, Wetter sowie Naturereignisse. Dabei ist insgesamt zu konstatieren, dass sich die überwiegende Mehrheit der Forschungsarbeiten auf die vorunterrichtlichen Vorstellungen von Schülerinnen und Schülern bezieht. Studien zur Veränderung von Vorstellungen durch unterrichtliche Interventionen wurden bisher kaum durchgeführt. Für den Bereich der geographischen Perspektive im Sachunterricht bestehen dazu noch keine Untersuchungen. Daher liegt der Schwerpunkt im Folgenden auf der überblicksartigen Zusammenstellung von thematisch geordneten Erkenntnissen zu vorunterrichtlichen Vorstellungen von Schülerinnen und Schülern zu naturwissenschaftlich-geographischen Themen.

Erde als Planet
Schülervorstellungen zur Gestalt der Erde werden in der empirischen Forschung schon seit längerer Zeit erhoben. Bereits in älteren Arbeiten zeigt sich dabei eine große Spannbreite der Vorstellungen (Nussbaum & Novak 1976). So wird für Schülerinnen und Schüler der 2. Jahrgangsstufe berichtet, dass einige eine Vorstellung einer flachen Scheibe beschreiben, während andere wissenschaftlich nahezu korrekte Vorstellungen von der Kugelgestalt der Erde zeigen (ebd.). Vosniadou und Brewer (1992) identifizierten in Ergänzung dazu bei Schülerinnen und Schülern der ersten Jahrgangsstufe die Vorstellung eines zweigeteilten Weltbildes, wonach die Erde zwar als Kugel angesehen wird, die Menschen jedoch auf einer flachen Ebene in der Kugel leben. Auch Philips (1991) weist auf die Vorstellung hin, wonach die Erde zwar als Kugel angesehen wird, die Menschen aber in dieser Hohlkugel leben. Sommer (2002, teilstrukturierte Interviews, Zeichnung, Modell auswählen, N = 79, 2., 3. und 4. Jahrgangsstufe, Deutschland) beschreibt in ihrer Arbeit zu Vorstellungen zur Gestalt und Anziehungskraft der Erde ähnliche Vorstellungsmodelle, die von der Erde als flache Ebene in einer Hohlkugel bis hin zu wissenschaftlich fundierten Vorstellungen der Erde als Kugel reichen (ebd.). Ähnliche Ergebnisse zeigen sich bei Schäffer (2012 Interviews mit Zeichnungen, N = 17, 1. Jahrgangsstufe, Deutschland), die ebenfalls eine große Heterogenität im Maß der fachlichen Richtigkeit der Vorstellungen feststellt und von Vorstellungen der Erde als Scheibe bzw. Fläche bis hin zu Kugelvorstellungen mit Aufteilung von Ozeanen und Kontinenten bzw. einzelnen Ländern reichen.
In Bezug auf die Stellung der Erde im Verhältnis zu Sonne und Mond berichten Jones, Lynch und Reesink (1987, Interviews, N = 32, 3. und 6. Jahrgangsstufe, Australien) ebenfalls heterogene Vorstellungen. Während sich einige Schülerinnen

und Schüler die Erde im Zentrum vorstellen, die sich entweder bei ortsfester Sonne und ortsfestem Mond um sich selbst drehe oder die ohne eigene Drehbewegung von Sonne und Mond umkreist werde, weisen andere eine sonnenzentrierte Vorstellung auf.
Hinsichtlich des Mondes sind ebenfalls unterschiedliche alltagsweltliche Vorstellungen bekannt. Fast die Hälfte der befragten Personen (Schoon 1989, Multiple-choice-Fragebogen, N = 1213, Jahrgang 5, 8, 11 und Studierende, USA) stimmt der Aussage zu, die Mondphasen seien durch den Erdschatten, der auf den Mond falle, verursacht. Etwas mehr als ein Drittel gibt an, der Mond umkreise die Erde innerhalb eines Tages, knapp ein Fünftel veranschlagt dafür ein Jahr. Rund 16% stimmen der Aussage zu, der Mond scheine, weil er ein Stern sei, nur größer und rund 10% kreuzen an, der Mond leuchte selbst wie die Sonnen (ebd.). Für Schülerinnen und Schüler in Deutschland liefert ein unterrichtsbezogener Erfahrungsbericht von Rödler (1999, Unterrichtsgespräche und Zeichnungen, 1. Jahrgangsstufe) Hinweise auf alltagsweltliche Vorstellungen: Der Mond leuchtet nur nachts, der Mond sei größer als die Erde und Mondphasen entstehen durch Wolken, die den Mond verdecken oder wegschieben.

Jahreszeiten

Zur Entstehung der Jahreszeiten sind in der Literatur zahlreiche alltagsweltliche Vorstellungen beschrieben. Baxter (1989, qualitative Interviewstudie mit nachfolgender Fragebogenerhebung, N = 20 bzw. N = 100, Alter 9 bis 16 Jahre, Großbritannien) identifiziert neben der fachlich korrekten Erklärung fünf alltagsweltliche Vorstellungsmodelle bei Schülerinnen und Schülern, von denen der größere Abstand der Erde von der Sonne im Winter die am häufigsten vorzufindende Erklärung ist. Dieses bestätigt sich auch in einer Studie von Schoon (1989), bei der rund 78% der Befragten der Aussage zustimmten, dass es im Sommer wärmer als im Winter ist, weil die Erde näher an der Sonne ist. Als weitere Erklärungen werden Veränderungen in der Vegetation und die Bewegung der Sonne auf die andere Seite der Erde im Winter sowie große Wolken, die im Winter die Wärme der Sonne zurückhalten, angeführt (Baxter 1989). Für Schülerinnen und Schüler in Deutschland zeigen sich ähnliche Ergebnisse (Bornstedt 2011, qualitative Interviews, N = 5, 6. Jahrgangsstufe). Zudem sind Temperaturunterschiede und Unterschiede der Tageslänge für die Schülerinnen und Schüler die wichtigsten Unterscheidungskriterien für die Jahreszeiten. Die Vorstellungen zum Vorhandensein und zur Ausprägung von Jahreszeiten auf der ganzen Erde scheinen sehr heterogen und unterschiedlich nah an fachlichen Erklärungen zu liegen. Sie reichen bei den befragten Schülerinnen und Schülern von „Jahreszeiten gibt es überall" über „Jahreszeiten gibt es in einigen Regionen wie Afrika nicht" bis hin zu „Jahreszeiten auf der Nordhalbkugel sind entgegengesetzt zu denen auf der Südhalbkugel". Bei der Veränderung der Vorstellungen in eine fachlich zutreffende Richtung deuten Studien auf Schwierigkeiten hin. So zeigt eine Studie in Estland (Kikas 1998, Interviews, N = 20, 5. Jahrgangsstufe, Estland), dass die Hälfte der Schülerinnen und Schüler nach dem Unterricht die Erklärungen nahezu wortgleich entsprechend der Ausführungen im Schulbuch wiedergeben, von den gleichen Schülerinnen und Schüler sich aber vier Jahre später nur vier an die korrekte Erkärung erinnern. Auch für Schülerinnen und Schüler in Australien zeigt sich, dass trotz vorangegangen Unterrichts zu den Jahreszeiten 85% der Schülerinnen und Schüler in der 7. Jahrgangsstufe den wechselnden Abstand der Erde von der Sonne als Ursache für Jahreszeiten anführen, in den höheren Jahrgangsstufen 8 und 9 lag der Anteil sogar noch leicht höher (Danaia & McKinnon 2007, Fragebogen, N = 1920, Jahrgang 7, 8 und 9, Australien). Beim Einsatz einer konstruktivistisch orientierten Lernumgebung (Sharp & Sharp 2007, Interventionsstudie mit Kontrollgruppendesign, Interviews und Zeichnungen, N = 64, 5. und 6 Jahrgangsstufe, England) u.a. zu den Jahreszeiten zeigt sich, dass zwar alle Schülerinnen und Schüler ihr Wissen verbessern, aber nur knapp die Hälfte kann direkt nach dem Unterricht die Entstehung der Jahreszeiten erklären, drei Monate später ist es nur noch weniger als ein Drittel. Insgesamt deutet die Forschungslage auf Hindernisse beim Verständnis von Jahreszeiten, zudem ist darauf zu verweisen, dass die fachlich korrekte Aussage, die Schrägstellung der Erdachse sei verantwortlich für die Entstehung der Jahreszeiten, nicht automatisch mit einem tiefer gehenden fachlich zutreffenden Verständnis einhergeht (Sneider, Bar & Kavanagh 2011).

Tag und Nacht

In Bezug auf die Entstehung von Tag und Nacht berichtet Baxter (1989, qualitative Interviewstudie N = 20 mit nachfolgender Fragebogenerhebung N = 100, Alter 9 bis 16 Jahre, Großbritannien) sechs Vorstellungsmodelle bei den Schülerinnen und Schülern: Die Sonne verschwinde hinter einem Hügel, Wolken verdeckten die Sonne, der Mond verdecke die Sonne, die Sonne umkreise die Erde innerhalb eines Tages, die Erde umkreise die Sonne innerhalb eines Tages und die Erde drehe sich innerhalb eines Tages um die eigene Achse. Dabei stellt die Vorstellung, die Erde umkreise die Sonne innerhalb eines Tages, die häufigste bei den 9- bis 12-jährigen Schülerinnen und Schülern dar.

Ebbe und Flut

Ebbe und Flut als natürliche Phänomene werden von Schülerinnen und Schülern als Gegensatzpaar (Wasser/kein Wasser) beschrieben, die Ursachen für das Phänomen werden im Wind oder in den Wellen gesehen, die das Wasser bewegen (Njmeh 2013, qualitative Interviews, N = 7, 5. Jahrgangsstufe, Deutschland). Andere Schülerinnen und Schüler führen eine Änderung der Erdanziehungskraft an oder benennen die Drehung der Erde, die zu einem „Kippen" des Wassers führt. Wiederum andere Schülerinnen und Schüler sehen den Mond als Ursache, der ein Magnetfeld besitze und das Wasser damit bewege (ebd.). Bei älteren Schülerinnen und Schülern (Viiri 2000, Fragebogen mit offenem Antwortformat, N = 28, 15-jährige Schülerinnen und Schüler, Finnland) zeigen sich in den Erklärungen zumindest in Teilen fachliche Elemente: Gut ein Drittel führt die Gravitation des Mondes als Erklärung an, ein Viertel erklärt Ebbe und Flut über Wind, Regen etc., ein weiteres Viertel über die Bewegungen von Erde, Mond und Sonne.

Aufbau der Erde

Zu Schülervorstellungen zum Aufbau der Erde liegen mehrere Studien vor. Blake (2005, Fragebogen, Zeichnungen, Interviews, N = 115, Alter: 7 bis 11 Jahre, England) berichtet, dass bei vielen Schülerinnen und Schülern rein alltagsweltliche Vorstellungen (Straßen, Häuser, Sterne, Sonne oder Himmel im Erdinneren) vorhanden sind. Andere haben zwar eine grundlegende Idee von Schichten sowie einem zentralen Bereich, es werden aber ein Zentralfeuer oder Magnete in der Erdmitte bzw. unterirdische Meere im Erdinneren vermutet. Eine Vorstellung von konzentrischen Schichten lässt sich nur bei wenigen älteren Schülerinnen und Schülern feststellen. Ähnliche Ergebnisse sind für spanische Schülerinnen und Schüler bekannt (Lillo 1994, N=150, beschriftete Zeichnungen, Alter: 10 bis 15 Jahre, Spanien), wonach sich viele vorstellen, dass im Erdmittelpunkt flüssiges Magma sei, das durch Vulkane nach außen fließe. Einige vermuteten zudem einen Magnet in der Erdmitte. Zugleich verfügen die meisten über die Vorstellung von konzentrischen Schichten, was mit dem etwas höheren Alter der Befragten bei Lillo (1994) im Vergleich zu Blake (2005) in Zusammenhang stehen könnte. Für deutlich ältere Personen konstatieren Libarkin, Anderson, Science, Beilfuss und Boone (2005, offene Fragebögen und Interviews, N = 275 bzw. N = 105, überwiegend Studienanfänger, USA), dass die meisten Befragten zwar das Erdinnere in Form von kugelförmigen Schichten beschreiben und auch häufig Begriffe wie Magma, Mantel und Kern verwenden, die Schichten und Begriffe aber nicht erklären können. Ebenfalls mit Studierenden in den USA zeigen auch Steer, Knight, Owens und McConnell (2005), dass 81% der Befragten (vor einer diesbezüglichen Lerneinheit) konzentrische Schichten mit den wesentlichen Abgrenzungen zumindest rudimentär zutreffend zeichnen, die anderen 19% jedoch eine Vielzahl unterschiedlicher alltagsweltlicher Vorstellungen aufweisen. Für Grundschülerinnen und -schüler in Deutschland berichten Gapp und Schleicher (2010, Zeichnungen mit schriftlichen Aufgaben sowie mit nachfolgenden Interviews, N = 23, 3. Jahrgangsstufe, Deutschland) durchaus fachnahe Vorstellungen der befragten Schülerinnen und Schüler einer dritten Klasse. Auch Schniotalle (2007, 32) verweist (in einem unterrichtspraktischen Beitrag) auf „teilweise überraschend differenziertes Wissen“ bei den Schülerinnen und Schülern zur Entstehung und zum Aufbau der Erde. Betrachtet man allerdings lediglich die zu Beginn erstellten Zeichnungen der Schülerinnen und Schüler in der Studie von Gapp und Schleicher (2010) ohne die nachfolgenden Interviewfragen, so zeigt die vorgenommene

Zuordnung zu den von Steer et al. (2005) entwickelten Kategorien, dass knapp die Hälfte (n = 11) der Schülerzeichnungen naiven Vorstellungen zuzuordnen sind. Diese umfassen „Phantasielemente wie farbige Berge, Wege, Teiche, Wasser, Gras, Erde, Sand, Feuer, Lava, Luft, Luftdruck und z.T. auch einen Schatz" (Gapp & Schleicher 2010, 46) oder „weisen einen vereinfachten konzentrischen Aufbau der Erdschichten auf. Die Schichten bestehen aus Erde, Boden, Wasser, flüssigem Stein; im Erdinneren Lava, magischen Körnern; Flammen und Tiere befinden sich in einzelnen Schichten; Die Erde wird mit einer Nuss verglichen" (ebd.). Die Kategorien von „eingeschränkt richtigen Darstellungen" (ebd., 47) (n = 8 und n = 2) beinhalten Zeichnungen, die den Erdkern zusammen mit einer Schichtabfolge darstellen, wie z.B. „Sand, Stein, Lava, Erdkern" oder „Land/Wasser, Dreck, Gas, Lava, Erdkern (aus Holz)" (ebd.). Dies verdeutlicht, dass bei der fachlich zutreffenden Annahme von Erdkern und Schichten im Detail dennoch zahlreiche alltagsweltliche Vorstellungen auftreten. Die große Bandbreite der Vorstellungen hinsichtlich der fachlichen Richtigkeit zeigt sich an zwei Zeichnungen mit Erläuterungen, die sich „qualitativ vom Rest der Gruppe deutlich" (ebd., 48) abheben und u.a. die Benennung von Erdkruste, Erdmantel und Erdkern umfassen.

Kreislauf des Wassers

Beim Wasser und Wasserkreislauf handelt es sich um einen sehr komplexen Themenbereich, der neben der räumlichen Verteilung des Wassers, den verschiedenen ‚Stationen' des Wasserkreislaufes und den dabei ablaufenden Prozessen (wie Niederschlag, Einsickern in den Boden, Austreten von Grundwasser, …) auch die physikalischen Zustandsformen (fest, flüssig, gasförmig) und deren Übergänge umfasst. Da die Aggregatzustände eher der physikalischen Perspektive zuzurechnen sind, werden diese im Folgenden nicht genauer thematisiert.

Insgesamt zeigen die Studien zu den Lernvoraussetzungen zahlreiche Lernbarrieren und Verständnisprobleme bei Schülerinnen und Schülern (z.B. Covitt, Gunckel & Anderson 2009; Dickerson, Pennick, Dawkins & van Sickle 2007). Inhaltlich äußern sich diese u.a. darin, dass jüngere Schülerinnen und Schüler Wasser in der Regel nicht als Komponente eines dynamischen und zyklischen Systems wahrnehmen (Ben-zvi-Assaraf & Orion 2005, quantitative Fragebogenstudie inkl. Zeichnungen mit nachfolgenden qualitativen Interviews, N = 956 bzw. N = 40, 7. bis 9. Jahrgangsstufe, Israel). So haben Schülerinnen und Schüler Probleme, die Elemente des Wasserkreislaufes zu einem kohärenten System zusammenzufügen und es werden kaum Verbindungen zwischen Teilen des Wasserkreislaufes in der Atmosphäre und den Prozessen im Bereich des Grundwassers hergestellt (ebd.). Auch bei Schülerinnen und Schülern in Deutschland zeigt sich, dass nur einzelne Elemente, nicht aber der Kreislaufcharakter präsent sind (Wübbeling 2012, qualitative Interviews, N = 8, 3. Jahrgangsstufe, Deutschland). Der aus fachlicher Perspektive hinsichtlich der umgesetzten Wassermengen größte Teil des Wasserkreislaufes, die Verdunstung aus den Meeren und der Niederschlag wiederum im Bereich der Meere, wird von den Schülerinnen und Schülern kaum gesehen (Ben-zvi-Assaraf & Orion 2005).

Grundwasser und Quellen
Grundwasser wird als statisch wahrgenommen, es hat in den Vorstellungen der Schülerinnen und Schüler keinen Bezug zum umgebenden Boden bzw. Gestein und liegt eher in unterirdischen Seen, Flüssen, Rohren, Adern, Höhlen oder Schichten vor (vgl. Ben-zvi-Assaraf & Orion 2005; Gunckel, Covitt, Salinas & Anderson 2012; Reinfried 2006; Reinfried, Tempelmann & Aeschbacher 2012). Im Kontext des Wasserkreislaufes führen Schülerinnen und Schüler zwar an, dass das Regenwasser im Boden versickert („rein geht", „einzieht" oder der Boden „saugt das Wasser ein"), was dort mit dem Wasser passiert, scheint jedoch unklar zu sein (Wübbeling 2012). In jedem Fall bestätigt sich, dass das Wasser im Boden als statisch wahrgenommen wird, das Wasser „ist halt weiter unten" bzw. es „bleibt unzugänglich in der Erde" (ebd.). In Bezug auf Quellen berichten Reinfried, Tempelmann & Aeschbacher (2012, quantitative Fragebogenstudie inkl. beschrifteter und beschriebener Zeichnungen sowie nachfolgende Interviews, N = 81 bzw. N = 10, 7. Jahrgangsstufe, Schweiz), dass 20% der Schülerinnen und Schüler in den Zeichnungen Quellen gar nicht mit Grundwasser oder überhaupt Prozessen unterhalb der Erdoberfläche in Verbindung bringen. 65% haben explizit Grundwasser in den Zeichnungen berücksichtigt, allerdings sind dabei die bereits angeführten alltagsweltlichen Vorstellungen (Grundwasser in Kanälen, Adern usw.) festzustellen. Eine Erklärung, warum Quellwasser austritt, kann etwa die Hälfte der befragen Schülerinnen und Schüler nicht anführen. Rund 20% führen als Ursache einen nicht weiter definierten Druck an, 27% geben als Erklärungen unterschiedlichste natürliche Phänomene an wie z.B. Erdbeben und Erdrotation. Darüber hinaus fällt auf, dass Quellwasser von Schülerinnen und Schülern generell als sehr sauber und klar sowie dass Gesteine generell als fest und hart und damit wassundurchlässig angesehen werden.

Wetter und Wetterphänomene
Zum Themenbereich Wetter liegen in erster Linie Studien vor, die einzelne Wetterphänomene bzw. -elemente in den Blick nehmen. Daher werden die inhaltlich umfangreichen Themen Wolken und Niederschlag sowie Wind unten stehend gesondert angeführt. In Bezug auf einzelne Wetterphänomene untersuchen Stepans und Kuehn (1985, Interviews, N = 60, 2. und 5. Jahrgangsstufe, USA) die Vorstellungen von Schülerinnen und Schülern u.a. zu Wolken, Schnee, Niederschlag und Regenbögen. Dabei werden zwar kaum Ergebnisse hinsichtlich der inhaltlichen Ausprägung der Vorstellungen berichtet und es werden aus heutiger Perspektive zu hinterfragende Entwicklungsstufen angewendet, aber die Autoren können zeigen, dass die Vorstellungen in den wenigsten Fällen fachlich korrekt

sind. Vielmehr lassen sich u.a. animistische („Clouds think it's too hot, and one day they start sweating [...]", ebd., 45) und finalistische Vorstellungen („Why does it rain? – To give us moisture and the better our crops grow", ebd.) entdecken. Unbelebte Dinge werden also als lebendig wahrgenommmen und natürliche Prozesse haben einen bestimmten Zweck. Zudem zeigen sich religiöse Vorstellungen, wonach Schülerinnen und Schüler sich vorstellen, dass Donner entstehe, wenn Gott wütend auf die Engel werde oder dass Regen die Tränen Gottes seien (ebd., 46). In Bezug auf Wetterkarten und -symbole verbinden Schülerinnen und Schüler mit dem H hohe Temperaturen, mit dem T kaltes Wetter; Isobaren werden von einigen mit Wind assoziert, von anderen mit Temperaturen (Moyle 1980; Russell, Bell, Longden, & McGuigan 1993 zit. nach Dove 1998a).

Wolken und Niederschlag

Bezüglich des Niederschlages zeigen sich insbesondere bei jüngeren Schülerinnen und Schülern stark alltagsweltliche und häufig animistische Vorstellungen (Bar 1989, Kurzinterviews, N = 300, Alter: 5 bis 14 Jahre, Israel), u.a. werden Wolken als Behälter mit Wasser angesehen und Regen falle, wenn sich diese Behälter öffnen oder Wolken kollidieren. Ähnliche Vorstellungen werden auch von Piaget (1929) beschrieben. Außerdem werden Schwierigkeiten mit dem Konzept von Luftfeuchtigkeit berichtet. Viele Schülerinnen und Schüler setzen Wasserdampf mit Wolken gleich bzw. stellen sich vor, dass Wolken Wasserdampf enthalte (Alkis 2007, Fragebogen, N = 300, 5. Jahrgangsstufe, Türkei). Dies bestätigen auch Keeley, Eberle & Dorsey (2008, S. 159), die zudem für Schülerinnen und Schüler der 4. und 8. Jahrgangsstufe anführen, dass diese zwar durchaus Verdunstung anführen, allerdings das Konzept von Kondensation nicht mit der Wolkenbildung in Verbindung bringen. Auch in aktuellen Arbeiten mit deutschen Schülerinnen und Schülern zeigen sich als Ursachen für Regen Vorstellungen, wonach es regne, wenn die Wolke das Wasser nicht mehr tragen könne, es dann fallen lasse und dann weiterziehe (Wübbeling 2012, qualitative Interviews, N = 8, 3. Jahrgangsstufe, Deutschland). Auch wird angeführt, es regne, wenn die Wolke das Wasser nicht mehr halten bzw. kein Wasser mehr unterbringen könne oder – ohne weitere Erklärung – wenn Wolken schwarz seien. Auch die Vorstellung, dass es regne, wenn die Wolken groß seien („Sonst wäre der Himmel voll mit Wolken", ebd. S. 51), ist anzutreffen. Für Schülerinnen und Schüler der 5. Jahrgangsstufe zeigen sich nahezu identische Vorstellungen: Es regne, wenn die Wolken schwer und grau seien oder weil die Wolke nur ein bestimmtes Maß an Wasser, Nebel oder Wasserdampf halten könne (Hofbauer 2014, qualitative Interviews, N = 8, 5. Jahrgangsstufe, Deutschland). Die Bildung von Wolken wird von Schülerinnen und Schülern der 3. Jahrgangsstufe unterschiedlich erklärt (Wübbeling 2012): Wolken fangen Wasser aus der Luft auf, Wolken ziehen Wasser von alleine aus einem Gewässer nach oben („wenn sie Durst haben") oder Wolken entstehen aus dem Rauch von Kraftwerken. Bei Schülerinnen und Schülern der 5. Jahrgangsstufe konnten neben gleichlautenden Vorstellungen, wonach Wolken immer da seien und Wasser aufsammeln bzw. Wasser, Mineralien o.Ä. in Wolken hereinflögen, auch fachnähere Erklärungen (Wasserdampf, verdunstetes Wasser, Nebel oder Luft steige auf) festgestellt werden (Hofbauer 2014). Eine große Bandbreite unterschiedlicher Vorstellungen zu Wolken sowohl im Kindergartenalter als auch in Jahrgang 2 und 4 konstatieren auch Malleus, Kikas und Marken (2016, Interviews, N = 42, 50 bzw. 66, Kindergarten, 2. und 4. Jahrgangsstufe, Estland). In allen Altersgruppen zeigen sich alltagsweltliche, synthetische (als Mix aus Alltagswissen und fachlich korrekten Aspekten) und wissenschaftliche, also fachlich gesehen korrekte Vorstellungen, wenngleich im Grundschulalter tendenziell weniger häufig alltagsweltliche, unmittelbar auf sichtbare Aspekte der Wolken bezogene Vorstellungen (z.B. Wolken bestehen aus Wolle, Rauch oder Zuckerwatte) festzustellen sind.

Wind

Die Entstehung von Wind ist aus fachlicher Perspektive ein komplexes Phänomen. Räumliche Unterschiede im Luftdruck führen zu einer Bewegung von Luftteilchen vom Gebiet mit höherem zum Gebiet mit tieferem Luftdruck. Die Bewegung von Luftteilchen, der Wind, ist für uns körperlich spürbar; Auswirkungen von Wind können wir beobachten (umhergewirbelte Blätter usw.) – der Wind gehört also von Klein auf zum alltäglichen Erfahrungsfeld. Die abstrakten Ursachen für Windentstehung verschließen sich jedoch unmittelbarer, direkter Erfahrung, sie können nur modellhaft verstanden werden. Studien zu den Vorstellungen von Schülerinnen und Schülern spiegeln diese Diskrepanz wider: Wind wird zutreffend als bewegte Luft angesehen (Schieder & Wiesner 1997, qualitative Interviews, N = 21, 3. Jahrgangsstufe, Deutschland), jedoch gelingt das Erklären der Entstehung der Luftbewegungen noch nicht. In den Vorstellungen der Schülerinnen und Schüler bewegen Bäume die Luft und werden wiederum von der Luft bewegt (ebd.). Eigene Erhebungen (Kurzinterviews, N = 27, 5. Jahrgangsstufe, Deutschland) zeigen eine Vielzahl alternativer Vorstellungen zur Entstehung von Wind, die stark an alltagsweltlichen Wahrnehmungen orieniert sind: (1) Wind entstehe durch Wolken („die vorbeifliegen und Wind mitbringen"), (2) Wind entstehe durch schlechtes Wetter, (3) Wind entstehe durch Büsche und Bäume („die die Luft bewegen" und „wo mehr Bäume sind, ist auch mehr Wind") und (4) Wind entstehe am Meer durch die Wellen („die nach vorne gehen und den Wind antreiben"). Diese Vorstellungen setzen an wahrnehmbaren Aspekten des Phänomens Wind an und ziehen diese als Erklärung für die Windentstehung heran. Daneben zeigen sich bei einigen wenigen Schülerinnen und Schülern Erklärungen, die zumindest im Ansatz einzelne fachnahe Elemente enthalten: (5) Wind entstehe durch Aufeinandertreffen von warmer und kalter Luft, (6) Wind entstehe, wenn es oben kälter wird (dann zieht der Wind runter zur Erde) und (7) Wind entstehe durch die Drehung der Erde („wenn man seine Hand schnell dreht, entsteht ja auch Wind"). Zudem wird von einigen Schülerinnen und Schülern dem Menschen eine aktive Rolle bei der Windentstehung zugeschrieben: (8) Wind entstehe durch Flugzeuge mit Propellern, durch Ventilatoren oder durch die Bewegung bzw. das Ein- und Ausatmen von Menschen („dann geht die Luft auch mit"). Darüber hinaus führt ein Schüler eine gottähnliche Gestalt für die Windentstehung an („Ja also die Wärme steigt nach oben. Dann denke ich halt immer, da wäre so ein Typ, der leitet das erstmal mit seinen Händen um.").

Boden

In einer Studie mit englischen Schülerinnen und Schülern kann eine Vorstellung von Boden als homogene braune Masse festgestellt werden (Russell, Bell, Longden, & McGuigan 1993 zit. nach Dove 1998b, N = 58, Alter 5 bis 11 Jahre, UK). Die Entscheidung, was für Boden gehalten wird und was nicht, wird oftmals in Abhängigkeit von der Bodenfarbe getroffen, so werden Bodenproben aus Gärten und aus Kompost für Boden gehalten, Proben aus Sand, kleinen Kieseln oder Kalkboden dagegen nicht. Organisches Material sowie Sand und Ton können in der Vorstellung der Schülerinnen und Schüler zwar in Böden gefunden werden, seien aber nicht integraler Bestandteil. Zudem denken viele Schülerinnen und Schüler, dass Boden keine Luft enthalte. In einer Studie mit älteren Schülerinnen und Schülern (Drieling 2015, qualitative Interviews, N = 10, Alter 15 bis 17 Jahre, Deutschland) zeigt sich, dass auch begrifflich eine große Unschärfe vorliegt: Boden, Erde, Humus und Muttererde werden häufig synonym verwendet, manchmal jedoch voneinander abgegrenzt. Zudem lassen sich zahlreiche Anthropomorphismen feststellen (z.B. „Boden ist ständig am Arbeiten, wenn der nicht mehr arbeitet, dann ist er doch tot" (ebd., 180). Zugleich zeigen sich bei diesen älteren Schülerinnen und Schülern durchaus fachnahe Vorstellungen von einer Schichtung des Bodens und auch hinsichtlich der Bodenbestandteile lassen sich Überschneidungen mit fachlichen Konzepten feststellen.

Berge

In einer Studie mit Schülerinnen und Schülern im Alter von sieben bis elf Jahren (Trend, Everett & Dove 2000, Fragebogenerhebung inklusive Zeichnungen mit nachfolgenden qualitativen Interviews, N = 444 bzw. N = 52, Alter 7 bis 11 Jahre, Großbritannien) zeigt sich, dass Berge sehr häufig als steilaufsteigend mit Bergspitzen gezeichnet werden. Die weiteren Erhebungen verdeutlichen aber, dass die Vorstellungen durchaus differenzierter sind, Schülerinnen und Schüler sich also auch andere Formen von Bergen vorstellen. Die Entstehung von Gebirgen bzw. Bergen kann die Mehrheit nicht erklären, was auch die Studie von Blake (2005) bestätigt. Angeführte Erklärungen beziehen sich auf große Erdbeben oder Explosionen, die Gebirge entstehen lassen, oder verweisen darauf, dass Berge erloschene

Vulkane seien (Trend, Everett & Dove 2000). Zudem wird angeführt, dass Gesteine bzw. Steine zusammenkleben und so Berge entstehen oder dass Berge durch das Meer bzw. Wasser entstehen. Einige wenige Schülerinnen und Schüler führen die Gebirgsbildung auf Menschen oder auf Gott zurück (ebd.). Philips (1991) weist zudem auf die Vorstellung hin, dass Gebirgsbildung als ein schneller Prozess ablaufe. In einer Studie mit Schülerinnen und Schülern in Deutschland (Lötters 2012, qualitative Interviews, N = 6, 6. Jahrgangsstufe, Deutschland) können folgende ähnliche Vorstellungsmodelle identifiziert werden: Gebirge entstehen durch zwei Erdplatten, die sich übereinander schieben, durch die Lava mehrerer Vulkausbrüche, durch Erdbeben, durch an einer Stelle zusammengewehten Sand und durch Metereoriteneinschläge. Alle befragten Schülerinnen und Schüler stellen sich vor, dass Gebirgsbildung lange dauere und dass sich auch heute noch Gebirge bilden. In einer eigenen kleinen Erhebung (Fragebogen mit offenen Antwortformat, N = 12, 7. Jahrgangsstufe, Deutschland) können die bereits angeführten Vorstellungsmodelle von Gebirgsentstehung durch Erdbeben, durch Erdplatten („Die Erdplatten schlagen übereinander und bilden Berge. Wenn viele Berge nebeneinander sind oder verbunden sind, nennt man das Gebirge."), durch das Verkleben von Steinen oder Felsen, durch das Meer, welches sich zurückgezogen habe sowie durch Meteoriteneinschläge ebenfalls gefunden werden. Als weitere Vorstellung ist anzuführen, dass Erde hochsteige und so die Berge wachsen. Insgesamt scheint eine Vielzahl unterschiedlicher Vorstellungen zur Entstehung von Bergen zu existieren.

Täler

Während Täler aus fachlicher Sicht als „durch fließendes Wasser entstandene, länglich gestreckte Hohlformen" (Zepp 2011, 162) angesehen werden, spielen solche fluviatilen Prozesse in den Vorstellungen von Schülerinnen und Schülern eine untergeordnete Rolle (Simon 2013, qualitative Interviews, N = 7, 5. Jahrgangsstufe, Deutschland). Zur Entstehung von Tälern führen mehrere Schülerinnen und Schüler vielmehr plattentektonische Prozesse an („Erdplatten drücken aufeinander, es wölbt sich, das Aufgewölbte ist ein Berg, das dazwischen ein Tal") oder verweisen darauf, dass es Täler schon immer gebe. Die Formung durch Flüsse können sich einige Schülerinnen und Schülern bei gezieltem Nachfragen vorstellen, andere dagegen nicht.

Flüsse

Flüsse sind in den Vorstellungen von Schülerinnen und Schülern groß, mäandrieren und fließen eher in ländlichen als in städtischen Gebieten, während kleinere Bäche oder durch sichtbare anthropogene Eingriffe veränderte sowie verschmutzte Flüsse nicht als solche angesehen werden (May 1996, Zeichnungen und Kurzinterviews, N = 31, 5. Jahrgangsstufe, England). Einige Schülerinnen und Schüler stellen sich vor, dass das Flussbett natürlichen Ursprungs sei („Water rubbed away land" oder

„the river is heavy so it sunk in“ (ebd.)), andere halten es für menschengemacht („Men dug it out – all rivers start that way“ (ebd.)). Als Grund für die Fließbewegung des Wassers führen die meisten befragten Schülerinnen und Schüler (N = 16) den Wind an, nur wenige (N = 7) das Gefälle. Beziehungen zum im Schuljahr zuvor unterrichten Wasserkreislauf stellen nur einige wenige Schülerinnen und Schüler her. Auffällig ist zudem die Vorstellung einiger Schülerinnen und Schüler, dass Flüsse vom Meer ins Landesinnere fließen (ebd.), die auch in anderen Kontexten (Vorstellungen zu Wüsten, Schubert 2015) festzustellen ist. Zu Überschwemmungen berichtet Schoon (1989), dass etwa ein Drittel der befragten Schülerinnen und Schüler die fachlich unzutreffende Vorstellung teilt, dass schwere Überschwemmungen an Flüssen nur im Frühjahr durch die Schneeschmelze auftreten.

Inseln

Schülerinnen und Schüler umschreiben Inseln als von Wasser umgebene Landfläche und grenzen sie auf diese Weise auch von Halbinseln ab (Mengeringhausen 2012, qualitative Interviews, N = 6, 5. Jahrgangsstufe, Deutschland). Neben dieser fachlich zutreffenden Definition fällt in der Interviewstudie auf, dass mehrfach eine kleine Palmeninsel mit Sandstrand gezeichnet wird, was sicherlich als eher stereotypische Inselvorstellung zu klassifizieren ist. Zudem zeigen sich bei einigen Schülerinnen und Schülern Analogien zu Eisbergen, indem sie Inseln als auf dem Wasser schwimmend, also ohne Verankerung am Gewässergrund, beschreiben und auch bei der Inselentstehung auf das Abbrechen von Festland verweisen, welches dann im Meer schwimme. Andere Schülerinnen und Schüler dagegen beschreiben die fachlich zutreffende Vorstellung einer Verankerung am Gewässergrund, in Bezug auf die Entstehung führen einige Vulkanismus an.

Naturereignisse

Zu relevanten Themen im Bereich Naturereignisse wie Erdrutsche, Überschwemmungen, Stürme etc. liegen kaum Erkenntnisse zu typischen Schülervorstellungen vor. Umfangreicher erforscht sind Vorstellungen zu tropischen Wirbelstürmen, Vulkanausbrüchen und Erdbeben usw. Exemplarisch soll im Folgenden nur der Forschungsstand zu Erdbeben vorgestellt werden. Internationale Studien zu Vorstellungen zu Erdbeben zeigen, dass nur einige wenige Schülerinnen und Schüler fachnahe Erklärungen für die Entstehung von Erdbeben anführen, ein Großteil jedoch keine Erklärung zu formulieren vermag, unterschiedliche Naturereigenisse miteinander vermischt (Stürme, Überflutungen oder Erdrutsche als Ursache für Erdbeben) oder Erdbeben auf übernatürliche Kräfte zurückführt (Laçin-Şimşek 2007, qualitative Interviews, N = 40, Kindergarten bis 8. Jahrgangsstufe, Türkei; Ross & Shuell 1993, Interviews, N = 91, 4. bis 6. Jahrgangsstufe, USA). Berichtet wird auch die Vorstellung, dass Erdbeben nur in heißen Regionen vorkommen bzw. mit Vulkanausbrüchen in Verbindung stehen (Leather 1987 zit. nach Dove 1998b, Alter: 11 bis 17 Jahre, Großbritannien). Interessant ist auch, dass tektonische Prozesse nicht als Ursache für Erdbeben angesehen werden, unabhängig davon, ob die befragten Schülerinnen und Schüler selbst schon ein Erdbeben erlebt haben oder nicht (Ross & Shuell 1993).

3 Naturgeographische Phänomene und Themen – Hinweise und Anregungen für die Entwicklung von Lerngelegenheiten im Unterricht

Für die Gestaltung von Unterricht ergeben sich mehrere zentrale Konsequenzen, die nicht nur für den Umgang mit den zuvor aufgeführten alternativen Vorstellungen gelten, sondern auch für weitere thematische Bereiche. Im Sinne des Modells der Didaktischen Rekonstruktion (Kattmann, Duit, Gropengießer & Komorek 1997) werden dabei im Folgenden vier Aspekte fokussiert:

Kenntnis von und Sensibilität für Lernvoraussetzungen und Vorstellungen der Schülerinnen und Schüler

Lehrpersonen sollten zum einen wesentliche Erkenntnisse der Schülervorstellungsforschung kennen und dadurch diese in die Unterrichtplanung von Beginn an einbeziehen können. Zum anderen sollten Lehrpersonen Äußerungen ihrer Schülerinnen und Schüler ernst nehmen und sensibel für dahinter liegende alltagsweltliche Vorstellungen sein. Zudem sind Kenntnisse dazu hilfreich, wie im Unterricht die Vorstellungen der Schülerinnen und Schüler in einer konkreten Lerngruppe aktiviert bzw. sichtbar gemacht werden können. Für naturwissenschaftlich-geographische Themen bieten sich z.B. Zeichnungen und Gespräche an, es kann aber auch mit Bildern unterschiedlicher Landschaftsformen (z.B. unterschiedliche Bergformen) oder mit unterschiedlichen Zeichnungen oder Aussagen aus Forschungsarbeiten (z.B. Modellvorstellungen zur Entstehung der Jahrszeiten, Sneider, Bar & Kavanagh 2011), die die Schülerinnen und Schüler dann jeweils nach dem Grad der Übereinstimmung mit der eigenen Vorstellung bewerten, gearbeitet werden.

Fachliche Grundlage als eine Basis für die Arbeit mit Schülervorstellungen

Eine adäquate Planung von Unterricht kann auch unter Einbezug der typischen Schülervorstellungen nur sinnvoll gelingen und Aussagen von Schülerinnen und Schülern im Unterricht können in ihren möglichen „Fehl"-Verständnissen nur erkannt werden, wenn zugleich die fachlichen Konzepte von der Lehrperson selbst umfassend und klar verstanden werden. Das Fachliche bildet also neben den Schülervorstellungen den zweiten zentralen Bezugspunkt, wie dies im Modell der Didaktischen Rekonstruktion ausgeführt wird (Kattmann et al. 1997). Zugleich zeigen Studien in einigen Bereichen auch bei Erwachsenen bzw. Lehrpersonen alltagsweltliche Vorstellungen, zum Beispiel in Bezug auf die Entstehung der Jahreszeiten (Sneider, Bar & Kavanagh 2011).

Kenntnis theoretischer Modelle zum Umgang mit Schülervorstellungen im Unterricht und Anwendung auf konkrete Themen und Lerngruppen
Grundlegende Theorien bzw. Konzepte wie Conceptual-Change-Ansätze und Konflikt- und Anknüpfungsstrategien sollten je nach Thematik bzw. Vorstellungen der Schülerinnen und Schüler ausgewählt und am jeweiligen fachlichen Beispiel umgesetzt werden. Konkretisiert kann dieses z.B. beim Thema Boden bedeuten, dass sich die Schülerinnen und Schüler zunächst durch Zeichnungen die eigenen Vorstellungen bewusst machen und diese zugleich für alle anderen sichtbar sind. Aus dem Vergleich der unterschiedlichen Zeichnungen können Gemeinsamkeiten und Unterschiede herausgearbeitet werden und sich daraus Fragen danach ergeben, wie Boden tatsächlich aussieht, welche Bestandteile er hat usw. Das gemeinsame Graben eines kleinen Bodenprofils, der Vergleich mit anderen Bodenprofilen (Fotos), kleinere einfache Untersuchungen zu Bodenart (Korngrößenzusammensetzung) oder Bodenfeuchte und ergänzende Informationen (z.B. zu Wasser und Luft im Boden) können beim Aufbau eines fachnäheren Konzeptes von Boden unterstützen. Am Ende werden die jeweiligen Zeichnungen wieder herangezogen und ergänzt bzw. mit dem neuen Wissen überarbeitet oder neue Zeichnungen erstellt und diese dann mit dem ersten verglichen, so dass die Lernfortschritte bzw. Vorstellungsveränderungen für die Schülerinnen und Schüler sichtbar und bewusst werden (vgl. dazu auch Lange & Spreckelsen 2015).

Kritisch-sensibler Umgang mit (Fach-)Begriffen und Unterrichtsmaterialien
Fachlich gesehen unzutreffende Vorstellungen entstammen nicht ausschließlich alltäglichen Erfahrungen der Kinder (z.B. beim Beobachten von Wolken), Medien (z.B. Kinderbüchern zu Sonne, Mond und Erde) oder Gesprächen mit Eltern (z.B. über Jahreszeiten). Vielmehr kann die Ursache auch im Fachbegriff liegen, der fachlich gesehen falsche Assoziationen nahelegt (z.B. die Vorstellung von Grundwasser als Wasser am Grund eines Sees, Reinfried 2006). Erklärungen von nicht unmittelbar sicht- oder erfahrbaren Phänomenen und Prozessen (wie z.B. Grundwasser und Schalenbau der Erde) entwickeln die Schülerinnen und Schüler häufig in Form von Analogien (Vorstellung von Grundwasseradern analog zu Adern im Körper, ebd.). Um das Verständnis zu erleichtern, wird im Unterricht im Sinne der Anschaulichkeit häufig mit Modellen, Abbildungen o.Ä. gearbeitet, um die nicht sichbarten Phänomene und Prozesse sichtbar zu machen. Dabei ist jedoch beachten, dass die eingesetzten Medien bei Schülerinnen und Schülern wiederum unbeabsichtigt neue, fachlich gesehen fehlerhafte Vorstellungen befördern können. Daher sollten verwendete Fachbegriffe, aber auch Medien (insbesondere Abbildungen und Modelle) bereits im Zuge der Unterrichtsplanung kritisch hinsichtlich möglicher dadurch neu entstehender oder dadurch bestärkter alltagsweltlicher Vorstellungen geprüft werden. Bei Modellen eignet sich dafür besonders ein systematisches Vergleichen zwischen Modell und Realität (Parallelisie-

ren), das dabei hilft, kritisch Grenzen bzw. Schwächen eines Modells zu erkennen, so dass die Wahrscheinlichkeit von fehlerhaften Rückschlüssen auf die durch das Modell repräsentierte Realität kleiner wird (Schubert 2013). Ein ähnliches Vorgehen im Unterricht kann den Schülerinnen und Schülern helfen, Modelle nicht als Kopien oder Abbilder, sondern als Rekonstruktionen von Realität zu verstehen.

Sprachliche Klarheit

Lehrpersonen sollten sich bewusst darüber sein, dass in vielen Bereichen die Vorstellungen der Schülerinnen und Schüler Anthropomorphismen umfassen bzw. unbelebte Dinge als belebt wahrgenommen werden. Für den Unterricht bedeutet dies für Lehrpersonen, zum einen als sprachliches Vorbild gerade solche Animismen bzw. Anthropomorphismen zu vermeiden und zum anderen mit Schülerinnen und Schülern über die Frage „Belebt oder unbelebt?" immer wieder ins Gespräch zu kommen.

4 Ausblick

Auch wenn für zahlreiche naturwissenschaftlich-geographische Themenbereiche typische Vorstellungen von Schülerinnen und Schülern beschrieben sind, ist doch zu konstatieren, dass zum einen die meisten Studien von geringer Aktualität sind. Zum anderen beziehen sich die wenigsten Studien auf den deutschsprachigen Bereich, die Erkenntnisse müssen also zum größten Teil aus dem internationalen Raum übertragen werden. Inwieweit damit die überschaubaren Erkenntnisse und zahlreichen Lücken im deutschsprachigen Bereich adäquat gefüllt werden, ist unklar. Darüber hinaus bilden insbesondere Wirksamkeitsstudien von unterrichtlichen Interventionen ein zukünftiges Handlungsfeld, das auch helfen kann, die Erkenntnisse der Grundlagenforschung stärker mit unterrichtspraktischen Aspekten zu verknüpfen.

Literatur

Alkis, S. (2007): An Investigation of Grade 5 Students' Understanding of Humidity Concept. In: Elementary Education Online, 6(3), 333-343.

Bar, V. (1989): Children's View about the Water Cycle. In: Science Education, 73(4), 481-500.

Baxter, J. (1989): Children's Understanding of Familiar Astronomical Events. In: International Journal of Science Education, 11(5), 502-513.

Ben-zvi-Assaraf, O. & Orion N. (2005): A Study of Junior High Students' Perceptions of the Water Cycle. In: Journal in Geoscience Education, 53(4), 366-373.

Blake, A. (2005): Do Young Children's Ideas about the Earth's Structure and Processes Reveal Underlying Patterns of Descriptive and Causal Understanding in Earth Science? In: Research in Science and Technological Education, 23, 59-74.

Bornstedt, J. (2011): Entstehung der Jahreszeiten als Thema des Geographieunterrichts. Fachliche Grundlagen und Schülervorstellungen im Vergleich. Unveröffentlichte Masterarbeit. Münster: Westfälische Wilhems-Universität, Institut für Didaktik der Geographie.

Covitt, B.; Gunckel, K. & Anderson, C. (2009): Students' Developing Understanding of Water in Environmental Systems. In: Journal of Environmental Education, 40(3), 37-51.

Danaia, L. & McKinnon, D. (2007): Common Alternative Astronomical Conceptions encountered in Junior Secondary Science Slasses: Why is this So? In: Astronomy Education Review, 6(2), 32-53.

Dickerson, D.L.; Pennick, J.E.; Dawkins, K.R. & van Sickle, M. (2007): Groundwater in Science Education. In: Journal of Science Teacher Education, 18(1), 45-61.

Dove, J.E. (1998a): Alternative Conceptions about the Weather. In: Scholl Science Review, 79(289), 65-69.

Dove, J.E. (1998b): Students' Alternative Conceptions in Earth Acience: A Review of Research and Implications for Teaching and Learning. In: Research Papers in Education, 13(2), 183-201.

Drieling, K. (2015): Schülervorstellungen über Boden und Bodengefährdung. Ein Beitrag zur geographiedidaktischen Rekonstruktion. Münster: MV-Verlag (= Geographiedidaktische Forschungen, Band 55).

Egli, H.R.; Hasler, M. & Probst, M. (Hrsg.) (2016): Geographie – Wissen und verstehen. 4. Aufl. Bern: hep.

Gapp, S. & Schleicher, Y. (2010): Alltagsvorstellungen von Grundschulkindern – Erhebungsmethoden und Ergebnisse, dargestellt anhand der Thematik „Schalenbau der Erde". In: Reinfried, S. (Hrsg.): Schülervorstellungen und geographisches Lernen – Aktuelle Conceptual-Change-Forschung und Stand der theoretischen Diskussion. Berlin: Logos Verlag, 33-54.

Gebhardt, H.; Glaser, R.; Radtke, U. & Reuber, P. (Hrsg.) (2012): Geographie – Physische Geographie und Humangeographie. München: Springer Spektrum, Akademischer Verlag.

Glaser, R.; Hauter, C.; Faust, D.; Glawion, R.; Saurer, H.; Schulte, A. & Sudhaus, D. (2016): Physische Geographie kompakt. Berlin, Heidelberg: Springer.

Gunckel, K. L; Covitt, B.A.; Salinas, I. & Anderson, S. W. (2012): A Learning Progression for Water in Socio-Ecological Systems. In: Journal of Research in Science Teaching, 49(7), 843-868.

Hofbauer, M. (2014): Schülervorstellungen zur Niederschlagsentstehung – Eine empirische Untersuchung mit Schülern der 5. Klasse. Unveröffentlichte Masterarbeit. Münster: Westfälische Wilhems-Universität, Institut für Didaktik der Geographie.

Jones, B.L., Lynch, P.P. & Reesink, C. (1987): Children's Conceptions of the Earth, Sun and Moon. In: International Journal of Science Education, 9(1), 43-53.

Kattmann, U.; Duit, R.; Gropengießer, H. & Komorek, M. (1997): Das Modell der Didaktischen Rekonstruktion – Ein Rahmen für naturwissenschaftsdidaktische Forschung und Entwicklung. In: Zeitschrift für Didaktik der Naturwissenschaften, 3(3), 3-18.

Keeley, P.; Eberle, F. & Dorsey, C. (2008): Uncovering Student Ideas in Science. Another 25 Formative Assessment Tools. Arlington, Virgina: NSTA-Press.

Kikas, E. (1998): Pupils' Explanations of Eeasonal Changes: Age Differences and the Influence of Teaching. In: British Journal of Ecucational Psychology, 68(4), 505-516.

Laçin-Şimşek, C. (2007): Children's Ideas about Earthquakes. In: International Journal of Environmental and Science Education, 2(1), 14-19.

Lange, K. & Spreckelsen K. (2015): Modelle. In: Kahlert, J.; Fölling-Albers, M.; Götz, M.; Hartinger, A.; Miller, S. & Wittkowske, S. (Hrsg.): Handbuch Didaktik des Sachunterrichts. Bad Heilbrunn: Klinkhardt, 485-490.

Leather, D.A. (1987): Views of the Nature and Origin of Earthquakes and Oil held by Eleven to Seventeen Year Olds. In: Geology Teaching, 12(3), 102-108.

Libarkin, J.C.; Anderson, S. W.; Science, J.D.; Beilfuss, M. & Boone, W. (2005): Qualitative Analysis of College Students' Ideas about the Earth: Interviews and Open-Ended Questionnaires. In: Journal of Geoscience Education, 53(1), 17-26.

Lillo, J. (1994): An Analysis of the Annotated Drawings of the Internal Structure of the Earth made by Students aged 10-15 from Primary and Secondary Schools in Spain. In: Teaching Earth Sciences, 19, 83-87.

Lötters, L. (2012): Schülervorstellungen zur Entstehung von Gebirgen. Eine empirische Studie mit Schülern der sechsten Klasse. Unveröffentlichte Masterarbeit. Münster: Westfälische Wilhems-Universität, Institut für Didaktik der Geographie.

Malleus, E.; Kikas, E. & Marken, T. (2016): Kindergarten and Primary School Children's Everyday, Synthetic, and Scientific Concepts of Clouds and Rainfall. In: Research in Science Education, 47(3). DOI 10.1007/s11165-016-9516-z.

May, T. (1996): Children's Ideas about Rivers. In: Primary Geographer, 25, 12-13.

Mengeringhausen, F. (2012): Inseln und Inselentstehung. Unveröffentlichte Masterarbeit. Münster: Westfälische Wilhems-Universität, Institut für Didaktik der Geographie.

Moyle, R. (1980): Weather. Learning in Science. Project Working Paper 21. Hamilton: University of Waikato, New Zealand.

Njmeh, N. (2013): Schülervorstellungen zu Ebbe und Flut. Eine empirische Untersuchung zu einem klassischen Thema des Geographieunterrichts in Klasse 5. Unveröffentlichte Masterarbeit: Münster: Westfälische Wilhems-Universität, Institut für Didaktik der Geographie.

Nussbaum, J. & Novak, J.D. (1976): An Assesment of Children's Concepts of the Earth Utilizing Structured Interviews. In: Science Education, 60(4), 535- 550.

Philips, W.C. (1991): Earth Sciences Misconceptions. In: The Science Teacher, 58(2), 21-23.

Piaget, J. (1929): The Child's Conception of the World. London: Routledge and Kegan Paul.

Reinfried, S. (2006): Alltagsvorstellungen- und wie man sie verändern kann. Das Beispiel Grundwasser. In: Geographie heute, 243, 38-43.

Reinfried, S. ; Tempelmann, S. & Aeschbacher, U. (2012): Addressing Secondary School Students' Everyday Ideas about Freshwater Springs in Order to develop an Instructional Tool to promote Conceptual Reconstruction. In: Hydrology and Earth System Science, 16, 1365-1377.

Rödler, K. (1999): Sonne, Mond und Erde. Mit Kindern ins Gespräch kommen. In: Die Grundschulzeitschrift, 129(24), 41-42.

Ross, K.E.K. & Shuell, T.J. (1993): Children's Beliefs about Earthquakes. In: Science Education, 77(2), 191-205.

Russell, T.; Bell, D.; Longden, K. & McGuigan, L. (1993): Rocks, Soil and Weather. Primary SPACE Project Research Report. Liverpool: Liverpool University Press.

Schäffer, C. (2012): Wie Kinder sich die Welt vorstellen. Eine empirische Untersuchung mit Grundschulkindern. Unveröffentlichte Masterarbeit, Münster: Westfälische Wilhems-Universität, Institut für Didaktik der Geographie.

Schieder, M. & Wiesner, H. (1997): Wetter – eine empirische Studie zu Vorstellungen und Lernprozessen. In: Sache- Wort- Zahl, 25, 52-54.

Schniotalle, M. (2007): Eine Reise ins Innere der Erde. Kinder entwickeln Vorstellungen über den Aufbau der Erde. In: Weltwissen Sachunterricht, 2, 32-35.

Schoon, K.J. (1989): Misconceptions in the Earth Sciences: A Cross-Age Study. Paper presented at the 62nd Annual Meeting of the National Association for Research in Science Teaching. San Francisco: Educational Resources Information Center (ERIC).

Schubert, J.C. (2015): Schülervorstellungen zu Wüsten und Desertifikation. Ergebnisse einer qualitativen Interviewstudie. In: Schubert, J.C. & Wrenger, K. (Hrsg.): Wüsten und Desertifikation im Geographieunterricht. Empirische Studien zu Vorstellungen und Interessen von Schülerinnen und Schülern. Münster: MV-Verlag (= Geographiedidaktische Forschungen 58), 1-112.

Schubert, J.C. (2013): Modelle. In: Böhn, D. & Obermaier, G. (Hrsg): Wörterbuch der Geographiedidaktik: Begriffe von A-Z. Braunschweig, S. 199-200.

Sharp, J.G. & Sharp, J.C. (2007): Beyond Shape and Gravity: Children's Ideas about the Earth in Space reconsidered. In: Research Papers in Education, 22(3), 363-401.

Simon, C. (2013): Täler und ihre Entstehung – Schülervorstellungen und fachliche Erklärungen im Vergleich. Unveröffentlichte Masterarbeit, Münster: Westfälische Wilhems-Universität, Institut für Didaktik der Geographie.

Sneider, C.; Bar, V. & Kavanagh, C. (2011): Learning about Seasons: A Guide for Teachers and Curriculum Developers. In: Astronomy Education Review, 10(1), 1-22.

Sommer, C. (2002): Wie Grundschüler sich die Erde im Weltall vorstellen- eine Untersuchung von Schülervorstellungen. In: Zeitschrift für Didaktik der Naturwissenschaften, 8, 69-84.

Stepans, J. & Kuehn, C. (1985): Children's Conceptions of Weather. In: Science and Children, 23(1), 44-47.

Steer, D.N.; Knight, C.C.; Owens, K.D. & McConnell, D.A. (2005): Challenging Students Ideas about Earth's Interior Structure Using a Model-based, Conceptual Change Approach in a Large Class Setting. In: Journal of Geoscience Education, 53(4), 415-421.

Trend, R.; Everett, L. & Dove, J. (2000): Interpreting Primary Children's Representations of Mountains and Mountainous Landscapes and Environments. In: Research in Science & Technological Education, 18(1), 85-112.

Viiri, J. (2000): Tides in Textbooks, Expert Teachers' Ideas and Students' Understanding. In: Physics Education, 35(2), 105-110.

Vosniadou, S. & Brewer, W.F. (1992): Mental Models of the Earth: A Study of Conceptual Change in Childhood. In: Cognitive Psychology, 4, 535-585.

Wübbeling, J. (2012): Schülervorstellungen zum Thema „Wasserkreislauf". Eine empirische Untersuchung mit Grundschülern. Unveröffentlichte Masterarbeit, Münster: Westfälische Wilhems-Universität, Institut für Didaktik der Geographie.

Zepp, H. (2011): Geomorphologie. 5. Aufl. Stuttgart: UTB.

Kornelia Möller und Hans-Peter Wyssen

Technische Entwicklungen und Umsetzungen erschließen – und dabei Schülervorstellungen berücksichtigen

1 Begriffsklärungen und Ziele eines technikbezogenen Unterrichts in der Primarstufe

Dieses Kapitel knüpft an die Ausführungen im Perspektivrahmen Sachunterricht (GDSU 2013) zur technischen Bildung an. Zunächst wird das zugrunde liegende Verständnis von technischer Bildung als Teil einer allgemeinen Grundbildung erläutert. Auf dieser Basis werden in Kap. 1.1 die Ziele und Kompetenzen einer allgemeinen frühen technischen Bildung begründet. Kap. 1.2 beschreibt Besonderheiten technikbezogener Schülervorstellungen.

1.1 Technische Bildung im Rahmen des NMG- bzw. Sachunterrichts

Im Rahmen der technischen Perspektive des NMG- bzw. Sachunterrichts sollen die Kinder an für sie sachlich gehaltvollen, interessanten und zugänglichen Beispielen wesentliche Denk-, Arbeits- und Handlungsweisen der Technik erarbeiten, grundlegende Inhaltsfelder von Technik erschließen und dabei die gesellschaftliche Dimension von Technik einbeziehen. Dabei sollen sie in eigenen Versuchen den produktiven Charakter der Technik sowie die Mittel-Zweck-Bindung im technischen Handeln erfahren, einfache, basale technische Funktions- und Handlungszusammenhänge verstehen, technische Gegenstände und Prozesse in ihrer Lebenswelt analysieren sowie Zusammenhänge von Technik, Arbeit, Wirtschaft, Naturwissenschaften und Gesellschaft erkennen, reflektieren, kommunizieren und bewerten lernen (vgl. GDSU 2013, 63ff.).
Diese Zielbestimmung basiert auf einem breiten Technikverständnis. Dieses bezieht sich im Gegensatz zum engen Technikverständnis nicht nur auf zweckorientierte, vom Menschen gemachte Gegenstände und Verfahren, sondern darüber hinaus auch auf die Entwicklung und Nutzung von Technik sowie deren kritische Reflexion durch den Menschen. Dazu gehört auch die historische Entwicklung von Technik und deren Bewertung, insbesondere auch die Bewertung von Folgen der Technik für den Menschen sowie für Wirtschaft und Gesellschaft. In der Technikdidaktik wird dieses erweiterte Verständnis in Anlehnung an Ropohl (2009) auch als soziotechnischer Technikbegriff bezeichnet (vgl. auch VDI 1997; Schlagenhauf 2016).

Vor diesem Hintergrund lässt sich auch das Ziel einer allgemeinen technischen Bildung beschreiben: Technische Bildung beschränkt sich nicht darauf, spezielle berufsbezogene Kompetenzen zu vermitteln. Diese Aufgabe bleibt der Berufspädagogik vorbehalten. Eine allgemeine technische Bildung hat nach den von der *International Technology Education Association* formulierten Standards für *technological literacy* vielmehr die Aufgabe, jeden Menschen dazu zu befähigen, Technik (im weiteren Sinne) verantwortungsvoll zu nutzen, zu bedienen, zu bewerten und zu verstehen (ITEA 2000). Da jeder Mensch – gegenwärtig und zukünftig – einerseits Technik nutzt, andererseits aber auch von Technik und ihren Auswirkungen betroffen ist, benötigen alle grundlegende Kenntnisse von Technik und ihren Wirkungs- und Bedingungsverhältnissen, um eine humane Technik mitdenken, mitverantworten und mitgestalten zu können. Eine so verstandene technische Bildung folgt dem von Klafki entwickelten Verständnis einer allgemeinen Bildung für alle Menschen.

> „Allgemeinbildung muss verstanden werden als Aneignung der die Menschen gemeinsam angehenden Frage- und Problemstellungen, ihrer geschichtlich gewordenen Gegenwart und der sich abzeichnenden Zukunft und als Auseinandersetzung mit diesen gemeinsamen Aufgaben, Problemen, Gefahren" (Klafki 1991, 53).

Auch Kinder kommen mit Technik in Berührung, nutzen diese selbstverständlich und sind von ihren Folgen betroffen. Technik bleibt für sie allerdings häufig unanschaulich und in ihren Funktions- und Wirkzusammenhängen unverständlich. Erhalten sie aber Gelegenheit, technische Gegenstände zu untersuchen, etwas herzustellen oder zu konstruieren, zeigen sie in der Regel großes Interesse. Auch Fragen, wie etwas früher war und wie etwas entsteht, machen Kinder neugierig. Technische Bildung in der Grundschule sollte an diesen Interessen der Kinder anknüpfen und ihnen die Gelegenheit geben

- technisch-praktische Handlungsfähigkeit auszubilden (Technik nutzen, herstellen)
- produktiv zu handeln (Technik konstruieren)
- technische Funktions- und Handlungszusammenhänge zu analysieren (Technik im engeren Sinne verstehen)
- an einfachen Beispielen Bedingungszusammenhänge von Technik, Arbeit und Wirtschaft, Naturwissenschaften und Gesellschaft zu verstehen (Technik im weiteren Sinne verstehen)
- Folgen von Technik zu erschließen (Technik bewerten) und
- Vorgestelltes und Erarbeitetes zu dokumentieren und mitzuteilen (Technik kommunizieren).

Eine frühe technische Bildung sollte darüber hinaus Hemmnisse und Ängste im Umgang mit Technik abbauen, Selbstwirksamkeitsüberzeugungen verbessern (ich kann das verstehen) und Interesse für Technik im weiten Sinne wecken – sowohl bei Mädchen als auch bei Jungen (Möller 2016a).

Im deutschsprachigen Raum werden diese Ziele und die entsprechenden Kompetenzen in der Grundschule im Rahmen des Faches Sachunterricht (Deutschland und Österreich) bzw. des Faches Natur, Mensch, Gesellschaft (Schweiz) verfolgt. Darüber hinaus bietet auch das in manchen (Bundes-)Ländern zusätzlich vorhandene Fach Werken, Technisches (und textiles) Werken oder Technisches Gestalten die Möglichkeit, die Entwicklung technikbezogener Kompetenzen zu fördern.

1.2 Technikbezogene Schülervorstellungen erschließen

Kinder interessieren sich zwar dafür, wie Technik funktioniert, haben heute aber nur noch selten Möglichkeiten, hinter die Dinge zu schauen. Meist steht bei technischen Gegenständen und Konstruktionen die Nutzung im Vordergrund und es gibt nur wenige Anlässe, technische Geräte bzw. Prozesse zu hinterfragen. Auch mit den potenziellen Folgen von Technik werden Kinder kaum konfrontiert. Entsprechend kommen sie – anders als im Bereich der Natur – nur selten mit bereits ausgeprägten Vorstellungen zu Funktionsweisen, Herstellungsverfahren oder kritischen Überlegungen zur Technik in den Unterricht. Erfragt man ihre Vorstellungen zu Beginn des Unterrichts, so entwickeln sie diese häufig erst schrittweise im Prozess der Äußerung.

Eine weitere Besonderheit technikbezogener Vorstellungen ist, dass Kinder – vielfach auch Erwachsene – ihre Vorstellungen über die Sprache allein nicht umfassend und verständlich darlegen können. Oft geht es um raumzeitliche Beziehungen und Anordnungen, die nur sehr umständlich und lückenhaft sprachlich dargestellt werden können. Häufig fehlen auch die benötigten Bezeichnungen für technische Elemente, die in diesen Vorstellungen vorkommen. Gibt man Kindern allerdings die Möglichkeit, ihre Vorstellungen auch zu skizzieren, gelingt es ihnen durchaus, Vorgestelltes zu äußern und – im Prozess der Darstellung – häufig auch zu präzisieren. Dass bereits Kinder im Grundschulalter in der Lage sind, Lösungsentwürfe mithilfe ikonischer Repräsentationen darzustellen und in kokonstruktiven Gesprächen weiter zu entwickeln, konnte mittels Videoanalysen gezeigt werden (Möller 1991).

Auch Gesten, das Zeigen auf Gegenstände und angedeutete Handlungen sind für Kinder wichtige Ausdrucksmittel. Das folgende Beispiel einer auf Video aufgenommenen Äußerung zeigt, wie Gesten sprachlich Dargestelltes ergänzen und verständlich machen können. Der 9-jährige Schüler K. beschreibt hier, wie er sich die Funktionsweise einer Dampflokomotive vorstellt (Möller 1991, 307):

> „Hier, ich hab auch mal so'n Film gesehen. Da haben die so'ne Lok (---) gezeigt, (---), und dann ist da drüber ein Kessel mit Wasser, so ganz groß, und dann … heizt man die Kohlen, ja und dann kocht das. Und dann, der Wasserdampf, der geht dann durch (zeigt den Verlauf eines Rohres), (---) und dann geht der hier in so'n kleinen, in so'n kleinen …, kleinen …, so'n kleinen Saal oder einen kleinen Raum (umgrenzt gestisch ein zylindrisches Gebilde), (---), da kommt das rein (der Dampf). Und da sind so kleine Schiebedinger, also die gehen immer hin und her (zeigt den sich verschiebenden Kolben). Dann, (---) wenn das

so ist, geht das (der Dampf) da rein. Und wenn das wieder so ist (verschiebt den Kolben gestisch), geht's da rein. (---). Und dann geht hier 'ne Stange (am Kolben), und dann geht das so immer und so, so, die Stange. Und dann, dadurch werden die, die ..., die Räder dann bewegt (zeigt die Pleuelstange, deren Befestigung und die entstehende Drehbewegung)."

Würden wir diese Beschreibung allein auf die Sprache reduzieren, entstünde nur eine verschwommene Darstellung der Funktion. Die Vorstellung des Schülers bliebe unverständlich. Indem er aber mit genauen Handbewegungen Rohr, Zylinder, Kolben, Kolbenstange, Pleuelstange und Kurbelantrieb in Form und Größe darstellt und gestisch die Bewegungsweiterleitung im Raum sichtbar macht, stellt er die Funktionsweise der Dampfmaschine vollständig und deutlich dar.
Sollen im Unterricht Schülervorstellungen erschlossen werden, so sollten die Lernenden daher die Möglichkeit haben, ihre Vorstellungen durch Nutzung sprachlicher, ikonischer wie auch aktionaler Darstellungen zu äußern.

2 Vorstellungen von Primarschülerinnen und -schülern zu technischen Artefakten[1]

Der Forschungsstand zu technikbezogenen Vorstellungen von Primarstufenschülerinnen und -schülern ist noch immer sehr begrenzt. Im Folgenden werden daher zunächst schwerpunktmäßig Untersuchungen von Vorstellungen zur Funktionsweise von Geräten und Maschinen aufgenommen, da zu diesem Bereich einige Ergebnisse vorliegen. Anschließend wird zusammenfassend über einige weitere Untersuchungen berichtet.
Monika Zolg (2001) untersuchte in mehreren Studien, welche Vorstellung Kinder über die Funktionsweise von Maschinen haben, die ihnen aus dem Alltag bekannt sind. Die entsprechenden Maschinen waren vor der Befragung nicht Gegenstand des Unterrichts. Es handelte sich also um die Erfassung von Alltagsvorstellungen.
Zolg bat 33 Jungen und 34 Mädchen aus dem 3. und 4. Schuljahr zu zeichnen, wie ein Staubsauger funktioniert. Sie analysierte die Zeichnungen aufgrund der folgenden Kriterien: a) welche Funktionselemente stellen die Kinder in ihrer Zeichnung dar und b) welchem funktional-konstruktiven Niveau lassen sich die Zeichnungen zuordnen. Bei den Funktionselementen waren sichtbare Elemente am häufigsten vertreten (in der Reihenfolge des zahlenmäßigen Auftretens: Staubbeutel, Schlauch, Bürste, Kabel, Stecker, An- und Ausschaltknopf). Doch auch weniger auffällige Merkmale bzw. nicht sichtbare Elemente wie Lüftungsschlitze, Kontrollleuchten, Motor und Ventilator wurden dargestellt. Zwischen Mädchen und Jungen gab es dabei nur minimale Unterschiede.

1 Unter technischen Artefakten versteht man von Menschen Entwickeltes und Gemachtes wie Werkzeuge, Geräte, Maschinen und Produkte.

Das funktional-konstruktive Niveau der Zeichnungen wurde nach folgenden Kategorien beurteilt; die Verteilung der Jungen und Mädchen steht in den Klammern. Kategorie I: Einige Elemente werden dargestellt, allerdings ohne funktionale Verbindung (46 M, 14 J); Kategorie II: Alle wichtigen Elemente sind dargestellt, allerdings ohne funktionale Verbindung (12 M, 3 J); Kategorie III: einige für die Funktion wichtigen Elemente werden dargestellt und teilweise funktional verbunden (18 M, 41 J); Kategorie IV: Einige für die Funktion wesentlichen Elemente werden dargestellt und funktionsgerecht verbunden (12 M, 25 J); Kategorie V: Alle für die Funktion wichtigen Elemente werden dargestellt und funktionsgerecht verbunden (12 M, 17 J). Die Ergebnisse zeigen zunächst, dass das erreichte Niveau sehr stark differiert, dass es also sowohl Mädchen als auch Jungen gibt, die keinerlei funktionale Verbindung zwischen Elementen herstellen, genauso wie es Zeichnungen von Kindern beiderlei Geschlechts gibt, die dem höchsten erreichbaren Niveau zuzuordnen sind (vgl. Abb. 1a und 1b). Deutlich zeigt sich allerdings auch, dass das durchschnittlich erreichte Niveau der Jungen höher ist als das der Mädchen. Zolg leitet daraus ab, dass die frühe technische Förderung für Jungen und Mädchen in der Schule wichtig ist (vgl. auch Möller 2000).

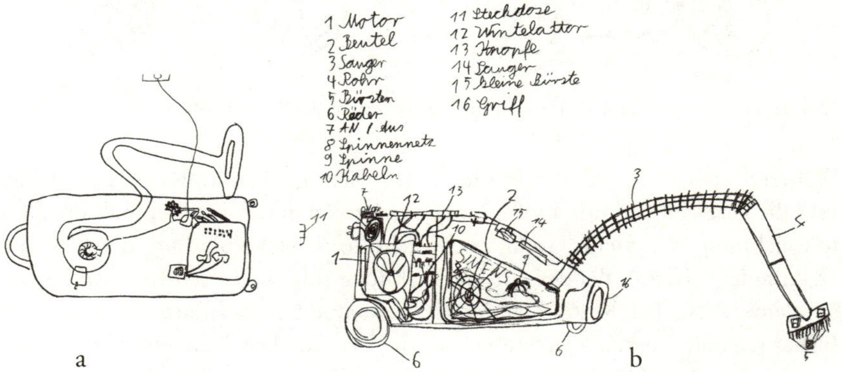

Abb. 1a und **b:** Gezeichnete Schülervorstellungen zur Funktionsweise des Staubsaugers (Zolg 2001, 21 und 23).

Die beiden Beispiele (Abb. 1a und b) zeigen zwei extrem unterschiedliche Darstellungen. Während in Abb.1a nur wenige Elemente, wie der Ventilator, das Saugrohr sowie das Kabel mit Steckdose dargestellt sind und die Verknüpfungen vage bleiben, enthält die Zeichnung 1b (fast) alle wesentlichen (und dazu auch technisch unwesentliche, für Kinder aber bedeutsame Einzelheiten wie eine im Staubbeutel gefangene Spinne mit Spinnennetz) und – annähernd erkennbar – richtige funktionale Verbindungen.

Biester (1991, 50ff.) untersuchte Fahrradzeichnungen von 8- bis 10-Jährigen. Er bat die Kinder, nur das zu zeichnen, was nötig ist, damit sich das Hinterrad dreht. Nach dem Zeichnen forderte er die Kinder auf, ihre Zeichnungen zu erklären, wobei sich die Vorstellungen bei manchen Kindern noch deutlich präzisierten. Die Abbildung 2 gibt einen Querschnitt des erreichten funktional-konstruktiven Niveaus wieder.

Abb. 2: Zeichnungen von Drittklässlern zur Funktionsweise des Fahrrads (Biester 1991, 51).

Während in der ersten Zeichnung noch wichtige Funktionselemente fehlen und die gezeichneten nur additiv miteinander verbunden sind, enthält die zweite Zeichnung schon eine, wenn auch nicht korrekte Verbindung der Elemente (Zahnräder – Kette). Bei der dritten Zeichnung sind die entscheidenden Funktionselemente Kurbel, Kette, Zahnrad am Hinterrad bereits ansatzweise verknüpft. In der rechten unteren Zeichnung sind die wesentlichen Elemente funktionsgerecht verbunden. Alle untersuchten Kinder zeichneten das Fahrrad mit den Elementen Klingel, Lampe, Getriebe und vielen Einzelheiten, jedoch meist in additiver Weise. Nur etwa ein Drittel der Zeichnungen zeigte, dass die Kinder die Getriebefunktion zumindest in Ansätzen erfasst hatten.

Die Ergebnisse, die inzwischen schon oft repliziert werden konnten (Zolg 2002; Möller 2000; Beinbrech & Püttmann 2002; Bertelmann, Nachtigäller, Flesch & Möller 2017), zeigen ein sehr heterogenes Bild: Obwohl die Kinder in der Regel Fahrräder im Alltag nutzten (Münster ist eine Fahrradstadt), hatten zwei Drittel der Kinder dem damals noch meist offenliegenden Getriebe nur wenig Aufmerksamkeit geschenkt. Lediglich ein Drittel der Kinder konnte die Übersetzung am Fahrrad ansatzweise beschreiben. Eine Untersuchung von Gimini (o.J.) an 376 Zeichnungen von 3- bis 88-Jährigen lässt vermuten, dass auch bei Erwachsenen viele lücken- und fehlerhafte Vorstellungen existieren (wie z.B. der Antrieb des Vorderrads durch die Kette) und dass sich ihre Darstellungen prinzipiell nicht von denen der Kinder unterscheiden. Dies legt die Vermutung nahe, dass das aus den Darstellungen erkennbare funktional-konstruktive Niveau ganz wesentlich vom Interesse und von Erfahrungen im Umgang mit dem Fahrradgetriebe und nicht vom Alter abhängt.

Diese Annahme wird durch eigene Untersuchungen bestätigt. So zeigten sich z.B. bei 9- bis 10-jährigen Kindern deutliche Unterschiede im funktional-konstruktiven Niveau von Zeichnungen zum Inneren einer Handbohrmaschine: Nachdem die Lernenden die Umdrehungen eines Handbohrers beim einmaligen Herumdrehen der Kurbel verglichen und festgestellt hatten, dass sich der Bohrer im Bohrfutteral 2 ½ mal so schnell dreht wie die Handkurbel, forderte die Lehrperson die Kinder auf, an der Tafel aufzuzeichnen, wie sie sich das Innere der Handbohrmaschine vorstellen.

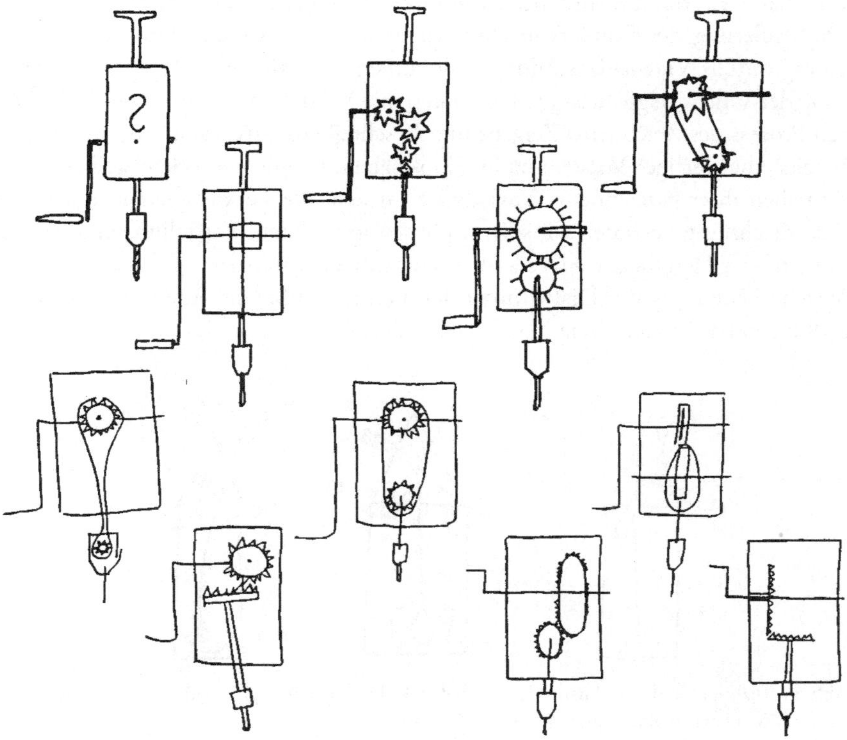

Abb. 3: Zeichnerische Vermutungen von Dritt- und Viertklässlern zur Funktionsweise einer handkurbelgetriebenen Bohrmaschine (Möller 2000, 330).

Die zeichnerisch repräsentierten Schülervorstellungen reichen von nicht praktikablen Lösungen über die Verwendung von Zahnrädern oder Rädern, die aneinandergereiht oder mit einem Band oder einer Kette irgendwie verbunden sind, bis hin zur Berücksichtigung der Drehebenen- und Drehzahländerung (kleines Rad unten, großes Rad oben). Die Zeichnung unten rechts ist bereits eine Seitenansicht einer funktionsfähigen Bohrmaschine (vgl. Abb. 3). Dieser Schüler konnte nach einigen Impulsen der Lehrperson sogar voraussagen, wie das Verhältnis der Zähne der Zahnräder sein muss, damit sich der Bohrer bei einer Kurbeldrehung zweimal dreht (Möller 1991, 176ff.).
Die Zeichnungen zeigen aber noch etwas Weiteres: Kinder entwickeln Vorstellungen zu technischen Phänomenen oder Problemen, indem sie auf Elemente zurückgreifen, die sie in ihrem Umfeld kennengelernt haben, und versuchen, diese zur Lösung des Problems einzusetzen. Zahnräder und Ketten bzw. Räder und Riemen sind technische Elemente, die ihnen möglicherweise beim Bauen mit Baukästen oder auch beim Fahrrad begegnet sind. Die Frage, wie diese Elemente miteinander verknüpft sind, beantworten sie häufig erst auf Nachfrage.
Die Äußerung der Schülervorstellungen wurde in dieser qualitativen Untersuchung mittels Videoaufzeichnungen dokumentiert (Möller 1991). Die Auswertung der Videos zeigte, dass die Lernenden ihre Vorstellungen erst in einem längeren Prozess des Zeichnens, Zeigens und Beschreibens entwickeln und nur selten bereits eine „fertige" Vorstellung im Kopf haben. Häufig entdecken sie beim Beschreiben ihrer gezeichneten Vorstellung Lücken, die sie korrigieren, indem sie ihre Zeichnung verändern. Insofern können gezeichnete Vorstellungen auch als konstruierte Denkbilder oder -landkarten bezeichnet werden.
Welche Bedeutung der Dialog unter den Lernenden bei der Äußerung von Vorstellungen haben kann, zeigt das folgende Beispiel:

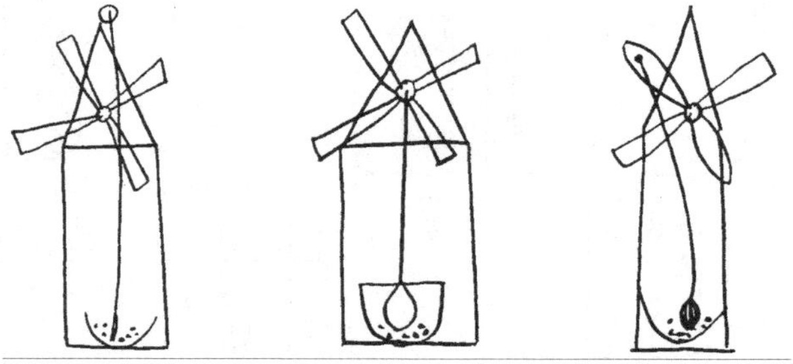

Abb. 4: 9-jährige Kinder zeichnen, wie sie sich den Aufbau einer Stampfmaschine vorstellen, die vom Wind angetrieben wird (Möller 2016b, 210).

Der Schüler, der die linke Skizze angefertigt hat (Abb. 4), zeichnet zuerst eine Windmühle mit Flügeln, ein Gefäß mit Getreidekörnern und einen mächtigen

Stößel darin. Der Stößel ist oben in einer Halterung befestigt. Als er die Zeichnung seinen Mitschülerinnen und -schülern erklärt, stutzt er: „Wenn sich die Flügel drehen, dann bewegt sich der Stampfer ja gar nicht!“ Eine Mitschülerin, die seinen Erklärungen gefolgt ist, hat eine Idee; sie geht zur Tafel und verändert die Zeichnung, indem sie den Stößel mit dem Flügelrad verbindet (mittlere Skizze): „Das (der Stößel) muss ja da dran, sonst bewegt der sich nicht.“ Auch sie überprüft ihren Vorschlag, indem sie die Flügel gedanklich rotieren lässt und dies mit Gesten darstellt. Dabei entdecken andere Kinder, dass es so noch immer nicht funktioniert. Ein dritter Schüler korrigiert, indem er den Stößel außen an einem Flügel befestigt (rechte Zeichnung). Beim Beschreiben der Zeichnung stellt er eine weitere Unzulänglichkeit fest: Der Stößel muss irgendwie noch eine Führung erhalten, damit er den Bottich mit dem Getreide genau trifft. Diese Führung entwirft er gestisch und deutet in der Zeichnung an, wo sie eingefügt werden müsste (Möller 1998, 98f.).

Im Folgenden seien weitere Befunde zu technikbezogenen Schülervorstellungen kurz zusammengefasst:

Feest, Gans und Heyroth untersuchten 1993 Schülervorstellungen zur Funktionsweise eines handgetriebenen Quirls mit zwei Abtriebswellen im Kindergarten sowie in einer 2. und einer 4. Klasse. Auch heute sind solche „Sahneschläger“ teilweise noch in Gebrauch. Sie präsentierten ein Gerät mit abgedecktem Getriebe. Die Kindergartenkinder waren durchaus an der Verbindung zwischen Kurbel und Quirl interessiert und vermuteten Zahnräder und Stäbe als Verbindungsglieder. Sämtliche Kinder der 2. Klasse entwickelten ein irgendwie aus Zahnrädern zusammengesetztes Getriebe, benötigten dabei aber deutlich mehr Zeit für die Darstellung ihrer Vermutungen. Die Viertklässler sind alle in der Lage, einen Antriebsmechanismus zu entwickeln und die Ursache für die Drehzahländerung zu erkennen. Sie beschreiben auch mehr Details, z.B. die Änderung der Drehrichtung.

Untersuchungen zu Schülervorstellungen zum Thema Brücken zeigen, dass sich diese vor allem auf den Zweck (Brücken für Fußgänger, für Autos, für Züge), die verwendeten Baustoffe (Beton macht die Brücke stabil, Brücken aus Stahl halten besonders gut, wenn sie nicht rosten) und Formmerkmale (Autobahnbrücken sind ganz flach. Es gibt auch Hängebrücken und runde Brücken) beziehen. Was Brücken stabil macht, dass es dabei um das Auffangen von Kräften geht, ist erst in Ansätzen im Blick der Grundschulkinder (Möller, Lemmen & Zolg 2008).

Wiesner (1995) untersuchte Vorstellungen von Grundschulkindern zum elektrischen Strom, nachdem er ihnen zuvor eine Batterie, Leitungen und Glühlampen zur Verfügung gestellt hatte. Die Mehrzahl der Kinder verband Glühlampe und Batterie mit nur einer Leitung (Einweg-Zuführungs-Vorstellung). Sahen sie dann, dass die Lampe nicht leuchtet, schlossen die Kinder auf verschiedene potenzielle Defekte. Solche Vorstellungen werden durch die Erfahrung begünstigt, dass der elektrische Strom Elektrogeräten durch ein ummanteltes Kabel zugeführt wird und die beiden Leitungen in der Regel nicht zu sehen sind. Zeigte man ihnen anschließend, dass die Lampe mit zwei Kabeln zum Leuchten gebracht werden kann, vermuteten 85% der Kinder, dass die Lampe nun leuchtet, weil sie jetzt von zwei Seiten genügend Strom bekomme (Zweiwege-Zuführungs-Vorstellung) (vgl. auch Heran-Dörr 2011).

Kircher und Rohrer führten Interviews mit Kindern aus der 2. bis zur 4. Klasse zum Bereich Magnetismus durch. Viele Kinder können bereits sagen, welche Stoffe von einem Magneten angezogen werden; Schwierigkeiten treten auf, wenn nicht magnetisierbare Stoffe dem Stoff Eisen sehr ähnlich sind. Offensichtlich besitzen Grundschulkinder schon viele Erfahrungen mit Magneten aus dem spielerischen Bereich. Sie haben vielfach auch bereits erfahren, dass Magneten durch etwas hindurch (weil sie so stark und der zu durchdringende Gegenstand so dünn ist) und auch auf die Entfernung wirken, meinen aber, dass die Wirkung abrupt aufhört. Während die Anziehungskraft zwischen Magneten den Kindern vertraut ist (ein Magnet ist ja auch aus Eisen gemacht), ist das Phänomen, dass sich Magneten abstoßen, häufig unbekannt (Kircher & Rohrer 1993; Möller, Bohrmann, Hirschmann, Wilke, & Wyssen 2013).

Die (wenigen) Untersuchungen zu Schülervorstellungen zeigen zusammenfassend:

- Technikbezogene Vorstellungen von Grundschulkindern reichen von naiven bis hin zu technisch funktionsgerechten Vorstellungen. Dabei greifen die Lernenden vielfach auf Elemente zurück, die sie bereits kennen. Die Fähigkeit, adäquate Elemente zu nutzen und diese auch funktionsgerecht zu verknüpfen, ist bei Kindern einer Altersgruppe äußerst unterschiedlich ausgeprägt und stark erfahrungs- und interessensabhängig.
- Die zeichnerische mit Sprache, Gesten und Handlungen verknüpfte Darstellung von Vorstellungen hilft den Lernenden, diese zu klären. Beschreiben sie die in ihren Zeichnungen dargelegte Vorstellung, entdecken sie Lücken, was sie zu weiteren Überlegungen anregt. Vorstellungen sind zumeist nicht „fertig“ vorhanden, sondern werden erst im Prozess der Äußerung gedanklich konstruiert.
- Ko-konstruktive Prozesse fördern die (Weiter-)Entwicklung von Vorstellungen. Diskutieren die Kinder über die geäußerten Vorstellungen, werden sie auf Unzulänglichkeiten aufmerksam und erhalten Anstöße für Differenzierungen und Korrekturen.
- Insgesamt scheinen die Schülererfahrungen stark von Umgangserfahrungen mit technischen Gegenständen beeinflusst zu sein, wobei allerdings weniger die Funktionsweisen als vielmehr technische Elemente, Formen und Zwecke beachtet werden.

3 Technikbezogene Schülervorstellungen im Unterricht aufgreifen und weiterentwickeln

Um die in Kap. 1.1 beschriebenen, anspruchsvollen Kompetenzen auch schon im Grundschulalter zu fördern, ist ein kognitiv-konstruktives Lernverständnis Voraussetzung. Dieses wird häufig auch als konstruktivistisches Lernverständnis bezeichnet. Die Kernidee korrespondierender Lerntheorien besagt, dass Wissen nicht einfach vermittelt werden kann, sondern von den Lernenden selbst aufgebaut, also „konstruiert" werden muss (Möller in diesem Band S. 35ff.). Unterricht sollte den Lernenden daher die Gelegenheit bieten, ihre anfänglichen oder bereits vorhandenen Vorstellungen in geeigneten Lernumgebungen zu äußern und sie anschließend schrittweise weiterzuentwickeln (vgl. hierzu auch Möller 2016b).
Für den technikbezogenen Unterricht bieten sich handlungsintensiv gestaltete, problemorientierte Vorgehensweisen an. Den Lernenden werden Aufgaben gestellt, die nicht mit bereits erarbeitetem Wissen zu lösen sind, sondern kreative Problemlösungen verlangen. Häufig handelt es sich – wie beim verdeckten Fahrradgetriebe – um Blackbox-Probleme, bei denen zwischen sichtbarem Anfang und Ende ein Funktionszusammenhang zu analysieren bzw. zu konstruieren ist.
Zum problemorientierten Vorgehen gehören der Prozess der Problemfindung, das Entwickeln von Lösungsentwürfen, deren anschließende Erprobung und Überprüfung, das Bewerten und Optimieren von Lösungen sowie der Transfer von Ergebnissen. Ein entsprechender Unterricht

- berücksichtigt die Vorerfahrungen und Vorstellungen, die von den Lernenden in den Denkprozess eingebracht werden, und nutzt diese produktiv
- regt das aktive Lösen von Problemen sowie das Entdecken, Erkunden und Verstehen von Zusammenhängen an
- bietet Möglichkeiten zum handelnden Entwerfen, Bauen, Herstellen, Konstruieren und Untersuchen von technischen Artefakten
- ermöglicht das schrittweise Entwickeln von Lösungen und erlaubt auch Irr- und Umwege
- fördert den Austausch über Fragen, Lösungsvorschläge, erprobte Problemlösungen, Ergebnisse und Schlussfolgerungen in der Gruppe sowie im Klassengespräch und lässt den Lernweg reflektieren.

Im Folgenden wird beschrieben, wie Schülervorstellungen in einem solchen Unterricht erfasst, aufgegriffen und in einem problemorientierten Unterricht weiterentwickelt werden können.

Zu Beginn des Unterrichts

Um sich ein Bild über die Lernausgangslage zu verschaffen, bietet es sich an, zu Beginn des Unterrichts Schülervorstellungen, Wissenselemente und Kompetenzen zu erfragen. So ist es interessant herauszufinden, welche Kinder bereits Erfahrungen mit technischen Baukästen haben, welche Maschinen sie kennen, welche Vorstellungen sie mit dem Wort „Maschine“ verbinden, was sie über bestimmte Herstellungsprozesse wissen oder vermuten (z.B. wie Papier hergestellt wird) und wie sie technische Artefakte in ihrer Umwelt wahrnehmen. Zu Beginn des Unterrichtsthemas „Was Brücken stabil macht“ kann man die Kinder z.B. zeichnen lassen, welche Brücken sie kennen; viele Kinder zeichnen Balkenbrücken, während Hänge- und Fachwerkbrücken seltener bewusst wahrgenommen werden. Beim Thema „elektrischer Strom“ bietet es sich an, danach zu fragen, was elektrischer Strom alles kann; viele Kinder wissen zwar, dass elektrischer Strom Licht und Kraft bewirkt, nicht aber, dass er auch Wärme erzeugt. Beim Thema „Wie funktioniert das Fahrrad“ zeichnen die Kinder, was am Fahrrad alles wichtig ist, damit es vorwärtsfährt; so erfährt man, inwieweit das Getriebe schon bewusst wahrgenommen wird. Die so erschlossenen Vorerfahrungen und Vorstellungen der Lernenden können dabei helfen, den Unterricht auf die Lerngruppe ausgerichtet passend zu planen.

Die Aufgabe und das Problem klären

Der erste Schritt des Unterrichts dient der Vorstellung und der Klärung der Aufgabe. Handelt es sich um eine problemhaltige Aufgabe, ist die Phase der Problemfindung – also das Identifizieren der eigentlichen Schwierigkeit – wichtig. So führt die Lehrperson zum Thema „ungleichförmiges Getriebe“ das Modell eines Spiels vor, bei dem sich verschiedene, halbverdeckte Figuren durch eine Drehung an einer Kurbel auf und ab bewegen. Anschließend erarbeitet sie mit den Lernenden, dass sie herausfinden sollen, wie die Drehbewegung in eine geradlinige Auf- und Abwärtsbewegung überführt werden kann. Bereits an dieser Stelle arbeitet der Unterricht am Aufbau einer mentalen Vorstellung, indem sich die Lernenden die in der Aufgabe geforderte Änderung der Bewegung vorstellen und diese mithilfe von Gesten auch räumlich repräsentieren.

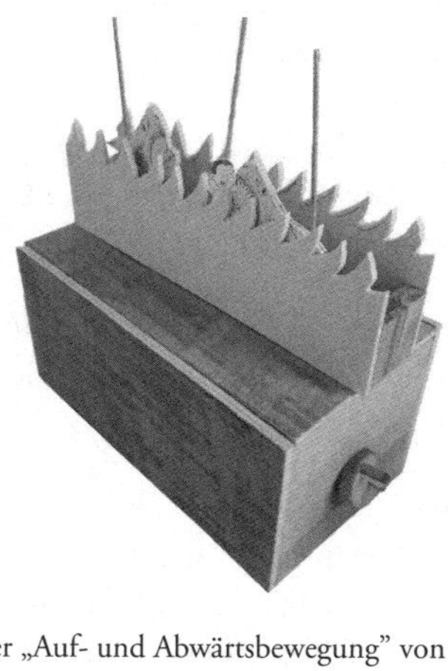

Abb. 5: Eine Maschine mit einer „Auf- und Abwärtsbewegung” von Figuren.

Eigene Ideen entwickeln

Im nächsten Schritt sollen die Kinder Gelegenheit haben, Ideen zu der aufgeworfenen Frage, der Aufgabe oder dem Problem zu entwickeln und untereinander zu diskutieren. Dies gelingt in der Regel nicht in einem Entwurf. Wie die Befunde in Kap. 2 zeigen, unterstützen das Zeichnen und Beschreiben des Gezeichneten sowie Gesten und probierendes Handeln das schrittweise Entwickeln von Lösungen. Indem die Kinder sich über mögliche funktionale Verbindungen, Abläufe oder Herstellungsprozesse Gedanken machen und diese zur Diskussion stellen, bemerken sie vorhandene Lücken oder Unzulänglichkeiten in ihren Vorstellungen.
Unzulänglichkeiten der eigenen Vorstellung können schon beim Entwerfen und Zeichnen bewusst werden: So schlägt eine Schülerin für die Weiterleitung einer Drehbewegung zu einem Rad mit Zacken eine Verbindung von zwei Rädern mit einer Achse vor (in dieser Aufgabe ging es um die modellhafte Nacherfindung einer im Freilichtmuseum gesehenen Sensenschmiede mit einem wasserradgetriebenen Hammerwerk). Als sie ihren Mitschülerinnen und Mitschülern das Gezeichnete (vgl. Abb. 6a) erläutert, stutzt sie plötzlich, vollführt die vorgestellten Bewegungen in der Luft nach und äußert: „Das geht ja gar nicht, das (zeigt auf das hintere Rad) dreht sich ja gar nicht“. Auf den Zuruf einer Mitschülerin „Doch, wenn du das dadurch machst, das muss dadurch gehen, dann geht das“ korrigiert sie die gezeichnete Verbindung (vgl. Abb. 6a). Auch bei den Zeichnungen zur Stampfmaschine (vgl. Abb. 4) ergänzte die zeichnende Schülerin zunächst die Bewegungsweiterleitung, dann die Pleuelfunktion und anschließend die Halterung für den Stößel – jeweils aufgrund von Nachfragen und Impulsen der anderen Kinder. Diese Beispiele zeigen, wie das gemeinsame Nachdenken über geäußerte Vorstellungen den Lernenden die Möglichkeit bietet, Vorstellungen – angeregt durch die Überlegungen anderer – in einem diskursiven Prozess sukzessiv weiterzuentwickeln.

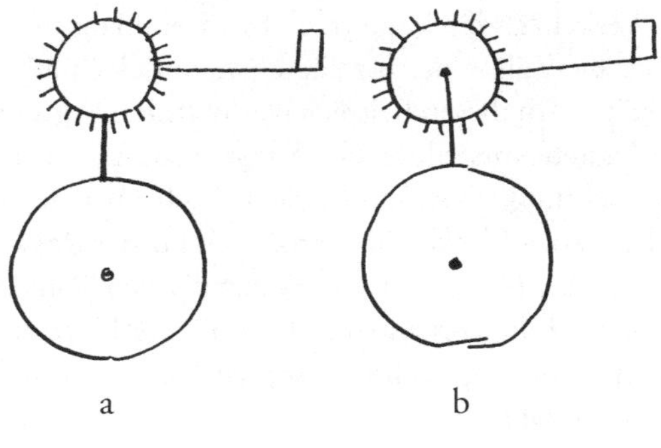

a b

Abb. 6a und b: Entwurf zur Funktionsweise eines Hammerwerks (Möller 1991, 333). Der vorne gezeichnete Kreis steht für das Wasserrad, der Punkt markiert die am Modell sichtbare Welle, die das Wasserrad mit einer Art Nockenrad verbindet.

Liegen verschiedene Entwürfe vor, kann die Lehrperson zum Vergleich auffordern, um Anlass zum Weiterdenken zu geben. So wirft z.B. das Betrachten der unterschiedlichen Zeichnungen zum Antriebsmechanismus des Fahrrads (vgl. Abb. 3) Fragen auf: Mal wird die Kette zum Vorderrad, mal zum Hinterrad geführt, mal hängt sie in der Luft. Mal ist eine Kette gezeichnet, mal ein Band. Bei einigen Fahrrädern sind die eingezeichneten Zahnräder oder Scheiben unterschiedlich groß. Wie ist es nun richtig? Warum ist es so? Lücken oder Widersprüche in den Vorstellungen werden so offensichtlich und führen zu einer Betrachtung eines in die Klasse geholten Fahrrads. Ihre Erkenntnisse setzen die Kinder beim anschließenden Bau eines Rädergetriebes mit einem technischen Baukasten konkret um (Bertelmann, Nachtigäller, Flesch & Möller 2017).
Nicht immer ist es jedoch sinnvoll, vorab gedanklich und zeichnerisch Lösungsansätze entwickeln zu lassen. Fehlen den Lernenden Ideen für mögliche Problemlösungen, so bietet die handelnde Auseinandersetzung mit Materialien möglicherweise Anstöße zur Lösungsfindung. Bei der Aufgabe, eine Kragbogenbrücke durch die Verwendung weiterer Bausteine möglichst stabil zu machen, erproben die Lernenden z.B. mögliche Positionen und finden so heraus, dass Gegengewichte die Stabilität erhöhen (Möller, Lemmen, & Zolg 2008). Duncker (1935) spricht von einer Problemlösung „von unten“, wobei zur Verfügung gestellte Materialien und der Umgang damit Problemlösungen fördern.

Lösungen ausprobieren und Vorstellungen auf ihre Angemessenheit hin überprüfen

Inwieweit die entwickelten Lösungen und Vorstellungen tragfähig sind, erfahren die Lernenden, indem sie technische Gegenstände analysieren oder vermutete Funktionszusammenhänge modellhaft konstruieren. Das Öffnen der Handbohrmaschine und Verfolgen der Übersetzung rief z.B. bei einigen Schülern großes Erstaunen hervor. Da ist gar keine Kette, da sind nur angepasste Zahnräder (vgl. Abb. 3). Bei einem umgekehrt hingestellten Fahrrad verfolgten die Kinder aufmerksam das Verhalten des Hinterrads beim einmaligen Herumdrehen der Tretkurbel, zählten die Zähne der beteiligten Zahnräder und erschlossen so das Übersetzungsverhältnis. In diesen Beispielen erfolgte die Korrektur bzw. Differenzierung der aufgebauten Vorstellung zur Funktionsweise am realen Gegenstand durch genaue Betrachtung. Dies kann jedoch auch über das Konstruieren von Modellen geschehen. So entdecken die Lernenden bei der Konstruktion der „Auf- und Abmaschine“ (vgl. Abb. 5) mit einem technischen Baukasten verschiedene Möglichkeiten, wie mithilfe vorhandener Bauteile die Überführung einer Dreh- in eine Auf- und Abbewegung realisiert werden kann, wodurch das Prinzip des Nockenantriebs erfasst wird.

Das Erlernte sichern und die Fruchtbarkeit aufgebauter Vorstellungen erfahren
Haben die Kinder handelnd – durch Erproben, Bauen, Herstellen, Konstruieren oder Analysieren – mögliche Lösungen gefunden, sollten sie ihre präzisierten, korrigierten oder neu entwickelten Vorstellungen zu technischen Zusammenhängen dokumentieren und damit festigen. Neben der sprachlichen Beschreibung bietet sich auch hier eine Zeichnung an, die mit neu erlernten Bezeichnungen beschriftet werden kann.
Wie genau Kinder ihre erworbenen Vorstellungen dokumentieren können, zeigt die folgende Zeichnung eines ansonsten schwächeren 9-jährigen Schülers nach dem Bau eines Hammerwerkes, das er zuvor mithilfe eines technischen Baukastens realisiert hat (Abb. 7). Der Schüler bildet in einer exakten Vorderansicht fast alle für die Funktion des Hammerwerks benötigten Elemente und ihre funktionsgerechte Verknüpfung ab: Den Antrieb durch ein Wasserrad, die Welle mit Kurbel, die den Hammerstiel herunterdrückt und wieder loslässt, sowie den Hammerstiel mit dem Hammerkopf. Es fehlt nur die hebelartige Lagerung des Hammers in einer Stütze, die er allerdings gestisch beim Erklären seiner Zeichnung beschreibt. Die durch Gesten angereicherte Beschreibung der Zeichnung zeigt deutlich, dass der Schüler eine funktionsgerechte Vorstellung zur Bewegungsweiterleitung aufgebaut hat (Möller 1991, 339).

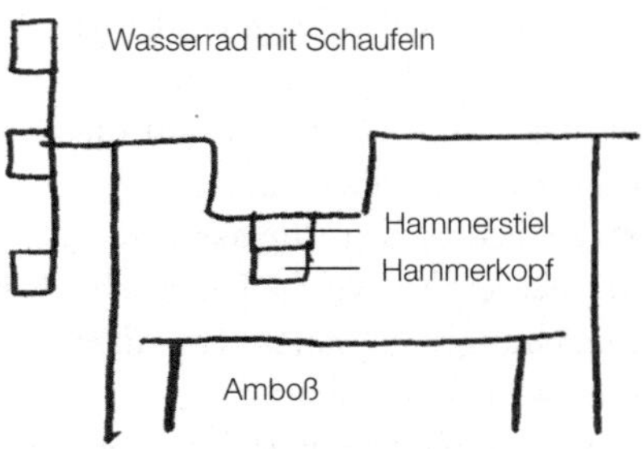

Abb. 7: Das Hammerwerk mit Wasserrad und Schaufeln, Kurbelwelle, Amboss, Hammerkopf und Hammerstiel von vorn gesehen (Möller 1991, 339).

Aebli (2003) spricht von einer schrittweisen Verinnerlichung äußerer Handlungen in innerlich Vorgestelltes und Versprachlichtes, wobei konkrete, räumlich-zeitlich vorgestellte Operationen zunächst in bildliche Vorstellungen und danach in sprachliche Symbolsysteme überführt werden.
Ist so das Wesentliche der Problemlösung herausgearbeitet, sollte die entwickelte Vorstellung in einem nächsten Schritt auf ähnliche Problemstellungen übertragen werden. Erarbeiten die Kinder z.B. zunächst an der Kragbogenbrücke das

Prinzip des Gegengewichts, um einen Hebel stabil zu machen, so lässt sich dieses Verständnis auf weitere technische Artefakte wie Kräne, Wippen und Waagen übertragen. Oder: Nachdem die Kinder erarbeitet haben, dass Profile, wie eine Zickzack- oder U-Verformung eine Balkenbrücke stabiler machen, entdecken sie dieses Stabilitätsprinzip in vielen technischen Artefakten wieder, z.B. bei Tisch- und Stuhlbeinen, Fensterrahmen, Wellpappen, Dachbedeckungen, Palmblättern oder menschlichen Knochen. Erst wenn die Lernenden das erarbeitete technische Prinzip in verschiedensten Zusammenhängen wiedererkennen, können sie ihre Vorstellungen festigen.
Die Lehrperson kann Dokumentationen des Erlernten und die Bearbeitung von Transferaufgaben auch nutzen, um Lernstände und Veränderungen in den Vorstellungen der Lernenden zu erfassen. Außerdem bieten sie Anlass, die zurückgelegten Lernwege zu reflektieren.

4 Forschungsanregungen

Forschungsergebnisse zum Lernen und Lehren von technikbezogenen Themen sind noch ausgesprochen rar – bisher liegen vor allem Untersuchungen zum naturwissenschaftlichen Lernen vor. Erforderlich wäre die Erforschung folgender Fragestellungen:

- Welche Vorstellungen haben Grundschulkinder zur Funktionsweise technischer Artefakte, die ihnen im Alltag begegnen?
- Welche Rolle spielen das (Probe-)Handeln und die zeichnerische Darstellung bei der Repräsentation von Vorstellungen?
- Welche Vorstellungen zu technischen Artefakten können bereits Grundschulkinder angemessen weiterentwickeln? Welche Unterrichtsthemen eignen sich dafür?
- Wie müssen Lernumgebungen gestaltet sein, damit Grundschulkinder ihre Vorstellungen weiterentwickeln können?
- Wie kann die Lehrperson die Weiterentwicklung der Vorstellungen unterstützen?
- Gibt es Unterschiede zwischen Mädchen und Jungen bzgl. vorhandener Vorstellungen und dem Vermögen, adäquatere Vorstellungen auszubilden?
- Wie können Grundschulkinder die aufgebauten Vorstellungen auf ähnliche Situationen übertragen? Wie müssen die Lernenden dabei unterstützt werden? Wo gibt es Grenzen?
- Verändern sich vorhandene Vorstellungen zur eigenen technischen Kompetenz durch den Unterricht?

Methodisch eignen sich zur Erfassung von Vorstellungen und deren Weiterentwicklung insbesondere Videoaufnahmen, die sowohl Sprache, Zeichnungen als auch Gesten festhalten.

Literatur

Aebli, H. (2003): 12 Grundformen des Lehrens. Stuttgart: Klett Cotta Verlag.

Beinbrech, C. & Püttmann, U. (2002): Ohne Getriebe läuft nichts. In: Grundschulunterricht Sonderheft Technisches Lernen/Werken, 4, 7-9.

Bertelmann, H.; Nachtigäller, I.; Flesch, M. & Möller, K. (2017): Wie funktioniert ein Fahrradgetriebe? In: Grundschulunterricht Sachunterricht – Technische Phänomene, 64, 8-12.

Biester, W. (1991): Denken über Natur und Technik. Zum Sachunterricht in der Grundschule. Bad Heilbrunn: Klinkhardt.

Duncker, K. (1935): Zur Psychologie des produktiven Denkens. Berlin: Springer.

Feest, J.; Gans, U. & Heyroth, I. (1993): Phänomene aus Natur und Technik – Erklärungen von Kindern im Alter von 5 bis 11 Jahren. In: Berichte des Instituts für Didaktik der Biologie der Westfälischen Wilhelms-Universität Münster, 2, 49-61.

GDSU, Gimini, G. (o.J.): Velocipedia. Verfügbar unter: https://www.behance.net/gallery/35437979/Velocipedia [17.04.2018].

Heran-Dörr, E. (2011): Von Schülervorstellungen zu anschlussfähigem Wissen im Sachunterricht. In: Handreichungen des Programms SINUS an Grundschulen. Kiel: IPN Leibniz-Institut für die Pädagogik der Naturwissenschaften und Mathematik an der Universität Kiel. Verfügbar unter: http://www.ssg-bildung.ub.uni-erlangen.de/Von_Schuelervorstellungen_zu_anschlussfaehigem.pdf [18.04.2018].

ITEA, International Technology Education Association (2000): Standards for Technology Education. Content for the Study of Technology. Executive Summary. Reston, Virginia: International Technology Education Association.

Kircher, E. & Rohrer, H. (1993): Schülervorstellungen zum Magnetismus in der Primarstufe. In: Sachunterricht und Mathematik in der Primarstufe, 21(8), 336-342.

Klafki, W. (1991): Neue Studien zur Bildungstheorie und Didaktik. Weinheim: Belz.

Möller, K. (2016a): Frühe technische Bildung. In: Stuber, T. (Hrsg.): Technik und Design. Bern: Hep-Verlag, 212-22.

Möller, K. (2016b): Lernen ermöglichen. In: Stuber, T. (Hrsg.): Technik und Design. Bern: Hep-Verlag, 202-211.

Möller, K. (2000): Kinder auf dem Wege zum Verstehen von Technik. Zur Förderung technikbezogenen Denkens im Sachunterricht. In: Hinrichs, W. & Bauer, H.F. (Hrsg.): Zur Konzeption des Sachunterrichts. Donauwörth: Auer, 328-348.

Möller, K. (1998): Kinder und Technik. In: Brügelmann, H. (Hrsg.): Kinder lernen anders. Vor der Schule – in der Schule. Lengwil: Libelle, 89-106.

Möller, K. (1991): Handeln, Denken und Verstehen. Untersuchungen zum naturwissenschaftlich-technischen Sachunterricht in der Grundschule. Essen: Westarp.

Möller, K.; Bohrmann, M.; Hirschmann, A.; Wilke, T. & Wyssen, H.-P. (2013): Spiralcurriculum Magnetismus: Naturwissenschaftlich arbeiten und denken lernen. Primarbereich. 1. Aufl. Seelze: Friedrich Verlag.

Möller, K.; Lemmen, K. & Zolg, M. (2008): Die KiNT-Boxen – Kinder lernen Naturwissenschaft und Technik. Klassenkisten für den Sachunterricht. Paket 4: Brücken – und was sie stabil macht. Essen: Spectra Verlag.

Ropohl, G. (2009): Allgemeine Technologie. Eine Systemtheorie der Technik. 3. Aufl. München: KIT Scientific Publishing.

Schlagenhauf, W. (2016): Technik und technische Bildung. In: Stuber, T. (Hrsg.): Technik und Design. Bern: Hep-Verlag, 26-37.

VDI, Verein Deutscher Ingenieure (Hrsg.) (1997): Technikbewertung- Begriffe und Grundlagen. Erläuterungen und Hinweise zur VDI-Richtlinie 3780. VDI-Report 15. Düsseldorf: Verein Deutscher Ingenieure.

Wiesner, H. (1995): Untersuchungen zu Lernschwierigkeiten von Grundschülern in der Elektrizitätslehre. In: Sachunterricht und Mathematik in der Primarstufe, 22, 50-58.

Zolg, M. (2002): Das Fahrrad – ein integratives Thema für den Sachunterricht. In: Grundschulunterricht, 2, 1-16.

Zolg, M. (2001): Vorstellungen zur Alltagstechnik. Haushalt als Erfahrungsfeld für Technik. Theorien und Gedanken von Kindern zum Aufbau und zur Funktionsweise des Staubsaugers. In: Grundschulunterricht, 2, 19-24.

Anne-Marie Gafner Knopf und Meike Wulfmeyer

Schülerinnen- und Schülervorstellungen zu Wirtschaft, Arbeit, Produktion und Konsum

1 Einleitung

Der vorliegende Beitrag befasst sich mit dem ökonomischen Lernen und Lehren innerhalb der sozialwissenschaftlichen Perspektive des Sachunterrichts bzw. NMG Unterrichts.[1] Neben einer Skizzierung fachlicher Bezüge ökonomischer Bildung innerhalb des Sachunterrichts werden Vorstellungen von Schülerinnen und Schülern zu ökonomischen Sachverhalten beschrieben sowie didaktische Anforderungen einer ökonomischen Allgemeinbildung formuliert.

2 Zur Bedeutsamkeit ökonomischer Bildung

2.1 Ökonomische Bildung im Rahmen des Sachunterrichts

Es ist bekannt, dass Kinder Vorstellungen zu ökonomischen Prinzipien haben, die auf Alltagserfahrungen mit den Themen Tausch, Markt, Eigentum, Schulden und in Teilen auch mit Produktion (bspw. monetärer Strom und Güterstrom) basieren (Berti & Bombi 1988; Feldmann 1987; Wulfmeyer 2005). An diese Alltagsvorstellungen knüpft der Sachunterricht der Primarstufe[2] an, der sich mit den Grundfragen des menschlichen Zusammenlebens auseinandersetzt.
Wirtschaftliches Denken und Handeln manifestiert sich nach Hedtke (2014, 89) in vielfältigen Formen, Situationen und Praktiken. Neben privaten wirtschaftlichen Handlungen sind organisierte wirtschaftliche Formen in Unternehmen, Dienstleistungsbetrieben, auf Märkten, in virtuellen Netzwerken oder in Arbeitsbeziehungen zu finden. In der Praxis führt dies zu einer Vielfalt divergierender ökonomischer Konzepte, die sich in unterschiedlichen Bildungsansätzen wiederfinden (ebd., 111). Seit einigen Jahren wird in der wirtschaftsdidaktischen Community ein Diskurs über konzeptionelle Fragen und inhaltliche Impulse einer ökonomischen Allgemeinbildung geführt (Fischer & Zurstrassen 2015, 7). Unbestritten ist mittlerweile die Tat-

1 Der Einfachheit halber wird in diesem Beitrag der Begriff „Sachunterricht“ verwendet, der die Schweizer Bezeichnung für den Fachbereich Natur, Mensch, Gesellschaft inkludiert.

2 Anstelle des in Deutschland verwendeten Begriffs der Grundschulstufe wird im Artikel der Begriff „Primarstufe“ verwendet, der sowohl in Deutschland als auch der Schweiz verwendet wird.

sache, dass ökonomische Fragen die gesamte Lebenswelt (Biosphäre) betreffen und ein rein rationales *ökonomisches Verständnis im Sinne einer deduktiven Auslegung von volks- oder betriebswirtschaftlichen* Kategorien und Modellen im schulischen Kontext nicht mehr zeitgemäß ist. Köhnlein (2012, 383) sieht die Bedeutung des Ökonomischen nicht nur in Gesichtspunkten der Nützlichkeit oder der Vorbereitung auf ein mündiges existenzsicherndes Handeln, sondern zugleich auch als erste Einführung in einen komplexen Bereich menschlicher Konstrukte, die in ihren Zusammenhängen nicht unmittelbar erfahrbar sind, aber Menschen in ihren Auswirkungen gravierend betreffen. Wirtschaftliche Prozesse sind eng mit gesellschaftlichen sowie staatlichen Interessen verknüpft und gleichzeitig nicht oder nur beschränkt individuell steuerbar. Daher benötigen Lernende als Bürgerinnen und Bürger in demokratischen Gesellschaften wirtschaftliche Kompetenzen, auch um alternative Entscheidungs- und Handlungsmöglichkeiten verstehen und ergreifen zu können.

Der Sachunterricht nennt als zentrale didaktische Prinzipien den Lebensweltbezug, die Bedeutsamkeit und Zugänglichkeit des Sachbezugs, die Exemplarität sowie die Propädeutik, d.h. die fachliche Vorbereitung und Anschlussfähigkeit mit Blick auf weiterführende Unterrichtsfächer in der Sekundarstufe. Lernende der Primarstufe sind in ihrer Lebenswelt in vielerlei Hinsicht in ökonomische Aktivitäten eingebunden. Sie haben Wünsche und Bedürfnisse und wissen aus Erfahrung, dass nicht alle Wünsche erfüllt werden können. Sie tauschen Spielsachen, Süßigkeiten sowie Kleider und erkennen, dass der subjektive Wert von Sachen nicht einem objektiven Tauschwert entspricht. Kinder verfügen über Taschengeld, studieren Warenangebote und Preise und sind in ihren Herkunftsfamilien von ökonomischen Entscheidungen und Zwängen direkt betroffen. Nicht immer führen diese Auseinandersetzungen mit Sachen und Situationen der eigenen Lebenswelt zu fachlich belastbaren Konzepten. Sachunterricht, der auf das Erschließen und Verstehen von ökonomischen Sachverhalten setzt, knüpft an diesen lebensweltlichen Situationen an. Er wird versuchen, die zu Grunde liegenden ökonomischen Konzepte zu erhellen und dabei strukturelle Zusammenhänge und Widersprüchlichkeiten für Lernende greifbar zu machen.

Der Perspektivrahmen der Gesellschaft für Didaktik des Sachunterrichts (GDSU) definiert verschiedene Perspektiven des Sachunterrichts, die Schülerinnen und Schüler darin unterstützen, „ihre natürliche, soziale und technisch gestaltete Umwelt bildungswirksam zu erschließen und dabei auch Grundlagen für den Fachunterricht an weiterführenden Schulen zu legen“ (GDSU 2013, 9). Schülerinnen und Schüler der Primarstufe sollen demzufolge auch beim Erschließen ökonomischer Sachverhalte im Sachunterricht lernen, sich kulturell bedeutsames Wissen anzueignen und dieses kritisch zu reflektieren, um dadurch Problemlösefähigkeit zu erlangen und kreative Ideen zu entwickeln. Es geht um die Entwicklung von Kompetenzen im deklarativen, prozeduralen und metakognitiven Bereich, die das Verstehen der Schülerinnen und Schüler fördern sollen. Das Unterrichtsfach Sachunterricht begreift sich folglich nicht nur als Fachdidaktik, sondern auch als Lernbereichsdidaktik, die sich interdisziplinär sowohl an Fachdidaktiken (und damit an Fachwissenschaften), als auch an der Lebenswelt der Lernenden orientiert und komplexe Probleme und Fragestellungen des Lebens aufgreift. Der Sachunterricht bietet Kindern in der Primarstufe einen Erfahrungsraum zum Erschließen der Welt. „Wirtschaft" ist ein öffentlicher Bereich, der im Leben aller Menschen, also auch der Kinder, eine große Rolle spielt. Darüber hinaus ist „Wirtschaft" ein Kulturbereich (Abraham 1966), in dem Kinder sich bewegen.

2.2 Verankerung ökonomischer Bildung in Lehrplänen

Ökonomisches Lernen ist im Perspektivrahmen der GDSU als ein Teil von Politik, Wirtschaft und Sozialem in die sozialwissenschaftliche Perspektive eingebettet. In den Bildungsplänen und Kerncurricula deutscher Bundesländer finden sich unterschiedlichste Verortungen wirtschaftlicher Inhalte, deren Gewichtung von Bundesland zu Bundesland unterschiedlich ist. Dies wird bereits bei einem Blick in die Lehrpläne der norddeutschen Bundesländer Bremen, Niedersachsen und Hamburg deutlich. Im Bildungsplan des Bundeslandes Bremen (Der Senator für Bildung und Wissenschaft 2007) gibt es für den Bereich des ökonomischen Lernens das eigene Lernfeld *Arbeit, Wirtschaft und Konsum*, in dem es vorrangig um gesellschaftsbezogene Probleme sowie um ökonomische Aspekte kindlicher Lebenswelten geht. In Niedersachsens Kerncurriculum (Niedersächsisches Kultusministerium 2006) sind ökonomische Inhalte im Rahmen der Kompetenzen im Bereich *Gesellschaft und Politik* formuliert (vgl. ebd. 19f.), im Hamburger Bildungsplan für das Fach Sachunterricht (Freie und Hansestadt Hamburg, Behörde für Schule und Berufsbildung 2011) ist ökonomisches Lernen in das Kapitel Leben in Gemeinschaften des Kompetenzbereichs *Orientierung in unserer Welt* eingeordnet. Als Ziel wird formuliert, dass Kinder einfache wirtschaftliche Zusammenhänge erkennen können (ebd., 20). Deutlich wird in allen drei Lehrplänen, dass es häufig eine Beschränkung auf Verbraucher- und Konsumentenerziehung gibt (Richter 2005).

Im Schweizer Lehrplan 21 (D-EDK 2016) bildet die Perspektive *„Wirtschaft, Arbeit, Haushalt"* eine der vier inhaltlichen Perspektiven des Sachunterrichts, die auf der Vorschul- und Primarstufe weitgehend in enger Verzahnung mit den drei anderen Fachperspektiven erschlossen wird und auf der Sekundarstufe 1 einen eigenen Fachbereich bildet. Als Anforderung gilt, dass die Schülerinnen und Schüler Kompetenzen zur Gestaltung der Lebenswelt und zur beruflichen und gesellschaftlichen Orientierung entwickeln. Dazu gehört die Auseinandersetzung mit ökonomischen Fragen der Existenzsicherung, des Konsums, der Produktion und Verteilung von Gütern sowie des unternehmerischen Handelns in Betrieben. Ferner sollen die Schülerinnen und Schüler politische Rahmenbedingungen von Haushalten und Unternehmen sowie Entwicklungen in Arbeits- und Berufswelten erkunden, oder sich im Kontext überfachlicher Kompetenzen mit den Zielen

nachhaltiger Einwicklung auseinandersetzen. Ausgehend von eigenen Erfahrungen und Vorwissen erschließen die Lernenden Sachverhalte mehrperspektivisch, denken über Werthaltungen und Zielkonflikte nach und begründen Handlungen zunehmend differenzierter und eigenständiger.
Beim Aufbau von ökonomischen Kompetenzen geht es zunächst darum, charakteristische Merkmale von wirtschaftlichen Phänomenen, Sachen und Situationen als solche wahrzunehmen und zu ermitteln. Darauf aufbauend setzen sich die Lernenden mit grundlegenden Konzepten auseinander und erkunden Zusammenhänge und Gestaltungsspielräume bei ökonomischen Entscheidungen. Beim eigenständigen, forschenden Erschließen der Inhalte helfen problemorientierte Zugänge, Projekte, Recherchen, Fallstudien, Rollenspiele, außerschulische Erkundungen, Zukunftswerkstätten und Zugänge über Modelle und Simulationen.

3 Zum Stand ökonomischer Vorstellungen von Kindern

Die Erforschung der ökonomischen Vorstellungen von Kindern hält seit mehr als 50 Jahren an. Diesbezüglich fallen Studien aus dem anglo-amerikanischen Raum auf. Beinahe alle frühen Untersuchungen gehen, in Anlehnung an Piagets Arbeiten in den 1940er Jahren, von einer strukturgenetischen Entwicklung von Erkenntnis aus (Piaget, 1973, 8; 135).
Stukturgenetische Ansätze wurden in der Wirtschaftsdidaktik aus verschiedenen Fachwissenschaften alimentiert (Soziologie, Entwicklungspsychologie, Ökonomie, Politikwissenschaft). Es können zwei Perioden früher ökonomischer Forschung unterschieden werden, die in theoretischer Anlehung an Piaget die Entwicklung von Vorstellungen untersuchten. Auf Grund der hohen Detailliertheit der Auswertungen und der vergleichsweise großen Stichproben soll stellvertretend auf einige dieser frühen Studien näher eingegangen werden.

3.1 Frühe Epochen der Erforschung ökonomischer Vorstellungen bei Lernenden

In einer ersten Forschungsperiode ab 1950 waren vermutlich die amerikanischen Soziologen Karl Schuessler und Anselm Strauß (1950) die ersten, die ökonomische Denk- und Argumentationsmuster bei Schülerinnen und Schüler erforschten. Ausgehend von einem Kaufmannsladen wurden Lernende im Alter von 4½ bis 11½ Jahren (n = 141) umfassend zu den Konzepten Münzwert, Kauf, Tausch, Arbeit, Lohn, Preis und Gewinn befragt. In einer ersten Auswertung legten die Autoren neun Entwicklungsstufen zur Erfassung von Geld vor. Sie gehen davon aus, dass Kinder in einer ersten Stufe zwar Geld von anderen Objekten unterscheiden, aber dieses nicht mit dem Kauf von Waren verbinden, sondern vielmehr spielerisch damit umgehen. Später lernen Kinder verschiedene Münzen zu unterscheiden und sehen ihre Funktion häufig darin, sie auszugeben. Die Autoren stellten fest, dass Kinder im Vorschulalter davon ausgehen, dass der Preis der Ware mit der exakten Münze bezahlt werden muß und Wechselgeld zum Ritual des Kaufvorgangs dazu gehört. Im Verlaufe des Kindergartens lernen viele Kinder den Wert von Münzen und ihre Funktion beim Tausch von Geld gegen Waren zu verstehen. Schuessler und Strauß (ebd.) dokumentierten ferner, dass Kinder zu einem späteren Zeitpunkt (8 bis 9 Jahre) den Kaufprozess vertieft verstehen, d.h. visuell nicht wahrnehmbare Informationen zu logischen Konzepten zusammenfügen können und bspw. bei der Preisberechnung von Produkten Argumente wie Lohn des Verkäufers oder Produktionskosten erwähnen. Während der zahlreichen Interviews stellten einzig zwei Schüler (11½ Jahre) Überlegungen an, die Aspekte zum Güterhandel oder Wertschöpfungsketten thematisierten.

Ab 1980 wurde die Untersuchung von Schuessler und Strauß in einer zweiten Forschungsperiode vielfach erweitert (Furth 1980; Tan & Stacey 1981; Leiser 1983; Emler & Dickinson 1985; Berti & Bombi 1988). Dazu legt auch Claar (1996) eine Übersicht vor. Aus dieser Forschungsepoche sind die umfassenden Untersuchungen von Berti und Bombi (1988) hervorzuheben. In klinischen Interviews mit vergleichsweise großen Stichproben befragten sie Lernende im Alter von 6 bis 15 Jahren zu ihren ökonomischen Vorstellungen. Sie griffen dabei eine Vielzahl von ökonomischen Phänomenen und Situationen auf (Arbeit; Berufswahl; Produktion und Verteilung von Gütern; Geldkreislauf; Kauf bzw. Verkauf von Waren; Eigentum; Besitz von Sachen; Landwirtschaft). In den Resultaten zeigte sich bspw., dass Lernende im frühen Schulalter ökonomische Phänomene entsprechend ihrer Wahrnehmung oft als rituelles „Geben" und „Nehmen" verstehen, wobei ein möglichst äquivalenter, fairer Austausch erfolgen soll (vgl. Beispiel 1). Später konstruieren Lernende Regeln, wie der Tausch zwischen Ware und Geld erfolgen soll. Einfache Regeln eines nummerischen Tausches „eins gegen eins" erweitern sie zum Verständnis, dass Sachen unterschiedlich viel kosten und der Wert von Münzen nicht von der Größe, sondern vom Geldwert abhängt. In diesem Zusammenhang ergänzt Claar (1996, 19), dass manche Lernende ein striktes Korrespondenzkonzept anwenden, d.h. der bezahlte Betrag muß exakt dem Preis entsprechen, ansonsten kann die Sache nicht erworben werden. Bevor Lernende den Vorgang des Wechselgeldes verstehen, müssen sie das Konzept des Geldwertes erschlossen haben. Erst wenn sie über die arithmetischen Fähigkeiten verfügen, können sie verstehen, dass Wechselgeld die genaue Differenz zwischen dem bezahlten Betrag und dem Preis darstellt.

Beispiel 1: Cleide, Alter 6 Jahre:

Forscherin: Was hast du gemacht um das Comic zu kaufen? *Cleide (kursiv): Da war ein Mann er gab uns das Comic …* Wer uns, dir und wem? … *meinem Bruder und meiner Mutter.* Wer hat das Comic bezahlt? *Ich habe bezahlt.* Erinnerst du dich wie viel Geld du ihm gegen hast? *Eine Münze und eine Note (Lire).*

> Wer hat gesagt wie viel du bezahlen sollst? *Er hat das gesagt.* Wie weiß er wie viel das Comic kostet? *Weil… bevor er am Kiosk arbeitete ging er zur Schule und dort haben sie es ihm gesagt.* (zit. n. Berti & Bombi 1988, 116).

Eine noch fehlende Ablösung des Denkens der Lernenden von einem situativen Kontext beschrieb auch Leiser (1983, 301), der israelische Schülerinnen und Schüler zu ihren ökonomischen Vorstellungen befragte. Obwohl die Lernenden im Alter von 7 bis 10 Jahren den Prozess von „Kaufen und Verkaufen" verstanden, fiel es den meisten von ihnen schwer, *kausale wirtschaftliche Zusammenhänge* wie die Preisgestaltung zu erklären. Der Preis wurde entweder als charakteristisches Merkmal des Produkts gesehen oder als vom Verkäufer bzw. der Verkäuferin festgelegt. Einige Lernende waren zwar der Meinung, dass es verboten sei, irgendeinen Preis festzulegen, dennoch gingen sie davon aus, dass Verkäuferinnen und Verkäufer bestrebt sind, die Preise der Waren stetig zu erhöhen und auf diese Weise ihren eigenen Gewinn zu maximieren. Auf die Aufforderung zu begründen, warum Preise sinken können, wurde ausweichend oder gar nicht reagiert („keine Antwort" oder „wir haben einen neuen Minister, der will das vielleicht so"). Das bedeutet, dass die meisten Schülerinnen und Schüler keine Veranlassung sahen, ihr Konzept zu revidieren.
Furth (1980), Berti und Bombi (1988) sowie Goldstein und Oldham (1979) befragten die Lernenden zu ihren Vorstellungen zu Arbeit, Berufen und Rollenbildern von Arbeitnehmern und Arbeitgebern. Bei den fokussierten Befragungen von Berti und Bobi zeigten sich im frühen Schulalter häufig *artifizialistische oder finalistische Argumentationsmuster*. So beschrieben italienische Lernende im frühen Schulalter oft, dass einzig der Wille, einen Beruf ausüben zu wollen für die Berufswahl entscheidend ist und dass jemand schaut (Familie, Lehrer), dass sie diesen Beruf später auch wählen können. Sie verbanden die Ausübung von Berufsarbeit weder mit Leistung noch mit beruflichen Qualifikationen. Allerdings kann, wer fleißig arbeitet, zu Reichtum gelangen oder einen gut bezahlten Beruf ausüben. Vorstellungen zu Armut blieben unscharf und wurden im Kontext von Faulheit, Alter und Krankheit genannt. Berufliche Funktionen beschrieben die Lernenden der ersten Schuljahre oft *hierarchisch geordnet;* so verfügt beispielweise nach Vorstellung der Lernenden der „Chef" neben höherer Wissenskompetenz vor allem über ein hohes Maß an Entscheidungs- und Durchsetzungsmacht. Vorstellungen zu thematisch nahen Bereichen, bspw. zu Tätigkeiten in verschiedenen Berufen (Arzt, Lehrer, Unternehmer), wurden von Lernenden oft als unverbunden nebeneinander existierend betrachtet.
Goldstein und Oldham (ebd.) kamen in ihren offenen Interviews zu dem Schluss, dass amerikanische Schülerinnen und Schüler bereits im Alter von 10 bis 12 Jahren oft ausgesprochen realitische Vorstellungen zu Arbeit und Berufen haben, die teilweise auch auf eigenen Erfahrungen in Berufswelten beruhen (z.B. kleinere Hilfsarbeiten, Ferienjobs, Hausarbeiten). So gehen die Lernenden bspw. davon aus, dass das Erlernen eines Berufes nicht nur von der Berufsausbildung abhängt,

sondern auch der Kontakt zu Berufsleuten wichtig ist, die wissen, ob in einer Firma Arbeitsstellen frei sind und Berufsleute benötigt werden. Nach den Vorstellungen der Lernenden reicht es folglich nicht, einfach tüchtig zu sein, um eine Stelle zu erhalten (vgl. Beispiel 2).

> **Beispiel 2: Fabio, Alter 10 Jahre:**
> Forscherin: Kannst du mir erzählen, was du unter einem Beruf verstehst? *Fabio (kursiv): Das ist eine Arbeit, die ein Mann oder eine Frau macht, um Geld für die Familie zu verdienen, oder für sich selber damit er eine Wohnung hat oder die Steuern bezahlen kann.* Hm… das sind wichtige Gründe, und sonst … *Ja man muss halt verdienen auch wegen der Kinder und so.* Kennst du einige Berufe? *Schon…* (denkt nach) *z.B. Fussballer, Tennisspieler, Lehrer, Schreiner, Musiker, Komiker, Schiedsrichter, Ingenieur, Chauffeur.* Berufsarbeit wird bezahlt, welche Vorstellungen hast du dazu? *Ja… also mein Vater ist Lehrer, er gibt Sport bei den Studenten. Er verdient mehr als ein Taxichauffeur, aber weniger als ein Zahnarzt.* Ist es denn gerecht, dass es Berufe gibt in denen man mehr und andere – in denen man weniger verdient? *Ja (!), der Zahnarzt macht sehr teure Sachen und er muss immer neue Sachen machen, deshalb verdient er auch mehr als ein Chauffeur der immer mit demselben Lastwagen umherfährt. Auch ein Fussballer kann nicht für jedes Tricot mehr verlangen, er macht ja auf dem Platz auch nicht immer etwas Neues.* (Gafner 2007, eigene Erhebungen, nicht publiziert).

Emler und Dickinson (1985) ließen Kinder aus der Unter- und Mittelschicht aus Schottland, Frankreich und den Vereinigten Staaten die Einkommen aus der Berufsarbeit (Straßenarbeiter, Busfahrer, Lehrer und Arzt) schätzen und beurteilen. Die Ergebnisse unterschieden sich deutlich hinsichtlich der Schichtzugehörigkeit: Insgesamt schätzten Schülerinnen und Schüler der Unterschicht die Löhne realistischer ein, während Mittelschichtskinder von höheren Löhnen und größeren Unterschieden der Berufsgruppen ausgingen. In Bezug auf die Begründung der Lohnunterschiede zeigten sich keine signifikanten Unterschiede zwischen den Antworten der Kinder unterschiedlicher Schichten. Mehr Verantwortung, andere Arbeit und mehr Erfahrung wurden als Argumente für höhere Löhne genannt. Aspekte der Verteilgerechtigkeit oder Existenzsicherung wurden deutlich weniger genannt. Aufgrund der Milieueffekte empfehlen die Autoren, Einflüsse und Erfahrungen der Lebenswelt bei der Erhebung von ökonomischen Vorstellungen zu berücksichtigen. Für Deutschland fasst Feldman (1987) in einer Forschungsstudie die Ergebnisse verschiedener empirischer Untersuchungen zum ökonomischen Bewusstsein zusammen, das am Beispiel diverser Wirtschaftsaspekte wie Tausch oder Arbeitsmarkt erhoben wurde. Die Ergebnisse dieser Studien deuten auf kindliche Vorstellungen hin, die jedoch wenig umfangreich im Sinne eines fachwissenschaftlichen Verständnisses erscheinen. So beschreibt der Autor, dass bspw. Schülerinnen und Schüler der l. Klasse teilweise annehmen, dass der Einkaufsort auch der Ort der

Produktion der Ware ist. Viele Kinder der 1. und 2. Klasse denken in Kreisprozessen, die zum Teil parallel und unverbunden nebeneinander existieren. Bspw. verleiht die Bank „Geld an Menschen“ – und Menschen bringen der Bank wiederum das Geld zurück; eine andere Verwendung des Geldes z.B. im Interesse der Bank lehnen viele Kinder ab. Es hat sich gezeigt, dass Kinder in Untersuchungen zur Entwicklung ihres ökonomischen Denkens interessanterweise nicht beim Homo Oeconomicus ansetzten, sondern „ein reines Wirtschaftsmodell ohne Affekt, Motivation und Entscheidungsstruktur zu Grunde legen“ (Feldmann 1987, 20).
Die Ergebnisse des amerikanischen *Council on Economic Education* (Walstad & Rebeck 2001) bestätigen diese Erkenntnisse für die USA. Lüdecke und Szesny (1999) haben mit dem wirtschaftskundlichen Bildungs-Test von Beck-Krumm, analog zum Test of *Economic Literacy*, im Vergleich verschiedener Länder festgestellt, dass das Niveau wirtschaftskundlichen Wissens der deutschsprachigen Länder durchweg schlechter ist als das der anderen Länder (verglichen wurden die Länder USA, Großbritannien, Korea, Österreich, Schweiz und Deutschland). Sowohl die Deutschen als auch die Schweizer Probandinnen und Probanden lösten nur 45% aller Aufgaben korrekt, die Amerikanerinnen und Amerikaner 48%, die Koreanerinnen und Koreaner 52% und die Britinnen und Briten 64%. Als Barrieren des ökonomischen Lernens (*barriers to economic learning*) gelten nach Walstad (1994, 119ff.) u.a. die unzureichende Repräsentanz und Qualität wirtschaftsbezogener Passagen in Schulbüchern und anderen Unterrichtsmaterialien, die inhaltliche Unverbindlichkeit (d.h. das Fehlen eines Kerncurriculums), das geringe Interesse an ökonomischen Fragestellungen sowie die unzureichenden wirtschaftswissenschaftlichen Kenntnisse der Lehrkräfte. Diese Barrieren resultieren sowohl in der Forderung nach einer curricularen Verankerung ökonomischer Bildung auf der Primarstufe als auch in der Lehrerinnen- und Lehrerbildung.

3.2 Neuere Studien zu „Conceptual Change“-Forschungen im Bereich des ökonomischen Lernens

Neuere Forschungsansätze (bspw. Gläser 2015) haben einen veränderten Blick auf die Kindheit. Aufgrund von empirischen Belegen wird davon ausgegangen, dass der Ansatz von Piaget (1973) mindestens in zweierlei Hinsicht korrigiert werden muß (vgl. Hardy und Meschede in diesem Band). Piaget unterschätzte die Fähigkeiten von Kindern im frühen Schulalter und überschätzte gleichzeitig ihre Kompetenzen im adoleszenten Alter. Betrachtet man die gegenwärtige Situation im ökonomischen Lernen wird die Entwicklung von Denkstrukturen bei Lernenden nicht länger als defizitärer und zeitlich begrenzter Entwicklungsprozess verstanden. Schülerinnen und Schüler besitzen auch zu ökonomischen Phänomenen vielfältige heterogene Vorstellungen, die nicht linear zu einem bestimmten Lebensalter aufgebaut werden, sondern als „conceptual change“ bzw. „conceptual growth“ Prozesse angelegt sind.

Gläser (2002, 22) sieht die Vorstellungen der Lernenden als vorläufige, aber ernstzunehmende Theorien der Weltbewältigung, die stark von ihrem Vorwissen, ihren Erfahrungen, Einstellungen und Interessen geprägt sind. Sie setzte sich in ihrer qualitativen Studie mit der Rekonstruktion der Alltagstheorien von Kindern zu Arbeitswelten bzw. Arbeitslosigkeit auseinander. Als zentrales Ergebnis sieht die Autorin die enge fachliche Verknüpfung der Vorstellungen der Lernenden mit ihrer Lebenswirklichkeit. Diese zeigten sich altersunabhängig bspw. in differenzierten Vorstellungen zu Arbeitswelten bzw. Arbeitslosigkeit, die direkt auf familiäre Erfahrungen zurückgehen. Aussagen zu Berufen wurden an konkret erlebten Phänomenen festgemacht, so sprachen bspw. jüngere Kinder davon, dass sie „arbeiten müssen", während ältere Kinder das Verhältnis zwischen Arbeitsleistung und der Freude über erreichte Ziele wahrnahmen. Reichtum begründeten die Lernenden mit einem guten Schulabschluss, während Armut mit fehlender Qualifikation, schlechtbezahlten Arbeiten oder Arbeitslosigkeit verbunden wurde.

Schülervorstellungen stellen auch für Weber (2003) den Ausgangspunkt für die Herleitung und Begründung eines wissenschaftsorientierten Curriculums dar. Sie führt an, dass Kinder ein harmonisches Bild von Gesellschaft und Wirtschaft konstruieren und Zielkonflikte, die den eigenen Interessen entgegenlaufen, nicht erkennen. Ökonomische Bildung und fachdidaktische Konzeptionen, die den Lernenden isoliert stehende ökonomische Denkansätze zumuten, ohne die komplexen Herausforderungen einer ökonomisch geprägten Lebenswelt für Konsumenten, Erwerbstätige und Wirtschaftsbürger zu berücksichtigen, schließt nicht an eine aktuelle kompetenzorientierte Bildung an. Sie setzt sich daher für eine Umorientierung ökonomischer Bildung in eine sozioökonomische Allgemeinbildung ein. Lernende sollen die Schnittstellen und Gefährdungen bei der Bewältigung praktischer Lebenssituationen (Konsum, Arbeitswelten, Wirtschaftsbürger) berücksichtigen und den Prozess als kreativ gestaltbar, kritisierbar, wert- und verantwortungsorientiert erfahren. Die Integration von bedeutenden Fragen wie Ungleichgewichte in Gesellschaften, Humantität, Nachhaltigkeit oder Teilhabe und Gerechtigkeit sind Kernfragen einer sozioökonomischen Bildung, die bereits auf der Primarstufe ernsthaft aufgegriffen werden können.

Baumgardt (2012) untersuchte in ihrer Studie unter anderem, wie Lernende die Entstehung ihres Wunschberufes erklären, welche Vorstellungen und Erwartungen die Kinder mit ihrem Berufswunsch verbinden und inwieweit sie sich für die Erreichung ihrer Berufsziele geeignet fühlen. Dazu führte sie eine quantitative Dokumentenanalyse (n = 436) sowie zur Validierung der Ergebnisse problemorientierte Interviews mit Kindern im Alter von 10 bis 11 Jahren durch. Die Ergebnisse verdeutlichen, dass in den Vorstellungen der Lernenden der Primarstufe der *„Traumberuf"* ein zentrales Konzept darstellt. Schülerinnen und Schüler der Primarstufe gehen von einer überschaubaren Anzahl von Traumberufen aus. Traumberufe für Knaben sind bspw. Fussballspieler, Polizist, Ingenieur, Landwirt, (Tier-)

Forscher, Erfinder, Weltraumberufe, Arzt, Musiker, Rennfahrer und Lehrer. Im Vergleich dazu sehen sich Mädchen eher in gut qualifizierten Traumberufen wie Tierärztin, Ärztin, Sängerin, Lehrerin, Kunstmalerin, Polizistin, Tierforscherin, Reitlehrerin, Schauspielerin, Friseurin. Kaum erwähnt werden Berufe wie Stewardess, Verkäuferin oder Berufe der Krankenpflege, die in der Flensburger Berufsstudie von 1990 noch häufiger genannt wurden. Der Vergleich verschiedener Studien zeigt, dass sich die Liste der Traumberufe im Zeitverlauf (1990-2009) interessanterweise nur wenig verändert. Die Schülerinnen und Schüler haben teilweise bereits ein beträchtliches Wissen zu den Tätigkeiten ihres Traumberufes und wünschen sich, diesen Beruf solange er Spaß macht ausüben zu können. Trotzdem gehen die meisten Schülerinnen und Schüler nicht mehr von einem einzigen „Lebensberuf" aus, d.h. sie schließen einen Berufswechsel durchaus in ihre Überlegungen ein. Die Entwicklung der Vorstellungen vom Traumberuf zu einer Berufswahl beschreibt die Autorin als Kette von Übergängen, in denen die Vorstellungen realistischer mit eigenen Fähigkeiten und Begabungen verbunden werden. Die Lernenden haben die Vorstellung, den Beruf individuell wählen zu können, allerdings verfolgen Mädchen und Knaben unterschiedliche Traumberufe. Die Autorin vermutet, dass jeder Beruf in den Augen der Kinder möglicherweise männlich oder weiblich konnotiert ist. Traumberufe oder gegebenenfalls auch die spätere Berufswahl werden so zum *„Doing-Gender"*. Die Untersuchung zeigte ferner, dass Mädchen im Gegensatz zu Knaben von geschlechtsuntypischen Berufen träumen (bspw. Kaminfegerin oder Feuerwehrfrau). Auch verbinden sich die Berufswünsche der Mädchen stärker mit akademischer Bildung. Sie sehen den Beruf eher im Sinne einer Berufung, die mit der Erfüllung einer qualifizierten Aufgabe verbunden wird, weshalb die Entlohnung und das Prestige eher zweitrangig gesehen werden. Knaben dagegen gehen häufiger davon aus, dass der Beruf zur Finanzierung des Lebensunterhaltes dient und Spaß machen soll.
Arndt und Kopp (2015) untersuchen in einer dreiteiligen Studie ökonomische Präkonzepte von Primarschulkindern in den Bereichen Konsum, Arbeit, Unternehmen und Staat sowie wirtschaftliche Rahmenbedingungen. Betrachtet man den neuen lerntheoretischen Zugang der Studie, scheinen erste Ergebnisse aus dem laufenden Projekt zum Thema „Geld und Kaufen" die Argumentation der frühen Untersuchungen nicht grundsätzlich in Frage zu stellen. Viele Kinder der 1. und 2. Klasse erfassen bspw. beim Bezahlvorgang vorwiegend die Oberflächenstruktur (Reusser 1999, 11), das dahinterliegende Konzept des Wechselgeldes wird vorerst nicht erschlossen. Mit Vorsicht zu interpretieren sind auch erste Ergebnisse zur Preisbestimmung (Arndt & Kopp 2016, 207). So sehen jüngere Kinder zwischen der Größe der Güter und ihrem Preis einen Zusammenhang; allerdings beschreiben sie auch, dass Güter viel kosten, weil es teuer ist, diese herzustellen.
Birke und Seeber (2011, 58) untersuchen den Aspekt der Heterogenität bei ökonomischen Konzepten und beschreiben *kulturelle Unterschiede beim Erwerb von*

ökonomischem Wissen. Internationale Vergleichsstudien zeigen bspw., dass Kinder aus Simbabwe das Konzept des Gewinns schneller verstehen als britische Kinder, was auf ihre Alltagserfahrungen mit dem Handel von Gütern zurückgeführt wird. Auch zeigen sie, dass unter anderem der sozioökonomische Status, in dem Kinder aufwachsen, zu unterschiedlichen ökonomischen Begriffen und Konzepten führt. Mit Blick auf die ökonomischen Vorstellungen vermuten Birke und Seeber neben sozioökonomischen Unterschieden einen noch wenig untersuchten „*Gender-Gap*": So zeigen Probandinnen bei der Testung von Economic Literacy (TEL) und im deutschen Pendant des wirtschaftskundlichen Bildungs-Tests deutlich schlechtere Ergebnisse als Probanden.
Welche Begriffe und Konzepte Kinder verstehen können, wird in Abhängigkeit von dem erworbenen bereichsspezifischen Wissen verstanden. Pache (2012, 451) seinerseits beschreibt bei seiner Befragung zu Nachhaltiger Entwicklung, dass es vier Gruppen von Schülervorstellungen gibt:

> „Die *Optimisten,* die denken, dass die Welt besser wird und Wissenschaftlerinnen und Wissenschaftler die gesellschaftlichen Probleme der Zukunft lösen (z.B. Elektroautos, Bioflugzeuge) (vgl. Beispiel 3), die kleinere Gruppe der *Pessimisten,* die glauben, dass der Mensch nicht fähig sei, die anstehenden Probleme zu lösen (z.B. Klimawandel, Sicherung der Welternährung,), die *Idealisten,* die die Erde neu gestalten wollen sowie die *Nostalgiker,* die in die vorindustrielle oder gar prähistorische Zeit zurückkehren möchten" (Pache ebd.).

> **Beispiel 3 Philippe 13 Jahre:**
> *Philippe (kursiv): …ich habe eine andere Idee, aber nicht für die Politikerinnen und Politiker: dass die Läden die Preise für importierte Waren erhöhen.* Forscher: Mmh, mmh… *Sie verbilligten die Preise der Produkte von hier.* Mmh, mmh *Und so würde man mehr Produkte von hier kaufen.* Und dann … *Ohne … Australien zu belästigen.* Einverstanden, das könnte man machen, aber dann die Landwirte und Bauern äh … kommen mit ihren Spruchbändern und machen einen Streik, weil sie dann nicht mehr leben können, sie hätten nicht mehr genug Geld. *Man lässt die Produkte da, und dann verteuert man das aus Australien, die importierten Produkte.* Ok, also das kann man mit Einfuhrzöllen machen, das können Politiker machen, hm…, indem sie höhere Zölle verlangen, werden die Produkte effektiv teurer. *Und dann, weil niemand mehr kauft, Australien… oder die importierten Pro… die, die expo…, die exportierten, also wenn der sieht, dass er … dass er keinen Gewinn macht beim Impo… beim Exportieren, dann verkauft er nicht mehr.* (zit. n. Pache 2012, 448).

3.3 Folgerungen

Die Auseinandersetzung mit der bereichsspezifischen Forschungsliteratur zeigt, dass die ökonomischen Vorstellungen der Lernenden ausgehend von familären Erfahrungen sozial vorgeformt und für sie sinnhaft in einem Kontext eingebettet sind.

Einflüsse und Erfahrungen der Lebenswelt fließen bei der Erhebung von Schülervorstellungen mit ein. Weil sie die Ergebnisse einer ökonomischen Bildung mitbeeinflussen können (bspw. Geld, Arbeit, Konsum) besteht die Forderung, verzehrende Effekte angemessen zu berücksichtigen.
Die Forschungsergebnisse zeigen u.a., dass Vorstellungen zum Tauschprozess von Geld mit dem Zahlenverständnis der Lernenden einhergehen und Lernende oft ein wenig realistisches Bild von Geld und anderen knappen Ressourcen der Lebensgestaltung beschreiben. Die meisten jüngeren Lernenden sehen die Funktion von Geld darin, es auszugegeben. Ihre Lebenswelt sehen viele Lernenden als gegeben und äußern Kritik zurückhaltend und bringen kaum Ideen für eine aktive Gestaltung ihrer Lebenssituation ein (Konsum, Schule, Arbeitswelten). Dies steht im Widerspruch zu einer aktiven Bewältigung ökonomiebezogener Lebensaufgaben, wie sie im Sachunterricht verstanden werden.
Bereits einfache wirtschaftliche Tätigkeiten lassen sich nicht nur auf der Ebene der Handlungsstruktur erschließen. Wie vorgängig am Beispiel von Geld geschildert, stellt die Ablösung des *Denkens von wahrnehmbaren Sachen und Situationen* für Lernende der Primarstufe eine besondere Herausforderung dar. Ökonomische Konzepte können oft nicht isoliert verstanden werden, eine Reduktion der Komplexität führt nicht immer zu sinnvoll übertragbaren Konzeptionen. So kann bspw. eine einseitige Betrachtung des Konsums wichtige Faktoren außer acht lassen und zu fachlich wenig belastbaren Konzepten führen. Köhnlein (2012, 384) schlägt als Lösung vor, für Lernende fassbare Inhalte aufzugreifen und gleichzeitig als Lehrperson die übergreifenden Strukturen mitzudenken, damit keine falschen Bilder und Vorstellungen vermittelt werden und fremd bleibt, was außerhalb des eigenen Anschauungsbereichs liegt.
Die im Rahmen des Beitrags aufgezeigten Forschungsergebnisse geben einen kleinen Einblick in eine überschaubare Anzahl von Forschungsarbeiten zum ökonomischen Lernen. Auf Grund ihrer heterogenen Entstehungsgeschichte in unterschiedlichen kulturellen Räumen müssen sie zurückhaltend interpretiert werden. Dennoch können erste Schlussfolgerungen für den Sachunterricht gezogen werden die die Grundlage für die weitere Erforschung ökonomischer Schülervorstellungen sein können.

4 Didaktische Ansätze ökonomischer Bildung im Sachunterricht

4.1 Ansprüche an ökonomisches Lehren und Lernen

Ausgehend von Kapitel 3 stellt sich die Frage: Was müssen Lernende der Primarstufe konkret über Wirtschaft wissen und um welche Kompetenzen geht es? Müssen sie erläutern können, dass eine moderne Volkswirtschaft ein komplexes Gefüge von Betrieben und Haushalten ist, die einander brauchen und

erst in ihrer Vernetzung lebensfähig sind? Wie die Forschungsarbeiten zeigen, können sie einfache Wirtschaftskreisläufe durchaus verstehen und haben in ihren Alltagsvorstellungen Anknüpfungspunkte an die Ideen der sozialen Marktwirtschaft, fassen ihr Verständnis von einem Wirtschaftsraum teilweise weit, sodass der Begriff Globalisierung ebenfalls Anknüpfungspunkte bietet. Grundlegende Vorstellungen von Produktionsfaktoren der Arbeitswelt und von verschiedenen *Märkten* sind anschlussfähig an Vorstellungen von Lernenden der Primarstufe (vgl. Wulfmeyer 2005). Themen wie *eigene und fremde Bedürfnisse* oder *Gerechtigkeit* können diskutiert, Alternativen wie *Konsum oder Sparen*, Funktionen und wirtschaftliche Abläufe in Betrieben sowie ökonomische Prinzipien wie *Knappheit der Güter* oder *Angebot und Nachfrage* können kritisch betrachtet und an Beispielen illustriert werden.
Die Aneignung wirtschaftswissenschaftlicher Kompetenzen, besonders, wenn es um Wissensbestände geht, die im engeren Sinne ökonomisch, also volks- oder betriebswirtschaftlich begründet sind, steht hierbei oft nur dann im Fokus, wenn sie lebensweltorientiert begründet werden kann. Sieht man ökonomische Bildung als Bestandteil gesellschaftswissenschaftlichen Lernens an, müssten relevante Wissensbestände weit gefasst komplexe Lebensbereiche von Kindern umfassen und Bezüge zu Politikwissenschaft, Geschichte, Soziologie, Psychologie und nicht zuletzt Technik- und Rechtswissenschaften aufweisen. Im Sinne dieser Interdisziplinarität und Ganzheitlichkeit der Unterrichtsinhalte liegt die Chance für eine Förderung des Wirtschaftsverständnisses im Sachunterricht und seiner Möglichkeiten zu einer fächerübergreifenden Realisierung wirtschaftlicher Unterrichtsinhalte. Unterricht auf der Primarstufe ist nur dann anschlussfähig an die Alltags- und Lernerfahrungen der Schülerinnen und Schüler, wenn er sich auf die sich dynamisch verändernde Gesellschaft bezieht und zu selbstständiger Auseinandersetzung mit individuellen, betrieblichen und kollektiven ökonomischen Problemstellungen befähigt. Hierbei stehen auch Fragen einer zukünftigen wirtschaftlichen und gesellschaftlichen Entwicklung im Mittelpunkt (bspw. politische Rahmenbedingungen, Wohlstand, Wachstum einer Gesellschaft, ethische Fragen der Teilhabe).

4.2 Fachdidaktische Bezüge im Rahmen ökonomischer Bildung

Im Hinblick auf Fragen nach theoretischen Grundlagen verschiedener fachdidaktischer Ansätze basiert bspw. Krubers *kategorialer Ansatz ökonomischen Lernens* (2000/01) auf der ökonomischen Handlungstheorie und der Analyse komplexer Wirkungszusammenhänge. Gesucht wird nach wirtschaftswissenschaftlichen Kategorien, die als Grundlagen ökonomischen Denkens immer wieder neu zu erarbeiten sind, und auf diese Weise dem Individuum eine Orientierungsmöglichkeit in der komplexen Lebenswirklichkeit geben. Dies gelingt, indem sie ihm ermöglichen, im Besonderen das Allgemeine, das Typische zu erkennen. Auf diese Weise werden nach May (2007) Stoffkategorien zu Bildungskategorien:

> „Wirtschaften heißt Entscheiden. Als Verbraucher am Markt, bei der Berufswahl, angesichts von gesamtwirtschaftlichen Entwicklungen (Arbeitslosigkeit, Strukturwandel, Geldentwertung) und wirtschaftspolitischen Entscheidungen [...]" (Kruber 1995, 98).

Teilbereiche des Wirtschaftsunterrichts sind z.B. Arbeits- und Konsumökonomie sowie die Gesellschaftsökonomie. Kategorien beschreiben demnach Strukturmerkmale des Wirtschaftlichen, bilden Leitziele des Unterrichts, dienen als Denkinstrumente für die Erschließung der Realität und sind eher wirtschaftspolitisch als wirtschaftswissenschaftlich orientiert.

In der Diskussion um ökonomische Bildung lassen sich teils widersprüchliche Antworten auf die Frage nach dem theoretischen Kern bzw. der wissenschaftlichen Grundlage finden. Möglicherweise liegt das daran, dass sich die Diskussion weniger von der Suche nach einer inhaltlich geschärften Domäne (vgl. Gruber & Mandl 1996, 589ff.) als vielmehr konstruktivistisch geprägt von der Suche nach lebensweltlich viablen Kompetenzen auf eine von Klafki (1996) zurückgehende kategoriale Bildung stützt, die epochaltypische Schlüsselprobleme als Kern bildungstheoretischer Überlegungen definiert (bspw. die ökonomische Frage oder die Frage nach Ungleichheit). Der lebensweltorientierte, interdisziplinär angelegte ökonomische Ansatz steht stellenweise im Widerspruch zu einer Diskussion um Bildungsstandards und Kompetenzmodelle, deren Ziel es ist, das fachliche Lernen zu definieren und zu überprüfen.

Die Standardisierung von Bildungsprozessen geht auf die Kompetenz-Definition nach Weinert zurück (2001, 27f.). Davon ausgehend geht es in der ökonomischen Perspektive des Sachunterricht also um Problemlösefähigkeit in variablen Situationen, was wiederum Hedtkes Argumentation in den Vordergrund rückt, die besagt, dass politische Mündigkeit ökonomische Kernkompetenzen genauso voraussetzt wie ökonomische Mündigkeit politische Kernkompetenzen verlangt (Hedtke 2006). Auch Retzmann argumentiert in seinem Ansatz, dass die Leitfrage nach dem Zweck wirtschaftlichen Handelns stets politische und ethische Betrachtungen von wirtschaftlichen Problemen verlangt. Sein Modell bezog sich zwar zunächst auf berufsmoralische Bildung, entwickelte jedoch auch für allgemeinbildende Schulen und die Primarstufe wichtige Impulse (Retzmann 2016).

4.3 Bezüge zu Nachhaltiger Entwicklung

Im Hinblick bereichsspezifischer Problemstellungen und ethischer Überlegungen ist auch in fachdidaktischen Zusammenhängen das *Leitbild der Nachhaltigen Entwicklung* (WBGU, 2016) von großer Relevanz. Bei der Abwägung von Alternativen kommen neben Kenntnissen, Wissen und Erfahrungen auch Wertvorstellungen ins Spiel. Das als ethischer Imperativ bezeichnete Leitbild der Nachhaltigen Entwicklung verlangt im Sinne der Retinität (Vernetzung) bei ökonomischen Fragen stets eine Berücksichtigung ökologischer und sozio-kultureller bzw. gesellschaftlicher Implikationen. Nicht auf eine Dimension beschränkt, geht das Leitbild zudem von einer Verknüpfung lokaler Ereignisse mit globalen Bezügen aus und fragt nach globaler Gerechtigkeit sowie nach Gerechtigkeit zwischen den Generationen. Ökonomische Bildung positioniert sich deswegen nicht ausschließlich im Rahmen einer bewussten Konsum- resp. Konsumentenerziehung, die auf Aspekte der Arbeitswelt eingeht; ökonomische Bildung im Rahmen des Sachunterrichtes sollte vielmehr auch vor dem Hintergrund des Leitbildes Nachhaltige Entwicklung verstanden werden. Das Ziel besteht folglich darin, elementare Inhalte mit allgemeinbildender Relevanz zu finden, die im Hinblick auf einen spezifischen Bereich zur Erschließung der Welt beitragen und anhand derer exemplarisch Kenntnisse und Kompetenzen erworben werden können, die gleichzeitig vielfältige Transfermöglichkeiten offerieren. Über das Moment der Vermittlung und Veranschaulichung hinaus, steht folglich reflektiertes Handeln im Mittelpunkt des wirtschaftlichen Lernens im Sachunterricht. So fördert ökonomische Bildung in der Primarstufe im Rahmen von Bildung für Nachhaltige Entwicklung das Erkennen und Erproben von Partizipationsmöglichkeiten im Hinblick auf eine allgemeine sowie eine bereichsspezifische Gestaltungskompetenz.

5 Herausforderungen ökonomischen Lernens zwischen Wissenschaftsorientierung und Handlungsbezug

5.1 Entwicklung und Erweiterung ökonomischer Vorstellungen

Die wirtschaftliche „Wirklichkeit", wie fachwissenschaftliche Ansätze sie konstruieren, präsentiert sich in einer überwältigenden Komplexität und Dynamik. Aufgabe des Sachunterrichts der Primarstufe ist es, exemplarische Prinzipien und Zusammenhänge von „Wirtschaften" zu identifizieren und fachdidaktisch aufzubereiten. Die fachwissenschaftliche Analyse führt zu bestimmten Merkmalen und Prinzipien, die bei wirtschaftlichen Sachverhalten immer wieder auftreten. Interdisziplinär angelegtes ökonomisches Lernen geht von verschiedenen Bezugsdisziplinen aus (Ökonomie, Ökologie, Politikwissenschaft, Soziologie, Ethik, Technik), davon ausgehend ermitteln Fachdidaktikerinnen und Fachdidaktiker zentrale Kategorien und Bezüge als Grundlage ökonomischen Denkens und Handelns (vgl. Kruber 1995). Diese Kategorien geben dem Individuum eine Orientierungsmöglichkeit in der komplexen Lebenswirklichkeit, indem sie ihm ermöglichen, im Besonderen das Allgemeine, das Typische zu erkennen.

Mit Blick auf Lernprozesse besteht im Sachunterricht weitgehend Konsens, dass Lernen als aktive Erweiterung bzw. Veränderung von vorunterrichtlichen kognitiven Denkstrukturen verstanden wird (Kleickmann 2012, 7). Ziel ökonomischen Lernens besteht demnach darin, ausgehend von bereits vorhandenen ökonomischen Weltsichten der Lernenden *„Conceptual Change Prozesse"* zu initiieren, die elementare ökonomische Begriffe, Konzepte und Theorien weiterentwickeln bzw. neu ausrichten und auch ihre Grenzen beleuchten.

Vor dem Hintergrund bisheriger fachdidaktischer Forschungsergebnisse steht die Frage nach den Bedingungen und der Gestaltung von Lernmöglichkeiten im Zentrum des Interesses. Diesbezüglich zeigt sich, dass die im Unterricht eingesetzten Lernaufgaben die Lernmöglichkeiten der Schülerinnen und Schüler in hohem Masse beeinflussen (Adamina 2010, 118). Insbesondere Arbeiten aus der Mathematikdidaktik (bspw. Voss & Kunter 2011) betonen das Potenzial der kognitiven Aktivierung durch Lernaufgaben als wichtigen Faktor für guten Unterricht. Neubrand (2015, 52) spricht von der kognitiven Reichweite und meint damit, dass eigene Aufgabenlösungen mit dem Vorwissen zumindest erreichbar sein sollen. Ob die Lernmöglichkeiten von den Kindern ergriffen werden, sei dabei nochmals eine andere Frage (vgl. dazu die Ausführungen zur kognitiven Aktivierung und zum Scaffolding im Beitrag von Möller, S. 35ff.). Lehrpersonen wissen aus eigener Erfahrung, dass das Anknüpfen am Vorwissen der Lernenden nicht per se eine konstruktive kognitive Aktivierung bedeutet, beziehungsweise dass das Aufgreifen der Konzepte oft nicht gelingt. So sind Schülerinnen und Schüler eigentliche Experten im routinierten und schnellen „Erledigen" von Lernaufgaben – oft ohne fruchtbare kognitive Aktivierung oder ohne den eigentlichen Sinn der Aufgabe zu erfassen. Doch manchmal gibt eine einzige Randbemerkung den Lernenden den nötigen Impuls, um in der Aufgabenstellung das grundlegende Konzept oder das Typische zu erkennen und die Aufgabe völlig neu zu verstehen. Dies beschreibt bspw. Pache (2012, 446), der im Rahmen einer Studie zu Vorstellungen der Lernenden zu nachhaltiger Entwicklung während eines Interviews mit einem Schüler der 6. Klasse eine kurze Bemerkung zur Ordnung einfließen ließ, welche den Gesprächsverlauf völlig veränderte und dem Lernenden half, das Thema der ökonomischen Produktionskette auf einer systemischen Ebene neu zu betrachten und mit zusätzlichen Akteuren zu erweitern (vgl. Beispiel 3).

5.2 Wissen und Handeln in ökonomisch geprägten Situationen

Bisherige Befunde aus den empirischen Studien zu den bereichsspezifischen ökonomischen Vorstellungen der Schülerinnen und Schüler zeigen, dass Lernende im Kindergartenalter und der frühen Primarstufe ihre subjektiven Konzepte zu ökonomischen Sachverhalten kontextbezogen (z.B. Familien, Medien, Schule) erwerben. Ökonomische Phänomene, Prozesse oder Kausalketten werden oft vereinfacht geschildert und es fällt den Lernenden schwer, wirtschaftliche Bedeutungszusammenhänge in ihrer Ganzheit und Vernetzung zu erfassen. Konzepte zu ökonomischen Sachverhalten liegen oft parallel vor, nicht selten werden Lösungen gefunden, die für die Konsistenz der eigenen Annahmen und für ein praktikables Handeln nützlich sind. Untersuchungen zur Arbeitswelt zeigten auf der anderen Seite, dass Konzepte der Lernenden in großer Heterogenität vorliegen, die von

Alltagsvorstellungen bis hin zu fachlich fundierten Vorstellungen reichen. Weiter wurde deutlich, dass das Verstehen von nicht direkt beobachtbaren ökonomischen Strukturen für Lernende und Lehrende der Primarstufe eine besondere Herausforderung darstellt. Erst wenn Kinder begriffliche Teilsysteme wie Lohn, Arbeit und Preis von Produkten miteinander verbinden, können sie weitere wirtschaftliche Teilsysteme wie Dienstleistung, Warenhandel, Gewinn oder wirtschaftspolitische Rahmenbedingungen erschließen. Lernen mit Modellen, Simulationsspielen oder an authentischen Lernorten können Schülerinnen und Schülern helfen, ökonomische Bedeutungszusammenhänge zu entschlüsseln. Diese fordern von den Kindern induktive Denkleistungen, in denen sie äußere Wahrnehmungen mit Systemdenken verbinden. Solche Denkprozesse, die über vorgefundene Realitäten hinausgehen und Zusammenhänge, Elemente oder Akteure in vernetzten Wirkungsgefügen aufzeigen, sind beim Verstehen von vielfältigen wirtschaftlichen Sachverhalten oder Fragen der Nachhaltigen Entwicklung zentral. Über den Moment der Veranschaulichung und eigenen Erschließung hinaus stehen reflektiertes Handeln sowie das Erkennen und Erproben von Partizipationsmöglichkeiten im Hinblick auf eine bereichsspezifische Gestaltungskompetenz im Mittelpunkt wirtschaftlicher Bildung. Untersuchungen zu den Schwierigkeiten und Herausforderungen beim Erarbeiten von ökonomischen Tiefenstrukturen auf der Primarstufe fehlen größtenteils.

Handlungsfelder, die die Schärfung von Begriffen und fachlichen Kompetenzen genauso im Blick haben wie Handlungs- und Gestaltungskompetenzen, sind zum Beispiel Schülerfirmen oder Schülerläden. Ausgehend von der Idealvorstellung einer Theorie-Praxis-Verschränkung erwerben Lernende im Rahmen vielfältiger situations-, problem- und kindsorientiert umgesetzter Themen Kenntnisse über ökonomische Prinzipien und Vorgänge (vgl. Wulfmeyer & Hauenschild 2006). Je nach Klassenstufe werden unterschiedliche Aspekte des Wirtschaftslebens in Form eigenständiger Unterrichtssequenzen erschlossen, die den Ausgang und die Weiterführung einer Art Spiralcurriculum bilden, das an weiterführenden Schulen fortgeführt werden kann.

Die Kompetenzen, die im Rahmen des Projektes *Schülerladen* entwickelt werden können, liegen auf unterschiedlichen Ebenen. Nicht nur Sachkompetenz auf der Grundlage betriebs- und volkswirtschaftlicher Grundkenntnisse, sondern auch die Teilkompetenzen der sog. Gestaltungskompetenz, die im Rahmen von *Bildung für Nachhaltige Entwicklung* als Kernkompetenz definiert wird, werden bedeutsam. Es geht um *interdisziplinäre Fragestellungen* und die Integration neuer Perspektiven beim Aufbau von Wissen sowie um die Reflexion wirtschaftlicher Prozesse und um vorausschauendes Denken und Handeln als Voraussetzung der innovativen und zukunftsbezogenen Entwicklung von Gesellschaft.

6 Fazit und Ausblick

Zweifellos besteht im Rahmen ökonomischer Bildung in der Primarstufe die Gefahr, dass durch eine falsch verstandene Kindorientierung die Ökonomik nicht Gegenstand des ökonomischen Lernens ist (vgl. Krol 2001), und dass es zu einer Aufweichung wirtschaftswissenschaftlicher Kategorien im fächerübergreifenden Unterricht kommt. Sicher ist allerdings auch, dass ökonomische Kompetenz im Sinne einer zeitgemäßen Sachunterrichtskonzeption eine Vermittlung zwischen der Sache und Modellen, Erkenntnissen und Fragestellungen, und dem Kind verlangt. Denn ohne ökonomische Grundkenntnisse bleiben moderne Lebensverhältnisse den Kindern undurchschaubar, zumal die Komplexität moderner Gesellschaften nicht allein aus der Alltagserfahrung erschlossen werden kann. Aktuelle ökonomische Bildung geht grundsätzlich von einer Pluralität wirtschaftlicher Motive aus, die im Kontext verschiedener Lebensformen, Wertvorstellungen und Alltagspraxen von Menschen diskursiv ausgehandelt, in Frage gestellt oder neu ausgerichtet werden.
Als Resümee kann somit festgehalten werden: Die Elemente, die ökonomische Bildung ausmachen, sind wirtschaftswissenschaftlich geprägt und setzen diese Erkenntnisse in Beziehung zu anderen Wissenschaftsdiziplinen. Eine reflektierte Gestaltung von Gesellschaft basiert auf einer Positionierung, die auf wertbezogener Mündigkeit aufbauend auch ethische Kriterien einbezieht, und mindestens zu einer Handlungsmotivation, besser noch zu manifestem Handeln führt, das sich kontextsensibel variabel zeigt.

Literatur

Abraham, K. (1966): Wirtschaftspädagogik. Grundfragen der wirtschaftlichen Erziehung. 2. Aufl. Heidelberg: Quelle & Meyer.

Adamina, M. (2010): Mit Lernaufgaben grundlegende Kompetenzen fördern. In: Labudde Peter (Hrsg.): Fachdidaktik Naturwissenschaft. 1.-9. Schuljahr. Bern, Stuttgart, Wien: Haupt Verlag, 117-132.

Arndt, H. & Kopp, B. (2016): Ökonomische Präkonzepte – Entwicklung eines Erhebungsinstruments zur Erfassung des Vorwissens von Grundschulkindern. In: Arndt, H. (Hrsg.): Das Theorie-Praxis-Verhältnis in der ökonomischen Bildung. Schwalbach/Ts: Wochenschau Verlag, 201-211.

Arndt, H. & Kopp, B. (2015): Präkonzepte von Grundschulkindern zu ökonomischen Sachverhalten. Erste Ergebnisse der Vorstudie. In: Arndt, H. (Hrsg.): Kognitive Aktivierung in der Ökonomischen Bildung. Schwalbach/Ts.:Wochenschau Verlag, 118-130.

Baumgardt, I. (2012): Der Beruf in den Vorstellungen von Grundschulkindern. Hohengehren: Schneider.

Berti, A. & Bombi, A. (1988): The Child's Construction of Economics. Cambridge: Cambridge University Press.

Birke, F. & Seeber, G. (2011): Heterogene Schülerkonzepte für ökonomische Phänomene: Ihre Erfassung und Konsequenzen für den Unterricht. In: Journal of Social Science Education, 2, 56-66.

Claar, A. (1996): Was kostet die Welt? Wie Kinder lernen mit Geld umzugehen. Berlin: Springer.

D-EDK (2016): Lehrplan 21, Fachbereich Natur, Mensch, Gesellschaft, 1./2. Zyklus. Verfügbar unter: http://be.lehrplan.ch/index.php?code=b|6|0&la=yes [25.02.2018].

Emler, N. & Dickinson, J. (1985): Children's Representations of Economic Inequalities: The Effects of Social Class. In: British Journal of Developmental Psychology, 3, 191-198.

Feldmann, K. (1987): Die Entwicklung des ökonomischen Bewußtseins von Kindern und Jugendlichen. Hannover: Fachbereich Erziehungswissenschaften I der Universität.

Fischer, A. & Zurstrassen, B. (2014): Annäherungen an eine sozioökonomische Bildung. In: Fischer, A. & Zurstrassen, B. (Hrsg.): Sozioökonomische Bildung. Schriftenreihe der Bundeszentrale für politische Bildung. Band 1436. Bonn: Bundeszentrale für politische Bildung, 7-31.

Freie und Hansestadt Bremen, der Senator für Bildung und Wissenschaft (2007): Sachunterricht. Bildungsplan für die Primarstufe. Verfügbar unter: http://www.lis.bremen.de/sixcms/media.php/13/07-08-23_Sachunterricht.pdf [23.12.2017].

Freie und Hansestadt Hamburg, Behörde für Schule und Berufsbildung (2011): Bildungsplan Grundschule. Sachunterricht. Verfügbar unter: http://www.hamburg.de/contentblob/2481914/data/sachunterricht-gs.pdf [23.12.2017].

Furth, H.G. (1980): The World of Grown Ups. Childrens Conceptions of Society. New York: Elsevier.

Gläser, E. (2015). Entwicklung des ökonomischen Denkens. In: Kahlert J.; Fölling-Albers, M.; Götz; M.; Hartinger, A.; Miller, S. & Wittkowske, S. (Hrsg.): Handbuch Didaktik des Sachunterrichts. 2. Aufl. Bad Heilbrunn: Klinkhardt, 352-356.

Gläser, E. (2002): Arbeitslosigkeit aus der Perspektive von Kindern. Eine Studie zur didaktischen Relevanz ihrer Alltagstheorien. Bad Heilbrunn/Obb.: Klinkhardt.

GDSU, Gesellschaft für Didaktik des Sachunterrichts (2013): Perspektivrahmen Sachunterricht. Bad Heilbrunn: Klinkhardt.

Goldstein, B. Oldham J. (1979): Children and Work: A Study of Socialization. New Brunswick, New Jersey: Transaction Books.

Gruber, H. & Mandl, H. (1996): Das Entstehen von Expertise. In: Hoffmann, J. & Kintsch, W. (Hrsg.): Lernen. Enzyklopädie der Psychologie. Serie 2. Kognition. Band 7. Göttingen: Hogrefe Verlag, 583-615.

Hedtke, R. (2014): Was ist sozio-ökonomische Bildung? Perspektiven einer pragmatischen fachdidaktischen Philosophie. In: Fischer A. & Zurstrassen B. (Hrsg): Sozioökonomische Bildung. Schriftenreihe der Bundeszentrale für politische Bildung. Band 1436. Bonn: Bundeszentrale für politische Bildung, 81-127.

Hedtke, R. (2011): Konzepte ökonomischer Bildung. Schwalbach/Ts.: Wochenschau Verlag.

Hedtke, R. (2006): Integrative politische Bildung. Sozialwissenschaftliche Kompetenzen jenseits von Fächern und Disziplinen. In: Weißeno, G. (Hrsg.): Politik und Wirtschaft unterrichten. Wiesbaden: Springer, 226-239.

Kleickmann, T. (2012): Kognitiv aktivieren und inhaltlich strukturieren im naturwissenschaftlichen Sachunterricht. Handreichung des Programms SINUS an Grundschulen. Kiel: IPN – Leibniz-Institut für die Pädagogik der Naturwissenschaften und Mathematik.

Köhnlein, W. (2012): Sachunterricht und Bildung. Bad Heilbrunn: Klinkhardt Verlag.

Klafki, W. (1996): Neue Studien zur Bildungstheorie und Didaktik. Zeitgemäße Allgemeinbildung und kritisch-konstruktive Didaktik. 5. Aufl. Weinheim, Basel: Beltz.

Krol, J.G. (2003): Ökonomische Verhaltenstheorie. In: May, H. (Hrsg.): Handbuch zur ökonomischen Bildung. München, Wien: Oldenbourg, 17-29.

Krol, G. (2001): „Ökonomische Bildung" ohne „Ökonomik"? Zur Bildungsrelevanz des ökonomischen Denkansatzes. Verfügbar unter: https://www.sowi-online.de/sites/default/files/krol.pdf [11.12.2017].

Kruber, K.P. (2001): Wirtschaftspolitische Bildung im Lernfeld politische Bildung. Verfügbar unter: https://www.sowi-online.de/journal/2001_2/kruber_wirtschaftspolitische_bildung_ lernfeld_politische_bildung.html [11.11.2017].

Kruber, K.P. (2000): Kategoriale Wirtschaftsdidaktik. Der Zugang zur ökonomischen Bildung. Verfügbar unter: http://www.sowi-online.de/reader/oekonomie/kruber.htm [27.02.2001].

Kruber, K.P. (1995): Wirtschaftspolitisches Denken lernen an und in Modellen. In: Albers, H.-J. (Hrsg.): Handlungsorientierung und ökonomische Bildung. Bergisch Gladbach: Hobein, 93-115.

Leiser D. (1983): Children's Conceptions of Economics – the Construction of a Cognitive Domain. In: Journal of Economic Psychology, 4, 297-317.

Lüdecke, S. & Scesney, C. (1999): Ökonomische Bildung im internationalen Vergleich. In: Wirtschaft und Erziehung (wue), 3, 30-139.

May, H. (2007): Didaktik der ökonomischen Bildung. 6. Aufl.. München, Wien: Oldenbourg.

National Council on Economic Education (1997): Voluntary National Content Standards in Economics: New York: National Council on Economic Education.

Niedersächsisches Kultusministerium (2006): Kerncurriculum für die Grundschule Schuljahrgänge 1-4. Sachunterricht. Verfügbar unter: http://db2.nibis.de/1db/cuvo/datei/kc_gs_sachunterricht_nib.pdf [23.12.2017].

Neubrand, M. (2015): Kognitive Aktivierung: Abstrakte Dimension, angestrebte Perspektive, Orientierung für empirische Befunde aus dem Mathematikunterricht. In: Arndt, H. (Hrsg.): Kognitive Aktivierung in der ökonomischen Bildung. Schwalbach: Wochenschau-Verlag/Wissenschaft, 49-59.

Pache, A. (2012): Erziehung zu nachhaltiger Entwicklung im Licht der Weltbilder von Primar-schülerinnen und Primarschülern. In: Beträge zur Lehrerinnen und Lehrerbildung, 30(3), 434-453.

Piaget, J. (1973): Einführung in die genetische Erkenntnistheorie. Frankfurt: Suhrkamp.

Retzmann, T. (2016): Ökonomische Bildung in der Schule. Wirtschaftsdidaktische Schriften aus zwei Jahrzehnten. Schwalbach/Ts.: Wochenschau Verlag.

Reusser, K. (1999): KAFKA und SAMBA als Grundfiguren der Artikulation des Lehr-Lerngeschehens. In: Reusser, K. (Hrsg.): Skript zur Vorlesung Allgemeine Didaktik. Zürich: Pädagogisches Institut der Universität Zürich, 1-40.

Richter, D. (2005): Sachunterricht – Ziele und Inhalte. Hohengehren: Schneider.

Schuessler, K. & Strauss, A. (1950): A Study of Concept Learning by Scale Analysis. In: American Sociological Review, 15, 752-762.

Tan, H.K. & Stacey, B.G. (1981): The Understanding of Socio-Economic Concepts in Malaysian Chinese School Children. In: Child Study Journal, 11(1), 33-49.

Voss, T. & Kunter, M. (2011): Pädagogisch-psychologisches Wissen von Lehrkräften. In: Kunter, M.; Baumert, J.; Blum, W.; Klusmann, U.; Krauss, S. & Neubrand, M. (Hrsg.): Professionelle Kompetenz von Lehrkräften – Ergebnisse des Forschungsprogramms COACTIV. Münster: Waxmann, 193-214.

Walstad, W. (1994): An Assessment of Economics Instruction in American High Schools: In: Walstad, W. (Hrsg.): An International Perspective on Economic Education. Boston, Dordrecht, London: Springer, 109-136.

Walstad, W. & Rebeck, K. (2001): Teacher and Student Economic Understanding in Transition Economies. In: Journal of Economic Education 32 (1), 58-67.

WBGU, Wissenschaftlicher Beirat der Bundesregierung Globale Umweltveränderungen (2016): Entwicklung und Gerechtigkeit durch Transformation: Die vier großen I. Sondergutachten. Berlin: WBGU.

Weber, B. (2003): Konzepte ökonomischer Grundbildung in der Primarstufe. Lehrplananalysen – Entwicklungsbedingungen – Empfehlungen. Siegen: Universität Siegen.

Weinert, F.E. (2001): Vergleichende Leistungsmessung in Schulen – eine umstrittene Selbstverständlichkeit. In: Weinert, F.E. (Hrsg.): Leistungsmessung in Schulen. Weinheim, Basel: Beltz, 17-32.

Wulfmeyer, M. (2005): Ökonomie mit Kindern – Ein Konzept zum handlungsorientierten Lernen in der Grundschule. Verfügbar unter: https://www2.huberlin.de/wsu/ebeneI/didaktiker/wulfm/wirtschaft.pdf. [23.12.2017].

Wulfmeyer, M. & Hauenschild, K. (2006): Der selbstorganisierte Schülerladen – ein Projekt zur ökonomischen Bildung im Sachunterricht. In: Cech, D.; Fischer, H.-J.; Knörzer, M. & Schrenk, M. (Hrsg.): Zum Bildungswert des Sachunterrichts. Bad Heilbrunn: Klinkhart, 67-76.

Marco Adamina

Wie Schülerinnen und Schüler Räume und räumliche Situationen wahrnehmen und sich räumlich orientieren

1 Raumbezogenes, geographisches Lernen in der Grundschule und Primarstufe

Schülerinnen und Schüler der Grundschule und Primarstufe verfügen bereits über viele Erfahrungen zu Räumen und räumlichen Situationen. Sie haben sowohl zu Räumen als auch zu Lebensweisen der Menschen in verschiedenen Gebieten in der Nähe und Ferne vielfältige eigene Vorstellungen. Dabei nehmen sie auch Wertungen vor, z.B. was ihnen in Räumen gefällt und was nicht, was sie interessiert und fasziniert und was weniger oder nicht.

Wie differenziert diese Vorstellungen ausfallen, hängt eng mit den individuellen Raumwahrnehmungsfähigkeiten und folglich auch mit den persönlichen Fähigkeiten und Strategien der räumlichen Orientierung der einzelnen Schülerinnen und Schüler zusammen. Diese Fähigkeiten bilden die Ausgangspunkte für das weitere raumbezogene und geographische Lernen in der Grundschule und auf der Primarstufe.

Grundlegende Aspekte des raumbezogenen, geographischen Lernens in der Grundschule und Primarstufe sind sowohl im Perspektivrahmen Sachunterricht (vgl. GDSU 2013) als auch im Lehrplan 21 im Fachbereich Natur, Mensch, Gesellschaft (vgl. D-EDK 2015) in den Kompetenzbereichen 8 (Menschen nutzen Räume – sich orientieren und mitgestalten) und 7 (Lebensweisen und Lebensräume von Menschen erschließen und vergleichen) durch entsprechende Beschreibungen von Denk-, Arbeits- und Handlungsweisen und inhaltlich-thematischen Konzepten aufgenommen. Konzepte geographischer Bildung in der Grundschule und Primarstufe sind demnach Aspekte der Lage und Verbreitung von Merkmalen auf der Erde (1), Merkmale, Strukturen, Beziehungen, deren Verflechtung sowie Prozesse in Räumen und Regionen (2), die Beziehung von Menschen mit ihrer Umwelt (Mensch-Umwelt-Systeme, 3), Verflechtungen zwischen Räumen, Merkmalen und Situationen in diesen Räumen, z.B. Rohstoffe und deren Verarbeitung, Bevölkerung und deren Raumansprüche (4) sowie Aspekte von Veränderungen und Dynamiken in Räumen, Raumveränderung und -entwicklung, Herausforderungen der nachhaltigen Entwicklung auf den verschiedenen Maßstabsebenen, lokal bis global (5). Vgl. dazu DGfG 2014; Adamina 2014a und 2015; Adamina, Hemmer & Schubert 2016a; Catling & Willy 2009.

Diese Konzepte sind insgesamt stark verflochten mit Kompetenzen der Raumwahrnehmung und der räumlichen Orientierung, die im aktuellen geographiedidaktischen Verständnis in fünf Bereiche gegliedert werden (vgl. Hemmer 2012 und 2016):

- Kenntnis grundlegender topographischer Wissensbestände (1) und die Fähigkeit zur Einordnung geographischer Objekte und Sachverhalte in räumliche Orientierungsmuster, -raster und Ordnungssysteme (2),
- Fähigkeit zu einem angemessenen Umgang mit Orientierungsmitteln, Kartenkompetenz (3),
- Fähigkeit zur Orientierung in Realräumen (4),
- Fähigkeit zur Raumwahrnehmung und zur Reflexion von Raumwahrnehmung und -konstruktion (5).

Als entscheidende Prädiktoren für das weitere Lernen erweisen sich insbesondere die bisherigen Erfahrungen zur Raumwahrnehmung, zum Raumverständnis und zur räumlichen Orientierung sowie die Vorkenntnisse zu Räumen und zu Lebensweisen von Menschen in verschiedenen Räumen. Die Weiterentwicklung von Vorstellungen, Konzepten und Strategien zur Weltwahrnehmung, -erschließung und -orientierung erfolgt stets mit Bezug zu und im Abgleich mit bereits vorhandenen Vorstellungen, Konzepten und Einstellungen.

Im vorliegenden Beitrag erfolgt eine Fokussierung auf Aspekte der Raumwahrnehmung und der räumlichen Orientierungsfähigkeiten von Schülerinnen und Schülern in vertrauten, erfahrbaren Räumen (Maßstabsebene lokal und regional, Orientierung im Realraum) sowie auf den Umgang mit Orientierungsmitteln und Kartenlesekompetenzen bezogen auf alle Maßstabsebenen. Im Beitrag „Schülervorstellungen zur Erde, zu fernen Räumen und zu Lebensweisen von Menschen in verschiedenartigen Gebieten der Erde“ (vgl. Beitrag in diesem Band S. 211ff.) stehen Aspekte im Vordergrund, bei denen Vorstellungen, Konzepte und gedankliche Konstruktionen stärker mittelbar durch verschiedenste Quellen geprägt und beeinflusst sind.
Als Voraussetzung dazu wird zuerst ausgeführt, von welchen Konzepten und Konstrukten zu Raum, Raumwahrnehmung und räumlicher Orientierung aus geographiedidaktischer und psychologischer Sicht aktuell ausgegangen wird.

2 Raum, Raumwahrnehmung und räumliche Orientierung

2.1 Raum – Räume, Raumkonzepte in der Geographie

Raum bildet eine der existenziellen Kategorien unseres Lebens – wir wohnen, arbeiten und bewegen uns in Räumen, versorgen uns mit Produkten, die in verschiedenen Räumen angebaut, abgebaut, produziert u.a.m. werden. Menschen

bewegen sich von Raum zu Raum, auf Reisen, in der Freizeit, auf der Flucht. Räume sprechen uns an, befremden uns und immer mehr bewegen wir uns in virtuellen Räumen bzw. denken uns parallel in mehrere Räume.
Im aktuellen disziplinären und fachdidaktischen Diskurs in der Geographie werden Räume unter verschiedenen Perspektiven betrachtet und analysiert; vier Raumkonzepte werden dabei einbezogen (vgl. Wardenga 2002; Bette & Schubert 2015; Schubert 2016):

- Raum im realistischen Sinne konstituiert mit natürlichen und vom Menschen gestalteten Merkmalen (z.B. Gesteine, Wasser, Vegetation, Bauten und Anlagen) als Wirkungsgefüge (räumliches System mit natürlichen und anthropogenen Faktoren; auch Raum als „Container", „Behälter", „realer Raum")
- Räume als Systeme von Lagebezügen materieller Objekte, Standorte, Lagerelationen, Distanzen
- Räume als Kategorien der Sinneswahrnehmung (individuelle und intersubjektive Wahrnehmung von Räumen als individuelle Konstruktion, Mental Maps, subjektives Kartographieren u.a.)
- Räume in der Perspektive ihrer sozialen, technischen, gesellschaftlichen Konstruiertheit (z.B. in der Darstellung in Karten, in der Werbung und Vermarktung, z.B. im Tourismus, in der Raumentwicklung)

Im Zusammenhang mit Fragen der Raumwahrnehmung und der räumlichen Orientierung spielen alle Raumkonzepte eine wichtige Rolle und es ist von Bedeutung, unterschiedliche Sichtweisen und Konstruktionen zu Räumen und räumlichen Situationen zu thematisieren und zu reflektieren.

2.2 Raumwahrnehmung, räumliche Vorstellung und Orientierung

Viele Orientierungsfähigkeiten und -leistungen sind schon für junge Kinder selbstverständlich. Sie finden sich in ihrer näheren Wohnumgebung zurecht, gehen den Kindergarten- und Schulweg oft eigenständig, können sich in der vertrauten Umgebung orientieren und Wegverläufe zeichnen. Dabei stellt sich die Frage, wie Schülerinnen und Schüler räumliche Orientierungsfähigkeiten entwickeln, wie sie Vorstellungen zu Räumen und räumlichen Situationen aufbauen und wie sie diese Vorstellungen für die weitergehende Raumwahrnehmung und -orientierung nutzen.

Kognitives Kartieren

Von grundlegender Bedeutung in diesem Zusammenhang ist das Konstrukt des kognitiven Kartierens (vgl. z.B. Hartl 1990). Dieses bezieht sich auf die Fähigkeit von Menschen, Reize und Informationen über die räumliche Umwelt wahrzunehmen, aufzunehmen, bewusst zu machen, zu ordnen, bisherigen Vorstellungen anzupassen, als gedankliche Konstrukte repräsentiert zu speichern und in Handlungs- und Anwendungssituationen zu nutzen (Downs & Stea 1982).

Bei der Verarbeitung von Reizen und Informationen aus Räumen bzw. aus der Umwelt wird zwischen Routinen in Alltags- und Aktionsräumen und neuen bzw. neu wahrgenommenen Objekten und Situationen unterschieden. Dabei erfolgt eine Selektion, Verarbeitung und Einordnung von Eindrücken, Erfahrungen und gleichzeitig eine (Re-)Konstruktion von Elementen, Beziehungen, Verknüpfungen in Form von mentalen Typologien und Schemata. Diese dienen dazu, in Alltagssituationen angemessen zu handeln (z.B. dass ich eine mir bekannte Wegstrecke gehen kann, ohne dauernd zu überlegen, wo ich jetzt genau durchgehen muß). Bei neuen Raumwahrnehmungen erfolgt immer auch ein Abgleichen mit bereits bekannten Schemata und Typologien, ein Erweitern und Differenzieren.

Entwicklung der Raumvorstellungsfähigkeit und der räumlichen Orientierung

Die Entwicklung der Raumvorstellungsfähigkeit, der räumlichen Orientierung und des kognitiven Kartierens erfolgt bei Kindern kontinuierlich und auf unterschiedlichen Lernwegen. Lange Zeit wurde in Anlehnung an die Studien und die Beschreibung von altersabhängigen Entwicklungsstadien von Piaget und Inhelder (1971) und Stückrath (1968) davon ausgegangen, dass die Entwicklung der Raumvorstellung und der räumlichen Orientierung stufenartig und altersgebunden verlaufen.

Andere Studien zeigten jedoch, dass die Entwicklung parallel in mehreren Wahrnehmungs- und Orientierungsbereichen verläuft und Kinder dabei unterschiedliche Affinitäten zu Orientierungsstrategien entwickeln. Oft wenden sie mehrere davon an (vgl. z.B. Downs & Stea 1982; Engelhardt 1977).

Aktuell wird von einem interaktiven Modell der Entwicklung von Raumwahrnehmung, Raumvorstellung und räumlicher Orientierung ausgegangen, bei dem mehrere Aspekte eine wichtige Rolle spielen (vgl. z.B. Adamina & Erzinger 2017; Hemmer & Neidhardt 2007; Quaiser-Pohl & Jordan 2004; Schniotalle 2003; Wrenger 2015):

- Es geht insbesondere um drei Prozesse: (1) die Wahrnehmung und Erschließung der Lagebeziehungen von Objekten (topologische Einordnung), (2) die Einordnung von Objekten aus unterschiedlichen Perspektiven (links – rechts, vorne – hinten; Ansicht, Schrägsicht, Aufsicht) sowie (3) die metrische Einordnung (Anordnung, Richtungen, Proportionen und Dimensionen von Objekten im Raum).
- Die Entwicklung der Wahrnehmung und Vorstellung räumlicher Situationen erfolgt von der egozentrischen (von mir aus gesehen) zur allozentrischen (aus der Sicht einer anderen Person) und zur geozentrischen Perspektive (personenunabhängige Einordnung in räumliche Referenzrahmen). Daraus entwickelt sich der Vorstellungsraum zunehmend unabhängig vom eigenen

Standort, von eigenen Handlungen und der unmittelbaren Anschauung. Die Fähigkeit des gedanklichen Drehens von Objekten im Raum (mentale Rotation) – der gedankliche Wechsel der Perspektive – ist dabei von besonderer Bedeutung.

- Verschiedene Prozesse bedingen sich gegenseitig bzw. bauen aufeinander auf: Raumvorstellung basiert auf Raumwahrnehmung; Orientierung ist von bisherigen Vorstellungen, von Raumerfahrungen und vom eigenen Bewegen und Handeln in Räumen abhängig; Perspektivenwechsel bedingen die lage- und distanzmässige Verortung von Objekten, Linien u.a. im Raum.
- Raumerfahrungen und Raumwissen werden als kognitive Karten gespeichert und sind als Landmarkenwissen, Routenwissen und räumliches Überblickswissen repräsentiert (Quaiser-Pohl & Jordan 2004). Raumerfahrungen führen zunehmend zu Wissen über Wege und Routen (Routenwissen) sowie über Verbindungen und Beziehungen zwischen Landmarken. Erste netzartige räumliche Strukturen (Überblickswissen) werden aufgebaut. Die erste Form der Orientierung in einem noch unbekannten Raum erfolgt meist über markante Objekte: Landmarken, z.B. repräsentative, auffällige Bauten und Anlagen; markante lineare Anlagen wie Straßen, Eisenbahnlinien, Flussläufe, Übergänge und Grenzverläufe (z.B. Seeufer, Waldränder, Berggrate); zentrale Knotenpunkte wie Plätze in Städten, Straßenkreuzungen sowie homogen strukturierte Gebiete wie z.B. Überbauungszonen mit ähnlichen bzw. gleichen Bebauungstypen, Parkanlagen (vgl. Lynch 1960).
- Räumliche Orientierung als kognitiver Vorgang erfolgt in hohem Masse durch das Übertragen, Vergleichen und Abgleichen von internen (mentalen) Informationen mit externen räumlichen Informationen und durch die Transmission zwischen verschiedenen Informationsträgern (realer Raum – Karte; Informationsmittel, Schilderung – Karte, Luftbild u.a.).
- Verschiedene Lerngelegenheiten und Erfahrungsbereiche beeinflussen die Weiterentwicklung der Raumwahrnehmung, der Raumvorstellung und der räumlichen Orientierung, so insbesondere
  - persönliche Erfahrungen, das eigenständige Unterwegs-Sein in Räumen
  - das eigenständige Erschließen und Verarbeiten von Informationen zu Räumen und räumlichen Situationen mit mehreren Zugangsweisen und in mehreren und unterschiedlichen Medien bzw. Repräsentationen
  - das Erfassen und Lesen von Modellen, Karten, (Luft-)Bilder: Verkleinerung – Vergrößerung, Wechsel der Perspektive, Symbole, Vereinfachungen, Wechsel von dreidimensionaler Anschauung zu zweidimensionaler Abbildung
  - Gelegenheiten und Erfahrungen zum Umsetzen und Darstellen von Vorstellungen durch Repräsentationen in Form von Zeichnungen, Skizzen und Karten (Mental Maps)

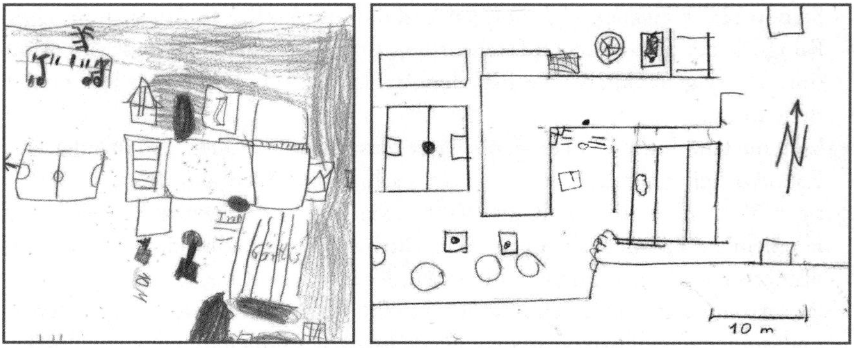

Abb. 1: Darstellung der eigenen Schulumgebung (Mental Maps) der gleichen Schülerin Anfang 3. Schuljahr und Ende 4. Schuljahr (Adamina 2017)

In verschiedenen Studien wurde festgestellt, dass sich die gewählten Strategien beim Lösen von Aufgaben zur Raumwahrnehmung und -vorstellung und zur räumlichen Orientierung zwischen Jungen und Mädchen unterscheiden (vgl. z.B. Quaiser-Pohl & Jordan 2004). Jungen wenden häufiger Strategien durch eine mentale räumliche Vorstellung des Ganzen und durch das sich Vorstellen von Bewegungen, Rotationen u.a. von Objekten in Räumen (holistische Strategien) an als Mädchen. Diese gehen deutlich häufiger analytisch vor, indem sie von einzelnen Elementen (z.B. Landmarken) ausgehen und sich räumliche Verhältnisse verbalisierend vorstellen. Dabei zeigt sich, dass holistische Strategien zwar kognitiv aufwändiger, sind aber oft schneller zu einem Ziel führen. Dies erklärt auch den Umstand, dass Jungen oft Aufgaben zur räumlichen Rotation besser lösen als Mädchen (vgl. z.B. Glück, Kaufmann, Dünser & Steinbügel 2005; Quaiser-Pohl & Jordan 2004). Im Unterricht kann diesem Umstand insbesondere damit Rechnung getragen werden, dass Aufgaben so offen angelegt werden, dass unterschiedliche Strategien beim Lösen gewählt werden können und die jeweilige Vorgehensweise bewusst gemacht, Erfahrungen ausgetauscht und mögliche Entwicklungsschritte gezielt angesprochen werden.

3 Orientierung im Realraum

Orientierung im Realraum bezieht sich auf Kompetenzen, sich aufgrund der eigenen Raumerfahrung und der eigenen Raumvorstellungen in realen Räumen zurechtzufinden, den eigenen Standort zu verorten, Routen bestimmen und begehen zu können, Zielorte aufzufinden sowie mithilfe von Orientierungsmitteln wie Plänen, Karten, Luftbildern, GPS, Kompass (Himmelsrichtungen), Hinweisschildern mit Ortsangaben und Straßenschildern sich im Gelände zu orientieren. Dazu gehören vor allem Wissen und Fähigkeiten, Informationen aus Orientierungsmitteln in den realen Raum zu übertragen (z.B. Transformation Plan, Karte, Luftbild ins Gelände) bzw. das Auffinden von Objekten, Anlagen, Merkmalen im Gelände auf Orientierungsmitteln (Transformation vom Gelände in Orientierungsmittel). Unterschieden wird dabei, ob es sich um die Orientierung in vertrauten Räumen (naher und ferner Kontakt- und Aktionsraum) oder um die Orientierung in weniger oder nicht vertrauten Räumen (z.B. auf Ausflügen in Städten oder auf dem Lande, im Gebirge) handelt.

Für die Entwicklung der Orientierungsfähigkeit im Realraum sind insbesondere eigenständige Erfahrungen, Möglichkeiten selber unterwegs zu sein und sich zu orientieren sowie die Förderung des Transfers bzw. der Transformation zwischen Realraum und Repräsentations- bzw. Orientierungsmitteln von Bedeutung. Zudem sind das Bewusst- und Sichtbarmachen eigener räumlicher Vorstellungen und die Reflexion zu verschiedenen Strategien bei der Orientierung in realen Räumen wichtig (vgl. z.B. Hemmer & Neidhardt 2007; Neidhardt 2007).

In mehreren Studien (vgl. Adamina & Erzinger 2017; Hemmer, Hemmer, Kruschel, Neidhardt, Obermaier & Uphues 2012; Wrenger 2015) wurde untersucht, wie sich Schülerinnen und Schüler der Primarstufe (3. bis 6. Jahrgangsstufe) mithilfe von Karten und Plänen im Realraum orientieren können und welche Faktoren insbesondere die Orientierungsfähigkeit der Lernenden beeinflussen. Untersucht wurde z.B., wie gut die Lernenden auf der Karte eingezeichnete Objekte im Realraum lokalisieren können bzw. im Realraum erkannte Objekte in der Karte auffinden können, wie gut sie im Gelände Abzweigungen der eingetragenen Strecke erkennen, unterwegs die Richtung zum Ausgangspunkt zeigen, Entfernungen einschätzen und die Karte gegenüber dem Gelände richtig ausrichten können. Zusammenfassend zeigte sich in den Ergebnissen, dass die Orientierungsfähigkeiten im Realraum am stärksten von den Leistungen im räumlichen Denken und dabei insbesondere der Fähigkeit zur mentalen Rotation und zum Perspektivenwechsel, von den bisherigen Raumerfahrungen sowie von den Vorkenntnissen zum Kartenlesen beeinflusst werden. Lernende orientieren sich in Realräumen vor allem mit Hilfe von Straßennamen und auffälligen Landmarken. Lernende, denen es gelingt, die Karte jeweils nach dem Gelände auszurichten, können sich kartengestützt im Gelände besser orientieren als diejenigen, welche diese Strategie nicht anwenden. Die Fähigkeiten, bei Abzweigungen richtige Entscheide zu fällen, erwiesen sich als bester Indikator für die wechselseitige Transmissionsleistung zwischen Karte und Gelände (Hemmer et al. 2012). Festgestellt wurde in allen Untersuchungen, dass die Kompetenzentwicklung zur Orientierung im Realraum sehr unterschiedlich verläuft und die Orientierungsleistungen insgesamt sehr heterogen ausgeprägt sind.

Abb. 2: Orientierung im Realraum – Transmission Gelände – Karte und Karte – Gelände, Richtungszeigen, Richtungen und Distanzen bestimmen und einschätzen – Lernende Anfang 3. Schuljahr (Adamina 2017)

In einer vertiefenden Interviewstudie mit Lernenden (n = 34; Adamina & Erzinger 2017) im Nachgang zu Erhebungen im Gelände erläuterten diese, welche Strategien sie bei der Orientierung im Gelände anwenden und was ihnen bei der Orientierung am meisten hilft: Über alle Zeitpunkte der Interviews (Anfang 3., Ende 4. und Ende 6. Schuljahr) gaben die meisten Lernenden an, dass für sie zum Aufbau von Vorstellungen zum Raum und für die Orientierung im Raum die eigenen Raumerfahrungen und die Vertrautheit mit dem Gelände am wichtigsten sind. Beim Beschreiben von Raumvorstellungen, von Wegverläufen und beim Darstellen von räumlichen Situationen im Nahraum gehen die meisten Lernenden von gut bekannten Objekten und Anlagen im Raum aus. Wichtige Landmarken sind markante oder für sie bedeutsame Gebäude und Anlagen wie z.B. das eigene Wohnhaus, das Schulhaus, Einkaufsläden, Freizeitanlagen, markante Straßenverläufe, spezielle Naturobjekte wie Bäume, Teichanlagen sowie Orte und Objekte, die aufgrund ihrer bisherigen Erlebnisse und Erfahrungen zu einem „Bedeutungsort" geworden sind.
Für Aufgaben, die mit Raumwahrnehmungen und -vorstellungen zum Nah- bzw. zum Realraum in Verbindung stehen, werden Orientierungsstrategien wie das Routenwissen mit der Einordnung von Richtungen und Verläufen deutlich weniger genannt als Landmarkenstrategien. Anders zeigt sich dies bei Aufgaben, die mit dem Beschreiben von Wegverläufen und mit dem Richtungszeigen im Zusammenhang stehen. Über alle Zeitpunkte hinweg geben dazu die meisten Lernenden an, dass sie eine Kombination von Landmarken- und Wege-/Routenstrategie anwenden, häufig den Wegverlauf zum Zielort gedanklich begehen und dabei ihre Raumerfahrungen einbeziehen. Insbesondere Ende 6. Schuljahr geben einige Lernende an, dass sie sich beim Richtungszeigen den Raum als Ganzes vorzustellen versuchen (Übersichtsstrategie). Der Perspektivenwechsel, die Transformation von einer „gedanklichen" Betrachtung in eine planmäßige Darstellung ist für viele Lernende weniger ein kognitives Problem als vielmehr eine Herausforderung, die Vorstellungen zeichnerisch festzuhalten (vgl. Adamina & Erzinger 2017).

4 Umgang mit Orientierungsmitteln, Kartenkompetenzen

Als Orientierungsmittel in der Grundschule und Primarstufe spielen insbesondere Pläne, Karten, Luftbilder, (Kinder-)Atlanten, Globen, der Kompass und in ersten, einfachen Anwendungsformen auch Geomedien wie GPS Geräte, Google Earth, Google Maps oder die digitalen Angebote zu den Grundschulatlanten eine Rolle. Im Vordergrund stehen die Förderung von Kompetenzen, mit verschiedenen Orientierungsmitteln auf unterschiedlichen Maßstabsebenen (lokal bis global) zu arbeiten sowie Karten und Luftbilder lesen und auswerten zu lernen. Dabei wird auch der Aufbau und die Weiterentwicklung des topographischen Orientierungswissens und von räumlichen Orientierungsmustern und Ordnungssytemen auf verschiedenen Maßstabsebenen gefördert (vgl. Adamina, Hemmer & Schubert 2016b; Wiegand 2006).

Im Folgenden wird insbesondere auf Aspekte der Kartenkompetenz eingegangen, da Karten oder auch (Karten-)Reliefs bzw. Globen die am meisten verwendeten Orientierungsmittel in der Grundschule und Primarstufe darstellen und auch Geoinformationsmedien häufig kartenähnliche Repräsentationen darstellen. Karten werden aus geographiedidaktischer Sicht als Informationsträger in einem Kommunikationsprozess zwischen kartenherstellenden Personen und kartenlesenden Personen gesehen. Karten beschreiben nicht einfach die Welt; Herstellende von Karten konstruieren Welten und Kartenlesende rekonstruieren bei der Verarbeitung von Informationen aus Karten gedankliche Vorstellungen von Welten (vgl. Hemmer & Wrenger 2016). Es ist dabei von Bedeutung, diese subjektiven und (re-)konstruktiven Aspekte bei der Herstellung und beim Lesen von Orientierungsmitteln bewusst und sichtbar zu machen.

4.1 Kartenkompetenzen

Kartenkompetenzen beziehen sich auf Wissen, Können und Erfahrungen beim Lesen und Interpretieren von Karten, beim Herstellen von Plänen und Karten und beim Reflektieren über Kartendarstellungen und -inhalte. Hemmer, Hemmer, Hüttermann & Ulrich (2012) unterscheiden die Bereiche Kartenlesen und Karteninterpretation:

- Kartenlesen umfasst das Dekodieren von Darstellungen in Karten (Kartensignaturen, -symbole, der Umgang mit Legenden, geometrische Bezüge wie Maßstabsangaben, Vergleichsmaßstäbe, Angabe der Himmelsrichtungen u.a.) sowie das Beschreiben von Karten. Dazu gehören Fähigkeiten, Informationen aus Karten herauszulesen und zu beschreiben, was dargestellt ist welche Vorstellungen zum dargestellten Raum (re-)konstruiert werden, was im entsprechenden Raum vorgefunden werden kann, wie Objekte im Raum miteinander lagemässig in Beziehung stehen.

- Karteninterpretation bezieht sich auf das Erklären und Kommentieren – mit Beizug von externem (Vor-)Wissen – zu Anordnungen und Strukturen in Räumen und zu funktionalen Zusammenhängen und Beziehungen (z.B. zu Anlagen und Nutzungen in einem Tourismusort, zu Siedlung und Verkehr, zu Relief und der Lage von Siedlungen). Die Beurteilung von Karten kann sich auf Aspekte der Lesbarkeit, der Darstellungsformen, der sachgemäßen Repräsentation, bei Weltkarten z.B. auch auf die Projekionstart beziehen. Dabei ergibt sich eine Überschneidung zu Aspekten der reflexiven Kartenarbeit, bei der zu einem kritisch-reflexiven Umgang mit Fragen angeleitet wird, wie Karten konstruiert und hergestellt werden, welche Absichten und Interessen Kartendarstellungen zugrunde liegen u.a. (vgl. Gryl 2016a). Dies bezieht sich sowohl auf die Arbeit mit bestehenden Karten als auch auf die Nutzung von selber erstellten Plänen und Karten.

4.2 Wie lesen Schülerinnen und Schüler Karten, Pläne und Luftbilder auf verschiedenen Maßstabsebenen?

Zur Frage, wie Schülerinnen und Schüler der Grundschule und Primarstufe Karten, Pläne und Luftbilder lesen und mit Orientierungsmitteln arbeiten, liegen aus aktueller Sicht insbesondere Ergebnisse aus den Untersuchungen von Schniotalle (2003), Hemmer et al. (2012), Wrenger (2015) und Adamina & Erzinger (2017) vor. Auf diese drei Studien stützen sich im Wesentlichen die folgenden Abschnitte.

Kartenlesekompetenzen auf lokaler und regionaler Ebene im vertrauten Raum
Auf Ortsplänen sowie topographischen Karten und Luftbildern des Nahbereichs suchen die meisten Lernenden zuerst einen bekannten Ort bzw. ein bekanntes Objekt (vgl. dazu auch die Strategien bei der Orientierung im Realraum – Kapitel 3 in diesem Beitrag, S. 200ff.). Wichtige Orte und Objekte sind z.B. Schulanlagen, Bahnhöfe, Schwimmbäder, markante Straßenkreisel, Bachverläufe, Teiche und kleine Seen, die sie auch als Signaturen auf Karten gut erkennen können. Von diesen gut erkennbaren Landmarken aus können sie aufgrund ihrer bisherigen Erfahrungen und Vorstellungen weitere Objekte auf der Karte erkennen. Der Wechsel der Perspektive bereitet der Mehrheit der Lernenden in der Primarstufe keine Schwierigkeiten mehr. Vielmehr sind sie der Meinung, dass es für sie – bezogen auf den Nahraum – gut möglich sei, sich das Gelände auf die Karte zu denken und umgekehrt. Gleichzeitig weisen sie darauf hin, dass ihnen das nur deshalb gelingt, weil sie den Raum bereits gut kennen und weil sie ihn sich gut vorstellen können. Viel schwieriger ist es für sie auch Ende Primarstufe noch, sich die Maßstäblichkeit, die Distanzen und die Proportionalität von Objekten im Raum vorzustellen. Ebenfalls die Vorstellung der Höhenverhältnisse im Gelände aufgrund von Höhenangaben und der Darstellung von Höhenkurven und Schummerung ist für die meisten Lernenden noch sehr anspruchsvoll bis überfordernd (vgl. Adamina & Erzinger 2017; Hemmer et al. 2012; Wrenger 2015).

Orientierung mit Karten und Luftbildern im Vergleich

Im Vergleich zwischen Orientierung mit Karte und Luftbild geben viele Lernende an, dass sie sich auf beiden Orientierungsmitteln gleich gut orientieren können bzw. dass beide für sie noch schwierig sind. Die Vorteile des Luftbildes liegen darin, dass alles so konkret und real dargestellt wird, wie es in Wirklichkeit von oben betrachtet aussieht. Insbesondere einzelne Gebäude/Objekte (dreidimensionale Landmarken) sind für die Lernenden auf Luftbildern besser erkennbar als auf Karten. Karten helfen ihnen bei der Orientierung, weil die Sachen genau und einfach bzw. symbolisiert dargestellt, Formen und Raumelemente wie Straßen, Bahnlinien, Gewässer gut erkennbar und bestimmte Orte und Objekte angeschrieben sind (z.B. Ortsnamen). Die Lernenden geben sowohl für die Karte als auch für das Luftbild Vorteile an (Adamina & Erzinger 2017).

Karten auf nationaler und globaler Maßstabsebene

Anfang Primarstufe haben die meisten Lernenden große Schwierigkeiten, sich auf Karten kleineren Maßstabes, die den Anschauungs- und Erfahrungsraum der Kinder übersteigen, wie z.B. auf einer Karte der Schweiz oder der Erde zu orientieren. Kompetenzen im Umgang mit Karten auf diesen Maßstabsebenen nehmen im Verlauf der Primarstufe insgesamt deutlich zu; dabei sind aber grosse Unterschiede bei den Lernenden feststellbar (vgl. Adamina 2017). Während die Erd- bzw. Weltkarte – in der für uns üblichen Projektion – schon vielen Schülerinnen und Schülern Anfang des 3. Schuljahres recht vertraut ist, haben viele Lernende im Umgang mit der Karte der Schweiz noch keine oder erst wenig Erfahrung.
Bei der Orientierung gehen die meisten Lernenden von Formen und Darstellungen aus, die ihnen vertraut sind. Als markanteste Form auf der Erdkarte erweist sich der Stiefel von Italien. Auch die Umrisse von Afrika sind vielen Lernenden vertraut; viele können sich die Form von Australien, von Südamerika und auch von Indien gut einprägen. Es sind insgesamt in erster Linie auffällige und typische Formen, welche den Lernenden helfen, sich auf der Weltkarte zu orientieren. Allen bekannt sind die Darstellung von „Wasser und Land“ und die Darstellung von Gewässern (große Flüsse und Seen). Große Schwierigkeiten bereiten ihnen die Darstellung von Höhenstufen. Diese führen oft zu falschen Vorstellungen, indem z.B. tiefgelegene Gebiete grün dargestellt sind, auch wenn es sich dabei um Wüstengebiete handelt.

Lesen von physischen und thematischen Karten nicht vertrauter Räume

Die Darstellung von Gewässern, Wäldern, von Schnee- und Eisgebieten von Städten, Eisenbahnlinien und markanten Anlagen auf Karten in Grundschul- und Kinder-atlanten bietet vielen Lernenden der Primarstufe dann keine Schwierigkeiten mehr, wenn sie in das Dekodieren und Lesen von Signaturen und von Legenden eingeführt wurden und wenn die Karten mit Fotos und Bildern zu den entsprechenden Räumen ergänzt werden. Eine wichtige Hilfe stellen die Beschriftungen dar. Schwierigkeiten bereiten den meisten Lernenden die Darstellung des

Reliefs mittels Höhenstufen (z.B. auf vielen Atlaskarten), während die Kombination von Höhenkurven und Schummerung eine deutlich bessere Hilfe beim Lesen der Höhen- und Reliefverhältnisse darstellt. Aufgaben zu Größenverhältnissen, zur Maßtäblichkeit und zum Koordinatennetz stellen für viele Lernende auch Ende Primarstufe eine große Herausforderung dar.

4.3 Entwicklung des Kartenverständnisses bei Schülerinnen und Schülern

Mit den verschiedenen Dimensionen und Aspekten von Kartenkompetenzen sind auch Fragen danach verbunden, wie sich ein Verständnis für Karten und für die Arbeit mit Karten entwickelt. Hüttermann (2013) versteht unter der Entwicklung von Kartenverständnis im schulischen Kontext die stufengemäße und altersgerechte Erarbeitung und Anwendung einfacher Grundlagen zum Lesen, Interpretieren, Herstellen und auch Reflektieren von Karten und damit der Aufbau eigenständiger Kartenkompetenz. Dazu sind Kenntnisse zu wichtigen kartographischen Grundlagen von Bedeutung (z.B. was bedeutet eine grundrißliche Darstellung, der Weg von der Ansicht zur Aufsicht, Perspektivenwechsel, die Frage der Verkleinerung, des Maßstabes, der Verebnung, der Generalisierung). Es geht aber auch um den Aufbau und die Entwicklung von Fähigkeiten und Strategien beim Arbeiten mit und beim Anwenden von Karten, z.B. bei der Orientierung in Realräumen oder bei der Verarbeitung von Informationen zu nicht vertrauten und fernen Räumen.
Zur Entwicklung des Kartenverständnisses im Unterricht wurden verschiedene Verfahren entwickelt (vgl. Hüttermann 2013):

- Synthetische Verfahren: in kumulativ angelegten Schritten werden kartographische Grundlagen erarbeitet, wobei die originale Begegnung mit räumlichen Situationen und ein handlungsintensives Lernen im Vordergrund stehen: Schulzimmer als Raum, Schulhaus und Schulgelände, Wohnviertel als Teil des Wohnortes. Erfahrungen aus Erkundungen werden in modellartige Raumdarstellungen umgesetzt; daran anschließend werden einfache Pläne selber erstellt.
- Beim genetischen Verfahren bilden eigene Darstellungen und Repräsentationen der Lernenden den Ausgangspunkt, z.B. Schulwegzeichnungen, planartige Darstellungen des Schulhauses und der Schulumgebung. Beim Vergleich der verschiedenen Darstellungen werden Fragen der Herstellung, der Perspektive, der Subjektivität der Darstellung u.a. erörtert; Darstellungen werden weiterentwickelt und mit „richtigen" Plänen und Karten verglichen.
- Beim analytischen Verfahren werden fertige Karten bereits zu Beginn eingesetzt. Diese werden dem realen Raum gegenübergestellt. Beim Vergleich von Wirklichkeit und Abbild werden Aspekte der Kartendarstellung und -herstellung erarbeitet.

Als Ausgangspunkt für die Entwicklung des Kartenverständnisses in der Grundschule wird das genetische Verfahren vorgeschlagen. In weiteren Schritten werden Aspekte des synthetischen und analytischen Verfahrens einbezogen (vgl. ebd.).

5 Förderung der Raumwahrnehmung, der Raumvorstellung und der räumlichen Orientierung im Unterricht

In den vorangehenden Kapiteln wurde auf Voraussetzungen, auf Aspekte und auf Lerngelegenheiten zur Förderung der Raumwahrnehmung, der Raumvorstellung und der räumlichen Orientierung hingewiesen. Zusammenfassend kann festgehalten, dass dabei von Bedeutung ist,

- an bisherige Vorstellungen und Erfahrungen der Lernenden möglichst direkt und bewusst anzuschließen;
- in umfassender Form Lerngelegenheiten anzubieten, bei denen die Lernenden eigenständig und handlungsintensiv räumliche Situationen wahrnehmen, erfahren, Vorstellungen austauschen und mit verschiedenen Orientierungsmitteln arbeiten können;
- Lerngelegenheiten anzubieten, bei denen die Transmission vom Gelände auf selber gezeichnete Pläne und Karten sowie auf Ortspläne, Luftbilder, togographische Karten u.a. und umgekehrt aufgebaut, geübt und angewendet werden können;
- räumliche Vorstellungen so oft als möglich sichtbar zu machen und dabei verschiedene Repräsentationsformen anzuwenden (Zeichnungen, Karten, Modelle u.a.), sich dazu auszutauschen und die eigenen Vorstellungen und Repräsentationen zu reflektieren und weiterzuentwickeln.

In mehreren Studien konnte gezeigt werden, dass die Selbsteinschätzung der Kompetenzen durch die Lernenden, deren Selbstkonzept und die entsprechenden Leistungen bei der Bearbeitung von Aufgaben zur Raumwahrnehmung und zur räumlichen Orientierung zusammenhängen (vgl. Hemmer et al. 2012; Adamina & Erzinger 2017). Von Bedeutung ist deshalb auch, die Lernenden im Unterricht diesbezüglich zu stärken, aus ihrer Sicht wirksame und hilfreiche Strategien auszutauschen und Gelegenheiten zu bieten, dass sie selber Einblick nehmen können in ihre Kompetenzentwicklung.

In verschiedenen Lehrmitteln (z.B. Panorama und RaumZeit, Adamina & Wyssen 2005a und 2005b), Unterrichtshilfen (vgl. z.B. Adamina 2014b) und Beiträgen im Begleitband zur geographischen Perspektive im Sachunterricht (vgl. insbesondere Gryl 2016b; Schmeinck 2016; Schubert & Wrenger 2016; Spitta 2016) werden in umfassender Form und mit unterschiedlichen Ausrichtungen und Anlagen Lerngelegenheiten zur Förderung der Raumwahrnehmung, Raumvorstellung und der räumlichen Orientierung angeboten.

Literatur

Adamina, M. (2017): Kompetenzen und Kompetenzentwicklungen zur räumlichen Orientierung von Schülerinnen und Schülern der Primarstufe – Aufgabensammlung. Verfügbar unter: www.phbern.ch/koro [30.12.17].

Adamina, M. (2015): Geographische Aspekte im Sachunterricht. In: Kahlert, J.; Fölling-Albers, M.; Götz, M.; Hartinger, A.; Miller, S. & Wittkowske, S. (Hrsg.): Handbuch Didaktik des Sachunterrichts. Bad Heilbrunn: Klinkhardt, 137-142.

Adamina, M. (2014a): Geographisches Lernen und Lehren in der Grundschule. In: Hartinger, A. & Lange, K. (Hrsg.): Sachunterricht. Reihe Didaktik in der Grundschule. Berlin: Cornelsen, 79-97.

Adamina, M. (2014b): Sich in Räumen orientieren, mit Orientierungsmitteln umgehen. In: Grundschule Sachunterricht, „Sich im Raum orientieren", 61, 5-12 sowie Begleitmaterialien dazu: Forscherheft und Broschüre „Curriculum – Sich in Räumen orientieren und mit Orientierungsmitteln umgehen".

Adamina, M. & Erzinger, A. (2017): Kompetenzen und Kompetenzentwicklungen von Schülerinnen und Schülern zur räumlichen Orientierung in der Primarstufe. Schlussbericht zum Projekt. Verfügbar unter: www.phbern.ch/koro [30.12.17].

Adamina, M.; Hemmer, M. & Schubert, J.C. (Hrsg.) (2016a): Die geographische Perspektive konkret – Begleitband 3 zum Perspektivrahmen Sachunterricht. Bad Heilbrunn: Klinkhardt.

Adamina, M.; Hemmer, M. & Schubert, J.C. (2016b): Aufbau grundlegender räumlicher Orientierungsmuster im Sachunterricht. In: Adamina, M.; Hemmer, M. & Schubert, J.C. (Hrsg.): Die geographische Perspektive konkret. Begleitband 3 zum Perspektivrahmen Sachunterricht. Bad Heilbrunn: Klinkhardt, 224-231.

Adamina, M. & Wyssen, H.-P. (2005a): „Panorama", Raum und Zeit. Lehr- und Lernmaterialien ab 2. Schuljahr. Themenheft, Klassenmaterialien und Hinweise für Lehrpersonen. Bern: schulverlag blmv.

Adamina, M. & Wyssen, H.-P. (2005b): RaumZeit, Raumreise und Zeitreise. Lehr- und Lernmaterialien ab 3. Schuljahr. Legeset, Klassenmaterialien und Hinweise für Lehrpersonen. Bern: schulverlag blmv.

Bette, J. & Schubert, J.C. (2015): Einstellungen von Schülerinnen und Schülern zu Raumkonzepten der Geographie. Ergebnisse einer empirischen Studie zur Erfassung der Lernerperspektive. In: Zeitschrift für Geographiedidaktik ZGD, 43(1), 29-58.

Catling, S. & Willy, T. (2009): Teaching Primary Geography. Exeter: Learningmatters.

D-EDK, Deutschschweizer Erziehungsdirektorenkonferenz (2015): Lehrplan 21. Fachbereich Natur, Mensch, Gesellschaft. Verfügbar unter: http://vorlage.lehrplan.ch/[27.01.2017].

DGfG, Deutsche Gesellschaft für Geographie (Hrsg.) (2014): Bildungsstandards im Fach Geographie für den Mittleren Schulabschluss – mit Aufgabenbeispielen. 8. aktual. Aufl. Berlin: Selbstverlag Deutsche Gesellschaft für Geographie.

Downs, R.M. & Stea, D. (1982): Kognitive Karten: Die Welt in unseren Köpfen. New York: Harper & Row.

Engelhardt, W. (1977): Zur Entwicklung des kindlichen Raumerfassungsvermögens und der Einführung in das Kartenverständnis. In: Engelhardt, W. & Glöckel, H. (Hrsg.): Wege zur Karte. Bad Heilbrunn: Klinkhardt, 118-128.

GDSU, Gesellschaft für Didaktik des Sachunterrichts (Hrsg.) (2013): Perspektivrahmen Sachunterricht. Bad Heilbrunn: Klinkhardt.

Glück, J.; Kaufmann, H.; Dünser, A. & Steinbügel, K. (2005): Geometrie und Raumvorstellung – Psychologische Perspektiven. Verfügbar unter: https://publik.tuwien.ac.at/files/pub-inf_3486.pdf [27.01.2017].

Gryl, I. (Hrsg.) (2016a): Diercke – Reflexive Kartenarbeit. Methoden und Aufgaben. Braunschweig: Westermann.

Gryl, I. (2016b): Der Schulhof – Erleben, Teilhaben und Gestalten zwischen pädagogischem Schutzraum und Öffentlichkeit. In: Adamina, M.; Hemmer, M. & Schubert, J.C. (Hrsg.): Die geographische Perspektive konkret. Bad Heilbrunn: Klinkhardt, 147-160.

Hartl, A. (1990): Kognitive Karten und Kognitives Kartieren. In: Freska, C. & Habel, C. (Hrsg.): Repräsentation und Verarbeitung räumlichen Wissens. Heidelberg: Spektrum, Akademischer Verlag, 34-46.

Hemmer, M. (2016): Räumliche Orientierungskompetenz – mehr als Stadt, Land, Fluss. In: Adamina, M., Hemmer, M. & Schubert, J.C. (Hrsg.): Die geographische Perspektive konkret. Begleitband 3 zum Perspektivrahmen Sachunterricht. Bad Heilbrunn: Klinkhardt, 175-178.

Hemmer, M. (2012): Räumliche Orientierungskompetenz – Herausforderungen für Forschung und Schulpraxis. In: Hüttermann, A.; Kirchner, P.; Schuler, S. & Drieling, K. (Hrsg.): Räumliche Orientierung. Räumliche Orientierung, Karten und Geoinformation im Unterricht. Braunschweig: Westermann, 10-21.

Hemmer I.; Hemmer, M.; Hüttermann, A. & Ullrich, M. (2012): Über welche grundlegenden Fähigkeiten müssen Schülerinnen und Schüler verfügen, um eine Karte auswerten zu können? Auf dem Weg zu einem Kompetenzmodell zur Kartenauswertekompetenz. In: Hüttermann, A.; Kirchner, P.; Schuler, S. & Drieling, K. (Hrsg.): Räumliche Orientierung. Räumliche Orientierung, Karten und Geoinformation im Unterricht. Geographiedidaktische Forschungen Band 49. Braunschweig: Westermann, 144-153.

Hemmer, I.; Hemmer, M.; Kruschel, K.; Neidhardt, E.; Obermaier, G. & Uphues, R. (2012): Einflussfaktoren auf die kartengestützte Orientierungskompetenz von Kindern in einer ihnen unbekannten Stadt – Format einer geographiedidaktischen Studie im Realraum. In: Bayrhuber, H.; Harms, U.; Muszynski, B.; Ralle, B.; Rothgangel, M.; Schön, L.H.; Vollmer, H. & Weigand, H.-G. (Hrsg.): Formate fachdidaktischer Forschung. Münster: Waxmann, 129-144.

Hemmer, I. & Neidhardt, E. (2007): Geographisches Lernen im Anfangsunterricht. In: Gläser, E. (Hrsg.): Sachunterricht im Anfangsunterricht. Lernen im Anschluss an den Kindergarten. Baltmannsweiler: Schneider Verlag Hohengehren, 159-176.

Hemmer, M. & Wrenger, K. (2016): Förderung der Kartenkompetenz im Sachunterricht. In: Adamina, M.; Hemmer, M. & Schubert, J.C. (Hrsg.): Die geographische Perspektive konkret. Begleitband 3 zum Perspektivrahmen Sachunterricht. Bad Heilbrunn: Klinkhardt, 179-185.

Hüttermann, A. (2013): Karte; Kartenkompetenz; Kartenskizze; Kartenverständnis. In: Böhn, D. & Obermaier, G. (Hrsg.): Wörterbuch der Geographiedidaktik. Begriffe von A-Z. Braunschweig: Westermann, 128-133.

Lynch, K.A. (1960): The Image of the City. Cambridge: MIT Verlag.

Neidhardt, E. (2007): Ontogenetische Entwicklung im Kindesalter beim Richtungsanzeigen in vertrauter Umgebung. In: Zeitschrift für Entwicklungspsychologie und Pädagogische Psychologie, 39(3), 154-158.

Piaget, J. & Inhelder, B. (1971): Die Entwicklung des räumlichen Denkens beim Kinde. Stuttgart: Klett.

Quaiser-Pohl, C. & Jordan, K. (2004): Warum Frauen glauben, sie könnten nicht einparken – und Männer ihnen Recht geben. München: Beck.

Schmeinck, D. (2016): Digitale (Geo-)Medien in der Grundschule – Mit GPS-Geräten dem Koordinatennetz der Erde auf der Spur. In: Adamina, M.; Hemmer, M. & Schubert, J.C. (Hrsg.): Die geographische Perspektive konkret. Begleitband 3 zum Perspektivrahmen Sachunterricht. Bad Heilbrunn: Klinkhardt, 215-223.

Schniotalle, M. (2003): Räumliche Schülervorstellungen zu Europa. Ein Unterrichtsexperiment zur Bedeutung kartografischer Medien für den Aufbau räumlicher Orientierung im Sachunterricht der Grundschule. Berlin: Tenea.

Schubert, J.C. (2016): Raumkonzepte im Kontext geographischen Lernens im Sachunterricht. In: Adamina, M.; Hemmer, M. & Schubert, J.C. (Hrsg.): Die geographische Perspektive konkret. Begleitband 3 zum Perspektivrahmen Sachunterricht. Bad Heilbrunn: Klinkhardt, 143-146.

Schubert, J.C. & Wrenger, K. (2016): Kartieren und Befragen als geographische Arbeitsweise – Erkundung des Wochenmarktes und Analyse räumlicher Strukturen. In: Adamina, M.; Hemmer, M. &

Schubert, J.C. (Hrsg.): Die geographische Perspektive konkret. Begleitband 3 zum Perspektivrahmen Sachunterricht. Bad Heilbrunn: Klinkhardt, 201-214.

Spitta, P. (2016): Mit Schülerinnen und Schülern Stadtteilpläne und (Schatz-)Karten erstellen. In: Adamina, M.; Hemmer, M. & Schubert, J.C. (Hrsg.): Die geographische Perspektive konkret. Begleitband 3 zum Perspektivrahmen Sachunterricht. Bad Heilbrunn: Klinkhardt, 187-200.

Stückrath, F. (1968): Kind und Raum. Psychologische Voraussetzungen der Raumlehre in der Volksschule. 3. Aufl. München: Kösel-Verlag.

Wardenga, U. (2002): Alte und neue Raumkonzepte für den Geographieunterricht. In: Geographie heute, 200, 8-11.

Wiegand, P. (2006): Learning and Teaching with Maps. London: Routledge.

Wrenger, K. (2015): Kartengestützte Orientierung im Realraum unter besonderer Berücksichtigung der Einflussgröße Raum. Eine empirische Studie mit Schülerinnen und Schülern zu Beginn der Sekundarstufe I. Geographiedidaktische Forschungen Band 57. Münster: Monsenstein und Vannerdat.

Marco Adamina

Schülerinnen und Schülervorstellungen zur Erde, zu fernen Räumen und zu Lebensweisen von Menschen in verschiedenartigen Gebieten der Erde

1 Vorstellungen und Vorkenntnisse zu Räumen und zu Lebensweisen von Menschen in fernen Räumen und auf globaler Ebene als wesentliche Aspekte des Lerngegenstandes

Kinder und Jugendliche – wie auch Erwachsene – nehmen alltäglich Einblick in verschiedene Gebiete der Erde und erfahren dabei die Vielfalt von Lebensweisen und -situationen von Menschen. Oftmals geschieht dies vermittelt durch die aktuelle Berichterstattung über Ereignisse in der Nähe oder Ferne, durch Informationen, die aus Bildern, Karten, Büchern und Filmen gewonnen werden. Weitere Vorstellungen von der Welt, von Räumen und Ländern, von Bevölkerungsgruppen und ihren Lebensweisen entwickeln und konstruieren Kinder und Jugendliche zudem basierend auf selbstgemachten Erfahrungen im Urlaub oder auf Reisen.

Primarschülerinnen und -schüler bringen folglich reichhaltige, wenn auch höchst unterschiedliche Erfahrungen, Vorstellungen, Interessen und Einstellungen zu Räumen und Lebensweisen in den Unterricht mit. Konzeptionell wird dies im raumbezogenen, geografischen Lernen auf der Primarstufe berücksichtigt, indem das Wahrnehmen und Erschließen von räumlichen Situationen mit dem Aspekt der räumlichen Orientierung verknüpft wird. Insofern gilt es, lokal und regional Vertrautes aufzunehmen und anschließend erkundend und recherchierend zu erweitern. Auch auf nationaler, kontinentaler und globaler Ebene sollen entsprechende Konzepte und Vorstellungen erweitert, vertieft oder allenfalls auch korrigiert werden. Dabei steht die Erschließung von verschiedenartigen Mensch-Umwelt-Beziehungen im Vordergrund. Identitätsentwicklung und -reflexion im vertrauten Raum, die Aneignung einer globalen Perspektive, der Aufbau des Perspektivenwechsels und der interkulturellen Verständigung sollen damit gefördert und ermöglicht werden.

Daraus lassen sich ebenfalls Bezüge zur Bildung für eine nachhaltige Entwicklung (BNE) herleiten und es werden Fragen und Aspekte aufgeworfen, die im Zusammenhang mit Anliegen der interkulturellen Verständigung und des globalen Lernens stehen. Es geht um das Nachdenken darüber, was mit „eigen und fremd“,

„vertraut und nicht vertraut" gemeint ist und was es uns bedeutet, was Identität, das Eigene, Heimat und Fremdes, Andersartiges ausmachen und wie wir das Eigene und das Fremde einschätzen und bewerten.

Selbstbilder und Fremdbilder – das Eigene und Fremde, „Heimat und Ferne"
Das „Selbst" repräsentiert das Eigene, das Vertraute, auch das Identitätsbildende, das was wir oft auch mit Heimat verbinden. „Heimat hat zu tun mit Lebensqualität. Heimat ist ein Kürzel für Orientierungssicherheit, für konstante und verlässliche Beziehungen und Erfahrungen. Heimat ist ein Identitätsinstrument." (Bausinger 2002, 43). Das Selbst wird dabei oft positiv gewichtet und eingeschätzt, während das Andersartige, Fremde häufiger negativ gewichtet und beurteilt wird. Dieses Selbst wird in Korrespondenz zum Nicht-eigenen konstruiert (siehe dazu auch den Beitrag von Kübler in diesem Band, S. 231ff.).
Fremd bedeutet hier sowohl „von weit her" als auch „nicht dazugehörig". Fremde sind nicht Angehörige des eigenen sozialen Umfeldes, der vertrauten Gemeinschaft. Mit „fremd" sind Sachen und Situationen gemeint, die anders sind als das, was man täglich antrifft, was einem vertraut ist, das demnach ungewöhnlich ist, aus der Reihe fällt (vgl. dazu z.B. Ben Jelloun 2000).
Fremdes bzw. Nicht-Vertrautes betrachten wir häufig durch den Filter des emotional und räumlich Nahen, des Vertrauten. Einblicke in und erste Annäherungen an Fremdes erfolgen deshalb unweigerlich immer im Vergleich und aus der Perspektive des Vertrauten. Beim historischen Lernen steht dabei das Konzept von Identität und Alterität im Fokus, beim geographischen Lernen der Bezug zwischen vertrauten und fernen (fremden) Räumen und Lebenssituationen von Menschen. Gemeinsam ist diesen Konzepten, dass es beim Lernen um das Bewusstmachen von Selbst- und Fremdbildern geht, um das Anbahnen und die Entwicklung von Perspektivenwechseln, das Einnehmen von und die Auseinandersetzung mit anderen Sichtweisen auf Lebensbilder und Lebenssituationen von Menschen (vgl. dazu auch Adamina 2014; Adamina, Hemmer & Schubert 2016a; Budke 2004 und 2008; D-EDK 2015; DGfG 2014; GDSU 2013).
Während im Beitrag „Wie Schülerinnen und Schüler Räume und räumliche Situationen wahrnehmen und sich in Räumen orientieren" (vgl. den Beitrag in diesem Band S. 195ff.) insbesondere Aspekte der Raumwahrnehmung und der räumlichen Orientierungsfähigkeiten von Lernenden in vertrauten, erfahrbaren Räumen (Maßstabsebene lokal und regional, Orientierung im Realraum) sowie auf den Umgang mit Orientierungsmitteln und Kartenlesekompetenzen aufgenommen werden, werden im vorliegenden Beitrag Bezugspunkte zu Schülervorstellungen zur Erde, zu fernen Räumen und zu Lebensweisen von Menschen in der Ferne sowie zum Vorwissen bezüglich topographischer Orientierung und zu räumlichen Orientierungsmustern und Ordnungsstrukturen thematisiert, bei denen Vorstellungen und gedankliche Konstruktionen stärker mittelbar durch verschiedenste Quellen geprägt und beeinflusst sind.

Es wird Bezug genommen zu Kompetenzen, wie sie im Lehrplan 21, Natur, Mensch, Gesellschaft im Kompetenzbereich 7 im 1. und 2. Zyklus aufgenommen sind:

> „Lebensweisen und Lebensräume von Menschen erschließen und vergleichen: Kompetenz 7.2.: Die Schülerinnen und Schüler können Vorstellungen zu Lebensweisen von Menschen in fernen Gebieten der Erde beschreiben, vergleichen und entwickeln. Kompetenz 7.4: Die Schülerinnen und Schüler können Zusammenhänge zwischen Lebensweisen und Lebensräumen von Menschen wahrnehmen, einschätzen und sich als Teil der einen Welt einordnen“ (D-EDK 2015, NMG 1./2. Zyklus, 24f.).

Im Perspektivrahmen Sachunterricht (GDSU 2013, 46ff.) sind entsprechende Kompetenzen im Teil zur geographischen Perspektive in den Themenbereichen „Menschen nutzen, gestalten, belasten, gefährden und schützen Räume“ (TB Geo 2) und „Vielfalt und Verflechtungen von Räumen, Lebenssituationen nah und fern“ (TB Geo 3) enthalten.

Im Hinblick auf die Ausrichtung und das Arrangement von Lernsituationen in diesem Kontext stellt sich die Frage, von welchen Schülervorstellungen ausgegangen werden kann, welche Anknüpfungen notwendig sind. Dies heißt aufzunehmen und einzubeziehen, wie sich Lernende über Räume und räumliche Situationen informieren und welche Strategien zur Raumwahrnehmung und -vorstellung, zur räumlichen Orientierung und zum Aufbau räumlicher Orientierungsmuster sie bereits anwenden.

2 Vorstellungen von Schülerinnen und Schülern zu fernen Räumen und zu Lebenssituationen von Menschen in fernen Räumen

Untersuchungen zu Schülervorstellungen zu fernen Räumen und Bevölkerungsgruppen im Bereich der Grundschule und der Primarstufe liegen noch nicht sehr zahlreich vor. Mehrere Untersuchungen wurden zudem bereits vor längerer Zeit (25 und mehr Jahre zurück) durchgeführt oder beziehen sich auf sehr kleine Stichproben.

Vom Raumbezug her liegen am meisten Studien zu Schülervorstellungen zu Afrika vor. Ergebnisse und allgemeine Tendenzen aus diesen Studien lassen sich durchaus auf andere räumliche Beispiele und auf Vorstellungen zu Lebenssituationen in anderen Gebieten der Erde übertragen. Im Folgenden werden deshalb einige Ergebnisse am Beispiel von Vorstellungen der Lernenden zu Afrika zusammengefasst.

Stückrath (1958) untersuchte bereits vor rund 60 Jahren mittels Zeichnungen und Gesprächen die Vorstellungen von Lernenden zu fernen, unbekannten Räumen wie Afrika oder China bzw. zu raumbezogenen Aspekten wie Küste,

Vulkane, Urwald. Er stellte dabei fest, dass Knaben eher Stichworte wie Vulkane oder Urwald für ihre Darstellungen und Darlegungen wählten, wogegen sich Mädchen eher zu menschenbezogenen Themen äußerten. In den Zeichnungen und Gesprächen wurde deutlich, dass sich die Vorstellungen der Schülerinnen und Schüler als Gesamtbilder mit meist anschaulichen, vereinfachten und zusammenfassenden Formen und Elementen repräsentierten, z.B. zum Thema „Das ist Afrika“ mit der Darstellung einzelner Hütten, Palmbäume, Menschen, die am Feuer kochen, u.a.

Wagner (1974) verglich ihre Studien zu Schülervorstellungen zu Afrika von 1958 und 1974 vor dem Hintergrund, wie sich durch den Einfluss von Medien (insbesondere Fernsehen) das Bild über ferne Welten veränderte. Sie ging von der Vermutung aus, dass sich die Kenntnisse erweitern würden, stellte aber fest, dass sich die Ergebnisse bezüglich inhaltlicher Bezugspunkte und der Auswahl der gezeichneten Objekte kaum unterscheiden. Aufgrund von Assoziationen der Lernenden zu raumbezogenen Stichworten stellte Wagner (1974) fest, dass womöglich durch den Einfluss des Fernsehens Stereotype bzw. klischeeartige Vorstellungen eher zunehmen. Darauf weisen Merkmale zu Afrika wie Menschen mit Baströcken, Strohhütten, Palmen, Bananen, Kriegsbemalung, Trommeln u.a. hin.

Auch Adamina (2008) konnte in den Untersuchungen zu Vorstellungen von Schülerinnen und Schülern am Anfang der 3., 5. und 7. Jahrgangsstufe (Stichprobe insgesamt 167 Schülerinnen und Schüler) aufzeigen, dass Assoziationen der Lernenden zum Stichwort Afrika generalisierend, (stereo-)typisierend und zusammenfassend ausfallen. Viele Lernende stellen sich Afrika als ein riesiges Land vor, andere als einheitlichen kontinentalen Raum. Auf Aspekte der Vielfalt an landschaftlichen, kulturellen, bevölkerungsbezogenen Merkmalen und Eigenarten in Afrika wird mit den genannten Stichworten auf allen Schulstufen kaum hingewiesen. Afrika ist in den Vorstellungen vieler Kinder der Primarstufe als heißes (auch trockenes), armes Gebiet mit schwarzen Menschen und einer Vielfalt von Tieren repräsentiert. Die Lebenssituation der Menschen wird vor allem mit Stichworten wie „arm“, Armut und Hunger beschrieben, die Siedlungssituation mit „Dörfer“, „Häuser aus Lehm“, „Häuser mit Strohdächern“ und „einfache Häuser“.

Auffallend viele Stichworte beziehen sich auf die Tierwelt, wobei vor allem die Wildtiere der Savanne genannt werden wie Löwen, Elefanten, Giraffen, Gazellen, Affen im Urwald, Krokodile und Kamele; dazu wurde auch das Stichwort „wilde und gefährliche“ Tiere genannt. Vergleicht man die Stichworte und deren Häufigkeiten über die Klassenstufen 3, 5 und 7 hinweg, so zeigt sich, dass durchwegs die gleichen Stichworte dominieren und sich lediglich in der Anzahl der Nennungen einige Verschiebungen ergeben. Eine Differenzierung bzw. eine Erweiterung von thematischen Bereichen von Stufe zu Stufe ist nicht erkennbar.

Zu gleichen bzw. ähnlichen Ergebnissen kommt Schmidt-Wulffen (2010). In seiner 1996 durchgeführten Untersuchung des Afrikabildes von Schülerinnen und Schülern der Sekundarstufe I (5.-9. Schuljahr) kommt er zum Schluss, dass dieses sehr rückwärtsgewandt und statisch sei und in den Texten und Zeichnungen stereotype Vorstellungen dominieren, so z.B. das Leben in Hütten, Leben in Afrika = Leben auf dem Lande, Hunger, Armut, Menschen als Opfer von ungünstigem Klima und Bürgerkriegen. Dabei zeigten sich auch in dieser Studie kaum Unterschiede in den Vorstellungen und Einstellungen zwischen den Lernenden der Jahrgangsstufen 5 und 9. Diese Ergebnisse stützen die Vermutung, dass die Vorstellungen relativ stabil sind und sich weder in der Schule noch außerhalb der Schule durch neue Erkenntnisse und Erfahrungen wesentlich verändern.
Auf allen Stufen der Grundschule und Primarstufe entspricht die Vorstellung der Schülerinnen und Schüler zu Afrika weitgehend dem Bild, wie es nach wie vor häufig in Kinderbüchern und Kinderatlanten (nicht Grundschulatlanten) gezeigt wird. So werden zum Beispiel in einem aktuellen Kinderatlas (2015) auf den Karten zu Afrika über 40 Piktogramme gezeigt, darunter viele Tiere wie Löwe, Elefant, Zebra, Giraffe, Nilpferd, Gorilla (insgesamt 15 Piktogramme mit Tieren), traditionelle Behausungen wie Hütten in der Sahelzone, Nomadenzelt, Nomade auf Kamel, im Ruderboot, am Essen am Boden auf einem Tuch, traditionell gekleideter Zulu, ein Jäger der Bevölkerungsgruppe der San im südlichen Afrika, die Pyramiden in Ägypten, eine afrikanische Maske, eine Kakaofrucht u.a. Ähnlich sind die Repräsentationen in anderen Kinderatlanten oder auch auf Kinderweltkarten. Viele Darstellungen in Büchern, Atlanten, Weltkarten u.a. für Kinder und Jugendliche sind reduktionistisch und traditionalistisch, Eigenarten der verschiedenen Länder und Gebiete Afrikas drastisch reduziert; der Vielfalt und Vielgestaltigkeit auf dem afrikanischen Kontinent wird keineswegs Rechnung getragen.
Auch zu Gebieten, die die Lernenden vom Urlaub und von Reisen her kennen, haben sie häufig nur episodische Vorstellungen und Erinnerungen; diese beziehen sich z.B. auf Aufenthalte am Meer, in Städten und auf besuchte Sehenswürdigkeiten.
Wie aus Untersuchungen von Kinderzeichnungen und Beschreibungen zu fernen Räumen hervorgeht (Adamina 2008 und 2017a), sind ähnliche Feststellungen für viele räumliche Beispiele wie Gebirgsräume (z.B. Himalaja), Wüsten, Tropischer Regenwald, Mittelmeergebiete, Kontinente wie Australien oder auch auf Länder wie Ägypten, China oder die USA feststellbar. Stellvertretend, aber durchaus repräsentativ stehen dafür Beispiele von Schülervorstellungen zu Madagaskar, die im Rahmen eines Projektes bei Lernenden der 3. Jahrgangsstufe mit Beschreibungen, Zeichnungen und der Darstellung von Karten erhoben wurden (Adamina 2016).

Der Weg ist nicht so stabil wie in der Schweiz. Der Jaguar will den Lemuren fressen. Die Jaguare erwischen ihre Beute meistens. In Madagaskar sind die Laden so wie man in der Schweiz ein Kiosk nennt zum Einkaufen.

1. In Madagaskar hat es viele Bäume und Sträucher. 2. Man kann nicht den Wasserhahn aufmachen und dann kommt das Wasser. Man muß zum Brunnen gehen, wenn man Wasser will. 3. Mehrere Leute wohnen in einem Haus

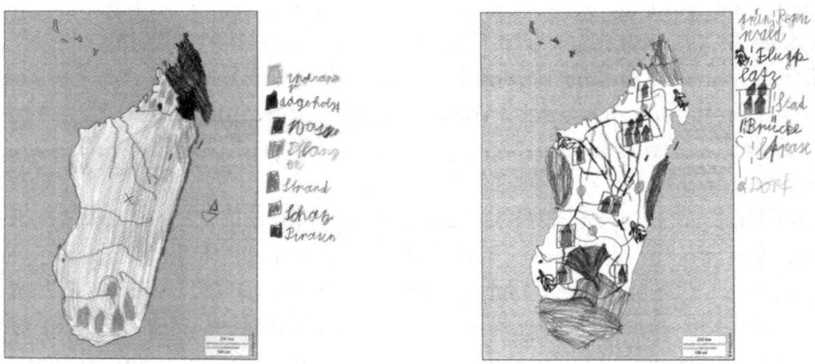

Legende (von oben nach unten): Indianer, abgeholzt, Wasser, Pflanzen, Strand, Schatz, Piraten

Legende (von oben nach unten): grün:Regenwald, Flugplatz, Stadt, Brücke, Strasse, Dorf

Abb. 1: Vorstellungen zu Madagaskar – Bilder, Texte einer Schülerin bzw. eines Schülers und Karten von zwei Schülern Anfang 3. Schuljahr (Adamina 2016)

Stereotypen, Vorurteile – Umgang mit Stereotypen im Unterricht

Stereotypen im raumbezogenen, geographischen Kontext sind eingängige, vereinfachende, pauschalisierende Zusammenfassungen von Merkmalen, die Räumen, Ländern, Bevölkerungsgruppen u.a. zugeschrieben werden. Viele Stereotypen werden erlernt oder durch die Sozialisation innerhalb einer Bevölkerungsgruppe übernommen. Der Begriff Stereotyp bezieht sich auf Stereo (griechisch: steréos) im Verständnis von fest, hart, starr und auf Typ (griechisch: týpos) im Verständnis von Gestalt, Gepräge, Modell. Während Modelle und Typisierungen wichtige und unumgängliche Lerninstrumente sind, ist deren Tendenz zur Erstarrung und Erhärtung problematisch, da sie letztlich zu negativen Vorurteilen und Lernstillständen bzw. stabilen, verkürzten Konzepten führen kann.

Die Entwicklung und der Aufbau von Stereotypen kann als Strategie angesehen werden, die es uns ermöglicht, Merkmale und Situationen zugänglich und fassbar zu machen. Stereotypen bilden ein Art Gerüst, sich in der Fülle von Reizen und Eindrücken, z.B. zu Räumen und räumlichen Situationen zurechtzufinden, und tragen so zur Einordnung und Orientierung bei. Wir ordnen, charakterisieren, typisieren und kategorisieren Merkmale, Situationen, Ereignisse, Prozesse zu und in Räumen und zu Lebensweisen von Menschen in Räumen durch Abgleichen und Vergleichen mit bereits Bekanntem, was zu Stereotypisierungen führt bzw. Stereotypen bestätigt und noch stärker verankert. Stereotypen bleiben oft stabil und sind vielfach resistent trotz Interventionen im Zusammenhang mit Lernen als Veränderungen und Entwicklungen von Vorstellungen. Stereotypen können Strukturen und Konzepte tief verankern (vgl. dazu die Diskussion zu Konstrukten des Conceptual Change im Beitrag von Hardy & Meschede und von Möller in diesem Band, S. 21 bzw. S. 35ff.). So betrachtet können Stereotypen nicht einfach als falsche Vorstellungen bezeichnet werden, die verändert und aufgegeben werden müssen. Aus fachdidaktischer Perspektive geht es im Unterricht nicht darum, Stereotypen und Stereotypisierungen zu vermeiden oder aufzulösen. Sie sind oft zu stark, zu nachhaltig verankert und für die eigene Orientierung auch dienlich. Vielmehr wird empfohlen, im Unterricht Stereotypen als solche offenzulegen, zu besprechen und zu erhellen, wie Stereotypen entstehen können, wie sie konstruiert und repräsentiert werden, so auch in Kindersachbüchern oder Kinderatlanten, in der Werbung u.a. Damit wird es möglich, mit Stereotypen kritisch-reflexiv umzugehen, sie vor einer Verhärtung zu bewahren und ein Überdenken von Selbst- und Fremdbildern zu ermöglichen (vgl. dazu auch Budke 2004 und 2008; Reinfried 2015).

3 Vorstellungen und Konzepte der Schülerinnen und Schüler zu globalen Fragen und Entwicklungen

Fragen zu räumlichen Situationen und zu Lebensweisen von Menschen weltweit schließen auch ein, welche Vorstellungen die Kinder zu globalen Situationen und Entwicklungen mitbringen: Was wissen sie über Beziehungen zwischen Räumen und Bevölkerungsgruppen, über globale Trends wie Bevölkerungsentwicklungen, Migrationsströme, über die Entwicklung der Lebenssituation in unterschiedlichen Gebieten, über wirtschaftliche Entwicklungen und Ungleichheiten, und welche Vorstellungen haben sie über mögliche künftige Entwicklungen auf der Erde? Untersuchungen zu Vorstellungen und Konzepten von Lernenden der Grundschule und Primarstufe zu globalen Fragen und Entwicklungen sowie zu Erfahrungen im Denken in Strukturen und Zusammenhängen und im Systemdenken liegen erst vereinzelt vor. Es zeigt sich auch, dass dazu erst wenige Unterrichtserfahrungen bestehen (vgl. z.B. Bollmann, Frischknecht, Kunz, Nagel & Wilhelm 2010; Frischknecht, Bollmann, Kunz & Strauss 2013).

Systemdenken

Untersuchungen dazu, wie Schülerinnen und Schüler der Grundschule bzw. Primarstufe Beziehungen, Zusammenhänge, Modelle und Systeme denken und sich vorstellen, liegen noch kaum vor. Systemdenken bezieht sich darauf, wie es Lernenden gelingt, die Organisation und die Eigenschaften eines Systems zu erkennen und dabei Elemente, Beziehungen und Verknüpfungen, aber auch Wirkungen sowie Veränderungen und die Dynamik in Systemen zu beschreiben (vgl. Frischknecht et al. 2013; Sommer 2006). Sommer entwickelte ein Komponentenmodell zur Systemkompetenz für die Grundschule und untersuchte, wie Systemdenken bei Grundschülerinnen und -schülern erfasst und gefördert werden kann. Insgesamt konnte Sommer (2006) feststellen, dass es mit dem entsprechenden Vorwissen und einer gezielten Förderung grundlegender Strategien zum Systemdenken Lernenden der Grundschule bereits gut möglich ist, Beziehungen, Zusammenhänge, Wirkungen und Dynamiken in Systemen zu erkennen und zu beschreiben.

Globale Fragen, Zukunft der Erde

Im Rahmen der vertiefenden Interviewstudie in der Längsschnittuntersuchung zur räumlichen Orientierung (Adamina & Erzinger 2017) wurden die Schülerinnen und Schüler Ende 4. und Ende 6. Schuljahr danach befragt, welche Fragen sie zur Zukunft der Erde beschäftigen und welche Punkte sie dabei als besonders wichtig erachten. Die Antworten der Kinder bezogen sich im Wesentlichen auf die folgenden Bereiche:

- Umweltveränderungen: Probleme verursacht durch Abfall und Abgase, Schutz von Tieren und Lebensräumen, Energie, Klimaveränderungen, Naturereignisse

- Konflikte, Kriege, Frieden: keine bzw. weniger Kriege und kriegerische Auseinandersetzungen, Weltfrieden, der Wunsch, dass die Menschen merken, dass Kriege nichts bringen, sondern nur schaden
- Gesellschaftliche, soziale und wirtschaftliche Probleme: Hunger, Armut, Migration und Flucht und vor allem Aspekte der Ungleichheit und Gerechtigkeit
- Individuelles und interindividuelles Wohlergehen: Gesundheit, Ernährung, sich mehr um die Kinder kümmern, Menschen helfen Menschen

Die von den Schülerinnen und Schülern eingebrachten Perspektiven decken sich in wesentlichen Bereichen mit den Zielen für eine nachhaltige Entwicklung, wie sie in der Agenda 2030 (SDSN 2014) aufgeführt sind. Tendenziell werden im 6. Schuljahr mehrperspektivische Konzepte für die Zukunft der Erde eingebracht, wobei auch schon im 4. Schuljahr rund ein Drittel der Lernenden mehrere Bereiche ansprechen. Ende 6. Schuljahr sind Aspekte zu „Ungleichheit, Gerechtigkeit" und zum „Schutz der Erde als Ganze bzw. zu globalen Aspekten wie Klimaveränderungen" deutlicher vertreten als Ende 4. Schuljahr.
In einer Untersuchung zu Schülervorstellungen zum globalen Klimawandel (Adamina 2018; n = 140) wurde festgestellt, dass ein Großteil der Schülerinnen und Schüler bereits über Vorkenntnisse verfügen und dabei einzelne Zusammenhänge aufführen können. Auch diesbezüglich sind das Vorwissen, die Vorstellungen und die Einstellungen der Kinder sehr heterogen. Während die einen Lernenden noch gar keine Bezugspunkte und Stichworte zum Thema aufführen, kennen andere bereits verschiedenste Aspekte des Klimawandels und stellen diese auch in einen Zusammenhang. Auch in dieser Untersuchung zeigt sich, dass die Differenzierung und Dichte der Ausführungen der Lernenden im Verlaufe der Primarstufe tendenziell zunimmt. Die Darlegungen der Lernenden stützen sich in erster Linie auf Informationen, die sie außerschulisch durch die Berichterstattung in Medien, durch Gespräche mit den Eltern und teilweise durch Aktionen im Zusammenhang mit Klimaschutz mitbekommen. In einzelnen Klassen wurden zudem einzelne Aspekte im Unterricht kurz aufgenommen, nicht aber ausführlich thematisiert.

4 Mental Maps, Räumliche Orientierungsmuster, -raster und -systeme, topographische Kenntnisse und Orientierung

Viele Erfahrungen und Informationen weisen in direkter oder indirekter Form eine räumliche Komponente auf: Wo sind wir täglich unterwegs, wohin fahren wir in der Freizeit und in den Ferien, woher kommen die Nahrungsmittel und Güter, die wir täglich konsumieren, wo finden die Ereignisse und Situationen statt, über die berichtet wird u.a. Schülerinnen und Schüler bauen aufgrund ihrer (subjektiven) räumlichen Wahrnehmung, der individuell-konstruktiven Verar-

beitung von Eindrücken, Erfahrungen und Informationen sowie von Einschätzungen und Einstellungen zu Räumen und räumlichen Situationen ihre eigenen Vorstellungen in Form von gedanklichen Karten (Mental Maps) auf.
Zur Entwicklung von Vorstellungen und Konzepten, zum besseren Verständnis von Phänomenen, Sachen, Situationen und Ereignissen ist aus der Perspektive des geographischen Lernens deren räumliche Einordnung von Bedeutung. Dies bedingt den Aufbau und die stete Erweiterung von grundlegenden Kenntnissen zur Orientierung in räumlichen und zeitlichen Strukturen – den Aufbau und die Entwicklung von topographischem Orientierungswissen, von räumlichen Orientierungsmustern, -rastern und -strukturen. Dabei geht es nicht um ein statisches Faktenwissen („Geographie im Verständnis von Land, Stadt, Fluss"), sondern um anwendungsbezogenes Wissen und Können, um Informationen räumlich einzuordnen, um eigene Wahrnehmungen räumlich zu strukturieren und räumliche Orientierungsmuster zu reflektieren und zu erweitern (vgl. dazu Adamina, Hemmer & Schubert 2016b).

4.1 Mental Maps – räumliche Orientierungsmuster von Schülerinnen und Schülern auf verschiedenen Maßstabsebenen

In der Geographie und Psychologie wurden ausgehend von Grundlagen und Ansätzen des kognitiven Kartierens (siehe weiterer Beitrag von Adamina in diesem Band, S. 19ff.) verschiedenste konzeptionelle und empirische Arbeiten zum Konstrukt bzw. Modell der Mental Maps bearbeitet (vgl. dazu z.B. Downs & Stea 1977; Nadler & Sgibnev 2016; Schniotalle 2003). Unter Mental Map – parallel dazu wird oft auch der Begriff „Cognitive Maps" verwendet – wird aus raumbezogener Perspektive eine gedankliche Abbildung oder Karte bzw. die Repräsentation der Speicherung von Informationen zu räumlichen Merkmalen und Situationen verstanden. Diese können sich auf verschiedene Maßstabsebenen (lokal bis global) beziehen und auch in Verknüpfung zueinander stehen.
Mental Maps geben „die Welt so wieder, wie ein Mensch glaubt, dass sie ist, sie muß nicht korrekt sein" (Downs & Stea 1977, 24); sie repräsentieren die selektive Wahrnehmung und Verarbeitung von Informationen zu Räumen und räumlichen Situationen und deren Abrufen und Dekodieren in entsprechenden Handlungssituationen. Dies geschieht z.B. bei der Orientierung in einem Raum oder beim Austausch von Erlebnissen und Erfahrungen in Räumen, beim Reisen oder bei der Einschätzung und Einordnung von Informationen über Naturereignisse, Migrationsströme u.a. Grundlegende Annahme ist dabei, dass Erfahrung und Wissen über Räume auch gedanklich „verräumlicht" wird.
Mental Maps entwickeln und verändern sich aufgrund von persönlichen Erfahrungen und Erkundungen in Räumen und zu räumlichen Situationen, aus der Verarbeitung von medial repräsentierten Informationen (Berichte, Reportagen, Bilder, Filme u.a.), der Arbeit mit Karten und anderen Orientierungsmitteln,

aber auch aufgrund eigener Konstruktionen und Phantasien. Mittels gezeichneter Mental Maps können Vorstellungen, Konzepte und Merkmale der Raumwahrnehmung und -aneignung, aber auch der Raumbewertung und von Einstellungen von Personen zu Räumen und räumlichen Situationen erschlossen und erforscht werden.

Kinder der Grundschule bzw. der Primarstufe entwickeln ihre Mental Maps zu Räumen, räumlichen Situationen und Lebensweisen von Menschen in fernen Gebieten aus Erzählungen von Geschichten aus diesen Gebieten und über diese Bevölkerungsgruppen, aus Gehörtem von Eltern, Bekannten, gleichaltrigen Kindern und Jugendlichen, aus Gesehenem, Gehörtem, Gelesenem in Büchern, Atlanten, Filmen, im Fernsehen u.a. und auch aus eigenen Zuschreibungen und Phantasien. Berichte und Informationen zur Erde als Ganzes und zu Räumen und Lebenssituationen von Menschen in fernen Gebieten werden stets mit Bezug und im Abgleichen mit bereits bestehenden Vorstellungen aufgenommen und verarbeitet. Die Wahrnehmung, Selektion und Verarbeitung, aber auch die Einschätzung und Bewertung von Informationen erfolgen durch verschiedene individuelle Filter. Beispiele solcher Filter sind der Austausch und die Gesprächskultur im eigenen Umfeld (z.B. Familie, Peers) oder gängige und häufig implizit übernommene Betrachtungsweisen im kulturellen Kontext (z.B. Schule, Traditionen, Rituale, Bräuche).

Die Vorstellungen umfassen damit individuelle gedankliche Strukturen, Schemata und Konstrukte, die durch soziokulturelle Wahrnehmungsmuster beeinflusst sind. In einer ähnlichen Ausrichtung steht auch das Konzept des subjektiven Kartographierens (vgl. dazu Daum & Hasse 2011), bei dem noch stärker die subjektive Konstruktion und dabei das In-Bezug-Stellen zur individuellen, subjektbezogenen Bedeutsamkeit von Raum und räumlichen Situationen im Vordergrund stehen.

Die räumlichen Vorstellungen und Orientierungsmuster – Mental Maps – von Lernenden der Grundschule bzw. Primarstufe auf verschiedenen Maßstabsebenen wurden in den letzten beiden Jahrzehnten in mehreren Studien erschlossen und untersucht, so z.B. zur Erde von Adamina (2008 und 2017a) und Schmeinck (2007), zu Europa von Schniotalle (2003) und zur Schweiz von Adamina (2017a).

Mental Maps zur Erde

Die von Lernenden der Primarstufe gezeichneten Mental Maps zur Erde zeigen sehr unterschiedliche Vorstellungsmuster, die sich auf verschiedene Vorkenntnis- und Erfahrungsbereiche beziehen. Schmeinck (2007) konnte in ihren Untersuchungen zu Mental Maps zur Erde von Schülerinnen und Schülern am Ende der Grundschulzeit in Deutschland und sieben weiteren Ländern insgesamt 15 „Kartentypen" identifizieren: Situationsbilder (z.B. Menschen an einem Strand), Darstellung eines kleinen räumlichen Ausschnittes an einem Wohnort, Darstellung eines einzigen Landes bzw. einer Insel, Bild mit der beliebigen Anordnung von Ländern und teilweise von Meerflächen, ansatzweise Karten mit einzelnen Ländern, die lagerichtig angeordnet sind (z.B. Deutschland, Frankreich, Spanien, Schweiz, Italien), Zeichnungen als Weltkarten mit allen Kontinenten, die mehr oder weniger detailliert und lagerichtig gezeichnet sind. Dieses Typenspektrum konnte auch in den Untersuchungen von Adamina (2008 und 2017) festgestellt werden (siehe Abbildung 2).

Die Variationen innerhalb der gleichen Klassenstufe sind in allen drei Untersuchungen markant. Elaborierte Darstellungen der Lernenden lehnen sich weitgehend an ihnen bekannte Erdkarten an und sind meist europazentriert angelegt. Während in einzelnen älteren Studien festgestellt wurde, dass vertraute Gebiete überproportional groß dargestellt werden, kann dies mit den Ergebnissen der hier vorgestellten Studien nicht bestätigt werden. Die Lernenden stellen ihr eigenes Land nicht auffällig groß dar; vielmehr betonen einige Schülerinnen und Schüler in ihren Zeichnungen Formen, die für sie einprägsam sind (z.B. Italien, Afrika) und zeichnen für sie schwieriger einprägsame Formen bzw. Gebiete nur rudimentär oder gar nicht (z.B. weite Teile Asiens). Wasser- und Landflächen werden von einer deutlichen Mehrheit der Lernenden unterschieden. Gliederungen und Strukturen auf Landflächen repräsentieren mehrheitlich politische Merkmale wie Länder und Ländergrenzen und weniger Merkmale von Großlandschaften wie Gebirge, Wälder, Wüsten. Raumhierarchien wie z.B. Orte/Städte, Regionen, Länder, Kontinente finden sich lediglich in wenigen Darstellungen. Eine große Zahl von Darstellungen zeigt, dass viele Lernende bereits stark geprägte Vorstellungen zur Erde haben und über verschiedenste Vorkenntnisse zu Ländern, Gebieten u.a. verfügen. Einige Schülerinnen und Schüler ergänzen ihre Darstellungen mit Symbolen, die auf verschiedene „Vorbilder" zurückgeführt werden können (z.B. auf Satellitenbilder mit Tiefdruckgebieten in den Wetterprognosen im Fernsehen, auf Symbole, die auf Kinderweltkarten gezeichnet sind). Insgesamt zeigt sich, dass bereits Anfang der Primarstufe einige bzw. am Ende der Primarstufe viele Lernenden in der Lage sind, abstrakte, modellartige Repräsentationen darzustellen.

In der Längsschnittuntersuchung von Adamina (2017) konnte erschlossen werden, wie sich die Mental Maps zur Erde bei den Lernenden von Anfang 3. bis Ende 6. Schuljahr verändern (vgl. Abbildung 2). Dabei zeigte sich, dass es keine einheitlichen Entwicklungsmuster gibt. Bei einigen Lernenden ist eine deutliche Entwicklung und Differenzierung feststellbar, während bei anderen kaum Veränderungen erkennbar sind oder sogar z.B. Ende 4. Schuljahr die Darstellung differenzierter ausfällt als Ende 6. Schuljahr.

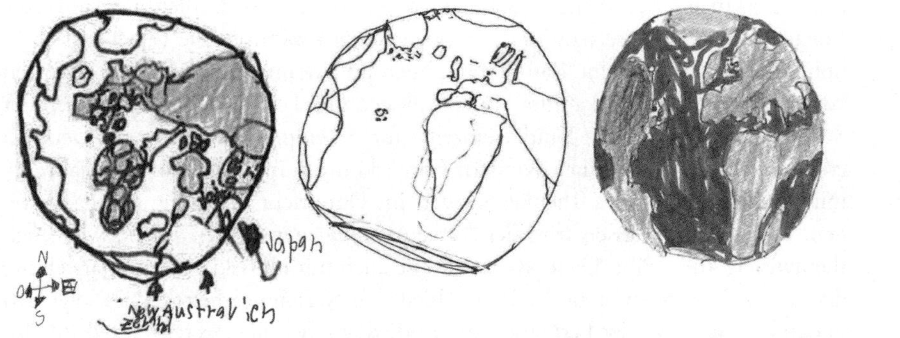

Abb. 2: Mental Maps desselben Schülers Anfang 3., Ende 4. und Ende 6. Schuljahr (Adamina 2017b)

Mental Maps zu Europa

Schniotalle (2003) konnte in ihren Untersuchungen zu räumlichen Vorstellungen zu Europa von Lernenden der 3. Jahrgangsstufe (n = 240) ebenfalls mehrere Grundtypen feststellen: Europa als ein Nebeneinander einzelner Inseln (1), Europa als eine Insel im Meer (2), Europa als Ausschnitt einer Karte (3) und Europa als staatengegliedertes, strukturiertes Ganzes (4). Am stärksten vertreten ist Typ 2 (32%) und zum zweithäufigsten Typ 4 konnten 23% der Darstellungen zugewiesen werden.

Die Lernenden führten in ihren Darstellungen häufig verschiedene Länder auf (durchschnittlich 5 Länder), wobei Deutschland (bei Kindern in Deutschland) erwartungsgemäß am meisten genannt wurde, gefolgt von Dänemark (die Studie wurde in Schleswig-Holstein durchgeführt), Italien, Russland, Frankreich und Großbritannien. Deutlich weniger treten Länder wie Österreich, Polen, Schweiz, Niederlande (alles ebenfalls Nachbarländer Deutschlands) in den Darstellungen auf. Bisherige Raumerfahrungen haben auch hier einen bedeutsamen Einfluss. Viele Zeichnungen sind eine Mischform von kartenähnlichen Darstellungen mit einer Länderstruktur und Ergänzungen durch Symbole und Farben, mit welchen verschiedene Hinweise zu Landschaften, Gebirgen, Gewässern, Sehenswürdigkeiten, Verkehr und Reisen/Freizeit aufgeführt sind.

Mental Maps zur Schweiz

In der Längsschnittstudie zur Kompetenzentwicklung von Lernenden zur räumlichen Orientierung in der Primarstufe (Adamina 2017) wurde unter anderem untersucht, wie sich die Mental Maps zur Schweiz von Ende 4. Schuljahr bis Ende 6. Schuljahr verändern. Die Zeichnungen der Kinder zur Schweiz fielen zu beiden Zeitpunkten sehr unterschiedlich aus. Viele Schülerinnen und Schüler kennen bereits Ende des 4. Schuljahres kartographische Abbildungen der Schweiz und können selber ein Bild zur Form der Schweiz und zu einzelnen Kantonen, Gebieten, Orten,

Raummerkmalen wie Seen, Flüsse und Gebirgen wiedergeben. Allerdings sind diese Vorstellungen eher inselartig und räumlich wenig verknüpft. Sie beziehen sich in hohem Masse auf einzelne Raumerfahrungen im Zusammenhang mit Wohnorten von Verwandten und Bekannten, mit Ausflügen und Ferien. Bei den Umrissen der Schweiz übernehmen die Kinder einzelne für sie einprägsame Formen. Deutlich erkennbar sind bei einzelnen Kindern Entwicklungen im 5. und 6. Schuljahr, die mit der Behandlung des Themas Schweiz im Unterricht im Zusammenhang stehen. In einzelnen Klassen wird der Aufbau von eigenen Karten zur Schweiz auch thematisiert und geübt. Dabei wird teilweise auch mit Hilfsskizzen zur Darstellung der Umrisse der Schweiz und mit verschiedenen Karten gearbeitet. Dies zeigt sich in den Zeichnungen der Lernenden am Ende des 6. Schuljahres teilweise deutlich.

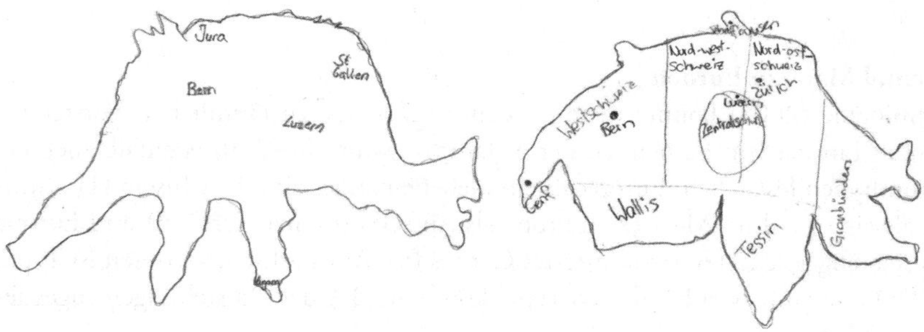

Abb. 3: Mental Maps derselben Schülerin Ende 4. und Ende 6. Schuljahr (Adamina 2017a)

4.2 Kompetenzen von Schülerinnen und Schülern der Grundschule und Primarstufe zum topographischen Orientierungswissen und zu räumlichen Orientierungsmustern, -rastern und -strukturen

Studien über grundlegende topographische Wissensbestände und Fähigkeiten zur Einordnung von Merkmalen und Elementen in räumliche Ordnungssysteme liegen aufgrund unserer Recherchen für die ersten Schuljahre nur wenige vor. Studien wurden am Ende der Grundschulzeit zu topographischen Wissensbeständen zu Europa und zur Welt (Schmeinck 2007; Schniotalle 2003) bzw. im Verlaufe der Primarstufenzeit oder am Ende der Primarstufenzeit durchgeführt (Adamina 2008 und 2017b; Hüttermann 2004). Dabei zeigen sich insbesondere Einflüsse bisheriger Erfahrungen, des Interesses und der Motivation für solche Themen sowie der Aufbau von Kenntnissen und Verfahren im Unterricht.

Schniotalle (2003) untersuchte räumliche Schülervorstellungen zu Europa und entsprechende Kompetenzen zum topographischen Orientierungswissen und zu räumlichen Orientierungsmustern mit einer Interventionsstudie bei Lernenden der 3. Jahrgangsstufe (n = 240). Die Vorverständniserhebung zeigte, dass Aufgaben

mit Begriffsassoziationen zu Europa und zu Ländern in Europa bereits verschiedene Verknüpfungen mit dem Vorwissen ergaben und Aufgaben im Umgang mit Karten teilweise gut gelöst wurden. Viele Lernende gehen mit Kartendarstellungen zu Europa zwanglos um. Hingegen wurden Aufgaben zu Darstellung von Lageverhältnissen und Distanzen auf Europakarten und zum topographischen Orientierungswissen deutlich weniger gut gelöst. Zudem zeigte sich eine sehr große Heterogenität im Vorwissen der Lernenden (Schniotalle 2003, 273). Mit einer Intervention konnte eine deutliche Zunahme des Wissens und Könnens erzielt werden. Insbesondere Aufgaben zu Lageverhältnissen und zum topographischen Orientierungswissen wurden nach der Intervention deutlich besser gelöst. Es zeigte sich, dass vor allem das mehrmalige Lösen der Aufgaben einen positiven Effekt auf die Kompetenzentwicklung hat. Fortschritte stehen in erster Linie in Verbindung mit Fähigkeiten, inhaltliches Wissen in bisherige Konzepte zu integrieren und nutzbar zu machen.
In den Untersuchungen zu Kompetenzen und Kompetenzentwicklungen zur räumlichen Orientierung von Schülerinnen und Schülern der Primarstufe (3. bis 6. Schuljahr, n = 453 Querschnitt bzw. 161 Längsschnitt; Adamina 2017) wurden mehrteilige Aufgaben zum topographischen Orientierungswissen und zum Aufbau von räumlichen Orientierungsmustern auf den Maßstabsebenen Schweiz und Erde eingesetzt. Während die topographische Orientierung auf der Maßstabsebene national (Schweiz) am Anfang des 3. Schuljahres für die meisten Lernenden noch kaum möglich war und sie z.B. ihren Wohnort, repräsentative topographische Orientierungspunkte wie Seen, Flüsse, große Städte, den Heimatkanton bzw. größere Kantone der Schweiz, Nachbarländer nicht oder nur vereinzelt lokalisieren konnten, wurden diese Aufgaben Ende 6. Schuljahr von den gleichen Lernenden deutlich besser gelöst. Eine markante Entwicklung ist insbesondere zwischen Ende 4. und Ende 6. Klasse feststellbar, was mit dem Unterricht zur Geographie der Schweiz im 5. und 6. Schuljahr in Zusammenhang steht. Die aktive Verortung von bekannten räumlichen Bezugspunkten auf einer Karte der Schweiz stellte allerdings für die meisten Lernenden auch Ende Primarstufe eine große Herausforderung dar.
Bei der Einordnung von verschiedenen räumlichen Bezugspunkten auf einer Weltkarte hatten viele Lernende bei allen Erhebungen in der Primarstufe Schwierigkeiten, auch wenn insgesamt Kompetenzentwicklungen von Anfang 3. bis Ende 6. Jahrgangsstufe festgestellt werden können. Während die Konzepte Kontinente und Ozeane/Meere vielen Schülerinnen und Schülern am Ende der Primarstufenzeit geläufig sind und rund ein Drittel der Lernenden große bzw. bevölkerungsreiche Länder auf einer Weltkarte verorten können, verfügen die meisten noch über wenige Vorkenntnisse zur Verortung topographischer Merkmale wie große Gebirge und Flüsse, Großräume wie die Sahara oder Riesenstädte der Erde. Eine Herausforderung bieten auch am Ende der 6. Klasse Aufgaben zur Einschätzung von Richtungen und Distanzen, z.B. zu sehr bekannten Städten, Gebieten und Ländern auf der Erde.

Auch in dieser Untersuchung zeigte sich eine große Heterogenität des Vorwissens und Könnens der Lernenden innerhalb der Stufen und Klassen (Adamina 2017). Die Ergebnisse aus mehreren Studien weisen darauf hin, dass sich das Vorwissen und die Vorstellungen der Schülerinnen und Schüler aus individuell unterschiedlichen Erfahrungen und Referenzbereichen ergeben. Es spielen jeweils mehrere Referenzbereiche wie Karten, Informationen in Büchern, Berichte von Personen u.a. in Kombination miteinander eine Rolle. Wie die Schülerinnen und Schüler Bezugspunkte und Informationen aus unterschiedlichen Quellen zu einer für sie stimmigen Vorstellung zusammensetzen, können sie nicht oder nur ansatzweise beschreiben (Adamina & Erzinger 2017). Hingegen legen sie zunehmend differenziert dar, was ihre Vorstellungen prägt und welches die entsprechenden Referenzpunkte sind. Für die Vorstellungen zu fernen Räumen und zur Welt sind dies insbesondere:

- Weltkarten bzw. Europa- und Länderkarten, die die Lernenden immer wieder sehen und lesen – eigene Weltkarte zu Hause, Weltkarte, die in den Schulzimmern aufgehängt sind oder in Lehrmitteln vorkommen, Karten und Abbildungen in Medien. Dabei zeigt sich, dass Schülerinnen und Schüler oft auch durch individuelle Analogiebildung (z.B. „das sieht aus wie"…) Vorstellungen aufbauen;
- der Globus, den viele Lernende selber besitzen oder der ihnen zu Hause oder in der Schule zur Verfügung steht. Einige Lernende berichten, dass sie Sachen auf dem Globus nachschauen oder manchmal auf dem Globus in fernen Welten verweilen;
- sprachliche und insbesondere bildliche Informationen aus Büchern und Filmen (insbesondere Dokumentarfilme im Fernsehen);
- Berichte und Erzählungen von Reisen und Ferien, die Eltern oder Verwandte und Bekannte durchgeführt und erlebt hatten.

5 Entwicklung von Vorstellungen zu unterschiedlichen Räumen und Lebenssituationen von Menschen auf der Erde und zum globalen Lernen in der Grundschule und Primarstufe

In den vorangehenden Abschnitten wird an verschiedenen Stellen auf Voraussetzungen, auf Aspekte und auf Lerngelegenheiten zur (Weiter-)Entwicklung von Vorstellungen und Konzepten zu unterschiedlichen räumlichen Situationen, zu Lebensweisen von Menschen in verschiedenartigen Gebieten der Erde, zum Aufbau von Orientierungsmustern zu räumlichen Situationen auf verschiedenen Maßstabsebenen sowie zum globalen Denken und zum Systemdenken hingewiesen. Zusammenfassend kann festgehalten werden, dass dabei insbesondere von Bedeutung ist,

- an bisherige Vorstellungen und Erfahrungen der Lernenden möglichst direkt und bewusst anzuschließen und Gelegenheiten zum Austausch, zur Diskussion und zur Klärung anzubieten

- von Beginn weg den Unterschied zwischen Selbst- und Fremdbildern sowie Stereotypen ins Bewusstsein der Lernenden zu heben und mit ihnen darüber nachzudenken, wie diese Bilder und Typisierungen entstehen und konstruiert werden, woran sie sich anlehnen und welche Repräsentationen jeweils vermittelt werden
- mit den Lernenden Fragen aufzunehmen und zu erschließen, wie vielfältig Räume sind, wie Menschen unterschiedlich leben und sie ihre Lebensräume nutzen, gestalten und verändern und wie wir mit anderen Räumen und Menschen in verschiedenen Lebensräumen verbunden sind (z.B. Herkunft von Gütern aus anderen Gebieten der Erde, Reisen in andere Gebiete, Menschen aus anderen Gebieten der Erde, die jetzt in der eigenen Umgebung wohnen)
- Lerngelegenheiten anzubieten, bei denen die Lernenden eigenständig in unterschiedlichen Medien zu fernen Räumen und zu Lebenssituationen recherchieren, diese Informationen verarbeiten und vergleichen können
- den Lernenden unterschiedliche Repräsentationsformen mit Informationen zu Räumen und zu Lebenssituationen von Menschen in fernen Gebieten der Erde sowie Orientierungsmaterial wie Globus, verschiedene Erdkarten, Atlanten u.a. im Schulzimmer zur Verfügung stellen und den Lernenden auch Gelegenheit geben, Unterlagen von zu Hause in die Schule mitzubringen
- mit den Lernenden Fragen zum Umgang mit unterschiedlichen Informationsmaterialien und Medien bewusst aufnehmen und klären
- mit Einbezug der Ideen und Vorstellungen der Lernenden Orientierungsmuster und -strukturen sowie räumliche Ordnungssysteme aufzubauen und dabei für die Lernenden sichtbar machen, wie sich diese Vorstellungen und Konzepte entwickeln
- gezielt Grundlagen und Strategien zum Denken von Beziehungen, Zusammenhängen und Systemen aufbauen und in überschaubaren Kontexten anwenden
- Gelegenheiten zum Kontakt und zur Begegnung mit Menschen aus verschiedenen Räumen bieten sowie Einblicke an außerschulischen Lernorten wie ethnologischen Museen und interkulturellen Zentren ermöglichen

Im bestehenden Lehrmittel RaumZeit für die Primarstufe (ab 3. Schuljahr; Adamina & Wyssen 2005), in Unterrichtshilfen und Handreichungen (vgl. z.B. www.education21.ch; www.globaleslernen.de; Adamina 2014) sowie in Beiträgen im Begleitband zur geographischen Perspektive im Sachunterricht (vgl. dazu Adamina 2016; Adamina, Hemmer & Schubert 2016b; Krautter 2016) werden in umfassender Form und mit unterschiedlichen Ausrichtungen und Anlagen Arrangements für den Unterricht zu fernen Räumen, zu Lebensweisen von Menschen in verschiedenen Gebieten der Erde und zum Aufbau von Orientierungsmustern angeboten.

Literatur

Adamina, M. (2018): Schülervorstellungen zu Klimawandel und Klimapolitik bzw. Klimaschutz (Eingangs- und Primarstufe). In: Adamina, M; Hertig, Ph.; Probst, M. Reinfried, S. ; Stucki, P. & Vogel, J.: Klimabildung in allen Zyklen der Volksschule und in der Sekundarstufe II. Grundlagen und Errabeitung eines Bildungskonzeptes. Schlussbericht Projektphase CCESI I 2016/2017 (vollständige Fassung). Bern: Bundesamt für Umwelt und Globe Schweiz. Verfügbar unter: https://www.globe-swiss.ch/files/Downloads/1568/Download/Schlussbericht_CCESO1_lang_2018.pdf [31.05.2018]

Adamina, M. (2017): Kompetenzen und Kompetenzentwicklungen zur räumlichen Orientierung von Schülerinnen und Schülern der Primarstufe – Aufgabensammlung. Bern: PHBern. Verfügbar unter: www.phbern.ch/koro [30.12.17].

Adamina, M. (2016): Madagaskar – Räume und Lebenssituationen von Menschen aus verschiedenen Perspektiven betrachten. In: Adamina, M.; Hemmer, M. & Schubert, J.C. (Hrsg.): Die geographische Perspektive konkret. Bad Heilbrunn: Klinkhardt, 90-103.

Adamina, M. (2014): Geographisches Lernen und Lehren in der Grundschule. In: Hartinger, A. & Lange, K. (Hrsg.): Sachunterricht. Reihe Didaktik in der Grundschule. Berlin: Cornelsen, 79-97.

Adamina, M. (2008): Vorstellungen von Schülerinnen und Schülern zu raum-, zeit- und geschichtsbezogenen Themen. Eine explorative Studie in Klassen des 1., 3., 5., und 7. Schuljahres im Kanton Bern. Verfügbar unter: https://miami.uni-muenster.de/Record/194defe7-7447-4fb3-b822-6b41e-aae4cf8 [27.01.2017].

Adamina, M. & Erzinger, A. (2017): Kompetenzen und Kompetenzentwicklungen von Schülerinnen und Schülern zur räumlichen Orientierung in der Primarstufe. Schlussbericht zum Projekt. Bern: PHBern. Siehe www.phbern.ch/koro [30.12.17].

Adamina, M.; Hemmer, M. & Schubert, J.C. (Hrsg.) (2016a): Die geographische Perspektive konkret – Begleitband 3 zum Perspektivrahmen Sachunterricht. Bad Heilbrunn: Klinkhardt.

Adamina, M.; Hemmer, M & Schubert, J.C. (2016b): Aufbau grundlegender räumlicher Orientierungsmuster im Sachunterricht. In: Adamina, M.; Hemmer, M. & Schubert, J.C. (Hrsg.): Die geographische Perspektive konkret. Bad Heilbrunn: Klinkhardt, 224-231.

Adamina, M. & Wyssen, H.-P. (2005): RaumZeit, Raumreise und Zeitreise. Lehr- und Lernmaterialien ab 3. Schuljahr (Legeset, Klassenmaterialien und Hinweise für Lehrpersonen). Bern: schulverlag blmv.

Bausinger, H. (2002): Globalisierung und Heimat. In: Engelhardt, W. & Stoltenberg, U. (Hrsg.): Die Welt zur Heimat machen? Probleme und Perspektiven des Sachunterrichts. Bad Heilbrunn: Klinkhardt, 29-44.

Ben Jelloun, T. (2000): Papa, was ist ein Fremder? Frankfurt: Rowohlt.

Budke, A. (Hrsg.) (2008): Interkulturelles Lernen im Geographieunterricht. Potsdamer Geographische Forschungen, Band 27. Verfügbar unter: https://publishup.uni-potsdam.de/opus4-ubp/frontdoor/deliver/index/docId/2265/file/PGF_27.pdf [10.07.2017].

Budke, A. (2004): Selbst- und Fremdbilder im Geographieunterricht. In: Geographische revue, 6(2), 27-41.

Bollmann, B.; Frischknecht, U.; Kunz, P., Nagel, U. & Wilhelm, S. (2010): Systemdenken fördern. Systemtraining und Unterrichtsreihen zum vernetzten Denken. Bern: Schulverlag.

Daum, E. & Hasse, J. (Hrsg.) (2011): Subjektive Kartographie. Beispiele und sozialräumliche Praxis. Oldenburg: BIS Verlag der Carl von Ossietzky Universität Oldenburg.

D-EDK, Deutschschweizer Erziehungsdirektorenkonferenz (2015). Lehrplan 21: Fachbereich Natur, Mensch, Gesellschaft. Verfügbar unter: http://vorlage.lehrplan.ch/[27.01.2017].

DGfG, Deutsche Gesellschaft für Geographie (2014): Bildungsstandards im Fach Geographie für den Mittleren Schulabschluss – mit Aufgabenbeispielen. 8. aktual. Aufl. Berlin: Selbstverlag Deutsche Gesellschaft für Geographie.

Downs, R.M. & Stea, D. (1977): Maps in Minds. Reflections on Cognitive Mapping. New York: Harper & Row.

Frischknecht, U.; Bollmann, B.; Kunz, P. & Strauss, N.-C. (2013): Förderung von Systemdenken in der Volksschule. Schlussbericht zum Forschungsprojekt Sysdene 3. Verfügbar unter: https://phzh.ch/globalassets/phzh.ch/forschung/forschungsgruppen-zentren/fg-zse/sysdene3_abschlussbericht.pdf [10.07.2017].

GDSU, Gesellschaft für Didaktik des Sachunterrichts (2013): Perspektivrahmen Sachunterricht. Bad Heilbrunn: Klinkhardt.

Hüttermann, A. (Hrsg.) (2004): Untersuchungen zum Aufbau eines geographischen Weltbildes bei Schülerinnen und Schülern. Ludwigsburg: Pädagogische Hochschule.

Krautter, Y. (2016): Wo viele und wo wenige Menschen leben. In: Adamina, M.; Hemmer, M. & Schubert, J.C. (Hrsg.): Die geographische Perspektive konkret. Begleitband 3 zum Perspektivrahmen Sachunterricht. Bad Heilbrunn: Klinkhardt, 76-89.

Nadler, R. & Sgibnev, W. (2016): Mental Maps – Ein Zugang zur Reflexion von Raumwahrnehmung. In: Gryl, I. (Hrsg.): Diercke – Reflexive Kartenarbeit. Braunschweig: Westermann, 170-178.

Reinfried, S. (2015): Wissen erwerben und Einstellungen reflektieren. In: Reinfried, S. & Haubrich, H. (Hrsg.): Geographie unterrichten lernen. Die Didaktik der Geographie. Berlin: Cornelsen, 53-98.

Schmeinck, D. (2007): Wie Kinder die Welt sehen – Eine empirische Ländervergleichsstudie über die räumliche Vorstellung von Grundschulkindern. Bad Heilbrunn: Klinkhardt.

Schmidt-Wulffen, W. (2010): Das Interesse von Schülerinnen und Schülern an Afrika und Entwicklungslöändern. In: Hemmer, I. & Hemmer, M. (Hrsg.): Schülerinteressen an Themen, Regionen und Arbeitsweisen des Geographieunterrichtes. Weingarten: HGD, 209-222.

Schniotalle, M. (2003): Räumliche Schülervorstellungen zu Europa. Berlin: Tenea.

SDSN, Führungsrat des Netzwerks „Lösungen für eine nachhaltige Entwicklung" der UNO/VN (2014): Eine Aktionsagenda für nachhaltige Entwicklung. Verfügbar unter: http://unsdsn.org/wp-content/uploads/2013/06/140505-Eine-Aktionsagenda-fur-nachhaltige-Entwicklung.pdf [27.01.2017].

Sommer, C. (2006): Untersuchung der Systemkompetenz von Grundschülern im Bereich Biologie. Verfügbar unter: http://macau.uni-kiel.de/receive/dissertation_diss_00001652 [27.01.2017].

Stückrath, F. (1958): Das geographische Weltbild des Kindes. In: Westermanns Pädagogische Beiträge, 4, 135-145.

Wagner, E. (1974): Umwelterfahrungen von Grundschülern. In: Geographische Rundschau, Beiheft 1, 4-9.

Markus Kübler

Zeit, Dauer und Wandel verstehen – Geschichte und Geschichten unterscheiden – Historisches Denken bei 4- bis 11-jährigen Kindern

1 Einführung

I: *Vo wo weisch denn du das alles?*
A: *Hmm, bi halt so a Wundernasa!*
I: *Aha und wo luagsch denn dia Sacha no oder wo ghörsch dia?*
A: *Öppa machi eifach so Vorschläg, wia das hetti köna si und so öppa hani au so Büacher dahei; hmm, das wünschi miar denn mol uf – uf Wianachta, wenni denn amol grösser gsi bin.*
I: *Ah, dasch en guata Wunsch (lächelt).*
A: *Jo will weni no klii bin, verstohni wohrschindli ds meischta nit.* [1]

Kinder interessieren sich offensichtlich früh für Geschichte, weil sie neugierig oder „Wundernasen" sind, wie es ein achtjähriges Kind ausdrückt. Denn: „*Kinder leben in einer geschichtsgesättigten Umwelt, ihr Alltag ist durchdrungen von Vergangenem*" findet sich als Feststellung im aktuellen Perspektivrahmen der Gesellschaft für Didaktik des Sachunterrichts GDSU (2013, 56). Es scheint auch, dass gerade jüngere Kinder sich speziell für die fernere Vergangenheit interessieren (Beilner 1999; Pape 2008; Solcher 2008). Ob und wann Kinder jedoch historisch denken können beziehungsweise welches die naiven Theorien von Kindern über Geschichte sind, ist bislang noch eine wenig erforschte Fragestellung.

2 Historisches Denken und Lernen Zu den Begrifflichkeiten

Historisches Denken beschreibt in erster Linie eine domänenspezifische mentale Operation und wird an dieser Stelle verstanden als ein „*kognitives Tun*" (Aebli 1980/1981), das mit *Begriffen* und *Kategorien* sowie *Zusammenhängen* operiert (Stern 2011, 32) und im Kern die *Rekonstruktion* von *Geschichte* aus *Vergangenheit* zu einer *Narration* und deren kritische *Dekonstruktion* bedeutet (Körber, Schrei-

1 In Standardsprache: I: „*Woher weißt du das alles?*" A: „*Weil ich so eine Wundernase (neugierig) bin.*" (2. Klasse, Kind 2_019, Shana, 8.75 Jahre, GR).

ber & Schöner 2007; Schreiber 2006; Gautschi 2006). Darin eingeschlossen ist der Aufbau eines *Zeitkonzeptes,* der Vorgang der *Empathie* und der Fähigkeit zur *Mehrperspektivität* der Betrachtung von Vergangenheit und Geschichte. Denn…

> „The study of history involves more than the passive absorption of facts, dates, names, and places. Real historical understanding requires students to engage in historical thinking: to raise questions and to marshal evidence in support of their answers… Real historical understanding requires that students have opportunity to create historical narratives and arguments of their own" (OAH 1995).

Historisches Lernen wird im Sinne eines Entwicklungsweges hinsichtlich zu erwerbenden historischen Wissens beziehungsweise historischer Kompetenzen verwendet. [2] Ein reflektiertes und selbstreflexives *Geschichtsbewusstsein* würde dementsprechend als Entwicklungsziel einer gesellschaftlich begründeten Kompetenz gelten (Schreiber, Körber & Schöner 2007). Der Begriff befruchtete eine stark normativ geprägte Diskussion zur Frage, was historische Erkenntnis ist und was sinnvolle Zielstrukturen historischer Erkenntnis sein sollten. Viele verschiedene Modi, Dimensionen und Kompetenzmodelle zum Geschichtsbewusstsein wurden in den letzten dreissig Jahren erarbeitet und präsentiert (Rüsen 1983; Pandel 2007; Hadorn & Salzmann 1987; Gautschi 2006 und 2008; Sauer 2007; Schreiber, Körber & Schöner 2007; GDSU 2013). „*Geschichtsbewusstsein*" gilt zurzeit als unbestrittene „Leitkategorie" oder „zentrale Kategorie" (Jeismann 1990/2000) und als „Schlüsselbegriff" (Rüsen 2001, 5). Geschichtsbewusstsein ist gemäß der aktuellen Debatte folgendes:

> „Ziel des Geschichtsunterrichts ist die Anbahnung des Geschichtsbewusstseins" (Rottler, Wenzel, Lehn, Schumm & Görlach 2014).

Oder:

> „Den Zielen demokratisch pluraler Gesellschaften entspricht die Entwicklung eines reflektierten und (selbst-)reflexiven Geschichtsbewusstseins" (Schreiber, Körber & Schöner 2007, 18).

Wie Pandel formuliert, geht es darum, die „*domänenspezifische Problemlösefähigkeit*" (2007, 24) zu definieren. Die Lösung scheint bis anhin die gewesen zu sein, dass man historisches Denken insgesamt als domänenspezifisch bezeichnete. Damit wurde die Frage umgangen, inwiefern historisches Denken nicht einfach

2 Zur Verwendung des Begriffes „Geschichtsbewusstsein" siehe: Rüsen 1985; Klose 1998; Rohrbach 1998; Schönemann, Uffelmann & Voit 1998; Turk 1999; Beilner 1999; Schaub 2000; Henke-Bockschatz 2000; Bergmann & Rohrbach 2001; Hasberg 2002; Günther-Arndt 2005; Bergmann 2005; Krieger 2005; von Reeken 1999, 2003, 2005; Sauer 2007; Fenn 2008, GDSU-Perspektivrahmen 2013.

Kognition, also eine allgemeine mentale Operation ist, die sich inhaltlich mit Vergangenheit auseinandersetzt. In diesem Falle würde sich historisches Denken grundsätzlich nicht von „Denken“ beziehungsweise Kognition unterscheiden. Wenn man aber davon ausgeht, dass historisches Denken einfach dadurch auszeichnet, dass es sich inhaltlich mit Vergangenem auseinandersetzt, dann würde dies bedeuten, dass das Domänenspezifische sich alleine durch den Inhalt („*content*“) und nicht aus den Fähigkeiten/Fertigkeiten („*skills*“) ergibt. Damit gäbe es keine exklusiven domänenspezifischen Denkformen, sondern nur deren Denkinhalte. Geschichte ist jedoch unbestrittenermassen eine Domäne, weil sie eine akademische Disziplin ist und nicht zuletzt als Schulfach seit längerem existiert. Dies gilt damit auch für das „historische Denken“ als mentale Operation. Problematisch ist nun allerdings, dass Geschichte als so genannte „*ill-defined*“ Domäne bezüglicher ihrer Begrifflichkeit (Limón 2002, 260) gilt, denn die Geschichtswissenschaft hat keinen eigenen Begriff von Wissenschaftlichkeit ausgebildet (Günther-Arndt 2006, 271). Weil nun aber historische Begriffe insgesamt „*ill-defined categories*“ sind, erschwert dies den Aufbau eindeutiger Wissensrepräsentationen durch die Kinder (Günther-Arndt 2006, 263). Es ist offensichtlich, dass historische Begriffe wie Macht, König, Burg, Ritter usw. mehr als nur domänenspezifische Bedeutungen umfassen. Somit ist also zu vermuten, dass historisches Denken als Ganzes aus allgemeinen wie auch domänenspezifischen Anteilen mentaler Operationen besteht.

Die verschiedenen Theoreme zu Geschichtsbewusstsein (bzw. „historical thinking“) erweisen sich insgesamt als ziemlich sperrig für eine Operationalisierung, um damit das Historische Denken jüngerer Kinder zu untersuchen, weil die beschriebenen Theoriemodelle relativ komplex ausfallen, die darin definierten Teilkompetenzen eine relativ geringe Trennschärfe untereinander aufweisen und noch kaum empirisch unterfüttert sind (von Reeken 2008, 27). Um die Frage „Welche Vorstellungen haben Kinder von der Vergangenheit?“ sinnvoll beantworten zu können, müssten wir also eine ungefähre Vorstellung dessen haben, was das Domänenspezifische der Historie im Kern ausmacht. Diese Frage ist nicht banal, kommt doch Pape zum Schluss, dass es „*bis heute noch an einer allgemeinen Theorie zum Lehren und Lernen von Geschichte*“ mangelt (Pape 2008, 24). Dass die Operationalisierung der bestehenden Leitkategorie „Geschichtsbewusstsein“ zudem Schwierigkeiten bereitet, zeigt sich daran, dass einerseits im Perspektivrahmen Sachunterricht (GDSU 2013, 57) für das Historische Lernen nur noch ein Ausschnitt aus dem Kompetenzmodell genommen und in der Gruppe „FUER Geschichtsbewusstsein“ für eine „griffigere“ Fassung der Kompetenzen plädiert wird (Körber, Schreiber & Schöner 2007, 244). Schält man den Kern vieler Aussagen zur Essenz des Historischen heraus, ergibt sich folgendes (relativ einheitliches) Bild: Dabei wird klar, dass viele Autoren die narrative Sinnbildung, also das (Re-)

Konstruieren von Geschichte, und die nachgängige kritische Begutachtung des Ergebnisses (Dekonstruktion) als domänenspezifischen Kern betrachten. Diese narrative Sinnbildung (dies wird deutlich weniger erwähnt) basiert logischerweise auf Begriffen (im Sinne von Fakten, Daten, Namen, Orte), wobei Kenntnis von historischen Wissenselementen noch nicht historisches Denken sei. [3]

Historisches Denken umfasst demnach verschiedene kognitive Fähigkeiten: Geschichte ist zuerst einmal eine *Form des Erzählens* und setzt Sprachkompetenz voraus (Dittmann 2006; Cooper 1994; Scott 1997). Geschichte als Form des Erzählens setzt die Entwicklung einer *„narrativen Kompetenz"* voraus (Boueke, Schülein, Bücher, Terhorst & Wolf 1995; Straub 1998; Wolf 2001). Geschichte ist eine Form der Vergangenheitsbetrachtung, die die *Entwicklung des autobiografischen Selbst (Selbsterzählung)* und damit den Aufbau einer Identität miteinschliesst (Markowitsch & Welzer 2005; Köhler 2001; Bischof-Köhler 2000).
Nicht zuletzt bewegt sich die Frage nach der Entwicklung historischen Verständnisses innerhalb der Kontroverse der *Stufentheorien* (Piaget 1955; Roth 1955/1968; Ebeling 1973; Viereck 1998) versus die domänenspezifischen Ansätze. *Bereichsspezifische Ansätze* und Piaget'sche *Replikationsstudien* (Sodian 2002; Krieger 2005; zur Oeveste 1987) deuten jedoch darauf hin, dass Kinder in speziellen Bereichen sehr viel früher Experten mit bemerkenswertem Abstraktionsvermögen werden können als angenommen. Studien zum *Zeitpfeil* (arrow of time) und zur Frage der *Irreversibilität* von Entwicklungen zeigen, dass Kinder zwischen vier und sechs Jahren hier grosse Fortschritte verzeichnen. (Friedman 2003; Carey 1985). Wie sich Kinder *Zeiträume* vorstellen, ist allerdings noch kaum erforscht. Vermutet wird, dass Kinder vergangene Zeit als *„verbal list"* konzeptualisieren (Billmann-Mahecha 1998; Kübler 2016). Die Fähigkeit zur Differenzierung zwischen naher und ferner Vergangenheit nimmt ab vier Jahren deutlich zu (Scott 1997).

3 Historische Konzepte von Kindern

3.1 Erste Untersuchungen von Geschichtsbewusstsein

Aus der Literatur gibt es bereits einige Hinweise, welches die typischen *Präkonzepte der Kinder* über die Vergangenheit sind. Ältere fachdidaktische Konzepte folgen

3 Burguière 1979, 99; White 1994, 123ff.; Hunt 1994, 113ff.; OAH 1995; Seixas 1996, 768ff.; Straub 1998, 103; von Reeken 1999, 7; Holt 1990, 10; Rüsen 2001, 5ff.; Straub 2001, 17; Dulberg 2002, 3ff.; Vass 2003, 3ff.; Capita, Cooper & Mogos 2004, 2; van Heyking 2004, 1f.; Bergmann 2004, 37ff.; von Borries 2005, 122; Henke-Bockschatz 2000; Bergmann 2005, 8; Mrotzek 2006, 16ff.; Schreiber, Körber, von Borries, Krammer, Leutner, Mebus, Schöner, & Ziegler 2006, 22ff.; Körber et al. 2007, 460; Pape 2008, 37ff.; HTAA 2009; von Borries 2013, 39; Fenn 2013, 60; Bertram, Wagner & Trautwein 2013, 108ff.; Galda 2013, 19ff.; Uhlmann 2013, 20; Finkelstein & Silbermann 2015, 9ff.

im Wesentlichen noch der Stufung von Piaget. So postuliert Roth (1955/1968) eine *„realistische Wendung"* um das 9. und 10. Lebensjahr herum, während vorher die Kinder vorwiegend in einer Märchenwelt zu Hause seien (ebd., 65ff.). Ebeling spricht sogar von einem spontanen *„geschichtlichen Urerlebnis"* im 3. oder 4. Schuljahr, welches ermögliche, dass man Kinder ab der 5. Klasse mit historischen Längsschnitten konfrontiere (1973, 76ff.). Ganz ähnlich waren die Befunde von El Darwich (1990; n=18). Die Befragung von 82 Kinder der 4. Klasse durch Beilner (1999) ergab, dass 80% der Kinder zwischen wahren und fiktiven Geschichten unterscheiden konnten, 22% verstanden die Quellenbasierung von Geschichte, aber nur 2,5% erkannten den narrativen (und damit den konstruierten) Charakter von Geschichte. Die befragten Kinder interessierten sich überwiegend für Geschichtsperioden vor 1500 (Mittelalter, Antike, Steinzeit). Favorit der epochalen Präferenz war mit 72% die Vorgeschichte, worunter die meisten Kinder Jagdgeschehen subsummieren.

Gemäss neueren Untersuchungen (wie etwa bei Pape) verfügen Kinder über ein *„natürliches Vorverständnis für Geschichte"* (Pape 2008, 45). So denken Schüler nach der Formel *„Menschen machen Geschichte"* (als Präkonzept), während Fachhistoriker *„Menschen handeln in Strukturen"* (als Postkonzept) argumentieren (Halldén, Petersson, Scheja, Ehrlén, Haglund, Österlind, & Stenlund 2002; zit. in Günther-Arndt 2006, 266). Die Vorstellungen zur Geschichte sind bei Kindern sehr stark von lebensweltlichen Vorstellungen der Schüler geprägt (Günther-Arndt 2006; Körber, Schreiber & Schöner 2007, 459). Kinder projizieren demnach ihre wahrgenommene Lebenswelt einfach in die Vergangenheit. Das am häufigsten zu beobachtende Metakonzept sei die *„Geschichte als Chronologie"* (Limón 2002, 259ff.), was erzähltheoretisch dem Stadium 3 episodisch-strukturierter Texttyp („...und dann und dann...") entspricht (Boueke et al. 1995, 155). Gemäss Baricelli (2002, 81) benützen Kinder auch *„naive Schemata"* zur Beschreibung historischer Sachverhalte. Zur Frage der Conceptual-Change-Forschung im Fach Geschichte ist zudem festzuhalten, dass das *„...Forschungs-paradigma des Conceptual Change (...) in der internationalen Lehr- und Lernforschung seit über zwanzig Jahren eine zentrale Rolle (spielt) und (...) von der deutschen Geschichtsdidaktik (fast) nicht zur Kenntnis genommen worden"* ist. (Günther-Arndt 2006, 24). Trotzdem können oben referierten Befunde insofern interpretiert werden, als Kinder über bestimmte *„core principles"* in Geschichte oder in Staat und Politik (Barrett & Buchanan 2005; Hatano & Takahshi 2005) verfügen. Daraus ergibt sich die Frage, ob Kinder „core principles" im Laufe der Entwicklung einfach anreichern („enrichment") oder ob diese Präkonzepte tatsächlich überwunden werden und die Konstruktion von *„new principles"* (d.h. Postkonzepte) sichtbar werden (Carey & Spelke 1994, 169).

Seit Beginn der Erforschung des historischen Denkens und mit der Elaborierung von Theoremen zum Geschichtsbewusstseins existieren auch Versuche, historisches Denken in *Progressions- beziehungsweise Niveaustufen (Skalierungen)* zu beschreiben (Roth 1955/1968; Küppers 1961; Dickenson & Lee 1984; Egan 1989; Rüsen 1989; von Borries 1988; Noack 1994; Boueke et al. 1995; NCHS 1996; Wineburg 1998; Lee & Ashby 2000; Cercadillo 2001; Schreiber 2006; Körber, Schreiber & Schöner 2007; Ziegler 2007; Peck 2009). Diese Skalierungen historischen Denkens reichen von deskriptiven (z.B. mythische Stufe), rangbeschreibenden (z.B. unteres Niveau) über Anleihen bei Kohlberg (z.B. präkonventionell) bis hin zu erzähltheoretischen Stufen (Boueke et al. 1995). Offen bleibt bei den meisten formulierten Stufen allerdings die Progressionslogik, die erklärt, welche Qualität die stufenweise Entwicklung von historischem Denken entspricht (zunehmende Schwierigkeit, Breite, Tiefe, Abstraktion, Selbststeuerung, Perspektivität) (Peck 2009, 136; Kübler 2013, 36).

3.2 Präkonzepte von 4- bis 10-jährigen Kinder zu Geschichte

In einer breiter angelegten Untersuchung von 4- bis 10-jährigen Kindern (n=457) untersuchten Kübler, Bietenhader, Bisang und Stucky (2015) im deutschen, rätoromanischen und italienischen Sprachgebiet der Schweiz die Frage, welche Vorstellungen Kinder von Geschichte haben, woher sie ihre Informationen beziehen und was sie spezifisch an der Vergangenheit interessiert (Kübler 2016). Die Kinder wählten dabei eine Epoche (Steinzeit, Ägypten, Rom, Mittelalter), machten dazu eine Zeichnung und erläuterten in einem Interview ihre Vorstellungen zur gewählten Epoche. In der inhaltsanalytischen Auswertung der Interviews wurde unterschieden zwischen Fakten und Begriffen (Komplexitätsniveau 1), erwähnten Zusammenhängen (KN 2), der geäußerten Einsicht in den *Konstruktcharakter von Geschichte* (KN3) und der Fähigkeit, *Narrative zu dekonstruieren* (KN 4). Die Kindergartenkinder waren im Durchschnitt 6 Jahre alt, die Zweitklässler 8.5 und die Viertklässler 10.5 Jahre alt.

Folgende Befunde sind zu verzeichnen: 88% der Kindergartenkinder können historische Begriffe oder Fakten (KN 1) zu ihren Zeichnungen nennen (4. Klasse = 100%) und noch 57% der Kindergartenkinder sind imstande, einen sachdienlichen Zusammenhang (KN 2) in der gewählten Epoche zu formulieren (2. Klasse = 88%; 4. Klasse = 94%). Einsicht in den *Rekonstruktionscharakter* von Geschichte (KN 3) zeigen im Kindergarten 5% (7 Kinder), in der 2. Klasse bereits 32% (47 Kinder) und in der 4. Klasse 55% (85) der Kinder. Die Einsicht, dass Geschichte zeit-, perspektiven- oder interessengebunden (Dekonstruktionsfähigkeit, KN 4) ist, können nur wenige Kinder formulieren (KG 1 Kind, 0,7%; 2. Klasse 3 Kinder, 1.4%; 4. Klasse 17 Kinder, 12%).

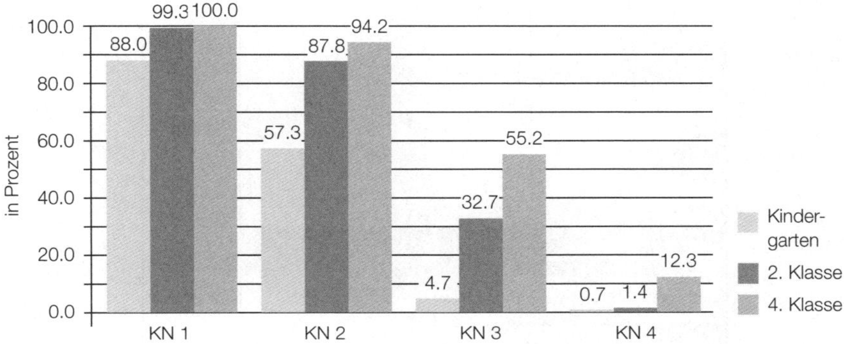

Abb. 1: Erreichte Komplexitätsniveaus nach Schulstufen (eigene Darstellung)

In der Fähigkeit, den *Konstruktcharakter von Geschichte (KN 3)* zu erkennen, findet zwischen dem Kindergarten und der 2. Klasse ein deutlicher Fortschritt statt. In der Auswertung wurde unterschieden zwischen „sicherer Rekonstruktion" (139 Kinder) und „eventueller Rekonstruktion" (33 Kinder). Gemäss der Abb. 1 sind erst 4.7% der Kindergartenkinder, aber schon 32.7% der Kinder der 2. Klassen in der Lage zu erkennen, dass Geschichte „gemacht" ist. In der 4. Klasse können dies bereits 55.2% der Kinder sicher erkennen. Letzteres scheint uns bemerkenswert, denn dies ist vermutlich eine selbstständige Denkleistung der meisten Kinder, da in der Primarschule Geschichte – wenn überhaupt – ganz selten unter diesem Blickwinkel unterrichtet wird. Die Fähigkeit zu erkennen, dass Geschichte zeit-, perspektiven- oder interessengebunden (Dekonstruktionsfähigkeit) erreichen insgesamt nur 19 Kinder. Erst in der 4. Klasse erreicht diese Fähigkeit eine nennenswerte Ausprägung (12.3%).

Die Ergebnisse zeigen, dass das Alter der Kinder die bedeutsamste Variable für den Erwerb von Historischem Denken darstellt. So scheint es, dass Kinder mit zunehmendem Alter natürlicherweise eine Ausweitung ihres Wissens und Denkens vornehmen. Ebenfalls positive Zusammenhänge der Ausprägung historischen Denkens ergeben sich bei den Variablen Geschlecht (die Knaben wissen leicht mehr über die Vergangenheit – KN 1), der schulischen Leistungsfähigkeit in Sprache und Mathematik und beim soziökonomischen Umfeld (Bildungsdauer der Eltern), wobei ein Merkmal von Bildung (Anzahl Bücher für die Kinder) offenbar keine Rolle spielt.

Fragt man die Kinder, woher sie ihre Kenntnisse über vergangene Epochen haben, ergibt sich untenstehendes Bild, das im Übrigen mit den Resultaten von Solcher (2008) korrespondiert:

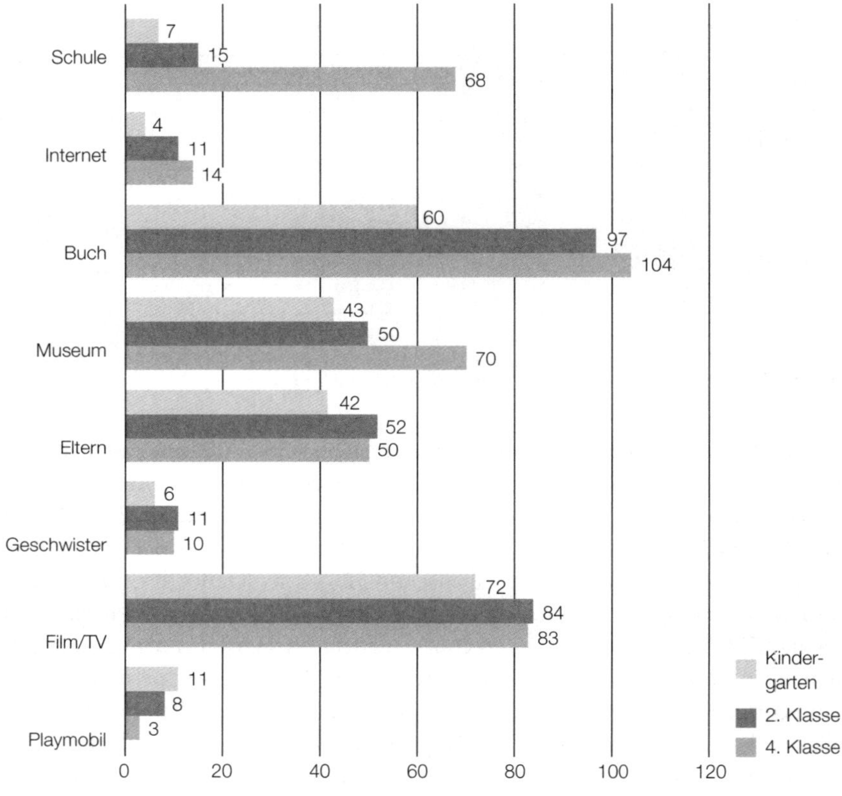

Abb. 2: Herkunft des Wissens über die Vergangenheit (eigene Darstellung)

Kinder nutzen als Informationsquelle in erster Linie Sachbücher und Filme beziehungsweise Fernsehsendungen. Einzig in geografisch peripheren Regionen sind die Fernsehsendungen vor den Sachbüchern zu finden. Als weitere wichtige Quelle des kindlichen Wissens sind die Museen beziehungsweise Exkursionen und die Eltern zu nennen. Nur eine nachgeordnete Rolle spielen die Schule, das Internet, die Geschwister und die Angebote von Playmobil. Die Schule spielt erst bei den Kindern der 4. Klasse eine nennenswerte Rolle.
Befragt man die Kinder nach ihren Epochenpräferenzen, wählen 44% der Kinder das Mittelalter; dabei ergeben sich regional markante Unterschiede. Während sich die Kinder in einem urbanen Milieu (Stadt Zürich) mit über zwei Dritteln für die Geschichte vor 1500 interessieren, fällt das Resultat im ländlichen Raum (Graubünden) genau umgekehrt aus. Dies könnte möglicherweise ein Spiegelbild der Umwelt der Kinder sein. Kinder, die in peripherer, ländlicher Umgebung aufwachsen, kommen eher mit mittelalterlichen Burgen und Häusern (wie typischerweise in Grau-

bünden der Fall ist) in Kontakt und schätzen so den Neuigkeitsgehalt der Moderne höher ein als das bereits Vertraute. Andersherum in den städtischen Gebieten, wo möglicherweise die alltägliche Konfrontation mit der städtischen Umwelt die Attraktivität vergangener Kulturen steigen lässt. Eventuell ist auch die grössere Verfügbarkeit von Museen und Sachbüchern in städtisch geprägten Gebieten ein Grund, dass das Interesse an weit zurückliegenden Epochen geweckt wird.

3.3 Die Argumentationsmuster von 5-, 8- und 10-jährigen Kindern zu Geschichte

Analysiert man die Interviews nach wiederkehrenden Mustern der kindlichen Ausführungen, ergeben sich interessante Befunde. Diese werden in grafischen Beziehungen (Abb. 3 bis 5) dargestellt, welche wiederkehrende, überindividuelle und „*deep structures*" entsprechende Argumentationsmuster herauszuarbeiten versuchen (Möller 2015). Stellvertretend sollen hier die Ergebnisse am Beispiel des Mittelalters zusammengefasst werden. Die Begriffsnetze zeigen stufenspezifisch die häufigsten Begriffe und ihre Beziehungen untereinander. Diese werden zentral und umrahmt aufgeführt. Seltene Begriffe sind eher am Rande dargestellt. Häufige Bezüge der Kinder werden mit Pfeilen visualisiert. Die Aussagen der Kindergartenkinder, der Zweit- und Viertklässler werden separat visualisiert.

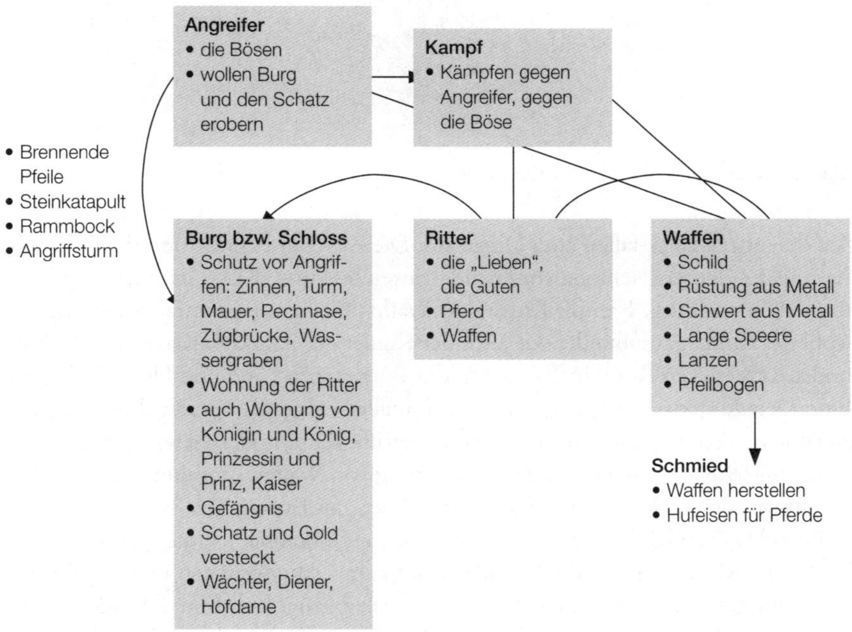

Abb. 3: Argumentationsmuster der Kindergartenkinder (eigene Darstellung)

Abb. 4: Argumentationsmuster der Kinder der 2. Klasse (eigene Darstellung)

Auf den ersten Blick fallen zwei Dinge auf: Die Zahl der Begriffe und die Differenzierung des Wissens nehmen vom Kindergarten bis zur 4. Klasse deutlich und kontinuierlich zu. Burg, Kampf, Ritter und Waffen bleiben die zentralen Begriffe sowohl der Kindergartenkinder wie auch der Kinder der 2. und 4. Klasse. Der Kampf findet Ritter gegen Ritter in Turnieren, um Burgen, um Land und Herrschaft statt. Eine Detailuntersuchung zeigt, dass 52,2% aller befragten Kinder diesen Aspekt erwähnen. Von den Kindern, welche die Begriffe Kampf oder Gewalt genannt haben, sind 69,8% Knaben. Bei der Schilderung von Waffen und ihrer Verwendung entpuppen sich nicht wenige Kinder der 2. Klasse als Experten.

Während bei den Kindergartenkindern der Kampf moralisch („Gute“ gegen „Böse“) begründet wird, wechseln die Gründe später zum Ökonomischen und es geht um Land, Burgen, Geld und es tauchen erste soziale Bezüge auf. Einige Kinder haben eine erste Ahnung von der gesellschaftlichen Hierarchie: zuoberst der König und dann seine Untertanen (Ritter, Soldaten) und auf der untersten Stufe die Bauern:

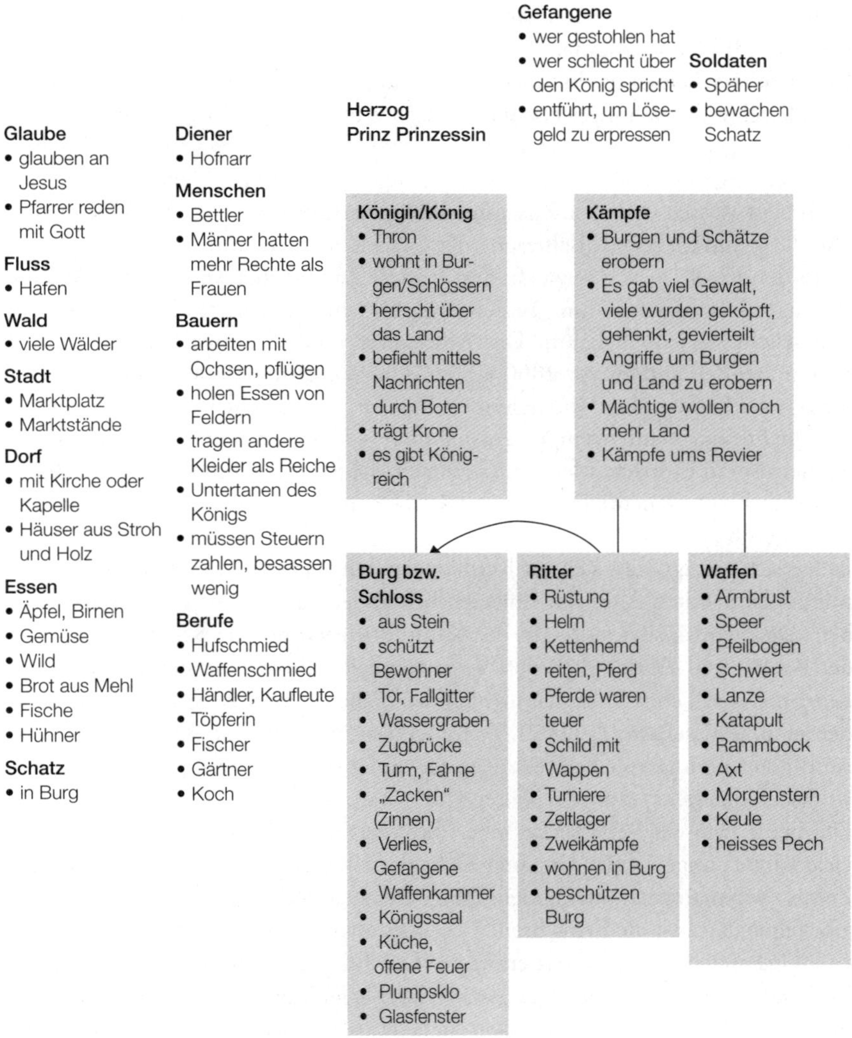

Abb. 5: Argumentationsmuster der Kinder der 4. Klasse (eigene Darstellung)

„Die Bauern waren sehr arm und mussten etwa drei Viertel ihrer Ernte dem König abgeben. Dieser brauchte diese Abgaben für sich, die hohe Gesellschaft, die immer wieder Sitzungen abhielt und für die Ritter und Soldaten, also die ganze Streitmacht, die auch viel Nahrung brauchten“ (Kind 4_323). In der Regel befassen sich die Kinder mit den Mächtigen einer vergangenen Epoche: Pharaonen, Cäsaren, Könige und Ritter stehen im Fokus. Werden soziale Differenzierungen

überhaupt erwähnt, ist es meist nur ein „Oben“ und „Unten“. Der Rest der Gesellschaft bleibt marginal.

Insgesamt erscheinen die kindlichen Vorstellungen über eine vergangene Epoche stark klischiert beziehungsweise schematisch vereinfacht und von medialen Inszenierungen geprägt. Faktisches und Fiktionales fließen ineinander. Die Klischierung der Vergangenheit ist auch bei denjenigen Kindern zu vermerken, die über ein breites Wissen und viele Zusammenhänge verfügen. Zusätzliches Wissen hebt also die grundsätzliche Klischierung der Geschichte nicht auf.

Es ist den Kindern zwar bewusst, dass frühere Zeitepochen vergangen sind, eine adäquate Distanzvorstellung beziehungsweise ein elaboriertes Zeitbewusstsein entwickeln sie jedoch kaum. Das Mittelalter war für einige Kinder vor 100 Jahren, bei den andern vor 2000 Jahren. Die Wissensbestände und die Vorstellungen der Kinder über Vergangenheit sind im Wesentlichen zeit- und raumlos. Geschichte hat – mit wenigen Ausnahmen – keinen realen Ort. Die Vergangenheit ist ein exotisches Jetzt oder einfach „früher“. Die kindliche Darstellung von Geschichte entspricht einer Art Guckloch in eine nicht näher definierte Vergangenheit.

Es hat sich gezeigt, dass sich die Kernkonzepte der Kinder („*core principles*“) auch mit zunehmendem Alter nur unwesentlich ändern und somit relativ stabil bleiben. Dies wird insbesondere in der Kampforientierung, die Klischierung sowie der Raum- und Zeitlosigkeit von Vergangenheit sichtbar, die sich im Laufe des zunehmenden Lebensalters kaum verändert haben (Carey & Spelke 1994; Halldén et al. 2002; Baricelli 2002). Es findet also im Kern eine Anreicherung und Ausdifferenzierung von Vorstellungen („*enrichment*“) und weniger ein Konzeptwechsel („*conceptual change*“) (Carey 1985) statt.

Die Frage, wie wir Verlässliches über die Vergangenheit wissen können, ist für viele Kinder ungewohnt. Aus ihrer Sicht weiss man etwas über eine vergangene Zeit, so wie man auch über andere Dinge Bescheid weiss: Es steht in Büchern, es gibt Filme darüber, die Erwachsenen sagen es, man kann es im Museum anschauen, Wissenschaftler haben das erforscht. Das Erklärungsmuster lautet in diesem Fall, dass ich es weiss, weil ich es gesehen oder erzählt bekommen habe, nun ist es in meinem Kopf. Einen ganz hohen Stellenwert hat bei den Kindern die eigene Anschauung: Wenn ich es selber gesehen habe, dann stimmt es. Die Kinder bringen in ihren Erklärungen zum *Konstruktcharakter* von Geschichte oben erwähnte Aspekte zum Ausdruck: Sie unterscheiden deutlich zwischen Vergangenheit und Geschichte. Sie erläutern, dass das Wissen über die Vergangenheit aufgrund von Überresten und Überlieferungen (das Wort „Quelle“ verwenden sie nicht) rekonstruiert werden muss und dass es unvollständig und vorläufig ist. Dies führt zur Feststellung, dass nicht jede Darstellung gleich wahr ist, dass Geschichte etwas

„Gemachtes" ist, das reale wie auch fiktionale Anteile enthält und zum Teil auch absichtlich nicht realitätsgetreu dargestellt wird, sondern so, dass es zum Beispiel für die Kinder spannend ist. Hier zeigt sich ein erster Ansatzpunkt zur Entwicklung einer *Fähigkeit der Dekonstruktion*, dass also Grund dafür bestehen muss, mit „fertigen" Geschichten kritisch umzugehen.

Mit ansteigendem Alter vermögen die Kinder also ihr Verständnis des Konstruktcharakters von Geschichte differenzierter auszuführen. Es fällt aber auch ein falsches Verständnis der historischen Erkenntnisgewinnung auf, wonach Quellen unmittelbar zeigen, wie es damals war. Kinder setzen Quellen umstandslos mit der vergangenen Realität gleich. Überreste in Form von Sachquellen (Gebäude, Geräte, körperliche Überreste) sowie *mündliche Überlieferung* stehen bei allen Kindern im Vordergrund. Die Existenz von Quellen sehen die Kinder deutlich als Basis unseres Wissens über die Vergangenheit und als Belege für die Triftigkeit von Darstellungen. Die Kette der mündlichen Überlieferung führen sie zurück auf jemanden, der dabei war und es gesehen hat. Diese mündliche Sukzession scheint ein typisches und stufenübergreifendes Argumentationsmuster der Kinder zu sein.

Es zeigt sich ein rudimentäres Verständnis, dass sich der *Wahrheitsgehalt je nach Gattung einer Darstellung unterscheidet*. Nicht verlässlich aus Sicht der Kinder sind Trickfilme, Comics, Sagen sowie Mythen, märchenartige Erzählungen und zeichnerische Illustrationen im Gegensatz zu Berichten von sogenannten Zeitzeugen sowie vertrauenswürdigen Erwachsenen wie Eltern und Lehrpersonen als Augenzeugen oder Autoritätspersonen.

Eine nicht kleine Zahl der älteren Kinder ist ansatzweise imstande, eine vorliegende historische Narration sowie ihr persönliches historisches Wissen zu hinterfragen (Dekonstruktion), wobei sich ihre Überlegungen auf die empirische Stimmigkeit und lebensweltliche Plausibilität beschränken. Der Vorgang beziehungsweise die Methode des Dekonstruierens (bzw. des Dekonstruktionsprozesses) ist den Kindern aller drei untersuchten Klassenstufen nicht vertraut.

Untersucht man die *Zeichnungen* inhaltsanalytisch, insbesondere die Unterschiede zwischen Mädchen und Jungen, ergeben sich interessante Differenzen bei der Anzahl gezeichneter Elemente (siehe Abb. 6).

Knaben zeichnen in hoher Differenz und in allen Klassenstufen signifikant mehr Waffen und mehr Kriegsszenen als Mädchen. Mädchen zeichnen demgegenüber moderat mehr die Innenbereiche von Häusern sowie Koch- und Essszenen. Letzteres akzentuiert sich sogar noch bei den Mädchen der 4. Klasse. Geschlechterdifferenzen scheinen sich zwischen Kindergarten und Grundschule eher zu verstärken als abzuschwächen.

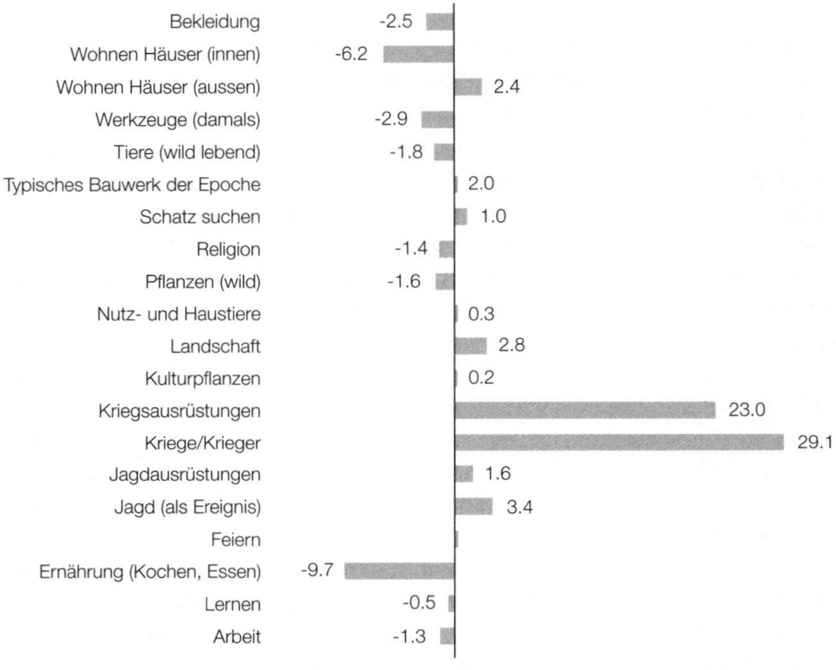

Abb. 6: Inhalte der Zeichnungen nach Geschlecht unterschieden (eigene Darstellung); Abweichung nach links: Bevorzugung des Elements durch Mädchen in Prozent; Abweichung nach rechts: Bevorzugung des Elements durch Knaben in Prozent.

4 Hinweise für das Historische Lernen

Geht es nun darum, die Entwicklungsaufgaben der Kinder für die Domäne „Historisches Denken" zu umschreiben, ist es angezeigt, die Kernaussagen der Befunde noch einmal zu schärfen:
Kinder interessieren sich stark für die fernere Vergangenheit und weniger für zeitgeschichtliche Phänomene. Das Interesse für diese weit zurückliegenden Epochen mag auch mit der Vorliebe für Exotisches und Abenteuer zu tun haben. Kinder eignen sich weitgehend selbständig und befeuert durch eine stark präsente Geschichtskultur *Begriffe und sachliche Zusammenhänge* über Geschichte an. Dieses historische Sachwissen ist teilweise ziemlich elaboriert und ausdifferenziert, aber oft einseitig ausgerichtet. Inhaltlich ist das historische Sachwissen stark an Kampf und alltäglicher Materialität orientiert. Die Wissensbestände und die Wissenstiefe zeigen eine Zunahme mit zunehmendem Alter. Am deutlichsten zeigt sich ein Alterseffekt bei der Einsicht in den Konstruktionscharakter von Geschichte; jedoch zeigen sich über

die Jahre mit zunehmendem Alter nur wenig tiefgreifende Veränderungen der kindlichen Präkonzepte über die Geschichte. Die Fähigkeit zur kritischen Betrachtung von Quellen und Darstellungen bleibt in der Grundschule selten und schwierig. Die Frage, wie verlässliches Wissen über die Vergangenheit entsteht, ist für viele Kinder ungewohnt und sie verfügen über ein falsches Verständnis der historischen Erkenntnisgewinnung, wonach Quellen unmittelbar zeigen, wie es damals war.
Die Wissensbestände und die Vorstellungen der Kinder über Vergangenheit sind im Wesentlichen zeit- und raumlos. Die Konstruktion von Geschichte bei Kindern kommt mit wenigen sozialen Differenzierungen aus. In der Regel befassen sich die Kinder mit den damals Mächtigen einer vergangenen Epoche. Pharaone, Cäsaren, Könige und Ritter stehen im Fokus. Werden soziale Differenzierungen überhaupt erwähnt, ist es meist nur ein „Oben" und „Unten". Die kindlichen Vorstellungen über eine vergangene Epoche sind meist stark klischiert und oft von medialen Inszenierungen geprägt. Faktisches und Fiktionales fließen ungetrennt ineinander. Die Klischierung der Vergangenheit ist auch bei denjenigen Kindern zu erkennen, die über ein breites Wissen und über viele Zusammenhänge verfügen.
Als *Entwicklungsaufgaben* der Kinder und Zielrichtungen eines künftigen historischen Lernens im Kindergarten und der Grundschule können deshalb die folgenden Elemente hergeleitet werden:

1. **Sachwissen zur Vergangenheit:** Kinder benötigen Begriffe (also mentale Bausteine des Wissens), um überhaupt über bestimmte Aspekte der Vergangenheit zu kommunizieren. Vor allem die Kindergartenkinder haben zwar oft eine Vorstellung verschiedener Sachen und Gegenstände bestimmter Epochen, benutzen jedoch eigene Worte beziehungsweise selbst erfundene Begriffe, um einen Sachverhalt zu beschreiben.
2. **Zeitlichkeit und Räumlichkeit.** Geschichte ist eine Narration in einer vergangenen Zeit in einem bestimmten geografischen Raum. Zeitlichkeit und Räumlichkeit setzen eine Vorstellung eben dieser temporalen und geografischen Räumlichkeit voraus. Dieser Aufbau einer vorgestellten Räumlichkeit in der Zeit kann mittels des Aufbaus eines entsprechenden (temporalen) Wortschatzes, der Reflexion von Zeiterfahrung und mittels des Zeitstrahls gefördert werden. Das Vergleichen von Früher und Heute sowie die daran anschliessende Thematisierung einer exemplarischen Entwicklung kann die Einsicht in die Historizität von Geschichte unterstützen. Räumlichkeit kann dadurch entstehen, dass Kindern konkrete Geschichten aus der näheren Umwelt erzählt werden, so dass der eigene Lebensraum mit der Vergangenheit verknüpft werden kann und so zu einem historischen Raum wird. Dabei lernt das Kind das „Hier-und-Jetzt" mit dem „Hier-und-Früher" zu verbinden. Sachwissen verbindet sich mit Zeitlichkeit und Räumlichkeit zur Auseinandersetzung mit „Dauer und Wandel".

3. **Einsicht in den Konstruktcharakter von Geschichte gewinnen und eine Narration daraus konstruieren:** Kinder glauben lange, dass die heute erzählte Geschichte so war, wie sie in der Vergangenheit auch passiert ist: weil dies in den Büchern steht oder weil es Erwachsene (direkt oder medial im Film) so sagen oder weil die Experten dies herausgefunden hätten. Sie vertrauen grundsätzlich den Erwachsenen beziehungsweise den Autoritäten. Dies ist als kindliche Überlebensstrategie nicht falsch, jedoch für das historische Denken nicht zukunftsfähig. Am einfachsten wird der Rekonstruktionscharakter von Geschichte greifbar, wenn wir mit Kindern Ruinen zum ehemals vollständigen Gebäude zurück verwandeln (eben „rekonstruieren"). Darauf aufbauend kann thematisiert werden, dass unsere Vorstellungen und Bilder von der Vergangenheit einer ähnlichen Rekonstruktion wie bei der materiellen Vervollständigung eines Fundes darstellen. Diese Rekonstruktion einer gewählten Vergangenheit geschieht in der Form einer Narration: wir erzählen uns also die Vergangenheit, wenn wir sie uns vorstellen. Die Diversität von Rekonstruktionsversuchen dient uns dann als Voraussetzung für eine erste Annäherung an die Dekonstruktion von Geschichte.
4. **Quellen und Darstellungen kritisch befragen; Fakten und Fiktion unterscheiden:** Kinder stossen nicht natürlicherweise auf die Widersprüchlichkeit von Geschichte als rekonstruierte Vergangenheit, weil sie ihren Quellen (Erwachsene, Bücher, Filme usw.) vertrauen. Ein erster sinnvoller Denkschritt ist die Schulung der Unterscheidung von Fakten und Fiktionen (Geschichte und Geschichten unterscheiden). Dies kann schon früh mittels Detektivgeschichten oder Krimis geschehen, die bald auch historische Geschichten umfassen können. Erst anschliessend können verschiedene Versionen von historischen Ereignissen thematisiert werden (Kübler 2016).

5 Ausblick und Forschungsbedarf

Die referierten Befunde zum historischen Denken sind Momentaufnahmen der „naiven Theorien" der Kinder, die sie unter dem Eindruck der omnipräsenten Geschichtskultur bilden und mit zunehmendem Alter ausdifferenzieren. Wie aus der Präkonzeptforschung bekannt, sind die klischierten Theorien über die Vergangenheit nur schwer veränderbar. Dass also Kinder sich Vorstellungen über Geschichte außerhalb und vor der Schule aufbauen, ist offensichtlich. Es lohnt sich also, sich vertieft diesen naiven Theorien (Präkonzepten) anzunehmen und diese zu untersuchen. Daneben sind Interventionsstudien nötig, die untersuchen, inwieweit es mit Unterricht gelingen kann, Kindern den Rekonstruktionscharakter von Geschichte plausibel zu machen, inwieweit Kinder den Rekonstruktionsprozess verstehen und selber nachvollziehen können und inwieweit es möglich gemacht werden kann, ansatzweise eine Dekonstruktionsfähigkeit bei „fertigen" Geschichten zu fördern. Möglicherweise könnte diese kritische Fähigkeit mittels (historischen) Krimis und Detektivgeschichten gefördert werden, so dass die Kinder auf eine stufengerechte Weise basale Fertigkeiten in der Dekonstruktion erwerben können, indem sie nicht nur Kriterien geleitet faktische von fiktiven Geschichten unterscheiden lernen, sondern auch fiktive und faktische Elemente in einer einzigen Narration zu differenzieren lernen.

Literatur

Aebli, H. (1980/1981): Denken: Das Ordnen des Tuns. 2 Bände. Stuttgart: Klett-Cotta.

Barrett, M. & Buchanan, E. (Hrsg.) (2005): Children's Understanding of Society. Hove/New York: Psychology Press.

Baricelli, M. (2002): Narrative Kompetenz als Ziel des Geschichtsunterrichts. Eine empirische Studie zu Erfahrungen von Schülern, Geschichte zu erzählen. In: Handro, S. & Bernd Schönemann (Hrsg.): Methoden geschichtsdidaktischer Forschung. Münster: LIT, 73-84.

Beilner, H. (1999): Empirische Erkundungen zum Geschichtsbewusstsein am Ende der Grundschule. In: Schreiber, W. (Hrsg.): Erste Begegnungen mit Geschichte. Grundlagen historischen Lernens. Erster Teilband. Neuried: ars una, 117-151.

Bergmann, K. (2005): „Papa, erklär' mir doch mal, wozu dient eigentlich die Geschichte?" Frühes Historisches Lernen in Grundschule und Sekundarstufe. In: Bergmann, K. & Rohrbach, R. (Hrsg.): Kinder entdecken Geschichte. Theorie und Praxis historischen Lernens in der Grundschule und im frühen Geschichtsunterricht. Schwalbach/Ts.: Wochenschau, 8-31.

Bergmann, K. (2004): Gegenwartsbezug – Zukunftsbezug. In: Geschichte in Wissenschaft und Unterricht GWU, 55(1), 37-46.

Bergmann, K. & Rohrbach, R. (Hrsg.) (2001): Kinder entdecken Geschichte. Theorie und Praxis historischen Lernens in der Grundschule und im frühen Geschichtsunterricht. Schwalbach/Ts.: Wochenschau.

Bertram, C.; Wagner, W. & Trautwein, U. (2013): Chancen und Risiken von Zeitzeugenbefragungen. Entwicklung eines Messinstrumentes für eine Interventionsstudie. In: Hodel, J.; Waldis, M. & Ziegler, B. (Hrsg.): Forschungswerkstatt Geschichtsdidaktik 12. Beiträge zur Tagung „geschichtsdidaktik empirisch 12". Bern: hep, 108-119.

Billmann-Mahecha, E. (1998): Empirisch-psychologische Zugänge zum Geschichtsbewusstsein von Kindern. In: Straub, J. (Hrsg.): Erzählung, Identität und historisches Bewusstsein. Die psychologische Konstruktion von Zeit und Geschichte. Erinnerung, Geschichte, Identität I. Frankfurt am Main: Suhrkamp, 266-297.

Bischof-Köhler, D. (2000): Kinder auf Zeitreise. Theory of Mind. Zeitverständnis und Handlungsorganisation. Bern: Huber.

Borries, B. von (2013): Historische Kompetenzen von Lehramtsstudierenden – explorative Befunde. In: Hodel, J.; Waldis, M. & Ziegler, B. (Hrsg.): Forschungswerkstatt Geschichtsdidaktik 12. Beiträge zur Tagung „geschichtsdidaktik empirisch 12". Bern: hep, 29-47.

Borries, B. von (1988): Geschichtslernen und Geschichtsbewusstsein: Empirische Erkundungen zu Erwerb und Gebrauch von Historie. Stuttgart: Klett

Borries, B., von; Fischer, C.; Leutner-Rammer, S; Meyer-Hamme, J. (2005) Schulbuchverständnis, Richtlinienbenutzung und Reflexionsprozesse im Geschichtsunterricht. Neuried: ars una.

Boueke, D.; Schülein, F.; Bücher, H.; Terhorst, E. & Wolf, D. (1995): Wie Kinder erzählen. Untersuchungen zur Erzähltheorie und zur Entwicklung narrativer Fähigkeiten. München: Fink.

Burguière, A. (1979): Les Annales 1929-1979. In: A.E.S. C., 34(6), 144-146. Wiederabdruck In: Midell, M. & Sammler, S. (1994). Alles Gewordene hat Geschichte. Die Schule der ANNALES in ihren Texten, 1929-1992. Leipzig: Reclam, 97-103.

Capita, L.; Cooper, H. & Mogos, I. (2004): History, Children's Thinking and Creativity in the Classroom: English and Romanian Perspective. Verfügbar unter: https://www.history.org.uk/secondary/resource/4851/the-international-journal-volume-1-number-1 [21.3.2018].

Carey, S. (1985): Conceptual Change in Childhood. Boston: MIT Press.

Carey, S. & Spelke, E. (1994): Domain-Specific Knowledge and Conceptual Change. In: Hirschfeld, L.A. & Gelman, S. A.: Mapping the Mind: Domain Specificity in Cognition and Culture. New York: Cambridge University Press, 169-200.

Cercadillo, L. (2001): Significance in History: Students' Ideas in England and Spain. In: Dickinson, A.; Gordon, P. & Lee, P. (Hrsg.): Raising Standard in History Education: International Review of History Education. London: Woburn Press, 116-145.

Cooper, H. (1994): Historical Thinking and Cognitive Development in the Teaching of History. In: Bourdillon, H. (Hrsg.): Teaching History. London/New York: Routledge, 101-121.

Dickenson, A.K. & Lee, P.J. (1984): Making Sense of History. In: Dickenson, A.K.; Lee, P.J. & Rogers, P.J. (Hrsg.): Learning History. London: Heinemann, 117-153.

Dittmann, J. (2006): Der Spracherwerb des Kindes. Verlauf und Störungen. 2. Aufl. München: C.H. Beck.

Dulberg, N. (2002): Engaging in History: Empathy and Perspective-Taking in Children's Historical Thinking. Paper presented at the Annual Meeting of the American Educational Research Association. New Orleans.

Ebeling, H. (1973): Zur Didaktik und Methodik eines kind-, sach- und zeitgemäßen Geschichtsunterrichts (5. Auflage). Hannover: Schroedel.

Egan, K. (1989): Memory, Imagination, and Learning: Connected by the Story. In: Phi Delta Kappan, 70(6), 455-459.

El Darwich, R. (1990): Zur Genese von Kategorien des Geschichtsbewusstseins bei Kindern im Alter von 5 bis 14 Jahren. In: Borries, B. von; Pandel, H. & Rüsen, J.. (Hrsg.). Geschichtsbewusstsein empirisch. Pfaffenweiler: Centaurus, 24-52.

Fenn, M. (2013): Konstruktivistisches Geschichtsverständnis im Unterricht fördern. Studierende ändern ihr Lehrverhalten von einseitig instruktional in problemorientiert. In: Hodel, J.; Waldis, M. & Ziegler, B. (Hrsg.): Forschungswerkstatt Geschichtsdidaktik 12. Beiträge zur Tagung „geschichtsdidaktik empirisch 12“. Bern: hep, 60-71.

Fenn, M. (2008): Historische Daten und historisches Denken lernen? Die Relevanz geschichtswissenschaftlicher Forschungsprinzipien für das historische Lernen. In: Giest, H. & Wiesemann, J. (Hrsg.): Kind und Wissenschaft. Welches Wissenschaftsverständnis hat der Sachunterricht? Probleme und Perspektiven des Sachunterrichts. Bd. 18. Bad Heilbrunn: Klinkhardt, 109-120.

Finkelstein, I. & Silbermann, N.A. (2015): Keine Posaunen vor Jericho. Die archäologische Wahrheit über die Bibel (8. Auflage.). München: Deutscher Taschenbuch Verlag.

Friedman, W.J. (2003): Arrows of Time in Early Childhood. In: Child Development, 74(1), 155-167.

Galda, M. (2013): Geschichtsbewusstsein, Historisches Wissen und Interesse. Darstellung von Zusammenhängen und Repräsentationen in semantischen Netzwerken. Dissertation Johann-Wolfgang-Goethe-Universität Frankfurt. Frankfurt: Johann-Goethe-Universität

Gautschi, P. (2008): Der Beitrag des Geschichtsunterrichts zur Entwicklung von Einstellungen. In: Bauer, J.-P.; Meyer-Hamme, J. & Körber, A. (Hrsg.): Geschichtslernen – Innovationen und Reflexionen. Geschichtsdidaktik im Spannungsfeld von theoretischen Zuspitzungen, empirischen Erkundungen, normativen Überlegungen und pragmatischen Wendungen – Festschrift für Bodo von Borries zum 65. Geburtstag. Reihe Geschichte; 54. Kenzingen: Centaurus, 289-306.

Gautschi, P. (2006): Kompetenzmodell für den Geschichtsunterricht. Kompetenzen von Lernenden – Didaktische Hinweise, 3.2. In: Bonhage, B.; Gautschi, P.; Spuhler, G. & Hodel, J. (Hrsg.): Hinschauen und Nachfragen. Die Schweiz und die Zeit des Nationalsozialismus im Licht aktueller Fragen. Zürich: Lehrmittelverlag Zürich.

GDSU, Gesellschaft für Didaktik des Sachunterrichts (Hrsg.) (2013): Perspektivrahmen Sachunterricht. Vollständig überarbeitete und erweiterte Ausgabe. Bad Heilbrunn: Klinkhardt.

Günther-Arndt, H. (2006): Conceptual Change-Forschung: Eine Aufgabe für die Geschichtsdidaktik? In: Günther-Arndt, H. & Sauer, M. (Hrsg.): Geschichtsdidaktik empirisch. Untersuchungen zum historischen Denken und Lernen. Berlin: Lit, 251-277.

Günther-Arndt, H. (2005): Historisches Lernen und Wissenserwerb. In: Günther-Arndt, H. (Hrsg.): Geschichtsdidaktik. Praxishandbuch für die Sekundarstufe I und II. 2. Aufl. Berlin: Cornelsen Scriptor, 23-47.

Hadorn, R. & Salzmann, B. (1987): Aus der frühen Schweizer Geschichte. Anfänge. Eine Dokumentation für den Geschichtsunterricht. Ein Zytglogge Werkbuch. Herausgegeben von der Zentralstelle für Lehrerfortbildung des Kantons Bern. Bern: Zytglogge.

Halldén, O.; Petersson, G.; Scheja, M.; Ehrlén, K.; Haglund, L.; Österlind, K. & Stenlund, A. (2002): Situating the Question of Conceptual Change. In: Limon, M. & Mason, L. (Hrsg.): Reconsidering conceptual change: Issues in theory and practice. Dordrecht: Springer, 137-148.

Hasberg, W. (2002): Methoden geschichtsdidaktischer Forschung. Problemanzeige zur Methodologie einer Wissenschaftsdisziplin. In: Zeitschrift für Geschichtsdidaktik, 1, 59-77.

Hasberg, W. (2002): Über den möglichen Nutzen des Fliegenbeinzählens. Empirische Forschung zum historischen Lernen. In: Demantowsky, M. & Schönemann, B. (Hrsg.): Neue geschichtsdidaktische Positionen. Bochum: Projekt Verlag, 143-171.

Hatano, G. & Takahshi, K. (2005): The Development of Social Cognition: A Commentary. In: Barrett, M. & Buchanan, E. (Hrsg.): Children's Understanding of Society. Hove/New York: Psychology Press, 287-303.

Henke-Bockschatz, G. (2000): Überlegungen zur Rolle der Imagination im Prozess des historischen Lernens. In: Geschichte in Wissenschaft und Unterricht GWU, 51(7-8), 418-429.

Heyking, A., von (2004): Historical Thinking in the Elementary Years: A Review of Current Research. In: Canadian Social Studies, 39(1). Verfügbar unter: https://files.eric.ed.gov/fulltext/EJ1073974.pdf [21.3.2018].

Holt, T. (1990): Thinking Historically: Narrative, Imagination, and Understanding. New York: College Entrance Examination Board.

Hunt, L. (1994): Geschichte jenseits von Gesellschaftstheorie. In: Conrad, C. & Kessel, M. (Hrsg.): Geschichte schreiben in der Postmoderne. Beiträge zur aktuellen Diskussion. Stuttgart: Reclam, 98-122.

HTAA, The History Teachers Association of Australia (2009): HTAA Response to the National Curriculum Board's History. Framing Paper. Verfügbar unter: http://www.historyteacher.org.au/?p=140 [21.3.2018].

Jeismann, K.-E. (1990/2000): „Geschichtsbewusstsein" als zentrale Kategorie der Didaktik des Geschichtsunterrichts. In: Jacobmeyer, W. & Schönemann, B. (Hrsg.): Karl-Ernst Jeismann. Geschichte und Bildung. Beiträge zur Geschichtsdidaktik und zur Historischen Bildungsforschung. Paderborn/München/Wien/Zürich: Schöningh Verlag, 46-72.

Klose, D. (1998): Viele Wege führen zum Geschichtsbewusstsein. In: Schönemann, B.; Uffelmann, U. & Voit, H. (Hrsg.): Geschichtsbewusstsein und Methoden historischen Lernens. Weinheim: Deutscher Studienverlag, 74-94.

Köhler, L. (2001): Zur Entstehung des autobiografischen Gedächtnisses. In: Behnken, I. & Zinnecker, J. (Hrsg.): Kinder, Kindheit, Lebensgeschichte. Ein Handbuch. Seelze: Kallmeyer, 65-83.

Körber, S. (2006): Entwicklung des wissenschaftlichen Denkens bei Vier- bis Achtjährigen. In: Beiträge zur Lehrerinnen- und Lehrerbildung 24(2), 192-201.

Körber, A.; Schreiber, W. & Schöner, A. (Hrsg.) (2007): Kompetenzen historischen Denkens. Ein Strukturmodell als Beitrag zur Kompetenzorientierung in der Geschichtsdidaktik. Kompetenzen: Grundlagen – Entwicklung – Förderung. Band 2. Neuried: ars una.

Krieger, R. (2005): Mehr Möglichkeiten als Grenzen – Anmerkungen eines Psychologen. In: Bergmann, K. & Rohrbach, R. (Hrsg.): Kinder entdecken Geschichte. Theorie und Praxis historischen Lernens in der Grundschule und im frühen Geschichtsunterricht. 2. Aufl. Schwalbach/Ts.: Wochenschau, 32-50.

Kübler, M. (2016): Fakten und Fiktion unterscheiden. In: Becher, A.; Gläser, E. & Pleitner, B. (Hrsg.): Die historische Perspektive konkret: Begleitband 2 zum Perspektivrahmen Sachunterricht. Bad Heilbrunn: Klinkhardt, 184-195.

Kübler, M. (2013): Sachunterricht in der Schweiz. In: Peschel, M.; Favre, P. & Mathis, C. (Hrsg.): SaCHen UnterriCHten. Beiträge zur Situation der Sachunterrichtsdidaktik in der deutschsprachigen Schweiz. Dimensionen des Sachunterrichts, Band 5. Baltmannsweiler: Schneider, 21-40.

Kübler, M.; Bietenhader, S. ; Bisang, U. & Stucky, C. (2015): Historisches Denken bei 4- bis 10-jährigen Kindern. Was wissen Kinder über Geschichte? In: Waldis, M. & Ziegler, B. (Hrsg.): Forschungswerkstatt Geschichtsdidaktik 13. Beiträge zur Tagung „geschichtsdidaktik empirisch 13". (Geschichtsdidaktik heute 07). Bern: hep, 26-40.

Küppers, W. (1961): Zur Psychologie des Geschichtsunterrichts. Bern/Stuttgart: Huber.

Lee, P. & Ashby, R. (2000): Progression in Historical Understanding among Students Ages 7-14. In: Stearns, P.N.; Seixas, P. & Wineburg, S. S. (Hrsg.) (2000): Knowing, Teaching and Learning History: National and International Perspectives. New York: University Press, 199-222.

Limón, M. (2002): Conceptual Change in History. In: Mason, L. (Hrsg.): Reconsidering Conceptual Change. Issues in Theory and Practice. Dordrecht/Boston/London: Springer, 259-289.

Markowitsch H.J., Welzer H. (2005): Das autobiographische Gedächtnis. Hirnorganische Grundlagen und biosoziale Entwicklung. Stuttgart: Klett.

Möller, K. (2015): Genetisches Lernen und Conceptual Change. In: Kahlert, J.; Fölling-Albers, M.; Hartinger, A.; Miller, S. & Wittkowske, S. (Hrsg.): Handbuch Didaktik des Sachunterrichts. 2. aktualisierte und erweiterte Aufl. Bad Heilbrunn: utb & Klinkhardt, 243-256.

Mrotzek, K. (2006): Effekte von Geschichtslernen im traditionellen und experimentellen Geschichtsunterricht unter Einsatz des Internets in zwei unterschiedlichen Lernaltern. Hamburg: Dissertation Universität Hamburg.

NCHS, National Center for History in the Schools UCLA (1996): National Standards for History (Revised Edition). Verfügbar unter: https://phi.history.ucla.edu/nchs/history-standards [21.3.2018].

Noack, C. (1994): Stufen der Ich-Entwicklung und Geschichtsbewusstsein. In: Borries, B. von & Pandel, H.-J. (Hrsg.): Jahrbuch für Geschichtsdidaktik 1993/94: Zur Genese historischer Denkformen. Qualitative und quantitative empirische Zugänge. Pfaffenweiler: Centaurus, 9-46.

OAH, Organization of American Historians (1995): National History Standards, Part I, Standards in Historical Thinking. In: OAH Magazine of History, 9. Verfügbar unter: https://academic.oup.com/maghis/article/9/3/7/1477716 [21.3.2018].

Oeveste, H. zur (1987): Kognitive Entwicklung im Vor- und Grundschulalter. Eine Revision der Theorie Piagets. Göttingen: Verl. für Psychologie Hogrefe.

Pandel, H.-J. (2007): Geschichtsunterricht nach PISA. Kompetenzen, Bildungsstandards und Kerncurricula. Schwalbach/Taunus: Wochenschau.

Pape, M. (2008): Entwicklung von Geschichtsbewusstsein im Hinblick auf die unterrichtspraktische Gestaltung historischer Themen im Sachunterricht. Dissertation. Hannover: Universität.

Peck, C.L. (2009): Mulit-Ethnic High Scholl Students' Understandings of Historical Significance: Implications for Canadian History Education. Diss. University of British Columbia. Vancouver.

Piaget, J. (1955): Die Bildung des Zeitbegriffs beim Kinde. Zürich: Rascher.

Reeken, D. von (2008): Kompetenzen und historisches Lernen – Grundlagen und Konsequenzen für den Sachunterricht. In: Giest, H.; Hartinger, A. & Kahlert, J. (Hrsg.): Kompetenzniveaus im Sachunterricht. Forschungen zur Didaktik des Sachunterrichts, Band 7. Bad Heilbrunn: Klinkhardt, 15-29.

Reeken, D. von (2005): Eine ganz normale Epoche? Überlegungen zur Zeitgeschichte in Geschichtskultur und Geschichtsunterricht. In: Zeithistorische Forschungen/Studies in Contemporary History, 2(2), Online-Ausgabe. Verfügbar unter: http://www.zeithistorische-forschungen.de/16126041-Reeken-2-2005 [21.3.2018].

Reeken, D, von (2003): Nachdenken über Geschichte und Geschichtlichkeit fördern. Historisches Lernen in der Grundschule. In: Grundschulunterricht, 50(11), 2-5.

Reeken, D. von (1999): Historisches Lernen im Sachunterricht. Didaktische Grundlegungen und unterrichtspraktische Hinweise. Seelze: Kallmeyer.

Rohrbach, R. (1998): Vom Zeitbewusstsein zum Historizitätsbewusstsein: Die Entwicklung historischen Lernens in einer Grundschulklasse. In: Geschichte lernen, 11(62), 26-32.

Roth, H. (1955/1968): Kind und Geschichte. Psychologische Voraussetzungen des Geschichtsunterrichts in der Volksschule. München: Kösel.

Rottler, L. et al (2014): Was ist Geschichtsbewusstsein? Verfügbar unter: http://geoges.ph-karlsruhe.de/mhwiki/index.php5/Was_ist_Geschichtsbewusstsein%3F [21.3.2018].

Rüsen, J. (2001): Einleitung: Geschichtsbewusstsein thematisieren – Problemlagen und Analysestrategien. In: Rüsen, J. (Hrsg.): Geschichtsbewusstsein. Psychologische Grundlagen, Entwicklungskonzepte, empirische Befunde. Köln: Böhlau, 1-13.

Rüsen, J. (1989): Lebendige Geschichte. Grundzüge einer Historik III: Formen und Funktionen des historischen Wissens. Göttingen: Vandenhoeck.

Rüsen, J. (1985): Ansätze zu einer Theorie des historischen Lernens I: Formen und Prozesse. In: Geschichtsdidaktik. Probleme, Projekte, Perspektiven, 10(3), 249-265.

Rüsen J. (1983): Historische Vernunft. Grundzüge einer Historik. I. Die Grundlagen der Geschichtswissenschaft. Göttingen: Vandenhoeck.

Sauer, M. (2007): Geschichtsunterricht beobachten: Kategorien für die Diagnose historischen Lehrens und Lernens. In: Geschichte lernen, 20(116), 12-13.

Schaub, H. (2000): Entwicklungspsychologische Grundlagen für historisches Lernen in der Grundschule. In: Schreiber, W. (Hrsg.): Die religiöse Dimension im Geschichtsunterricht an Europas Schulen. Ein interdisziplinäres Forschungsprojekt. Tagungsband. Neuried: ars una, 215-251.

Schönemann, B.; Uffelmann, U. & Voit, H. (Hrsg.) (1998): Geschichtsbewusstsein und Methoden historischen Lernens. Schriften zur Geschichtsdidaktik. Bd. 8. Weinheim: Beltz/dtv.

Schreiber, W. (2006): Historische Narrationen de-konstruieren – den Umgang mit Geschichte sichtbar machen. Ein neues Aufgabenfeld für forschend-entdeckendes Lernen. In: Hasberg, W. & Weber, W. (Hrsg.): Geschichte entdecken: Karl Filser zum 70. Geburtstag. Reihe: Geschichtsdidaktik in Vergangenheit und Gegenwart. Bd. 4. Berlin: LIT, 285-315.

Schreiber, W. & Mebus S. (Hrsg.) ([2]2006): Durchblicken. Dekonstruktion von Schulbüchern. Themenhefte Geschichte 1. FUER Geschichtsbewusstsein. 2., überarbeitete und aktualisierte Aufl. Neuried: ars una.

Schreiber, W.; Körber, A. & Schöner, A. (Hrsg.) (2007): Kompetenzen historischen Denkens. Ein Strukturmodell als Beitrag zur Kompetenzorientierung in der Geschichtsdidaktik. Neuried: ars una.

Schreiber, W.; Körber, A.; von Borries, B.; Krammer, R.; Leutner, S. ; Mebus, S. ; Schöner, A. & Ziegler, B. (Hrsg.) (2006): Historisches Denken. Ein Kompetenz-Strukturmodell. FUER-Geschichtsbewusstsein. Neuried: ars una.

Scott, C. (1997): The Acquisition of Some Conversational Time Concepts by Pre-School Children. Paper Presented at the Annual Meeting of the American Education Research Foundation. Chicago, IL, March 24th-28th, (16 p.)

Seixas, P. (1996): Conceptualizing the Growth of Historical Understanding. In: Olson, D.R. & Torrance, N. (Hrsg.): The Handbook of Education and Human Development. Oxford, UK: Blackwell Publishers Ltd., 765-783.

Sodian, B. (2002): Entwicklung bereichspezifischen Wissens. In: Oerter, R. & Montada, L. (Hrsg.): Entwicklungspsychologie. 5. vollständig überarbeitete Aufl. Weinheim: Beltz, 433-468.

Solcher, J. (2008): Erdgeschichte in der Grundschule? – Neue Themen und Wege für den Sachunterricht. Dissertation Universität Hamburg. Hamburg: Universität Hamburg.

Stern, E. (2011): Intelligentes Wissen als Schlüssel zum Können. In: Aerni, P. & Oser, F. (Hrsg.): Forschung verändert Schule: Neue Erkenntnisse aus den empirischen Wissenschaften für Didaktik, Erziehung und Politik. Zürich: Seismo, 27-35.

Straub, J. (2001): Temporale Orientierung und narrative Kompetenz. Zeit- und erzähltheoretische Grundlagen einer Psychologie biographischer und historischer Sinnbildung. In: Rüsen, J. (Hrsg.): Geschichtsbewusstsein. Psychologische Grundlagen, Entwicklungskonzepte, empirische Befunde. Köln: Böhlau, 15-44.

Straub, J. (2001): Über das Bilden von Vergangenheit. Erzähltheoretische Überlegungen und eine exemplarische Analyse eines Gruppengesprächs über die „NS-Zeit". In: Rüsen, J. (Hrsg.): Geschichtsbewusstsein. Psychologische Grundlagen, Entwicklungskonzepte, empirische Befunde. Köln: Böhlau, 45-113.

Straub, J. (1998): Geschichten erzählen, Geschichte bilden: Grundzüge einer narrativen Psychologie historischer Sinnbildung. In: Straub, J. (Hrsg.): Erzählung, Identität und historisches Bewusstsein. Die psychologische Konstruktion von Zeit und Geschichte: Erinnerung, Geschichte, Identität 1. Frankfurt a.M.: Suhrkamp, 81-139.

Turk, M. (1999): Überlegungen zum zeitlichen Ordnungs- Einordnungsvermögen bezüglich historischer Sachverhalte aus kognitionspsychologischer Sicht. In: Schreiber, W. (Hrsg.): Erste Begegnungen mit Geschichte. Grundlagen historischen Lernens. Bd. 1. Neuwied: ars una, 291-312.

Uhlmann, D. (2013): Standards und Kompetenzen im Geschichtsunterricht. Eine vergleichende Schulbuchanalyse für die Sekundarstufe 1. In: Schönemann, B. & Thünemann, H. (Hrsg.): Kompetenzorientierung, Lernprogression, Textquellenarbeit. Aktuelle Schulbuchanalysen. Berlin: LIT, 9-80.

Vass, P. (2003): Thinking Skills and the Learning of Primary History. Introductory Paper. May 2003 (Manuskript).

Viereck, H. (1998): „Haben Sie eigentlich den Kaiser gekannt?" Die Entwicklung von Zeitvorstellungen im Geschichtsunterricht. In: Geschichte lernen, 11(62), 33-37.

White, H. (1994): Der historische Text als literarisches Kunstwerk. In: Conrad, C. & Kessel M. (Hrsg.): Geschichte schreiben in der Postmoderne. Beiträge zur aktuellen Diskussion. Stuttgart: Reclam, 123-157.

Wineburg, S. S. (1998): Die psychologische Untersuchung des Geschichtsbewusstseins. In: Straub, J. (Hrsg.): Erzählung, Identität und historisches Bewusstsein. Die psychologische Konstruktion von Zeit und Geschichte: Erinnerung, Geschichte, Identität 1. Frankfurt a.M.: Suhrkamp, 298-337.

Wolf, D. (2001): Zur Ontogenese narrativer Kompetenz. In: Rüsen, J. (Hrsg.). Geschichtsbewusstsein. Psychologische Grundlagen, Entwicklungskonzepte, empirische Befunde. Köln: Böhlau, 137-175.

Ziegler, B. (2007): Graduierung der Re-Konstruktionskompetenz. In: Körner, A.; Schreiber, W. & Schöner, A. (Hrsg.): Kompetenz historischen Denkens. Ein Strukturmodell als Beitrag zur Kompetenzorientierung in der Geschichtsdidaktik. Kompetenzen: Grundlagen – Entwicklung – Förderung. Band 2. Neuried: ars una, 523-545.

Zur Oeveste, H. (1987): Kognitive Entwicklung im Vor- und Grundschulalter: eine Revision der Theorie Piagets. Göttingen: Verlag für Psychologie.

Michel Dängeli und Katharina Kalcsics

Politische Vorstellungen von Primarschülerinnen und -schülern zu ausgewählten Lerngegenständen

1 Einleitung: Wozu braucht es Politische Bildung?

Der Bildungsstand ist einer von mehreren Faktoren, welcher die Einstellung zur Politik prägt. Dies zeigt sich auch im Schweizer Sozialbericht 2016. Laut diesem stimmen nur rund 18% der befragten Personen mit hoher, jedoch satte 45% derjenigen mit tiefer Bildung der Aussage zu: „Die Regierung kümmert sich nicht darum, was Menschen wie ich denken" (FORS Schweizer Sozialbericht 2016).

Führt diese verdrießliche Haltung bei Letzteren nun dazu, dass sie sich nicht mehr politisch beteiligen, dann kann dies als Gefahr für die Demokratie verstanden werden, da dadurch die legitimationsstiftende Funktion demokratischer Wahlen und Abstimmungen allmählich untergraben wird. Weisseno, Detjen, Juchler, Massing und Richter (2010) legen denn mit Blick auf die Bildungsziele von politischer Bildung auch dar: „Auf der Ebene der Ziele geht es unter einem normativen Anspruch um eine Stärkung der Legitimität des demokratischen Systems und um seine Stabilisierung" (ebd., 7).

Aus diesem Bildungsziel allerdings pädagogische Maßnahmen abzuleiten, welche direkt die Partizipationswilligkeit fördern sollen, wäre verfehlt, da es der Entscheidungsfreiheit der Schülerinnen und Schülern überlassen bleiben muß, ob diese gegenwärtig oder dereinst als Erwachsene überhaupt partizipieren wollen oder nicht. Als weitgehend unstrittig gilt jedoch der Anspruch politischer Bildung, Lernende zu politischer Mündigkeit und Urteilskraft zu befähigen (ebd., 27).

Doch was müssen mündige Bürgerinnen und Bürger wissen, um politisch urteilen und handeln zu können? Diese Frage wird in der Politikdidaktik seit jeher breit und kontrovers diskutiert. In vorliegendem Artikel wird in einem ersten Schritt der diesbezügliche Diskussionsstand kurz referiert. Darauf aufbauend, werden wesentliche politische Fachkonzepte aufgegriffen und die damit verbundenen empirisch gesicherten Schülervorstellungen exemplarisch benannt. Ausgehend davon werden Konsequenzen für politische Bildung auf der Primarstufe formuliert und abschließend der diesbezügliche Forschungsbedarf kurz umrissen.

2 Womit soll sich Politische Bildung beschäftigen? – Begrifflichkeiten, Konzepte und Lerngegenstände

2.1 Stand der fachdidaktischen Diskussion

Bevor Präkonzepte zu einzelnen Aspekten von Politik vorgestellt werden, sind die Inhalte von politischer Bildung zu diskutieren. Denn diese zu bestimmen, fällt schon alleine daher schwer, als dass sich der Begriff Politik nicht abschließend definieren lässt. Politik ist selber Teil des politischen Prozesses und so werden je nach Sichtweisen ganz unterschiedliche Aspekte von Macht, normativen Vorstellungen hinsichtlich des Gemeinwohls oder Fragen bezüglich der institutionellen Ausgestaltung eines Staates in den Vordergrund gerückt.

Die Politikwissenschaft des deutschen Sprachraums orientiert sich beim Versuch, Politik analytisch zu bestimmen am angelsächsischen Politikbegriff, welcher gleich drei Ausformungen kennt, nämlich ‚polity' (Form), ‚policy' (Inhalte) und ‚politics' (Prozesse). ‚Polity' beschreibt dabei die institutionelle Dimension der Politik und befasst sich sowohl mit Prinzipien wie etwa Rechtsstaatlichkeit als auch mit der Beschaffenheit und Ausgestaltung von Staatsorganen. Ferner werden in dieser Dimension auch weitere Formen verfestigter Politik betrachtet, wie zum Beispiel Gesetze. Inhalte der Politik stellen die zweite Dimension des Politischen dar. Hier kommt der Begriff ‚policy' ins Spiel, der nach Normativität von Politik fragt und Ziele des politischen Handelns beleuchtet. Die prozessuale Dimension der Politik – also die Konflikte, der Widerstreit der Interessen und das Ringen um Macht – fasst der Begriff ‚politics'. Diese Dreiteilung entspricht einer politologischen und somit einer fachwissenschaftlichen Kategorisierung des vielgestaltigen Phänomens Politik.[1]

Aufbauend auf diese Kategorien entwickelte auch die Gesellschaft für Didaktik des Sachunterrichts (GDSU) ihren mehrheitlich empirisch-analytischen Politikbegriff (vgl. GDSU 2013). Im jüngst erschienenen Begleitband zum Perspektivrahmen des Sachunterrichts wird dieser weiter konkretisiert und durch Fachkonzepte und konstituierende Begriffe ergänzt (Gläser & Richter 2015). Dies geschieht auf Grundlage der Arbeit von Weisseno et al. (2010), welche den Versuch unternommen haben, ein Modell des Fachwissens für Politikdidaktiker vorzustellen. Die Autoren bemängeln, dass sich die Politikdidaktik bis anhin geziert habe, Basiswissen für den Politikunterricht festzulegen. Ausgehend von diesem Befund entwi-

1 Himmelmann (2016) kritisiert die Verwendung des dreiteiligen Politikbegriffs (Polity, Policy, Politics) als erkenntnisleitenden Politikbegriff der politischen Bildung, da dieser kaum Einfluss auf die Unterrichtsgestaltung habe. Für Lehrpersonen und Lernende sei er zu theorieorientiert, zu formal und gleichzeitig sei er normativ entwurzelt, so dass letztlich die Interpretation – Politik ist die autoritative Regelung von gesellschaftlichen Problemen – bestand habe (ebd., 126f.).

ckelt die Autorengruppe eine Reihe von Fachkonzepten und räumt gleich selber ein, dass diese längst nicht alles „Wünschbare“ für politische Bildung berücksichtigen würden. Letztlich diene ein relativ schlanker Kern von Fachwissen aber dazu, der politischen Bildung als Unterrichtsfach deutliche Konturen zu verleihen (ebd., 10f.). Diese inhaltliche Setzung wird aber kontrovers und breit diskutiert (Massing 2013). Die Debatten befassen sich letztlich mit dem Selbstverständnis der politischen Bildung und versuchen zu klären, auf welche Bezugsdisziplin sich die politische Bildung abstützen sollte. Die politikdidaktischen Diskussionen sind diesbezüglich noch längst nicht abgeschlossen und auch zukünftig werden sie sich darum drehen, ob Fachkonzepte der politischen Bildung nicht einzig in den Politikwissenschaften zu suchen seien, sondern auch in sozialwissenschaftlichen Disziplinen, den Rechts- oder Geschichtswissenschaften.

2.2 Auseinandersetzung mit Politik auf der Primarstufe

Im vorangehenden Kapitel wurde ersichtlich, dass es kaum möglich noch sinnvoll ist, Politik abschließend zu definieren. So räumt denn auch Kirschner ein, dass die Aufgabe von kritischer, politischer Bildung nur darin bestehen könne, Räume der Reflexion zu schaffen, in denen sich die Subjekte der Weite des Möglichkeitsraums politischer Aktivitäten bewusstwerden. Daraus folgert er, dass ein Programm der Politischen Bildung bewusst „leer“ bleiben muß (Kirschner 2013, 159).

Grundsätzlich teilen wir die Einschätzung, dass ein Kanon von politischem Wissen dem Phänomen Politik nicht gerecht werden kann. Diese Erkenntnis hilft aber keiner Lehrperson bei der Frage weiter, wie sie den Unterricht nun konkret gestalten soll. Gessner argumentiert in diesem Zusammenhang, dass die politische Grundfrage – wie wollen Menschen ihr Zusammenleben gestalten – Ausgangspunkt des politischen Lernens sein sollte. Die Autorin versteht Politik als dynamischen Aushandlungsprozess zwischen Menschen. Der politischen Bildung kommt dabei die Aufgabe zu, Räume anzubieten, in denen Schülerinnen und Schüler ihre Haltungen, Vorstellungen und ihr Denken entwickeln können (Gessner 2013, 88). An diese Konzeption von politischer Bildung schließt jedoch die Frage an, worüber in der politischen Bildung auf der Eingangs- und Primarstufe nachgedacht werden kann und soll. Mittels didaktisch-rekonstruktiven Vorgehens haben wir uns in diesem Artikel der Beantwortung dieser Frage zu nähern versucht. Dabei orientierten wir uns einerseits an der fachwissenschaftlichen Kategorisierung von Politik (Polity, Politics und Policy) und am fachdidaktischen Diskurs bezüglich der inhaltlichen Konzeption von politischer Bildung.[2] Andererseits sichteten wir Forschungsergebnisse, welche Schülervorstellungen zu Politik ausweisen. So werden wissenschaftliche Konzepte und lebensweltliche Bezugspunkte zueinander in Beziehung gesetzt

2 Die Fachkonzepte basieren auf den Arbeiten von Gläser und Richter (2015), sowie Sander (2007).

und dabei Lerngegenstände konstruiert (vgl. Prediger, Komorek, Fischer, Hinz, Hussmann, Moschner, Ralle & Thiele 2013). Lerngegenstände sind keine fertigen Themen für den Unterricht, sondern bündeln grundlegende Konzepte, die es im Laufe des Lernprozesses zu erarbeiten gilt. Durch eine konkrete Planung von Unterrichtseinheiten, welche Vorstellungen und Präkonzepte von Schülerinnen und Schülern einer spezifischen Klasse berücksichtigt, werden auf Basis der Lerngegenstände Lernaufgaben entwickelt oder ausgewählt.

Wir verstehen die hier tabellarisch aufgeführten Lerngegenstände (Tabelle 1) daher lediglich als Ausgangspunkt für NMG-Unterrichtsplanungen, welche prinzipiell handlungsorientierte Unterrichtssettings zum Ziel haben. Die Handlungsorientierung verweist dabei auf die Denk-, Arbeits- und Handlungsweisen des deutschschweizerischen Lehrplans 21 oder des Perspektivrahmens Sachunterricht der GDSU (2013). Folglich geht es um Handlungen wie zum Beispiel das Diskutieren, das Argumentieren oder auch das politische Urteilen; im weitesten Sinn also um kommunikative Praktiken der Verständigung, mit denen politische Deutungsmuster verhandelt werden können (Henkenborg 2012) und den Lernenden die Möglichkeit bieten, bereichsspezifisches politisches Wissen aktiv zu konstruieren (Möller 2015, 406).

Tab. 1: Lerngegenstände zu Politik im NMG-Unterricht

Perspektive der Schülerinnen und Schüler →	**Lerngegenstände zu Politik im NMG-Unterricht**	**Fachperspektive** ←	
Lebensweltliche Vorstellungen und Konzepte		Fachliche Konzepte und Lehrplanbezug	Fachwissenschaftliche Kategorien
Schülervorstellungen zu ‚Politische Ordnung' siehe Kapitel 3.1, S. 257ff.	Politische Ordnung	Repräsentation/Demokratie/öffentliche Institutionen/Rechtsstaat/Grundrechte/Gewaltenteilung (Deutschschweizer Lehrplan21 NMG 10.3)	Polity (Form)
Schülervorstellungen zu ‚Öffentlichkeit und Meinungsvielfalt' siehe Kapitel 3.2, S. 260ff.	Öffentlichkeit und Meinungsvielfalt	Macht/Öffentlichkeit/Wahlen/Parteien/Konflikte (Deutschschweizer Lehrplan 21 NMG 10.4 und 10.5)	Politics (Prozesse)
Schülervorstellungen zu ‚Gemeinwohl' siehe Kapitel 3.3, S. 263ff.	Gemeinwohl	Gerechtigkeit/Frieden/Nachhaltigkeit (Deutschschweizer Lehrplan 21 NMG 10.1, bzw. BNE Politik, Demokratie und Menschenrechte)	Policy (Inhalte)

3 Schülervorstellungen zu Politik

In der Politikdidaktik gilt es mittlerweile als unbestritten, dass bereits Primarschülerinnen und -schüler Politik wahrnehmen und sich zumindest teilweise auch dafür interessieren. Götzmann (2015) fasst den diesbezüglichen Forschungsstand dahingehend zusammen, dass es eine überraschend grosse Anzahl von entsprechenden Studien gäbe und in einer Synopse zieht sie den Schluss, dass Kindervorstellungen von Politik stark durch lebensweltliche Analogien geprägt seien. Solche Kindervorstellungen werden nun in diesem Kapitel exemplarisch benannt. Hierfür werden die in Kapitel 2 entwickelten Lerngegenstände kurz umrissen und dann mit entsprechenden empirisch gesicherten Schülervorstellungen in Verbindung gebracht. Anschließend werden daraus resultierende Konsequenzen für das politische Lernen auf der Primarstufe formuliert.

3.1 Lerngegenstand „Politische Ordnung“ (Polity)

Der Lerngegenstand „Politische Ordnung“ (Polity) berücksichtigt die Tatsache, dass Gesellschaften Strukturen und Regelungssysteme bilden, die sowohl Ergebnis als auch Bedingung von Politik sind. Insofern wird Recht also politisch erzeugt und liegt in Form einer Verfassung von Gesetzen und Normen vor. Recht ist gesamtgesellschaftlich verbindlich und kann als institutionell gefestigte Macht bezeichnet werden. In demokratischen Rechtsstaaten wird jegliche politische Macht institutionell begrenzt (Gewaltenteilung).

Empirische Befunde zum Lerngegenstand „Politische Ordnung“

Verschiedene Studien haben gezeigt, dass das politische Bewusstsein von Primarschülerinnen und -schülern offensichtlich unterschätzt wird (van Deth, Abendschön, Rathke und Vollmar 2007). Wahrscheinlich kommt es dazu, weil sich Kinder einerseits selten äußern, dass sie an Politik interessiert sind, und andererseits das Interesse an Politik mit 14 Jahren nachweisbar signifikant ansteigt (Richter 2016). Daraus lässt sich aber nicht schließen, dass das politische Bewusstsein bei jungen Schülerinnen und -schüler fehle. So stellt Mittnik (2016) in einer österreichischen Studie fest, dass Schülerinnen und Schüler der vierten Klasse bereits über ein Grundwissen darüber verfügen, dass zentrale Elemente des Zusammenlebens staatlich geregelt werden. Sie können auch teilweise zwischen Regeln und Gesetzen unterscheiden. Die Benennung zentraler Charakteristika einer institutionellen demokratischen Ordnung fällt den meisten Kindern jedoch schwer. Vollmar kommt bei der Analyse der Daten des *Demokratie Leben und Lernen-Projekts* zum eindeutigen Schluss:

> „Kinder in der ersten Grundschulklasse verfügen nicht nur über politisches Wissen, sie sind außerdem in der Lage, verschiedene Wissensbereiche zu unterscheiden“ (Vollmar 2007, 159).

Aus der Studie geht hervor, dass Kinder auch schwierige politische Fragen nicht willkürlich beantworten. Es scheint, dass sie entweder frei heraus sagen, dass sie es nicht wissen oder aber systematische Zusammenhänge herstellen (van Deth 2010).
Eine Studie aus der Schweiz, basierend auf Gruppengesprächen und Einzelinterviews zeigt, dass bereits Zweitklässler (ca. 8 Jahre) Vermutungen darüber anstellen, wie sich Herrschaft in einem demokratischen Rechtsstaat legitimieren lässt (Kalcsics & Raths 2013, 246). Kinder nehmen folglich die institutionelle Dimension der Politik durchaus bereits wahr und vermögen diese quasi als „Spielregeln" von Inhalten und Prozessen der Politik zu unterscheiden. Die vier Deutungsmuster, die von den Autorinnen erarbeitet wurden, bieten eine erste Orientierung zum Verständnis von Herrschaft, wie sie Kinder, die in einem demokratischen Staat leben, ausdrücken. „Herrschaft" wird hier als legitimierte und kontrollierte Macht in einem politischen System verstanden:

Tab. 2: Übersicht der Deutungsmuster (Raths & Kalcsics 2011, 78)

<table>
<tr><th></th><th>Deutungsmuster A</th><th>Deutungsmuster B</th><th>Deutungsmuster C</th><th>Deutungsmuster D</th></tr>
<tr><td>Legitimation und Kontrolle von Macht</td><td>Regierung wird von höherer Instanz eingesetzt; keine Kontrolle durch „das Volk"</td><td>Regierung wird gewählt, hat dann aber keine Rechenschaftspflicht</td><td>Regierung wird gewählt und kann auch wieder abgewählt werden</td><td>Die gewählte Regierung kann nur das umsetzen, wozu eine Mehrheit des „Volks" zustimmt</td></tr>
<tr><td>Struktur von Herrschaft</td><td>Vertikal und top down</td><td>Vertikal, top down mit leichter bottom up-Tendenz</td><td>Vertikal, top down und Gegensteuer durch bottom up-Bewegung</td><td>Horizontale Struktur dominiert</td></tr>
<tr><td>Regelhaftigkeit der Herrschaftstypen nach M. Weber</td><td colspan="2">Regelhaftigkeit traditional, mit Möglichkeit der Willkür. Diese ist bei A größer</td><td colspan="2">Diskursiv analysierbare Regeln. Diese werden in C erahnt; in D ausgesprochen</td></tr>
</table>

In den überwiegend fragmentarischen Vorstellungen der Schülerinnen und Schüler sind eher wenig stringente Erklärungen zu finden. Es dominieren weitgehend Ahnungen, dass das Regieren und Wählen irgendwie geregelt sein muß. Vorstellungen, dass politische Führung oder Entscheidungsgewalt allein mit Charisma zusammenhängen, wurden im Kontrast dazu nicht gefunden.
Es zeigte sich, dass die Erklärungen der Schülerinnen und Schüler im 5. Schuljahr (ca. 11 Jahre) generell durch ein größeres Faktenwissen gekennzeichnet sind und

eine höhere Komplexität erkennen lassen. Aber das Verständnis, wie das politische System funktioniert ist damit nicht zwangsläufig anders als bei den Achtjährigen. So dominieren die Deutungsmuster B und C in beiden Altersstufen und treten dabei in ähnlicher Häufigkeit auf. Die Tatsache, dass das Muster A nur bei jüngeren, während das Muster D nur bei älteren Schülerinnen und Schüler vorkommt, zeigt aber auch auf, dass es trotz der großen Heterogenität innerhalb der Altersstufe doch eine Steigerung an komplexen Konzepten gibt.

Hinweise für das Lernen zum Lerngegenstand „Politische Ordnung"

Primarschülerinnen und -schüler beginnen damit die Welt außerhalb ihres nahen familiären Umfelds zu entdecken und stoßen dabei auch auf politische Sachverhalte. Politische Bildung im NMG-Unterricht kann hier ansetzen, indem die konstituierenden Begriffe von politischer Ordnung explizit eingeführt und mit dem bereits Bekannten in Verbindung gebracht werden.

Das Wissen der Schülerinnen und Schüler zum demokratischen Rechtsstaat besteht aus zahlreichen Mosaikteilchen, die sie im Alltag sammeln und mithilfe ihrer Erfahrungen interpretieren. Dieses Alltagswissen ist oft ungeordnet und fragmentarisch, es bietet aber zahlreiche Anknüpfungspunkte, welche in der Auseinandersetzung mit wissenschaftlichen Konzepte erweitert, differenziert oder auch verändert werden können. Daher verstehen wir den Lerngegenstand „Politische Ordnung" als zentrale Möglichkeit, die Präkonzepte, welche durch Medien, durch Gespräche von Erwachsenen oder durch Anlässe wie Wahlen und Abstimmungen genährt werden, einer ersten Systematik zu unterziehen. Dabei muß stets beachtet werden, dass Schülervorstellungen zu Politik nicht einfach „falsch" und wissenschaftliche Konzepte einfach „richtig" sind. Sander verweist in diesem Zusammenhang auf die Vielperspektivität von sozialwissenschaftlichen Theorien und hebt hervor, dass Bildung eben auch den reflektierten Umgang mit Nicht-Wissen umfasst und daher eine Form von Kontingenzbewältigung darstellt, die es den Menschen ermöglicht, in immer neuen Situationen der Welt Sinn und Bedeutung zu verleihen (Sander 2011, 23f.).

Selten haben Schülerinnen und Schüler die Möglichkeit, tagespolitische Nachrichten durch speziell für sie aufbereitete Medien erklärt zu bekommen. Deshalb plädieren wir dafür, mit qualitativ hochstehenden Kindernachrichtenmagazinen (z.B. ZEITleo oder ZDF: LOGO – eure Nachrichten!) zu arbeiten und Medien der Bundeszentrale für politische Bildung in Deutschland heranzuziehen. So werden Lehrpersonen dabei unterstützt, aktuelle und oft komplexe politische Geschehnisse angemessen mit den Lernenden zu klären. Die Schülerinnen und Schüler können damit beginnen, ein Verständnis von Repräsentation, Demokratie, öffentliche Institutionen, Rechtsstaat, Grundrechte oder Gewaltenteilung aufzubauen. Gerade das Konzept der „Gewaltenteilung", das selten bis nie mit Schülerinnen und Schülern bearbeitet wird, erscheint uns zentral. Denn dieses ist

essentiell, um den demokratischen und rechtsstaatlichen Umgang mit Macht zu verstehen.
Schülerinnen und Schüler haben ein Recht darauf, sich im politischen System orientieren zu können. Diese Fähigkeit bildet eine Grundvoraussetzung, um eigenständige Urteilsbildung und Kritikfähigkeit entwickeln zu können. Dazu brauchen Schülerinnen und Schüler aber die professionelle Unterstützung von Lehrpersonen.

3.2 Lerngegenstand „Öffentlichkeit und Meinungsvielfalt" (Politics)

Der Lerngegenstand „Öffentlichkeit und Meinungsvielfalt" (Politics) fokussiert darauf, dass politische Macht genutzt wird um partikuläre Interessen zu verfolgen und durchzusetzen. Diese Auseinandersetzungen erfolgen jedoch innerhalb einer machtbegrenzenden institutionellen Ordnung. Die politischen Akteure verhalten sich in diesem öffentlichen Raum nach anderen Normen, Logiken und Regeln als Akteure dies in der Sphäre des Privaten tun würden.[3] Dabei nehmen eine Vielzahl von Akteuren mit unterschiedlichen Interessen, Bedürfnissen und Überzeugungen an diesen Prozessen teil.

Empirische Befunde zum Lerngegenstand „Öffentlichkeit und Meinungsvielfalt"

Kinder nehmen politische Auseinandersetzungen zu großen Teilen über die Massenmedien wahr, stellen Asal und Burth (2016) fest. Im Rahmen von Gruppendiskussionen befragten sie Grundschülerinnen und -schüler zu einer Reihe von politischen Themen und kamen dabei auch auf die Frage zu sprechen, warum sich Parteien eigentlich so häufig streiten? Geläufig war den Kindern, dass es sich bei einer Partei um eine Gruppe von Menschen handelt, welche gleiche Meinungen vertreten. Einige Kinder sagten allerdings, sie fänden die Streitereien eigentlich unnötig, und ein Kind befand sogar, dass sie unnötig seien, weil ja alle Parteien letztlich das Beste für Deutschland wollten (ebd., 108). In diesem Argumentationsmuster zeigt sich, dass Deutschland als große Einheit gedacht wird und es deshalb für diese Einheit auch einfach eine einzige gute Lösung geben müsse. Kinder verstehen folglich den politischen ‚Streit' häufig nicht als notwendigen klärenden Prozess, um politische Lösungen auszuhandeln und Probleme aus verschie-

3 Das Begriffspaar Öffentlich/Privat wird in unterschiedlichen Wissenschaftsdisziplinen unterschiedlich definiert. Öffentlichkeit in der Politik bezieht sich unter anderem auf ungehinderte Debatten und Diskussionen, betont die Notwendigkeit von Transparenz bei politischen Entscheiden oder bei der Kontrolle von Macht und kennt mitunter eine Formale Trennung von Amt und Person (vgl. Richter 2015, 53). Der Begriff Privatheit wird laut Richter erst in jüngerer Zeit einhergehend mit der Akzeptanz von feministischen Theorien von der Politikwissenschaft beachtet. Die Theorien untersuchen dabei die unterschiedlichen Handlungslogiken beider Bereiche, etwa die gewollte De-Thematisierung von Konflikten im privaten Bereich oder die Zuweisung von öffentlich und privat zu Männer und Frauen im Sinne einer Verfestigung von Geschlechtergrenzen als Herrschaftsverhältnisse (ebd., 55).

denen Blickwinkeln zu beleuchten. Laut Kuhn (2004) bewertet eine Mehrzahl von befragten Jugendlichen Auseinandersetzungen, Kritik und Einzelinteressen als negativ und Ohlmeier (2009) fügt an, dass Streit in Schulen häufig als etwas Schädliches gelte und gerade Grundschullehrkräfte diesen mittels moralischer Ermahnungen zu „lösen" versuchten. Werden allerdings politische Kontroversen dauerhaft mit dem alltagsweltlich geächteten Konzept des ‚Streits' verbunden, besteht die Gefahr, dass die Funktion von Parlamenten oder öffentlich ausgetragenen Wahl- und Abstimmungskämpfen verkannt wird. Unbesehen bleibt dabei der Umstand, dass auf diesen „Bühnen der Politik" der „Streit" gewollt ist und institutionalisiert wird.

Nach einer geeigneten Bühne für Konflikte und Streit wird auch in der Schule gesucht und dabei wird oft auf den Klassenrat als Mittel zur Klassenführung und zur Förderung sozialen Lernens gesetzt. Solche Klassenräte sind jedoch problematisch, weil in ihnen Privates und Öffentliches vermischt werden. Während in Parlamenten nämlich – die öffentliche Sache zur Debatte steht, werden in Klassenräten oftmals persönliche Angelegenheiten geregelt. Sobald aber persönliche Konflikte zwischen Schülerinnen und Schülern verhandelt werden, müssen die daran Beteiligten auch immer mit persönlichen Konsequenzen rechnen (de Boer 2006, 205) und es erstaunt daher nicht, dass de Boer in ihrer qualitativen Studie zum Schluss kommt, im Klassenrat herrsche keineswegs das so oft propagierte „offene" und „ehrliche" Klima vor (ebd., 218). Die von de Boer interviewten Kinder gaben an, ihnen sei eine Konfliktregelung im Klassenrat unangenehm gewesen. Dabei stimmt nachdenklich, dass es keinem der Kinder in den Sinn gekommen wäre, diesen Aspekt im Klassenrat zu kritisieren (ebd., 207). In vielen solchen Fällen dürfen die Klassenräte deshalb nicht als „Parlamente im Kleinen" verstanden werden. Denn in einem demokratischen Rechtsstaat ist es undenkbar, dass persönliche Konflikte oder Normabweichungen in öffentlichen Parlamenten nicht nur besprochen, sondern auch gleich noch sanktioniert werden.

Überdies zeigen Asal und Burth auf, dass Schülerinnen und Schüler nicht unbedingt dieselben demokratischen Entscheidungsverfahren bevorzugen wie Erwachsene. Bei einer Klassensprecherwahl etwa fänden etliche Schülerinnen und Schüler einen Losentscheid weit gerechter als eine Wahl durch die Mehrheit, da dieser verhindere, dass stets die gleichen Kinder (die beliebten bzw. leistungsstarken Mitschülerinnen und -schüler) gewählt werden (Asal & Burth 2016, 103f.).

Über welche Konzepte und Vorstellungen 7- bis 13-jährige Kinder hinsichtlich Regeln, Macht und Mitbestimmung verfügen, erhoben Kalcsics und Moser (2017) und legten dar, dass Kinder ihre Lebenswelt zunächst als weitgehend von Regeln geprägt wahrnehmen und sie diese Regeln meist auch nicht hinterfragen. Die befragten Kinder gaben auch an, dass es in ihrer Peergroup wenige bis gar keine Regeln brauche, da Konflikte hier einfach und direkt geregelt würden (ebd., 133). Dies deckt sich mit Erkenntnissen aus der Kindheitsforschung, die

besagen, dass auch die Welt der Kinder durch Regeln, Normen und Hierarchien geprägt und entsprechendes soziales Kapital – wie konfliktfreie, harmonische Freundschaftsbeziehungen – gefragt ist. So sind Kinder zum Beispiel daran interessiert, von anderen Kindern gemocht zu werden, beliebt zu sein und dazuzugehören. Dies lässt sich exemplarisch anhand eines Interviewausschnitts mit einem zehnjährigen Schüler zeigen. Auf die Frage, ob es auch unter Freunden Regeln brauche, antwortet dieser: „*Wir brauchen keine Regeln. Das ist doch Ehrensache, dass jeder sagen darf, was er will. Es ist einfach normal.*" Darauf angesprochen, was den „normal" bedeute, antwortet er: *„(…)dass wir halt alle aufeinander warten nach der Schule und zusammen nach Hause gehen, dass wir einander nicht verraten (…).*"[4]
Ausgehend von solchen Äußerungen kann darauf geschlossen werden, dass sich Schülerinnen und Schüler im Rahmen von Klassenräten häufig in einem Spannungsverhältnis befinden, sowohl den Verhaltenserwartungen der machtvollen Institution Schule – repräsentiert durch die Lehrperson – als auch denjenigen ihrer Klassenkameraden entsprechen zu müssen oder zu wollen (de Boer 2006). Dieser Umstand macht deutlich, dass insbesondere der disziplinierende Klassenführungsgedanke das Potenzial von Klassenräten als Form des Demokratielernens untergräbt, denn Schülerinnen und Schüler bemerken sehr wohl, dass die persönliche Konfliktregelung eigentlich nicht öffentlich geschehen sollte und damit nicht Teil der *res publica* ihres Klassenrates sein kann.

Hinweise für das Lernen zum Lerngegenstand „Öffentlichkeit und Meinungsvielfalt"

Wie eingangs dieses Kapitels formuliert, fokussiert der Lerngegenstand „Öffentlichkeit und Meinungsvielfalt" auf den Umstand, dass demokratische Entscheidungsprozesse grundsätzlich öffentlich erfolgen und durch eine Vielzahl von politischen Akteuren mit unterschiedlichsten Interessen geprägt werden. In Anlehnung an Kant formuliert daher auch Reichenbach (2007), dass das Ziel demokratischer Erziehung darin liegen könnte, einerseits in die Kultur des Dissens und andererseits in den öffentlichen Gebrauch der Vernunft einzuführen, wobei ersteres eine Frage der Gewöhnung und letzteres eine Frage der Einübung und Erfahrung sei (ebd., 69f.).
Politische Bildung ist demnach herausgefordert, eine Brücke zwischen der kindlichen Lebenswelt und der Welt des Politischen zu bauen. Dieses Unterfangen wird jedoch problematisch, wenn vermeintlich Naheliegendes kurzgeschlossen wird. So lassen sich im Klassenrat zwar demokratische Entscheidungsregeln bei der Klassensprecherwahl ausprobieren, die dabei gemachten Erfahrungen sind aber nicht ohne Weiteres auf die reale Politik übertragbar. Erfahrungen, Sinn, Zweck

4 Interview entstammt dem unveröffentlichten Material aus der Studie von Kalcsics und Moser (2017).

und auch Konsequenzen von Wahlen und Abstimmungen in Klassenräten unterscheiden sich zu deutlich von denjenigen in der politischen Sphäre.
Außerdem muß in Anlehnung an Grunert und Krüger stets beachtet werden, dass Interaktionen zwischen Kindern nicht einfach als bloße Nachahmung der Praktiken von Erwachsenen verstanden werden dürfen, sondern auch als Ausdruck einer eigenen kinderkulturellen Praxis ernst zu nehmen sind (Grunert & Krüger 2006, zitiert bei Blöcker & Hölscher 2014, 10). Gerade wenn Klassenräte zur Klassenführung eingesetzt werden, befinden sich die Schülerinnen und Schüler im Dilemma, sowohl den für Lehrpersonen häufig verborgenen Kinderpraktiken als auch den Erwartungen der Schule gerecht zu werden. Dass daraus kein ideales Klima für offene und kontroverse Diskussionen resultiert, liegt auf der Hand.
Dabei würde gerade die geforderte „Gewöhnung an die Kultur des Dissens" nach Lernerfahrungen verlangen, in denen Schülerinnen und Schüler die Notwendigkeit kontroverser Debatten in politischen Auseinandersetzungen erleben und erkennen können. Klassenräte, in denen aber implizit oder explizit das Ideal eines harmonischen Miteinanders eingefordert wird und die „Streit" als tunlichst zu vermeidende Störung auffassen, können diese Gewöhnung nicht leisten. Die Ziele von Klassenführung und von politischer Bildung stehen damit augenfällig in einem Zielkonflikt zueinander. Insofern gilt es für die Lehrperson zu klären, ob sie den Klassenrat zur Klassenführung oder für das politische Lernen einsetzen will. Entscheidet sie sich für Letzteres, dann darf der Klassenrat nicht als Gremium zur Streitschlichtung dienen, sondern muß als Diskussionsforum verstanden werden, in dem sich Schülerinnen und Schüler jenseits von persönlichen Konflikten im politischen Debattieren üben und sich damit an den Dissens gewöhnen können.

3.3 Lerngegenstand „Gemeinwohl" (Policy)

Der Lerngegenstand „Gemeinwohl" (Policy) thematisiert die Normativität jeglicher Definitionsversuche von Gemeinwohl und zeigt auf, dass in pluralistischen Gesellschaften unterschiedlichste Menschen mit unterschiedlichsten individuellen und kollektiven Interessen zusammenleben. Das Gemeinwohl kann daher nicht vorgängig oder gar überzeitlich gefunden oder festgelegt werden, sondern es wird in der andauernden politischen Auseinandersetzung immer wieder neu ausgehandelt.

Empirische Befunde zum Lerngegenstand „Gemeinwohl"

Die Vorstellungen zu Gemeinwohl sind im engen Zusammenhang mit Vorstellungen zu Wirtschaft, Arbeit, Geld, aber auch zu Gerechtigkeit und weiteren Werten zu sehen. Solche Vorstellungen werden teilweise in anderen Kapiteln dieses Bandes aufgenommen und beschrieben. Wir gehen hier nur auf ausgewählte, eher übergeordnete Aspekte des Gemeinwohls ein.

Abendschön (2007) konnte im Rahmen der quantitativ ausgelegten Studie „Demokratie Leben und Lernen" zeigen, dass Kinder bereits beim Schuleintritt über eine konsistente Wertorientierung verfügen. Dabei zeigte sich auch, dass soziokulturelle Faktoren ursächlich dafür sind, welches soziale Verhalten von Kindern als erwünscht oder unerwünscht bezeichnet wird. Kinder aus sozioökonomisch bessergestellten Stadtteilen vermochten beispielsweise besser einzuschätzen, dass Geldbesitz eigentlich keine demokratische Bürgertugend sei, wohingegen Kinder aus sozio-ökonomisch schwächeren Gebieten eine stärkere materielle Wertorientierung zeigten (ebd., 202f.). Aufgrund von Knappheitserfahrungen – so ließe sich dieser Befund interpretieren – erscheint ökonomisch benachteiligten Kindern materieller Besitz als besonders erstrebenswert. Die Frage nach Arm und Reich scheint Kinder bereits sehr früh zu beschäftigen. So zeigt Ramsey (2004) in einer qualitativen Studie auf, das bereits Vorschulkinder anhand von Merkmalen (z.B. Kleidung) zwischen materiell armen und reichen Menschen unterscheiden (können). Allerdings erschließen sich den Kindern die wirtschaftlichen Gründe, welche zu Armut führen, noch nicht. Werden sie gefragt, was Reichtum auszeichnet, kommen sie rasch auf ‚Könige' zu sprechen und behelfen sich mit Vorstellungen, die sie aus Märchen kennen (Ramsey 2004). Dass solche Analogien zu problematischen Deutungen von Politik führen können, lässt sich auch anhand der qualitativen Studie von Dondl (2013) zeigen. Er stellt fest, dass die befragten Schülerinnen und Schüler (4. Klasse) eine ausgesprochene Gemeinwohlorientierung bei politischen Entscheidungen zeigen. Dabei bleibt allerdings die Definition des Gemeinwohls vage. Werden die Kinder um eine solche gebeten, versuchen sie das Gemeinwohl häufig prozesshaft zu bestimmen und verweisen häufig auf das Mehrheitsprinzip. Sie argumentieren, dass dies der einfachste Weg sei, um möglichst viele zufriedenzustellen (ebd.). Die Vermutung liegt nahe, dass dieses scheinbar so pragmatische Argument durch entsprechende lebensweltliche Erfahrungen geprägt wurde. Mit der schlichten Mehrheitsregel lässt sich ja auch trefflich entscheiden, ob nun Fußball oder Fangen gespielt wird. Eine Übertragung des Prinzips auf die Politik ist aber problematisch, da die Mehrheitsregel alleine noch keine Gewähr dafür bietet, dass verschiedene Lösungen von Fragen des Gemeinwohls diskutiert und auch Interessen von Minderheiten berücksichtigt werden.

Hinweise für das Lernen zum Lerngegenstand „Gemeinwohl"

Das Gemeinwohl als das „gute Zusammenleben von Menschen innerhalb einer politischen Ordnung", ist ein anspruchsvolles, da sehr vielschichtiges Konzept. Dennoch plädieren wir dafür, die Auseinandersetzung darüber den Kindern zuzumuten und sie selbst darüber nachdenken zu lassen. Wird im Unterricht nun Gemeinwohl aber einseitig mit einer Orientierung auf postmaterialistische Werte begründet, dann läuft dies den Interessen materiell benachteiligter Schülerinnen und -schüler entgegen und die bestehende Ungleichheit wird reproduziert. Nachdenken im Erfahrungsraum „Gemeinwohl“ bedeutet daher keine vorschnelle Normierung auf ein (im Sinne wie oben beschriebenes) vermeintliches Gemeinwohl vorzunehmen. Gefordert ist ein analytischer Blick auf die Pluralität von Gesellschaft und damit auf die unterschiedlichen Interessen und Bedürfnisse von Individuen und Gruppen. Letztlich müssen sich Schülerinnen und Schüler ihrer eigenen gesellschaftlichen Stellung gewahr werden, um zu einer eigenständigen und fundierten Haltung gegenüber jeglicher Konzeption von „Gemeinwohl“ gelangen zu können (vgl. Hedtke 2016a)

Viele Lehrpersonen verspüren ein gewisses Unbehagen, Kinder so früh mit solchen Fragen zu konfrontieren und haben Angst, sie damit zu überfordern. Kinder sind jedoch bereits sehr früh z.B. mit Fragen des Tauschens oder Teilens konfrontiert, wenn sie etwa ihre Schokolade mit der Cousine teilen müssen. Kinder erfahren also, dass man sich bei der Befriedigung von Wünschen mit anderen arrangieren muß. Einmal möchte man nutzen, was andere haben, einmal kann man geben, was andere brauchen. Durch das Nachdenken über solche Erfahrungen und das Philosophieren über verschiedene Möglichkeiten, wie Probleme in Gemeinschaften angegangen werden können, erarbeiten sich Schülerinnen und Schüler Schritt für Schritt eine eigene Sicht auf das Gemeinwohl und erlangen Kompetenzen, um gemeinsam in der Gruppe Aushandlungsprozesse zu führen.

4 Offene Fragen und Forschungsbedarf

Eingangs dieses Artikels haben wir die Frage aufgeworfen, was mündige Bürgerinnen und Bürger wissen müssen, um politisch urteilen und handeln zu können. Aus politikwissenschaftlicher Sicht lässt sich darauf entgegnen, dass die Beantwortung dieser Frage davon abhängt, von welchem Demokratieverständnis ausgegangen wird. Die Politikwissenschaften kennen denn auch eine grundsätzliche Unterteilung in liberale, republikanische und deliberative Demokratietheorien.

Reichenbach (2010, 161) greift diese Dreiteilung auf und stellt sich bei jedem Theoriestrang die Frage, worin dieser die Sicherung des politischen Gemeinwesens begründet sieht. Er legt dar, dass für liberale Theoretiker in erster Linie die politischen und rechtlichen Institutionen (Parlamente und Rechtsstaat) von Bedeutung sind und nicht sonderlich die Frage, ob sich die Bevölkerung nebst der Parlamentswahl noch anderweitig politisch einbringt oder einbringen kann. Für republikanische oder deliberative Theoretiker hingegen sei die Partizipation der breiten Bevölkerung das zentrale Kriterium für die Sicherung des Gemeinwesens. Während dabei die Anhänger von republikanischen Positionen vor allem auf die Tugendhaftigkeit und Partizipationswilligkeit der Bürgerinnen und Bürger setzen,

betonen deliberative Theoretiker besonders die „Kraft des besseren Arguments" und damit die rationalen Prozeduren in demokratischen Diskursen.
Was muß also politische Bildung vor diesem theoretischen Hintergrund vermitteln und leisten, um Schülerinnen und Schüler auf ihre Bürgerinnen- und Bürgerrollen vorzubereiten?
Aus liberaler Sicht stünde wohl eine solide Institutionenkunde im Vordergrund, welche Lernenden die Bedeutung von Rechtsstaatlichkeit und Repräsentation aufzeigen würde. Aus republikanischer oder deliberativer Sichtweise könnte es darum gehen, affirmativ auf Bürgerbeteiligung hinzuwirken.
Formiert sich politische Bildung allerdings primär so – also ausgehend von der Frage, was diese zur Sicherung des Gemeinwesens und damit zur Reproduktion des politischen Systems beitragen könne – dann wird sie funktionalistisch.
Hedtke (vgl. 2016a und 2016b) kritisiert vehement ein solch funktionalistisches Verständnis von Bildung und auch Sander (2001) meint, es könne doch nicht angehen, dass sich politische Bildung zuallererst systemorientiert verstehe und Bürgerrollen vermitteln wolle. In seinem Verständnis müsse es viel eher darum gehen, Wissen aufzubauen, das den Einzelnen dazu befähigt, seine Rechte einzufordern (ebd.).
Hierzu zählt mitunter die Erkenntnis, dass das Einfordern von Rechten mit Konflikten verbunden ist und Demokratie und Gesellschaft grundsätzlich konflikthaft sind. Es stellt sich daher die Frage, ob und wie diese Konflikthaftigkeit bereits auf der Primarstufe thematisiert werden kann. Um Antworten zu finden, sind zunächst empirische Kenntnisse nötig, welche aufzeigen, was sich Primarschülerinnen und -schüler überhaupt unter politischen Konflikten vorstellen. So können Anknüpfungspunkte für den Unterricht gefunden werden. Die entsprechenden Studien fehlen zurzeit aber noch weitgehend.
Uns erscheint es daher sehr wertvoll, hier weiter zu forschen, damit im Anschluss Unterrichtsmöglichkeiten entwickelt und erprobt werden können, die politisches Lernen ermöglichen. Leitend soll dabei jedoch nicht die Frage sein, was mündige Bürgerinnen und Bürger wissen müssen, sondern was Schülerinnen und Schüler wissen wollen, um politisch urteilen und handeln zu können.

Literatur

Abendschön, S. (2007): Demokratische Werte und Normen. In: van Deth, J.; Abendschön, S. ; Rathke, J. & Vollmar, M. (Hrsg.): Kinder und Politik. Politische Einstellungen von jungen Kindern im ersten Grundschuljahr. Wiesbaden: VS Verlag für Sozialwissenschaften, 161-202.

Asal, K. & Burth, H.P. (2016): Schülervorstellungen zur Politik in der Grundschule. Lebensweltliche Rahmenbedingungen, politische Inhalte und didaktische Relevanz. Eine theoriegeleitete empirische Studie. Opladen Berlin Toronto: Budrich UniPress Ltd.

Blöcker, Y. & Hölscher, N. (2014): Kinder und Demokratie. Zwischen Theorie und Praxis. Schwalbach/Ts: Wochenschau.

De Boer, H. (2006): Klassenrat als interaktive Praxis. Auseinandersetzung – Kooperation – Imagepflege. Wiesbaden: VS Verlag für Sozialwissenschaften.

Dondl, J. (2013): Politik-Lernen in der Grundschule. Überlegungen zur politischen Bildung anhand einer Studie zu demokratieorientierten Vorstellungen von Viertklässlern. Bad Heilbrunn: Klinkhardt.

FORS Sozialbericht 2016 Verfügbar unter: https://socialreport.ch/index3322.html?lang=de (5.3.2018).

GDSU, Gesellschaft für Didaktik des Sachunterrichts (Hrsg.) (2013): Perspektivrahmen Sachunterricht. Bad Heilbrunn: Klinkhardt.

Gessner, S. (2013): Kritische politische Bildung oder: Was brauchen Schüler und ihre Lehrer? Ein Essay. In: Widmaier, B. & Overwien, B. (Hrsg.): Was heisst heute Kritische Politische Bildung? Schwalbach/Ts: Wochenschauverlag, 86-90.

Gläser, E. & Richter, D. (Hrsg.) (2015): Die sozialwissenschaftliche Perspektive konkret. Begleitband 1 zum Perspektivrahmen Sachunterricht. Bad Heilbrunn: Klinkhardt.

Götzmann, A. (2015): Entwicklung Politischen Wissens in der Grundschule. Wiesbaden: Springer VS.

Hedtke, R. (2016a): Bildung zur Partizipation. Fachdidaktik als Auftragnehmerin der Politik? In: Menthe, J.; Höttecke, D.; Zabka, T.; Hammann, M. & Rothgangel, M. (Hrsg.): Befähigung zur gesellschaftlicher Teilhabe. Beiträge der fachdidaktischen Forschung. Münster, New York: Waxmann, 9-24.

Hedtke, R. (2016b): Partizipation als politisches und pädagogisches Problem. In: Friedrichs, W. & Lange D. (Hrsg.): Demokratiepolitik – Vermessungen – Anwendungen – Probleme – Perspektiven. Wiesbaden: Springer VS, 133-146.

Henkenborg, P. (2012): Unterrichtsleitbilder und Philosophien der politischen Bildung: Eine politikdidaktische Spurensuche. In: Juchler, I. (Hrsg.): Unterrichtsleitbilder in der politischen Bildung. Schwalbach/Ts: Wochenschauverlag, 47-58.

Himmelmann, G. (2016): Demokratiepädagogik als Demokratiepolitik in der Schule. In: Friedrichs, W. & Lange D. (Hrsg.): Demokratiepolitik – Vermessungen – Anwendungen – Probleme – Perspektiven. Wiesbaden: Springer VS, 121-132.

Kalcsics, K. & Moser, I. (2017): Schülervorstellungen zu Regeln und Mitbestimmung von Primarschulkindern: Eine Annäherung durch rekonstruktive Verfahren. In: Mittnik, P. (Hrsg.): Empirische Einsichten in der Politischen Bildung. Innsbruck, Wien, Bozen: Studienverlag, 125-142.

Kalcsics, K. & Raths, K. (2013): Was Kinder unter Politik verstehen. In: Wannack, E.; Bosshart, S. ; Eichenberger, A.; Fuchs, M.; Hardegger, E. & Marti, S. (Hrsg.): 4- bis 12-Jährige. Ihre schulischen und außerschulischen Lern- und Lebenswelten. Münster, New York, München, Berlin: Waxmann, 241-247.

Kirschner, C. (2013): Kontingenz als Bildungsgelegenheit. Kritische politische Bildungspraxis im Lichte ungewisser Grundlagen. In: Widmaier, B. & Overwien, B. (Hrsg.): Was heisst heute Kritische Politische Bildung? Schwalbach/Ts: Wochenschauverlag, 154-161.

Kuhn, H.-W. (2004): Konflikte. Thema und Methode. In: Richter, D. (Hrsg.): Gesellschaftliches und politisches Lernen im Sachunterricht. Bad Heilbrunn: Klinkhardt, 37-52.

ZDF LOGO – Eure Nachrichten (o.J.): LOGO – Eure Nachrichten. Verfügbar unter: https://www.zdf.de/kinder/logo [26.02.18].

Massing, P. (2013): Politik/politisch – Die Inhalte politischer Bildung unter dem Aspekt kritischer politischer Bildung. In: Widmaier, B. & Overwien, B. (Hrsg.): Was heisst heute Kritische Politische Bildung? Schwalbach/Ts: Wochenschauverlag, 197-206.

Mittnik, P. (2016): Politische und gesellschaftliche (Basis)Vorstellungen von Wiener VolksschülerInnen. Ergebnisse einer empirischen Studie. In: Mittnik, P.(Hrsg.): Politische Bildung in der Primarstufe – Eine internationale Perspektive. Innsbruck, Wien, Bozen: Studien Verlag, 23-40.

Möller, K. (2015): Handlungsorientierung im Sachunterricht. In: Kahlert, J.; Fölling-Albers, M.; Götz, M.; Hartinger, A.; Miller, S. & Wittkowske, S. (Hrsg.): Handbuch Didaktik des Sachunterrichts. 2. Aktualisierte und erweiterte Aufl. Bad Heilbrunn: Verlag Julius Klinkhardt, 403-408.

Ohlmeier, B. (2009): Demokratische Streitkultur in der Grundschule. In: Kursiv. Journal für Politische Bildung, 3, 40-50.

Prediger, S. ; Komorek, M.; Fischer, A.; Hinz, R.; Hussmann, S. ; Moschner, B.; Ralle, B. & Thiele, J. (2013): Der lange Weg zum Unterrichtsdesign. Zur Begründung und Umsetzung fachdidaktischer

Forschungs- und Entwicklungsprogramme. In: Komorek, M. & Prediger, S. (Hrsg.): Der lange Weg zum Unterrichtsdesign. Zur Begründung und Umsetzung fachdidaktischer Forschungs- und Entwicklungsprogramme. Münster, New York, München, Berlin: Waxmann, 9-24.

Ramsey, P.G. (2004): Wie kleine Kinder soziale Klassenunterschiede wahrnehmen und verstehen. In: Fried, L. & Büttner, G. (Hrsg.):Weltwissen von Kindern. Zum Forschungsstand über die Aneignung sozialen Wissens bei Krippen- und Kindergartenkindern. Weinheim, München: Juventa Verlag, 167-182.

Reichenbach, R. (2010): Die Macht des Volkes „lernen und leben"…? Zur Kritik persuasiver Metaphorik im pädagogischen Demokratiediskurs. In: Aufenanger, S. ; Hamburger, F.; Ludwig, L. & Tippelt, R. (Hrsg.): Bildung in der Demokratie. Beiträge zum 22. Kongress der Deutschen Gesellschaft für Erziehungswissenschaft. Opladen & Farmington Hills: Verlag Barbara Budrich, 145-168.

Reichenbach, R. (2007): „Demokratie ist das, was die Gemeinschaft durcheinanderbringt" Bemerkungen zur Metaphorik der Politischen Bildung. In: Bucher, A. (Hrsg.): Moral, Religion, Politik: Psychologisch-pädagogische Zugänge. Festschrift für Fritz Oser. Wien: LIT Verlag, 57-72.

Richter, D. (2016): Politische Bildung von Anfang an kompetenzorientiert. In: Mittnik, P. (Hrsg.): Politische Bildung in der Primarstufe – Eine internationale Perspektive. Innsbruck, Wien, Bozen: Studien Verlag, 9-22.

Richter, D. (2015): Öffentlichkeit und Privatsphäre – ein strittiges, aber unzertrennliches Paar. In: Gläser, E. & Richter, D. (Hrsg.): Die sozialwissenschaftliche Perspektive konkret. Begleitband 1 zum Perspektivrahmen Sachunterricht. Bad Heilbrunn: Klinkhardt, 51-63.

Sander, W. (2011): Kompetenzorientierung in Schule und politischer Bildung – eine kritische Zwischenbilanz. In: Autorengruppe Fachdidaktik: Konzepte der politischen Bildung. Eine Streitschrift. Schwalbach/Ts: Wochenschauverlag, 9-26.

Sander, W. (2007): Politik entdecken – Freiheit leben. Didaktische Grundlagen politischer Bildung. Schwalbach/Ts: Wochenschauverlag.

Sander, W. (2001): Politik entdecken – Freiheit leben. Neue Lernkulturen in der politischen Bildung. Schwalbach/Ts: Wochenschauverlag.

Van Deth, J.W.; Abendschön, S. ; Rathke, J. & Vollmar, M. (2007): Kinder und Politik. Politische Einstellungen von jungen Kindern im ersten Grundschuljahr. Wiesbaden: VS Verlag für Sozialwissenschaften.

Van Deth, J.W. (2010): Kinder und Politik: Eine unterschätzte Beziehung. In: Lange, D. & Himmelmann, G. (Hrsg.): Demokratiedidaktik. Impulse für die politische Bildung. Wiesbaden: VS Verlag für Sozialwissenschaften, 55-69.

Vollmer, M. (2007): Politisches Wissen bei Kindern – nicht einfach nur ja oder nein. In: van Deth, J.W.; Abendschön, S. ; Rathke, J. & Vollmer, M. (2007): Kinder und Politik. Politische Einstellungen von jungen Kindern im ersten Grundschuljahr. Wiesbaden: VS Verlag für Sozialwissenschaften, 119-160.

Weisseno, G.; Detjen, J.; Juchler, I.; Massing, P. & Richter, D. (2010): Konzepte der Politik. Ein Kompetenzmodell. Schwalbach/Ts: Wochenschauverlag.

ZEITleo (o.J.): Zeit Leo. Das Magazin für Kinder. Verfügbar unter: http://leo.zeitverlag.de/zeit-leo-welt.html [26.02.2018].

Sophia Bietenhard

Schülerinnen und Schüler denken nach über große Fragen und gerechtes Handeln[1]

1 Rahmungen

1.1 Herausforderungen

Eine Darstellung über Vorstellungen von Kindern zu Fragen nach Lebenssinn und Lebensgestaltung sieht sich vor verschiedene Herausforderungen gestellt. Zum einen hat sich die Forschung zu den Konzepten von Kindern und Jugendlichen in diesen Inhaltsbereichen konzeptuell und methodologisch stark verändert. Über Jahrzehnte von den strukturgenetischen Theorien Piagets, Kohlbergs und Osers geprägt und als Erforschung einer fortschreitenden Entwicklung kognitiver Konzepte verstanden, wird diese einflussreiche Tradition heute mit guten Gründen hinterfragt. Der tiefgreifende gesellschaftliche Wandel bezüglich weltanschaulicher, religiöser und wertebezogener Einstellungen und Bindungen macht die Annahme einer fortschreitenden Entwicklung in diesen Bereichen hin zu bestimmten moralischen Einstellungen und Verhaltensweisen fragwürdig. Auch die Schule spiegelt den gesellschaftlichen Wandel und kann daher nicht undifferenziert als Erziehungsinstanz für bestimmte Werte- und Sinndeutungssysteme in Anspruch genommen werden. Folgerichtig streben die Kompetenzen des Bereichs „Grunderfahrungen, Werte und Normen erkunden und reflektieren" im Lehrplan 21 bewusst nicht wünschenswerte moralische Verhaltensweisen an, sondern schlagen ko-konstruktive Lernprozesse zu bedeutsamen Bildungsinhalten vor. Kompetenzen hinsichtlich eines gelingenden Zusammenlebens und der Demokratiebildung formuliert der Kompetenzbereich 10, der sich hier mit dem Perspektivrahmen Sachunterricht zur sozialwissenschaftlichen Perspektive trifft (GDSU 2013, 27ff.; Gläser & Richter 2015).
Den Emotionen, der Interaktion und dem sozialen Kontext als Faktoren für soziales und moralisches Verhalten wird heute mehr Beachtung geschenkt (dazu Tracy, Robins & Tangney Price 2007). Entsprechend werden Einschätzungen altersabhängiger kognitiver Fähigkeiten durch die Ergebnisse der jüngeren neuropsychologischen Forschungen komplex und die Definitionskriterien der Binnenstruktur älterer strukturalistischer Theorien relativiert. „Die Entwicklung, Wahrnehmung und Lernfähigkeit eines Menschen ist einem Wechselspiel individueller, geneti-

1 Ich danke meinem Kollegen Dr. Dominik Helbling von der Pädagogischen Hochschule Luzern für die kritische Lektüre des Artikels und die zahlreichen Anregungen.

scher und sozialer Voraussetzungen unterworfen“ (Vobbe 2012, 79). Wenn auch wichtige Eckpunkte des Timings neurologischer Entwicklungsschritte bestätigt werden, bleibt doch die Verknüpfung neurologischer Erkenntnisse mit entwicklungspsychologischen Annahmen letztlich hypothetisch (ebd.). Weiter hinterfragt und differenziert die neuere Forschung die konzeptuellen Annahmen und die ihnen zugrundeliegenden, ungeklärten Wertungen, mit welchen sehr viele Studien bisher an ihren Gegenstand herangingen. Beispielsweise kann sich nach neueren Forschungen eine Eigenschaft wie der Stolz, die nach antiken und christlichen Tugend- und Lasterkatalogen als eine der klassischen Todsünden gilt, durchaus als Ergebnis prosozialen und empathischen Verhaltens zeigen und dieses sogar, wenn offen gezeigt, weiter verstärken, dies im Unterschied zu narzisstischem, auf sich bezogenen Stolz (Hart & Matsuba 2007; Bucher 2015, 9f.). Im Beitrag „Befinden und sich kennen: Glück, Gesundheit, Körper“ in diesem Band (vgl. S. 67ff.) wird denn auch aufgezeigt, dass Kinder gut sein wollen und es sie glücklich und stolz macht, wenn sie dies zeigen können.

Und schliesslich wurde die Erforschung der moralischen und sinndeutenden (auch der religiösen) Vorstellungen von Kindern und Jugendlichen lange Zeit durch entwicklungspsychologische sowie konfessionell-religionspädagogische Konzeptionen und Methoden dominiert. Durch die Trennung von Sachunterricht und Ethik- und/oder Religionsunterricht in vielen Ländern wurden damit fachdidaktische Forschungsgebiete disziplinär unterschieden, die inhaltlich und didaktisch viele Berührungspunkte aufweisen würden (vgl. Schmid 2011). Die eigentliche, fachdidaktisch-empirische Forschung zu Inhaltsbereichen des Kompetenzbereichs 11 im Lehrplan 21, „Grunderfahrungen, Werte und Normen erkunden und reflektieren“ als Perspektive des NMG-Unterrichts, steht daher noch am Anfang (vgl. Bietenhard, Helbling & Schmid 2015). Studien zu kinderphilosophischen Gesprächen oder die Erkundung von moralischen und weltanschaulichen Vorstellungen arbeiten mit diskursiven Methoden, lebensweltorientiert und unabhängig von strukturgenetischen Vorgaben. Dies entlastet die Fachdidaktik und die Lehrpersonen vom Anspruch, im Unterricht bestimmte wertebezogene Verhaltungsweisen und Einstellungen erreichen zu müssen und ermöglicht den methodisch geleiteten, sachorientierten Diskurs über exemplarisch gewählte Sinnentwürfe und die mit ihnen verbundenen Traditionen. Mit der Integration der „Probleme konstitutiver Rationalität (Philosophie, Ethik und Religion) als viertem Modus der Weltbegegnung“ (Baumert 2002, 107; vgl. Helbling 2015) in den Fachbereich Natur, Mensch, Gesellschaft ist die domänenspezifische Didaktik – im Schweizer Modell die der Perspektive Ethik, Religionen, Gemeinschaft – allerdings gefordert, die Voraussetzungen und die Gestaltung des entsprechenden Unterrichts weitgehend neu zu denken. Dazu gehört nicht zuletzt die Erforschung kindlicher Vorstellungen und Strategien bezüglich Lebenssinn, Lebensgestaltung, existentiellen Erfahrungen sowie philosophischen und ethischen Grundbegriffen. Der hier dargestellte Forschungsertrag zeigt die Lücken der sich vielfach hier am Anfang befindlichen Forschung auf. Es gibt zwar unterschiedlichste Studien zur Frage, wie Kinder Herausforderungssituationen moralisch beurteilen oder in diesen gerecht verfahren würden oder welche Ansichten zur Verteilgerechtigkeit sie äußern. Doch die Untersuchung der kindlichen Begriffskonzepte über die Gerechtigkeit ist Neuland (Andresen, Fegter & Hurrelmann 2013; Andresen & Schneekloth 2014, 239; Schauenberg 2015), und die Forschung zu weiteren Wertebegriffen (z.B. Freiheit, Zusammenleben, Verantwortung) steht noch an.

1.2 Akzente

Der Kompetenzbereich 11 des Lehrplans 21, „Grunderfahrungen, Werte und Normen erkunden und reflektieren", befasst sich vornehmlich mit dem Aufbau von Denkfähigkeiten. Das „Denken lernen" im Sinne von methodisch geleiteten, strukturierten Denkprozessen wird dabei mit philosophischen, ethischen und weltanschaulichen Sinngebungen und Traditionen verbunden. Der Bezug zu Sinnentwürfen, die auch als religiöse gedeutet werden können, liegt hier nahe, da die weltanschaulichen Traditionen Angebote der Bewältigung und Deutung von Kontingenzerfahrungen machen. Solche Deutungsgefässe werden u.a. in Bildern, Ritualen, symbolischen Handlungen und Glaubenslehren oder auch durch Bilder einer als letztgültig verstandenen Wirklichkeit, z.B. in Form von Gottesvorstellungen, ausgedrückt (Boyer 2001; Taves 2009). Kinder und Jugendliche werden dabei durch familiär tradierte Vorstellungen, kulturell-alltagsweltliche Phänomene, neuere Sinnentwürfe und besonders durch die familiär erlebte Praxis geprägt. Doch beeinflusst der weltanschauliche Wandel der Gegenwart auch die diesbezüglichen kindlichen Vorstellungen, wie in diesem Beitrag anhand neuerer empirischer religionspädagogischer Untersuchungen dargestellt wird. Die diesbezügliche Forschung geht häufig noch von klassisch-christlichen Konzeptionen und Begriffen aus, z.B. einem biblisch geprägten Gottesbild oder der Frage nach dem Leid, die sie damit verbindet. Dabei stossen heutige Befragungen auf forschungsmethodische und konzeptuelle Herausforderungen, die u.a. durch die gesellschaftlichen Prozesse der Säkularisierung, Individualisierung und Pluralisierung zu erklären sind. Was bis vor wenigen Jahren als gesichert geltendes Wissens- und Deutungsgut galt, ist jedoch nur noch bruchstückhaft vorhanden und erodiert rapide. Die Erforschung kindlicher Vorstellungen zu Fragen nach Lebenssinn, Lebensgestaltung und dem Letztgültigen im Rahmen des Natur, Mensch, Gesellschaft-Unterrichts erfordert daher eine methodologische und inhaltliche Öffnung, die durchaus auch grosse, nicht zuletzt perspektivenverbindende Chancen bietet.

Verbindliche Inhalte nennt der Lehrplan für den Kompetenzbereich 11 jedoch nur wenige. Vielmehr stehen Fähigkeiten wie das Benennen, Beschreiben, Analysieren, Unterscheiden, Argumentieren, Begründen und Prüfen im Vordergrund, die an authentischen Fragen, Erlebnissen und Situationen der Lernenden aufgebaut, geübt und angewendet werden können. Den Lehrpersonen stellen sich hier nicht zu unterschätzende fachliche Herausforderungen: Es gilt, in diesen alltagsweltlichen Ereignissen die eigentliche philosophische Frage, das moralische Dilemma oder die existentielle Situation zu erkennen und im Unterricht von einer eher zufälligen sozialen Interaktion zur methodisch geleiteten Erschliessung einer „Sache“ und zum Aufbau von ethischen, philosophischen und dialogischen Fähigkeiten zu gelangen.

2 Vorstellungen zum Philosophieren und Denken

Das Philosophieren ist als wirksame und motivationssteigernde Methode des dialogischen Lernens für die Bildung von Sachkonzepten und Begriffs- und Sprachfähigkeit in verschiedenen Fächern wie auch für das soziale und partizipative Verhalten im Gesamtkontext Schule erforscht worden (Gregory 2007; Scholl 2014; Helzel & Michalik 2015; Michalik 2015; Gorard, Siddiqui & Beng 2015; Daniel, Gagnon & Auriac & Slusarczyk 2017). Doch gibt es kaum systematische Untersuchungen zu Vorstellungen von Schülerinnen und Schülern über die Methode des Philosophierens oder die Philosophie als Disziplin. Kerstin Michalik befragte in einer Analyse eines kinderphilosophischen Gesprächs die 24 Schülerinnen und Schülern einer jahrgangsübergreifenden dritten und vierten Klasse zum Glücksbegriff, was sie über das Philosophieren wissen und wie sie es erfahren. Die Kinder, die zuvor noch nie philosophiert hatten, verbanden damit Vorstellungen des Denkens, des Redens über das Denken sowie das Sprechen über Sachen ohne zu einer (eindeutigen) Antwort zu kommen. Nach dem Gespräch äusserten sich die Schülerinnen und Schüler, dass dieses ihnen Freude bereitet habe, anstrengend war und neue Erkenntnisse brachte (Michalik 2011). Das gemeinsame Nachdenken über Sinnfragen finden Lernende anregender als dasjenige über andere Sachgebiete, wie Oerter (2009) bei einer Befragung von je 30 Kindern und Jugendlichen im Alter von 7 bis 8, 11 bis 12 und 15 bis 16 Jahren in Deutschland befand.

3 Sinnkonstruktionen

3.1 Glück

Während im Kapitel „Befinden und sich kennen: Glück, Gesundheit, Körper“ in diesem Band (S. 63ff.) die Faktoren beschrieben werden, die aus Sicht der Kinder zu ihrem Glück beitragen, folgt hier eine Übersicht der Konzepte von Kindern zum Glücksbegriff. Doch bleibt die Unterscheidung zwischen den Faktoren, die Glückserlebnisse bewirken und den Vorstellungen, die Kinder zum Glück haben, unscharf, da der Glücksbegriff an sich abstrakt ist und am besten anhand subjektiv erlebter Erfahrungen beschrieben werden kann (Bucher 2011).

Im Kindergartenalter ist Glück als Begriff deshalb noch nicht bewusst oder anwendbar. Glückserlebnisse – oft sind es Momente – sind an der Intensität des Spielens, beim Zeigen von Erfolgen oder bei Gefühlsausdrucksweisen wie lächeln, lachen oder an Bewegungen erkennbar (Schumacher & Kayser 2009, 86f.). Die Ergebnisse einer qualitativen Befragung von Michaela Dimbath (2007) zu Glückskonzepten von 142 Schulkindern der dritten und vierten Klasse an drei Grundschulen decken sich mit den im Kapitel zum Kompetenzbereich 1 erläuterten Studien zum Kindheitsglück. In der Reihenfolge der im Fragebogen der Erhebung am häufigsten genannten Aussagen stellt Dimbath neun Aspekte zusammen, die Glück verursachen: Aussergewöhnliche Ereignisse, Erfolg, Erleichterung, Geregeltheit, Geschenke und Anschaffungen, Integration, tätig sein (spielen) und Sonstiges (altruistische Erfahrungen, Schönheit, Erfüllung eines Wunsches). Wichtig ist für die befragten Kinder ebenfalls, dass sie andere glücklich machen, durch Mithilfe, Geschenke, Freundschaftsdienste und verhaltenskonformes, als gut bestätigtes Benehmen (dazu gehören auch die guten Schulnoten). Andererseits ist Glück für die befragten Kinder mit Bewegung (springen) und der Wahrnehmung körperlicher Signale (Herzschlag, Kribbeln im Bauch) und mit Gefühlen (Fröhlichkeit, Freude, Stärke) besetzt. Die den Fragebogen eröffnende Frage Dimbaths, ob die Kinder einen Glücksbringer hätten, bejahten die meisten. Glück bringen insbesondere den Mädchen am häufigsten Maskottchen (Kuscheltier), die beim Menschen eine ‚Fürsorgereiz' auslösen. Es wurden zudem, besonders von den Jungen, bekannte Glückssymbole genannt (Glücksschwein, Glückspfennig/-cent, Schornsteinfeger, vierblättriges Kleeblatt, seltener Naturgegenstände oder Schmuck). Insbesondere die Mädchen besitzen häufig mehrere Glücksbringer (Dimbath 2007; vgl. Bucher 2011). Bei einer Befragung von 85 tschechischen 7- bis 12-Jährigen zu traditionell tschechischen Glückssymbolen benannten diese in der Reihenfolge Glücksklee, Marienkäfer, Hufeisen, Schweinchen und Münze als ihre bevorzugten Glücksbringer. Dass viele der befragten Kinder Glück mit christlichen Motiven wie Gott, Jesus, Paradies und Regenbogen verbinden, ist mit ihrer deutlich christlichen Erziehung in der Familie zu erklären (Bravená 2011).

Kerstin Michalik zeigte in der oben genannten Analyse eines kinderphilosophischen Gesprächs mit 24 Schülerinnen und Schülern einer jahrgangsübergreifenden dritten und vierten Klasse vergleichbare Ergebnisse zu Glückskonzepten. Da die Untersuchungsform die des Gesprächsprozesses war, konnte sie aufzeigen, dass die Kinder in dessen Verlauf Unterschiede in den Aussagen feststellen, die Subjektivität von Glücksempfindungen erkennen und ‚Glück haben' und ‚glücklich sein' unterscheiden. So ist Wohlstand für sie weniger wichtig als Freunde zu haben oder einfach zu existieren. Den Schülerinnen und Schülern ist bewusst, dass Glück kein bleibender Zustand sein kann, da es sonst nichts Besonderes mehr darstellen würde (Michalik 2011). Dass Kinder Glück und Unglück als polare

Erfahrung aufeinander und als Erfahrungsbereich auf sich selbst beziehen, stellt auch Bravená (2011) fest.
Die Analyse der Aussagen und Gespräche aus einem konfessionellen Unterrichtssetting in einer dritten Klasse zur Paradieserzählung einer evangelischen Grundschule in Brandenburg/Ha. zeigt, dass sich die Lernenden in ihren Beiträgen inhaltlich spezifisch äußern. Sie nutzen die Bilder der Erzählung als Impulse für die eigenen Gedanken und Fragen zu Menschenbildern, menschlicher Verantwortung, Regelwerken oder zur Beziehung zwischen Mensch und Gott, zum Glück Gottes oder zur Existenz Gottes, um über Glück und Lebenssinn nachzudenken. Sowohl die offenen Nachdenkrunden als auch die anhand biblischer Erzählungen gestalteten Unterrichtsssettings zeigten, dass die Schülerinnen und Schüler Gedankenexperimente und die eigene Gestaltung von Nachdenkprozessen als anregend und sinnstiftend erfuhren (Steinhäuser & Simon 2011).

3.2 Angst

Dimbath stellte in der Auswertung von kurzen Aufsätzen in der oben genannten Studie fest, dass die Schülerinnen und Schüler Glück auch als Erleichterung von Angst, zum Beispiel vor schlechten Schulleistungen, empfinden (Dimbath 2007, 84f.). Dieser Befund trifft sich mit der World Vision Kinderstudie 2013, die 2 535 Kinder im Alter von 6 bis 11 Jahren in einer repräsentativ zusammengestellten Stichprobe persönlich und mündlich im privaten Raum zu ihrer Lebenssituation und ihren Wahrnehmungen bezüglich verschiedener sozialer Grundbegriffe wie Gerechtigkeit und Armut sowie Befindlichkeiten befragte (Schneekloth & Andresen 2013, 54f.; World Vision Deutschland e.V. 2013; vgl. Hurrelmann, Andresen, Schneekloth & Pupeter 2014). Dabei benannten die Kinder auch anhand einer ihnen vorgelegten Liste Probleme, die ihnen manchmal oder sehr oft Angst machen (Schneekloth & Andresen 2013). Im Vergleich mit der World Vision Kinderstudie von 2010 nahm der Anteil der Kinder, die manchmal oder sehr oft Angst vor einem oder mehreren der abgefragten Items äusserten, ab. Mädchen nannten häufiger Ängste als Buben. Als Angst verursachende Probleme nannten die Kinder: Immer mehr arme Menschen (46%), schlechte Schulnoten (42%), Umweltverschmutzung (40%), Ausbruch eines Krieges (39%), bedroht oder geschlagen zu werden (34%), Arbeitslosigkeit der Eltern (26%), immer mehr Ausländer (19%). Die 11- bis 12-Jährigen benennen am häufigsten ihre Ängste, nämlich mit je über 50% die Angst vor Armut, schlechten Schulnoten und Umweltverschmutzung (ebd.). Was die befragten Kinder aber unter dem Begriff der Angst verstehen, wurde nicht erhoben (ebd.).
Schwendemann, Otterbach & Reumann (2002) haben die Angstkonzepte bei 18 7- bis 8-jährigen Schülerinnen und Schülern bei einer Unterrichtseinheit zur alttestamentlichen Jonageschichte im konfessionellen Religionsunterricht untersucht und ebenfalls nach den Bewältigungsstrategien gefragt. Die Kinder nannten

als Angstobjekte in der Reihenfolge der Anzahl Nennungen: Angst im Dunkeln, Unfall, ein bedrohliches Tier (v.a. Hunde), Krieg, Alptraum, Gewaltverbrechen, Verlust einer Person, Phantasiegestalten, Einbrecher, Mitschüler, Strafe und Streit. Sie erleben Angst in der Form von zittern, kribbeln und Gänsehaut, sich klein fühlen bzw. klein machen, etwas Unschönes, Nägel kauen, Übelkeit, Lähmung, Augen schliessen. Angst bewältigen sie, indem sie sich ablenken, fliehen, sich verstecken, schreien, sich wehren, darüber sprechen und auf den Grund gehen, die Angstquelle meiden, im Dunkel das Licht anzünden oder auch indem sie hoffen, dass die Angst von alleine weggeht. Als Ansprechpartner nannten sie zunächst die Mutter, dann den Vater, die Geschwister, die Großmutter, Freunde, den Großvater und andere Verwandte.

3.3 Alter und Altwerden

Wenig erforscht sind die Vorstellungen von Schülerinnen und Schülern zu den Themen Alter, Generationen und Biographie, die ebenfalls zu den Grunderfahrungen gehören und bedeutsame Lernbereiche des sozialen Lernens sind. Hier kann auf eine US-amerikanische Studie verwiesen werden, welche die Konzepte und Einstellungen mittels offenem Fragebogen von 71 10- bis 11-jährigen, meist afro-amerikanischen Schülerinnen und Schülern aus einem sozioökonomisch schwachen Viertel im Südwesten Pennsylvanias, zu älteren und alten Menschen untersuchte (Newman, Faux & Larimer 1997). Die Schülerinnen und Schüler zeigten ein breites, eher negativ gefärbtes Wissen betreffend der physischen sowie psychischen Merkmale des Altwerdens (graue/weiße Haare, Runzeln, Seh-, Hör- und Gedächtnisverlust, Abnahme von Fähigkeiten und Aktivitäten). Die Einschätzungen der Bedeutung dieses Prozesses variierten von gut bis schlecht, Attribute wie lustig, gut, beängstigend, seltsam, einsam, krank, schmerzhaft und hilflos wurden genannt, im Blick auf das Alter generell wie hinsichtlich des eigenen Altwerdens (Newman, Faux & Larimer 1997, 415f.). Die Einstellungen betreffend Alterungsprozess fielen deutlich negativer aus, als wenn die Kinder über alte Menschen oder das eigene Altwerden nachdachten. Bezüglich der Frage, was im Alter geschehe, nannten die Schülerinnen und Schüler Krankheit, Schwäche, Inaktivität und Pflegeheim. Zum eigenen Alter befragt, sagten sie, dass sie herumsitzen und spielen oder Fernsehen schauen, wenige, dass sie ins Pflegeheim gehen würden. Etliche verwiesen auf Arbeit, Freizeitaktivitäten und soziale Tätigkeiten. Auch hier wurde das Alter als solches eher negativ bewertet, jedoch nicht alte Menschen generell. Bedeutsam für die Studie war, dass 95% der Befragten mit ihren Großeltern aktive Beziehungen unterhielten (ebd.).

3.4 Tod und Trauer

Angesichts der überaus reichhaltigen Literatur zum Thema Kind und Tod überrascht, dass aktuelle repräsentative Untersuchungen zu Vorstellungen von Schü-

lerinnen und Schülern über das Sterben, den Tod oder die Frage nach einem (möglichen) Leben nach dem Tod sehr spärlich sind. In einer Übersicht über die empirische und vorwiegend faktenanalytische Forschung benannte Wittkowski 1990 die vier „Dimensionen" des Todeskonzeptes: Nonfunktionalität, Irreversibilität, Kausalität und Universalität als Komponenten eines „reifen", belastbaren Todeskonzeptes (ebd., 47ff.). Damit sind jedoch die emotionalen, sozialpsychologischen oder sinndeutenden Vorstellungen zur Thematik nicht angesprochen!
Die Ratgeberliteratur zum Thema sowie die wenigen neueren, meist im konfessionellen Religionsunterricht angesiedelten, qualiativen Untersuchungen stützen sich mehrheitlich auf die strukturgenetische Theorie von Maria Nagy aus dem Jahr 1948 ab, welche diese anhand einer Untersuchung der Todesvorstellungen bei 378 ungarischen Kindern im Alter von 3 bis10 Jahren erstellte. Danach erreichen Kinder ein naturwissenschaftlich belastbares Todeskonzept in einer dreistufigen Entwicklung bis zum Alter von 8 bis 10 Jahren (vgl. Nagy 1948; Wittkowsky 1990; Schwarz 2004; Plieth 2011; Fried 2012, 37). 4- bis 6-Jährige nehmen den Tod als einen vorübergehenden und damit umkehrbaren Zustand wahr: Tot sein heisst schlafen, bewusstlos sein und später wieder aufwachen. Damit verbinden sie eine Kontinuität über den Tod hinaus (z.B. der/die Tote hat immer noch Durst). Sechsjährige wissen hingegen oft schon, dass der Tod endgültig ist. Jemand oder etwas hat den Tod verursacht, oft sind es magische Figuren wie der Todesengel oder der Sensemann. Manche sehen bereits Verbindungen zwischen Alter, Krankheit, Unfall und Tod. Daraus können Ängste erwachsen in Bezug auf den eigenen Tod oder den der Eltern. Ausgehend vom Modell von Nagy stellte Plieth (2011) diese Vorstellungen bei der Befragung einer Klasse Kindergartenschülerinnen und -schüler fest.
Mit dem Schulalter verbinden Kinder Affekte mit dem Ereignis des Todes, sie wissen, dass alle Menschen – auch sie selber – einmal sterben müssen. Ab etwa acht Jahren entwickeln sie großes Interesse an allem Geschehen bezüglich Sterben und Tod sowie an der Frage, was nach dem Tod kommt. Allerdings verhalten sie sich ausser bei eigener Betroffenheit distanziert zur Emotionalität des Themas. Mit beginnender Pubertät (ab ca. 10 Jahren) beginnen Kinder und Jugendliche, sich mit Fragen nach Sinn und Rechtfertigung von Todesereignissen zu befassen und mit den Folgen, die diese für die Hinterbliebenen haben. Trauer und Empathie als Emotionen werden zentral und damit die Bedeutung der Abschiedsrituale (Schwarz 2004). Zwischen Todeskonzepten, Trauerprozessen und Trauerkonzepten ist zu unterscheiden. Neuere Studien zur therapeutischen Begleitung von Kindern und Jugendlichen, die von Verlust betroffen sind, zeigen, dass ihre Trauerprozesse und Strategien keineswegs so linear verlaufen, wie sie die Ratgeberliteratur häufig darstellt. Vielmehr zeigen sie sich in sehr unterschiedlicher Weise, sind wechselhaft, häufig schwer erkennbar und von systemischen Bedingungen abhängig (Znoj 2016, Senf 2014). In einer Studie zu Glücksvorstellungen befragte Bucher die 4- bis 12-jährigen Kinder auch danach, was sie traurig macht und wie oft sie

traurig seien. Diese emotionale Kontrasterfahrung zum glücklich Sein entsteht für die Befragten, wenn sie Streit mit anderen Kindern haben, wenn sie in der Freizeit allein sind, ihnen langweilig und fad zumute ist, wenn sie traurig sind oder Kopf- oder Bauchschmerzen haben. Allerdings erlebt dies die Mehrheit seltener als einmal pro Woche (Bucher 2009, 106f.).

3.5 Menschliches Leid: Ursachen und Bewältigung

Kindervorstellungen zur Erfahrung der Krankheit werden im Beitrag „Befinden und sich kennen: Glück, Gesundheit, Körper" in diesem Band (vgl. S. 63ff.) im Rahmen der Untersuchungen zu Gesundheit und Wohlbefinden vorgestellt. Ein Leiden, z.B. eine schwere Erkrankung, wird in religiösen Traditionen jedoch oft noch mit der Frage nach dem Lebenssinn und spezifischer nach dem Sinn des Leidens verbunden. So verortet die christlich-abendländische Theologie die Frage nach dem Leiden (des Menschen) als sogenannte Theodizeefrage, d.h. sie stellt sie in einen Bezug zur Frage nach der Gerechtigkeit und dem Mitleid sowie der Rechtfertigung und der An- bzw. Abwesenheit Gottes in der Leidenserfahrung (Gebler & Riegel 2011). Recht häufig sind religionspädagogisch-konfessionelle Untersuchungen zu Gottesvorstellungen oder zur Existenz bzw. dem Handeln Gottes mit der Theodizeefrage verknüpft. Dabei wird jedoch das Verständnis des Gottesbegriffs und des Religionsbegriffs, das den Studien zugrunde gelegt wird, kaum je geklärt, und dies obwohl der konfessionelle Religionsunterricht in Deutschland von religiös (christlich und muslimisch) sozialisierten *und* zunehmend von konfessionslosen und religiös nicht sozialisierten Schülerinnen und Schülern besucht wird. Entsprechend stellen jüngere religionspädagogische Untersuchungen Verschiebungen in den Vorstellungen von Kindern und Jugendlichen zur Theodizeefrage fest, die sie mit den weltanschaulichen Veränderungen und der Pluralisierung der Sinndeutungen in einen ursächlichen Zusammenhang bringen (vgl. die Forschungsüberblicke bei Stögbauer 2011, Gebler & Riegel 2011; Vobbe 2012). Zum Beispiel greifen zunehmend schon Kinder auf rationale Erklärungsmuster von medizinischen, vererbten und technologischen Bedingungen für Krankheit und Leid und deren Bewältigung zurück. Das Leid von Kindern und Jugendlichen ist Schülerinnen und Schülern wenig bewusst, wohl weil oft die eigenen Erfahrungen fehlen, sie diese mangels Begriffsgerüsten nicht artikulieren oder weil sie nicht an die Forschungsfragen anknüpfen können (Stögbauer 2011, 69ff.). Religiös tradierte Konzepte, z.B. das der Theodizee, äußern weitgehend nur Kinder mit familiärer religiöser Sozialisation (vgl. Gebler & Riegel 2011, 142f.).

Den Wandel der Vorstellungen stellt Frederic Vobbe (2012) in einer Erhebung von Schülerinnen- und Schülervorstellungen zur Theodizeefrage und zu Gottesvorstellungen fest, die er anlässlich einer Unterrichtseinheit zur alttestamentlichen Hioberzählung mit 24 Schülerinnen und Schülern einer zweiten Klasse (7 bis 9 Jahre) sowie 19 Schülerinnen und Schülern einer vierten Klasse (9 bis

11 Jahre) durchführte. Unter den Schülerinnen und Schülern befanden sich einige christlich-konfessionell gebundene, die meisten waren konfessionslos und einige wenige mit muslimischem Hintergrund. Das multimodale Design bestand aus Interviews zu Interpretationen der eigenen Zeichnungen und der Analyse von videographierten Rollenspielen zu Spannungsmomenten der Hioberzählung, die in der Theologie als klassisch-exemplarische Darstellung der Theodizeefrage gilt. Vobbe stellte jedoch fest, dass die Hioberzählung für die jüngeren Probanden kognitiv zu komplex und schwer nachvollziehbar war. Wenn Schülerinnen und Schüler das Leiden Hiobs als Problematik des Handeln Gottes wahrnahmen, dann waren es diejenigen mit einer deutlichen familiären christlichen Sozialisation. Diejenigen Kinder, die sich zur Rolle Gottes im Hiobdrama äusserten, sahen Gott als Initiator von Hiobs Leiden bzw. von Leid allgemein und als Subjekt, das Hiob anfeindet und Ursache von Schöpfung und Zerstörung ist. Allen Lernenden war wichtig, dass sie im Unterrichtsgeschehen Aussagen über die Gestaltung von Freundschaft und Beziehungen machen konnten. So äusserten sie Vorstellungen zu den Folgen bei einem Beziehungsverlust und Gefühle der Isolation bei Schicksalsschlägen und drückten Hoffnungen, Erwartungen und Gefühle aus. Durch die kreativen Ansätze in Bildern, Spielen und Interviews entwickelten und benannten die Lernenden Bewältigungsstrategien in Bezug auf Verlust und Schicksalsschläge, indem sie Beziehungshandlungen mit Familie und Peers darstellten.
Die genannten Veränderungen bezüglich Sinndeutungen und religiöser Sozialisation im Blick (vgl. Riegel 2004), untersuchten Julia Gebler und Ulrich Riegel (2011) in einer explorativen Befragung 121 Theodizeekonzepte bzw. Strategietypen von 121 Schülerinnen und Schülern des katholischen und evangelischen Religionsunterrichts. Dabei waren 53 Mädchen und 68 Knaben im Alter von 9-11 Jahren, mit unterschiedlicher religiöser und nicht-religiöser Sozialisation, etliche mit Migrationshintergrund und anderen Glaubensrichtungen. In einer Unterrichtssequenz wurden die Schülerinnen und Schüler mit Bildern zu fröhlichen Kindern und anhand einer fiktiven Impulsgeschichte über ein behindertes Mädchen in die Thematik eingeführt. In einem ersten Auftrag wurden die Kinder gebeten, in einer Sprechblase zu schreiben, an wen sie sich wenden würden, wenn es ihnen ebenfalls nicht gut ginge. In einem zweiten Auftrag schrieben sie der Erzählfigur einen Antwortbrief. Gebler und Riegel wollten damit erheben, an wen sich 9- bis 11-jährige Kinder der vierten Jahrgangsklasse wenden, wenn sie mit Leid konfrontiert werden und welche Rolle sie Gott angesichts des Leids in der Welt zuschreiben. Die Analyse ergab, dass 27 Kinder sich an Gott wenden würden, 14 davon ausschliesslich, 13 nennen Gott als Option neben anderen Personen. Gott ist dabei Adressat der Klage und der Sinnfrage. 84 Kinder wenden sich ausschliesslich an Personen des sozialen Nahbereichs (Eltern, Freundinnen und Freunde oder Großeltern), die trösten, Hoffnung geben und helfen sollen. Sieben Kinder nennen ihr Haustier, meistens den Hund, als Begleiter und Trost-

spender. Sechs Kinder nennen keinen Adressaten, zwei davon, dass sie ins Bett oder zum Arzt gehen würden. Vergleichbar mit Aussagen im Antwortschreiben an das Mädchen wird die Leidenserfahrung hier mit Krankheit gleichgesetzt. In den Antwortbriefen kommen folgende Erklärungstypen zum Ausdruck, die hier in der Reihenfolge der codierten Nennungen aufgeführt werden: 1) Leid ist Schicksal, und Gott kann nichts dafür; 2) Gott will das Leid nicht und verursacht es auch nicht – Gott wird also entschuldigt; 3) der Mensch bzw. dessen Fehler werden als Ursache des Leids gesehen; 4) das Leid wird als Strafe Gottes oder als Lehre Gottes gesehen; 5) Gott steht den Leidenden wie ein Freund bei; 6) Gott greift auf magische, unerklärliche Weise ein. 12 Kinder gaben ein leeres Blatt ab, einige mit mündlichem Kommentar, dass sie nicht sagen könnten, weshalb Leid geschehe (ebd., 148ff.). Die Autorin und der Autor stellen fest, dass die Befragten mehrheitlich Gott nicht als Ursache für das Leid in der Welt anschauen, sondern dieses als Schicksal oder Produkt menschlichen Handelns sehen, das zum Leben gehöre. Sie schliessen daraus, dass an die Stelle eines Bewusstseins für den personalen Gott jüdisch-christlicher Prägung schon bei Kindern – auch im konfessionellen Religionsunterrichts – eine deistische Gottessvorstellung trete. Sie bezweifeln zwar die Existenz Gottes oder seine Schöpferrolle nicht, Gott diene ihnen aber immer weniger als Adressat bei der Leidfrage. Die Kinder würden vielmehr auf den Menschen selbst als verantwortliches Subjekt der Wirklichkeit verweisen (ebd., 154f.). Die hier dargestellten Untersuchungen weisen auf offene forschungsmethodische Fragen hin: Reichen die Deutungskategorien der christlich-theologischen Tradition und die davon abgeleiteten forschungsmethodischen Begrifflichkeiten aus – ohne sie zu negieren –, um Konzepte zu existentiellen Fragen zu erheben? Denn Forschungsfragen sollten für Kinder und Jugendliche, welche kaum mehr in den tradierten religiösen Problematiken, Begriffen und Konzepten sozialisiert sind, anschlussfähig sein, da sie durchaus Wahrnehmungen und Erfahrungen in Bezug auf Leiden, Verlust, Tod und Trauer machen und auf ihre Weise artikulieren (vgl. Gebler & Riegel 2011, 143; Eckerle 2002). Hier eröffnet sich daher ein weites Untersuchungsfeld.

3.6 Die Suche nach dem Ultimaten: Gottesvorstellungen im Wandel

Die vorhin genannten Herausforderungen zeigen sich ebenfalls in den Untersuchungen zu Gottesvorstellungen. Sie werden hier skizziert, da sie zu den tradierten Sinnmustern gehören, mit denen Menschen von Kindheit an ihre biographischen Lebenserfahrungen plausibilisieren. Jedoch verlieren sie heute in hohem Mass an Bedeutsamkeit oder auch Kraft sowohl für individuelle Sinngebungen als auch als gemeinschaftstragende Erklärunshilfen. Wurden Fragen der Sinn- und Weltdeutung bis vor wenigen Jahrzehnten auch mit Hilfe der Vorstellungen eines Letztgültigen oder einer transzendenten Wirklichkeit gestellt und gedeutet, haben sich diese Erklärungskonzepte sowohl auf den Menschen als verantwortlich handelndes Subjekt hin verschoben als auch individualisiert und pluralisiert. Doch auch wenn Menschen sich über ein Letztgültiges äußern, müssen diese Aussagen nicht das Ergebnis einer tradierten und kollektiven Vorstellung spiegeln:

> „Speziell in einer religiös pluralen Gesellschaft liegt es nicht offen auf der Hand, mit welchen Bildern eine individuelle Gottesvorstellung imaginiert wird und welche Emotionen und lebenspraktischen Funktionen mit ihr verbunden sind." (Riegel 2004, 72).

Stögbauer (2011, 20-55) sichtet in einer breiten und kritischen Übersicht die Ergebnisse empirischer Studien in Deutschland von 1992-2006 zu den Gottesvorstellungen von Jugendlichen der Sek I- und II-Stufe, leider ohne Einbezug der quantitativen Erhebung von Riegel 2004. Die meist strukturgenetisch angelegten Studien gehen noch von einer traditionell christlichen Sozialisation und einer selbstverständlich vorhandenen (christlich geprägten) Gottesvorstellung im Kind aus (z.B. Oser & Gmünder 1988).[2] Wie Stögbauer (2010) aber feststellt, muss eine lineare Entwicklung von antropomorphen Gottesdarstellungen im Kindesalter hin zu symbolisch-abstrakten Gottesrepräsentationen im Jugendalter nicht dem effektiven Gottesverständnis der Befragten entsprechen: Wenn Jugendliche immer weniger Anknüpfungspunkte in christlich tradierten Gottesvorstellungen finden, z.B. einer Personalität Gottes, und eine bewusste Auseinandersetzung mit den diesbezüglichen Inhalten aus Traditionen, Religionen und philosophischen Diskursen weder kognitiv noch emotional stattfindet, um die eigenen Konzepte zu bearbeiten, dann greifen sie in Ermangelung von „gesicherten" Konzepten auf noch bekannte Bilder zurück, z.B. den alten Mann mit Bart im Himmel. Die Stufe des formal-operatorischen Denkens ist daher, anders als in der früheren Forschung angenommen, nicht mehr notwendig zum Aufbau einer symbolischen Gottesvorstellung als persönlich gesicherte Glaubensüberzeugung. Eher begünstigt die Entwicklung des abstrakten sowie des symbolischen Denkens die Annahme der Jugendlichen, dass „Gott" ein Symbol neben anderen darstelle. Sie leiten daraus aber weder einen relevanten Bezug zur eigenen Realität ab, noch ist es bedeutungsvoll für die eigene Lebensgestaltung (ebd., 35-49). Jugendliche, und zunehmend auch Kinder, präferieren vielmehr eine naturalistische Weltsicht in den persönlichen Weltdeutungen und begegnen persönlichen Herausforderungen vorwiegend mit rationalen Strategien (ebd., 48ff.). Dieses Ergebnis steht in interessanter Spannung zu dem grösserer Studien über Sinnorientierungen und Einstellungen Jugendlicher, die zeigen, dass fast die Hälfte der Befragten angibt, an Gott oder eine höhere Macht zu glauben (ebd.; vgl. Riegel 2004, 69ff.).

---

2 Für weitere Forschungsüberblicke zu Gotteskonzepten von Kindern und Jugendlichen sei auf Hanisch (1996), Eckerle (2001), Riegel (2004), Vobbe (2012) und Maull (2017) verwiesen.

An Kinderzeichnungen und Aussagen von Kindern Entwicklungen oder kategorielle Zuordnungen von Vorstellungen festzustellen, ist hoch komplex, nicht zuletzt, da gestalterische und begrifflich-sprachliche Kompetenzen vielfach nicht kongruent sind mit den inneren bzw. kognitiven Vorstellungen (vgl. auch Maull 2017, 57ff., 163f.). Doch ist es eine beliebte Erhebungsmethode, die jüngere Studien mit Befragungen, Texten und teilnehmenden Beobachtungen differenzieren und ergänzen. Auch die letzte große deutschsprachige Untersuchung von Hanisch (1996) zu gezeichneten Gottesbildern von 1471 Kindern (666 Jungen; 805 Mädchen) im Alter von 7 bis 16 Jahren mit unterschiedlicher konfessioneller bzw. nicht-konfessioneller Erziehung stellte in der großen Streuung der Bildmotive zum einen die christliche Prägung vieler Bilder fest. Zum andern spielen Motive aus eigenen Erfahrungen, der menschliche Körper oder die Natur eine Rolle, weniger jedoch technische Symbole wie die Waage, die Uhr oder die Energie. Hanisch stellt fest, dass die Schülerinnen und Schüler demnach kaum über Sinnbilder verfügen, „die Gott mit der modernen, durch technische Zivilisation bestimmten Lebenswelt in Verbindung bringen" (ebd., 100). Die 7- bis 8-jährigen Mädchen benutzen eher anthropomorphe und ab 9 Jahren zunehmend symbolische oder abstrakte Darstellungen. Die Jungen zeichnen eher Weltraum-Helden oder auch abstrakte Bilder. Bei den anthropomorphen Bildern überwiegen die andromorphen, gynomorphe Gottesbilder kommen selten und wenn, dann bei Mädchen vor (vgl. auch Riegel 2004, 77f.). Wut und Angst werden wenig und dann von den älteren Kindern geäussert, am ehesten in Bezug auf die Auseinandersetzung mit dem Leid anderer Menschen oder auf eine Verlassenheitserfahrung (Stögbauer 2011, 45, mit Bezug auf Hanisch 1996, 96).

Im Vorschulalter sind die Darstellungen abstrakter – oder einfach schwieriger zu interpretieren? –, da sie laut Hanisch weniger mit realen Vorstellungen gefüllt seien. Hier jedoch bleiben forschungsmethodische Fragen offen, insbesondere da sich die Untersuchung von Hanisch ausschliesslich an den Bildern orientierte. Kaum Unterschiede in den Darstellungen von Mädchen und Jungen im Kindergartenalter stellte Eckerle (2001) in einer Untersuchung von 22 Kinderzeichnungen und nachfolgenden Gesprächen darüber fest, ausser dass Mädchen eher eine Gestalt und Buben mehr Häuser malten. Laut den Kommentaren der Kinder zu ihren Bildern war für sie der Beziehungsaspekt (Liebe) bedeutsam (ebd.).

Ilse Flöter (2006) bestätigte die mehrheitlich positiven Gottesvorstellungen von Kindern mit einer qualitativen Untersuchung an einer ländlichen Grundschule in Nordrhein-Westfalen. Sie führte die Studie mehrheitlich ausserhalb des konfessionellen Religionsunterrichts an drei Klassen durch. Insgesamt 109 10-jährige Schülerinnen aus drei Klassen nahmen an den Klassenprojekten (kommentierte Bilder) teil. Mit 26 Kindern, nicht alle davon gehören zu den befragten Klassen, wurden leitfadengestützte Interviews geführt. Die Studie ging von lebensweltlichen Erfahrungen der Befragten aus und verzichtete auf explizit christlichreligiöse konnotierte Rahmenimpulse. Die Schülerinnen und Schüler erhielten ein thematisch breit angelegtes, auf ihre Alltagswelt ausgerichtetes Fotomaterial zur Auswahl angeboten, mit dem Auftrag, diejenigen Bilder, die sie mit Gott in Verbindung brächten, anzukreuzen sowie einige davon davon schriftlich zu kommentieren. Bei den gewählten Bildmotiven überwogen christliche Symbole wie das Kreuz, die Erdkugel als Bild für Gottes Schöpfung sowie Engel, dann folgen Darstellungen mit erkennbaren religiösen Handlungen aus verschiedenen religiösen Traditionen. Im Anschluss daran malten die Kinder eigene Bilder zum Auftrag „Male was dir einfällt, wenn du an Gott denkst", um eine direkte Aufforderung zu einem persönlichen Gottesbekenntnis zu vermeiden. In ihren Bildern und Kommentaren verbanden die Schülerinnen und Schüler das Nachdenken über Gott mit der Frage nach dem Sinn des Seins, des Lebens und der Welt, Fragen der eigenen Identität, nach dem Tod und der Gerechtigkeit oder auch nach dem Ende der Welt (ebd., 75f.). Die Vorgehensweise über ein selbst gemaltes Bild wählte Flöter ebenfalls für den Einstieg in die leitfadengestützten Interviews mit 26 Kindern, einige gingen den Auftrag dann aber direkt über mündliche Beschreibungen an (ebd., 48ff.). Dazu zeichneten die Interviewees in persönlichen Landkarten die Orte, die für sie ausserhalb der Schule wichtig sind und beschrieben das, was ihnen persönlich wichtig ist: Das eigene Zimmer, das Familienhaus, die Familie, Hobbies, Freundinnen und Freunde bestätigen die Aussagen der Interviews. Im Interview wurden die Befragten aufgefordert, sich zu einer Impulsgeschichte zum Thema Sterben, Tod und der Frage, was nach dem Tod kommen könnte, zu verhalten.

Flöter stellt Unterschiede in den Gottesvorstellungen fest, die sie auf die religiöse Sozialisation der Kinder zurückführt. Bei den „Mehrheitskindern" – Schülerinnen und Schüler mit wenig oder keiner bewusst vorgenommenen religiösen Erziehung zu Hause – erkennt sie die biblischen Bezüge aus dem Religonsunterricht. Daneben aber werden auch eigene Entwürfe ausgedrückt:

> „Gott wird als Schöpfer der Welt und des Lebens angesehen. Gott ist der persönliche Schutzhelfer. Gott lenkt das Weltgeschehen zum Guten. Zehnjährige sehen in Gott aber nicht Mr. Superman, den Phantasiebegleiter, der alle Wünsche erfüllt" [...] „Gott ist eher gut als allmächtig" (ebd., 377).

Der Himmel, Flöter braucht den Begriff *aureatischer Ort*, und mythische, ausserirdische Figuren werden ebenfalls mit Gott in Beziehung gesetzt. Im Unterschied zur Mehrheitsgruppe formulierten die zwei interviewten Kinder aus evangelikalen Familien auch Vorstellungen über einen zornigen, strafenden Gott und weniger eigene Ideen. Für die vier muslimischen (praktizierenden) Interviewees ist Allah der Schöpfer und Lenker der Welt, dem gegenüber sich die Gläubigen durch „rechtes Tun" zu verhalten haben (ebd., 377-379).

Eine qualitativ-empirische Längsschnittstudie unternahm Ibtissame Maull (2017) anhand von Zeichnungen und Interviews im Rahmen des evangelisch-konfessionellen Religionsunterrichts an einem süddeutschen Gymnasium. 27 der christlich, teilweise pietistisch sozialisierten Schülerinnen und Schüler nahmen an der ersten, 21 der nunmehr 15- bis 16-Jährigen an der zweiten Erhebung teil. Auch bei dieser malten und beschrieben sie Bilder, die sie dann mit ihrem Bild aus der ersten Untersuchung verglichen. Das Motiv des Schöpfergottes, der sich um Welt und Menschen kümmert, spielt in der ersten Phase eine wichtige Rolle, kommt aber in der zweiten Erhebung nicht mehr zur Sprache. Ihrer Gottesvorstellung schreiben die Probanden nun Attribute wie Alter, Weisheit und Zeitlosigkeit zu. Auch religionskritische Ideen, Gott als Projektion menschlicher Bedürfnisse, Ungereimtheiten der Bibel oder die Theodizeefrage werden angeführt (ebd., 152). Hier würden sich die großen Jugendstudien anfügen, nach denen Jugendliche zwar christlich tradierte Vorstellungen kritisch bis ablehnend bewerten, jedoch Gottes Existenz als höhere Macht, schicksalmächtige Kraft oder natürliche Energie anerkennen. Naturalistische wie auch abstrakte Typen des Ultimaten sind für die Jugendlichen aber durchaus vereinbar mit Beziehungsgedanken, so in Aufnahme christlicher Konzepte als das im Menschen selbst anwesende Wertvolle oder Nahe (Riegel 2004, 72ff.).
Eckerles Fazit hat hier abschliessend sicher noch einige Geltung:

> „Für das Gottesbild sind demnach weniger entwicklungspsychologische Gesichtspunkte entscheidend, sondern die religiöse Sozialisation bzw. Erziehung“ (2001, 52).

Doch wirken sich die veränderten Einstellungen, die Pluralisierung und Individualisierung der Lebensentwürfe, der Einfluss der wissenschaftlich ausgerichteten Bildung und der technologisierten Alltagswelt auch auf die Vorstellungen von Kindern (und Jugendlichen) zu Fragen nach dem Sinn und dem Letztgültigen aus.

4 Fokus Gerechtigkeit als zentraler Wert der Kinder?

Die Wertevorstellungen von Kindern sind, wie in der Einleitung erwähnt wurde, in Bezug auf die Begriffskonzepte wenig erforscht. Annäherungen bieten zum einen die meist sozialwissenschaftlich angelegten Studien über die Einschätzungen von Kindern bezüglich ihrer Lebenssituation und ihrer Befindlichkeit (vgl. den Beitrag „Befinden und sich kennen: Glück, Gesundheit, Körper“ in diesem Band, S. 63ff.“; World Vision Deutschland e.V. 2013; Andresen & Schneekloth 2014; Schauenberg 2015).
Zum andern wurden die Forschungen zu den Vorstellungen von Kindern und Jugendlichen über das moralische Urteil über Jahrzehnte durch die strukturgenetische Theorie Piagets (2015) und in dessen Folge durch Lawrence Kohlbergs

(2001) Modell der kognitiv-moralischen Entwicklung geprägt (vgl. dazu Oser & Althoff 1992). Kohlberg ging von einer linearen und durch Bildung unterstützten auch moralischen Heranbildung des Individuums hin zur mündigen Teilhabe am demokratisch-freiheitlichen Rechtsstaat aus (vgl. auch GDSU 2013, 34f.). Die Untersuchungen basieren auf der Methode der Diskussion von Werte- und Normendilemmata und fokussieren auf die Begründung von Handlungsalternativen. Sowohl die Anlage als auch die idealistischen Grundannahmen des Kohlberg'schen Modells wurden jedoch in den letzten Jahren zunehmend kritisch hinterfragt. Moralische Urteilsentscheide in der modernen Gesellschaft (s. oben) und über einen Lebenszyklus hinweg als kognitiv stabile Äusserungen abbilden zu wollen, hält den empirischen Befunden letztlich nicht stand (Heinrichs 2010; Bucher 2015; Riegel 2015). So interessiert sich die neuere moralpsychologische Forschung insbesondere für die emotionalen Faktoren und Kontextfaktoren, welche moralische Überlegungen, Entscheidungen und Handlungen beeinflussen (Billmann-Macheha & Horster 2007; Fehr, Bernhard & Rockenbach 2008). Die Moralpsychologie fokussiert dabei auf Entwicklungsaspekte: 1) in Bezug auf das Zusammenspiel von Entwicklung und Sozialisation, 2) die Entwicklung der Argumente für moralische Handlungen, 3) die Entwicklung von Empathie und prosozialem, moralischem Denken und 4) die Entwicklung des Gerechtigkeitsdenkens (Keller & Gummerum 2010, 125ff.). Dazu kommen Studien zur Entwicklung von Altruismus und prosozialem Denken unter evolutionären Gesichtspunkten (vgl. Fehr, Bernhard & Rockenbach 2008). Sie sind in ihren Ansätzen und Ergebnissen allerdings sehr disparat. Auf eine Darstellung der Befunde der von Kohlberg geprägten Forschung verzichte ich deshalb ebenso wie auf diejenigen aus moralpsychologischen oder erziehungswissenschaftlichen Domänen.

Auch Kohlberg identifizierte Moral mit Gerechtigkeit (2001, 47f.). Doch anders als von ihm angenommen, entwickelt sich das Empfinden bezüglich Verhaltensweisen und Äusserungen zum Eigentum („das ist meins“), ungerechten Handlungen („das ist gemein“), Hilfeleistungen („ich will helfen“), das Gleichheitsempfinden (Fehr, Bernhard & Rockenbach 2008), die Empathie mit geschädigten Personen sowie die Sanktionsorientierung schon bei Kleinkindern und in der Schuleingangsstufe (Keller & Gummerun 2010; Schneekloth & Andresen 2013, 48f.; Schauenberg 2015, 67). Regelbewusstheit, Regelkonformität und Regelüberprüfung sind aber ebenso von Faktoren der Entwicklung, der Erziehung und vom Kontext einer moralischen Handlung abhängig (Billmann-Macheha & Horster 2007; Fehr, Bernhard & Rockenbach 2008). Das Prinzip der gleichen Verteilung leitet beispielsweise auch Erwachsene bei ihren Entscheidungen, die sich noch dazu in Spielanlagen einer Studie weder individuell noch als Gruppe großzügiger zeigen als 9-Jährige (Keller & Gummerum 2010, 128ff.). Das heißt u.a., dass die moralpsychologischen Forschungen selbst stark davon beeinflusst sind, was sie selbst als wünschenswertes prosoziales Verhalten anschauen und wie sie angelegt sind.

Demgegenüber fragte die dritte World Vision Kinderstudie Deutschland die 95 6- bis 11-jährigen Kinder der Pretesterhebung direkt danach, was sie mit Gerechtigkeit verbinden (vgl. oben Kap. 3.2). Aus der Auswertung konnten vier Kategorien als heuristisches Gerüst für die Auswertung der weiteren quantitativen und qualitativen Studie abgeleitet werden: Interaktionsgerechtigkeit (Gleichbehandlung im persönlichen Umgang), Verfahrensgerechtigkeit (Gleiches Recht und Zugang für alle), Bedarfsgerechtigkeit (Gleichstellung, Wohlergehen, Umverteilung) und egalitäre Gerechtigkeit (Gleichverteilung) (Andresen, Fegter & Hurrelmann 2013, 41; Schneekloth & Andresen 2013; Schauenberg 2015). Das Prinzip der Gleichverteilung wird von den befragten Kindern bevorzugt, „allerdings in der Regel nur dann, wenn gleichzeitig das Prinzip der Gegenseitigkeit (Reziprozität) gewahrt bleibt“ (Schneekloth & Andresen 2013, 58ff.; vgl. Schauenberg 2015, 67). Die Befragung anhand von prägnant formulierten Situationen („Manche Familien haben wenig Geld, manche haben sehr viel Geld. Findest du das sehr gerecht, eher gerecht, eher ungerecht oder sehr ungerecht?“; Schneekloth & Andresen 2013, 61) in der repräsentativen Studie ergab, dass nur ein Drittel der Befragten dies als gerecht beurteilte (14% der jüngeren Kinder beantworteten die Frage nicht). Deutlich als ungerecht beurteilten die Kinder aus benachteiligten sozialen Schichten das Problem der ungleichen Verteilung von Gütern (ebd., 62), für die Autorinnen und Autoren der Studie ein Hinweis auf die Bedeutung der kontextuellen Voraussetzungen für Aussagen zur Gerechtigkeit.

Dass grundlegende Gerechtigkeitskonzeptionen wie die der Ausgleichsgerechtigkeit (Kompensation eines erlittenen Schadens) und der Verteilgerechtigkeit (verteilen von Gütern nach den Prinzipien der Gleichheit, Leistung oder des Bedürfnisses) bei Kindern und Jugendlichen präsent sind, bestätigten Conrad, Mathis & Cassidy (2018) in einer qualitativen Analyse von 11 sokratischen Gesprächen. Die Untersuchung wurde nach der kinderphilosophischen Methode Community of Inquiry zur Frage „In welcher Gesellschaft möchtest du leben?“ mit vier schweizerischen und vier schottischen Klassen, insgesamt 205 Schülerinnen und Schülern im Alter von 4 bis 17 Jahren, durchgeführt (ebd.). Den Wunsch, in einer gerechten Gesellschaft zu leben, verbanden die Gesprächsteilnehmenden mit „Bedürfnissen, mit Ansprüchen auf Gleichheit und mit leistungsbasierten Verdiensten“ (ebd., 145). Die über achtjährigen schottischen Schülerinnen und Schüler favorisierten die Argumente zugunsten einer Verteilung der Güter nach Verdienst und favorisierten Leistung und Leistungswillen, während die Jüngeren und die Schweizer Teilnehmenden eine Deckung der Grundbedürfnisse unabhängig von den Gegebenheiten gewichteten (ebd., 149ff.). Unterschiede wurden in der Breite der gesellschaftlichen Bezüge ersichtlich. Die jüngeren Schülerinnen und Schüler bezogen sich auf ihr nahes Umfeld, die älteren nannten weitere Personen und gesellschaftliche Akteure sowie Probleme wie Arbeitslosigkeit oder Steuerhinterziehung (ebd., 145f.). Zu den Bedürfnissen, welche die Kinder nannten, gehören die

Beziehungspflege, die Möglichkeit zu lernen, ein unabhängiges Leben erreichen, Erfahrungen von Fürsorge, Hilfsbereitschaft und Glück. Dass die Unterschiede zwischen arm und reich in Zusammenhang mit der Verteilung der Geldmittel stehen, sehen schon die jungen Schülerinnen und Schüler, und alle können Möglichkeiten des Tauschhandels und einer gerechten Güterverteilung bedenken und diskutieren.

5 Fazit und Ausblick

In einem Überblick über die „Wissenslandkarten" junger Kinder zeigt Lilian Fried (2012) auf, wie breit gefächert und vernetzt die Vorstellungen, Einstellungen und Erfahrungen heutiger Kinder sind und wie sehr diese nach Bedeutung suchen. Forschung und Unterrichtende befinden sich dabei in einem mehrfach besetzten Spannungsfeld von Erwartungen und Realitäten, Unschärfen und den Ansprüchen verschiedenster Wissensdomänen (vgl. Schmid 2015). Ein Fachbereich „Ethik, Religionen, Gemeinschaft" ist davon besonders betroffen. Sozialwissenschaftliche, entwicklungspsychologische und fachdidaktische Modelle eröffnen zwar einen weiten Blick auf die Vorstellungen von Kindern und Jugendlichen und ihre sozialen Bedingungen. Doch müssen die konzeptuellen Voraussetzungen dieser Forschungen selbst überprüft und geklärt und interdiszplinär angelegte Projekte vermehrt angegangen werden, um dringend benötigte Ergebnisse für die Fachdidaktik zu generieren. Als ertragreich anzusehen sind diejenigen der hier vorgestellten Untersuchungen, die kontextbezogen vorgehen und die Konzepte zugänglich für die Lernenden, d.h. auf ihre lebensweltlichen Vorstellungen bezogen, erheben. Sie setzen Medien kombiniert ein, arbeiten mit Aufgabenvignetten und ermöglichen Handlungsweisen und Einblicke in Strategien und Argumentationsweisen. Regelgeleitete, doch inhaltlich offene kinderphilosophische Gruppengespräche bieten ebenfalls produktive Zugänge. Die empirisch basierte, fachdidaktische Forschung zu existentiellen Fragen, Sinndeutungen sowie zu Fragen von Moral und Ethik steht damit vor einem reichhaltigen Untersuchungsfeld.

Literatur

Andresen, S. & Schneekloth, U. (2014): Wohlbefinden und Gerechtigkeit. Konzeptionelle Perspektiven und empirische Befunde der Kindheitsforschung am Beispiel der World Vision Kinderstudie 2013. In: Zeitschrift für Pädagogik, 60(4), 535-551.

Andresen, S. ; Fegter, S. & Hurrelmann, K. (2013): Wohlbefinden, Armut und Gerechtigkeit aus Sicht der Kinder: Die Ausrichtung der 3. World Vision Kinderstudie. In: World Vision Deutschland e.V. (Hrsg.): Kinder in Deutschland 2013 – 3. World Vision Kinderstudie. Weinheim/ Basel: Beltz, 26-46. Verfügbar unter: https://www.worldvision.de/sites/worldvision.de/files/pdf/3Kinderstudie2013_ komplett_small.pdf [24.03.2018].

Baumert, J. (2002): Deutschland im internationalen Bildungsvergleich. In: Killius, N.; Kluge, J. & Reisch, L. (Hrsg.): Die Zukunft der Bildung. Frankfurt a.M.: Suhrkamp, 100-151.

Bietenhard, S. ; Helbling, D. & Schmid, K. (Hrsg.) (2015): Studienbuch Ethik, Religionen, Gemeinschaft. Bern: hep.

Billmann-Mahecha, E. & Horster, D. (2007): Wie entwickelt sich moralisches Wollen? Eine empirische Annäherung. In: Horster, D. (Hrsg.): Moralentwicklung von Kindern und Jugendlichen. Wiesbaden: VS Verlag für Sozialwissenschaften, 77-102.

Boyer P. (2001): Religion Explained. The Evolutionary Origins of Religious Thought. New York: Basic Books.

Bravená, N. (2011): „Glück, was ist Glück ... bloß eine kleine goldene Fliege?" – Wie tschechische Kinder über das Glück sprechen. In: Bucher, A.A.; Büttner, G.; Freudenberger-Lötz, P. & Schreiner, M. (in Verbindung mit Kraft, F.und E. Schwarz, E.E.) (Hrsg.) (2011): „Gott gehört so ein bisschen zur Familie". Mit Kindern über Glück und Heil nachdenken. Jahrbuch für Kindertheologie, Band 10. Stuttgart: Calwer, 171-183.

Bucher, A.A. (2015): Mehr Emotionen und Tugenden als kognitive Stufen. Skizze der aktuellen Moralpsychologie. In: Englert, R.; Kohler-Spiegel, H.; Naurath, E.; Schröder, B. & Schweizer, F. (Hrsg.): Ethisches Lernen. Jahrbuch der Religionspädagogik, Band 31. Neukirchen: Neukirchener Theologie, 87-98.

Bucher, A.A. (2011): „Das kribbelt so im Bauch ..." – Kinder und Glück. In: Bucher, A.A.; Büttner, G.; Freudenberger-Lötz, P. & Schreiner, M. (in Verbindung mit Kraft, F. und Schwarz, E.) (Hrsg.): „Gott gehört so ein bisschen zur Familie". Mit Kindern über Glück und Heil nachdenken. Jahrbuch für Kindertheologie, Band 10. Stuttgart: Calwer, 37-48.

Bucher, A.A. (2009): Was Kinder glücklich macht? Eine glückspsychologische Studie des ZDF. In: Schächter, M. (Hrsg.): Wunschlos glücklich? Konzepte und Rahmenbedingungen einer glücklichen Kindheit. Frankfurt am Main: ZDF tivi und Nomos, 94-195.

Conrad, S. -J.; Mathis, C. & Cassidy, C. (2018): Philosophieren mit Kindern ist aktive Demokratie. In: Ziegler, B. & Waldis, M. (Hrsg.): Politische Bildung in der Demokratie. Interdisziplinäre Perspektiven. Wiesbaden: Springer VS, 137-154.

Daniel, M.-F.; Gagnon, M. & Auriac-Slusarczyk, E. (2017): Dialogical Critical Thinking in Kindergarten and Elementary School. Studies on the Impact of Philosophical Praxis in Pupils. In: Rollins Gregory, M.; Haynes, J. & Murris, K. (Hrsg.): The Routledge International Handbook of Philosophy für Children. Abingdon: Routledge, 236-244.

Dimbath, M. (2007): Zum Glück in der Schule. Glückskonzepte bei Grundschulkindern. Hamburg: Diplomica.

Eckerle, S. (2002): Gottesbild und religiöse Sozialisation im Vorschulalter. Eine empirische Untersuchung zur religiösen Sozialisation von Kindern. In: Bucher, A.A.; Büttner, G.; Freudenberger-Lötz, P. & Schreiner, M. (Hrsg.): „Mittendrin ist Gott". Kinder denken nach über Gott, Leben und Tod. Jahrbuch für Kindertheologie, Band 1. Stuttgart: Calwer, 57-68.

Eckerle, S. (2001): Gott der Kinder. Eine Untersuchung zur religiösen Sozialisation von Kindern. In: Schwendemann, W.; Eckerle, S. ; Gleiss, R. & Otterbach, M. (Hrsg.): Gott der Kinder. Ein Forschungsprojekt zu Bildern und Gottesvorstellungen von Kindern. Schriftenreihe der Evangelischen Fachhochschule Freiburg, Band 12. Münster u.a.: LIT Verlag, 1-102.

Fehr, E.; Bernhard, H. & Rockenbach, B. (2008): Egalitarianism in Young Children. In: Nature, 454, 1079-1084.

Flöter, I. (2006): Gott in Kinderköpfen und Kinderherzen. Religion und Biographie, Band 13. Berlin: LIT.

Fried, L. (2012): Junge Kinder als „intuitive Theoretiker ihrer gesamten Welt"? – Forschungsergebnisse zu Wissenslandkarten bei jungen Kindern. In: Kalloch, C. & Schreiner, M. (Hrsg.): „Gott hat das in Auftrag gegeben". Mit Kindern über Schöpfung und Weltentstehung nachdenken. Jahrbuch für Kindertheologie, Band 11. Stuttgart: Calwer Verlag, 22-37.

GDSU, Gesellschaft für Didaktik des Sachunterrichts (Hrsg.) (2013): Perspektivrahmen Sachunterricht. Bad Heilbrunn: Klinkhardt.

Gebler, J. & Riegel, U. (2011): Ich wende mich an Eltern, Freunde, Opas, Omas, … und Gott – Eine explorativ-qualitative Studie zu den Theodizee-Konzepten von Kindern der vierten Jahrgangsstufe. In: Freudenberger-Lötz, P. & Riegel, U. (Hrsg.): „Mir würde das auch gefallen, wenn er mir helfen würde". Baustelle Gottesbild im Kindes- und Jugendalter. Jahrbuch für Kindertheologie, Sonderband. Stuttgart: Calwer, 129-140.

Gläser, E. & Richter, D. (2015) (Hrsg.): Die sozialwissenschaftliche Perspektive konkret. Begleitband 1 zum Perspektivrahmen Sachunterricht. Bad Heilbrunn: Julius Klinkhard.

Gorard, S. ; Siddiqui, N. & Beng, H.S. (2015): Philosophy for Children. Evaluation Report and Executive Summary. Durham University. Verfügbar unter: https://educationendowment foundation.org.uk/uploads/pdf/Philosophy_for_Children.pdf [21.02.2018].

Gregory, M. (2007): Etats-Uni d'Amérique: Thirty Years of Philosophical and Empirical Research in Philosophy for Children: An Overview. In: Diotime. Revue internationale de didactique de la philosophie, 34. Verfügbar unter: http://educ-revues.fr/DIOTIME/AffichageDocument.aspx?iddoc=32857 [21.02.2018].

Hanisch, H. (1996): Die zeichnerische Entwicklung des Gottesbildes bei Kindern und Jugendlichen: Eine empirische Vergleichsuntersuchung mit religiös und nicht religiös Erzogenen im Alter von 7-16 Jahren. Stuttgart: Evangelische Verlagsanstalt & Calwer.

Hart, D.; Matsuba, M.K. (2007): The Development of Pride and Moral Life. In: Tracy, J.L.; Robins, R.W. & Tangney Price, J. (Hrsg.): The Self-Sonscious Emotions. Theory and Research. New York/London: The Guilford Press, 114-133.

Heinrichs, K. (2010): Urteilen und Handeln in der moralischen Entwicklung. In: Latzko, B. & Malti, T. (Hrsg.): Moralische Entwicklung und Erziehung in Kindheit und Adoleszenz. Göttingen: Hogrefe, 69-86.

Helbling, D. (2015): „Ethik, Religionen, Gemeinschaft" als Perspektive von Natur, Mensch, Gesellschaft im Lehrplan 21. In: Bietenhard, S. ; Helbling, D. & Schmid, K. (Hrsg.): Ethik, Religionen, Gemeinschaft. Ein Studienbuch. Bern: hep, 175-187.

Helzel, G. & Michalik, K. (2015): Kindliche Entwicklungsprozesse beim Philosophieren mit Kindern – Eine empirische Untersuchung zu Mehr-Perspektivität und Ungewissheitstoleranz. In: Fischer, H.-J.; Giest, H. & Michalik, K. (Hrsg.): Bildung im und durch Sachunterricht. Bad Heilbrunn: Julius Klinkhardt, 189-196.

Hurrelmann, K.; Andresen, S. ; Schneekloth, U. & Pupeter, M. (2014): Die Lebensqualität der Kinder in Deutschland: Die dritte World Vision Kinderstudie. In: Diskurs Kindheit- und Jugendforschung, 9(3), 383-391. Verfügbar unter: http://nbn-resolving.de/urn:nbn:de:0168-ssoar-409698 [23.03.2018].

Keller, M. & Gummerum, M. (2010): Zwischen Fairness und Eigeninteresse – Moralentwicklung aus ökonomischer Sicht. In: Latzko, B. & Malti, T. (Hrsg.): Moralische Entwicklung und Erziehung in Kindheit und Adoleszenz. Göttingen: Hogrefe, 121-141.

Kohlberg, L. (2001): Moralstufen und Moralerwerb. Der kognitiv-entwicklungstheoretische Ansatz (1976). In: Edelstein, W.; Oser, F. & Schuster, P. (Hrsg.): Moralische Erziehung in der Schule. Entwicklungspsychologie und pädagogische Praxis. Weinheim/Basel: Beltz, 35-62.

Maull, I.Y. (2017): Gottesbilder und Gottesbilder vom Kindes- zum Jugendalter. Eine qualitativ-empirische Längsschnittuntersuchung. Göttingen: Vandenhoeck & Ruprecht.

Michalik, K. (2015): Philosophieren mit Kindern. Sinnkonstitution im Gespräch. In: Gebhard, U. (Hrsg.): Sinn im Dialog. Zur Möglichkeit sinnkonstituierender Lernprozesse im Fachunterricht. Wiesbaden: Springer Fachmedien, 179-198.

Michalik, K. (2011): Kinder philosophieren über Glücksfälle, glücklich sein und das Glück des Daseins. In: Bucher, A.A.; Büttner, G.; Freudenberger-Lötz, P. & Schreiner, M. (in Verbindung mit F. Kraft und E.E. Schwarz) (Hrsg.): „Gott gehört so ein bisschen zur Familie“. Mit Kindern über Glück und Heil nachdenken. Jahrbuch für Kindertheologie, Band 10. Stuttgart: Calwer, 48-59.

Nagy, M.H. (1948): The Child's View of Death. In: Journal of Genetic Psychology, 73, 3-27.

Newman, S. ; Faux, R. & Larimer, B. (1997): Children's Views on Aging: Their Attitudes and Values. In: The Gerontologist, 37(3), 412-417. Verfügar unter: https://watermark.silverchair.com [21.02.2018].

Oerter, R. (2009): Glück und Sinn des Lebens im Verständnis von Kindern und Jugendlichen verschiedener Länder. In: Bucher, A.A.; Büttner, G.; Freudenberger-Lötz, P. & Schreiner, M. (in Verbindung mit Kraft, F. und Schwarz, E.E.) (Hrsg.): „In den Himmel kommen nur, die sich auch verstehen“. Wie Kinder über religiöse Differenz denken und sprechen. Stuttgart: Calwer, 9-22.

Oser, F. & Gmünder, P. (1988): Der Mensch. Stufen seiner religiösen Entwicklung. Ein strukturgenetischer Ansatz. Gütersloh: Chr. Kaiser & Gütersloher Verlagshaus.

Oser, F. & Althof, W. (1992): Moralische Selbstbestimmung. Stuttgart: Klett-Cotta.

Piaget, J. (2015): Das moralische Urteil beim Kinde. 2. unv. Aufl. Stuttgart: Klett-Cotta.

Plieth, M. (2011): Kind und Tod. Zum Umgang mit kindlichen Schreckensvorstellungen und Hoffnungsbildern. Neukirchen: Neukirchner.

Riegel, U. (2015): Ethik in den Köpfen Jugendlicher und im Religionsunterricht. Eine empirische Bilanz. In: Englert, R.; Kohler-Spiegel, H.; Naurath, E.; Schröder, B. & Schweizer, F. (Hrsg.): Ethisches Lernen. Jahrbuch der Religionspädagogik, Band 31. Neukirchen: Neukirchener Theologie, 98-107.

Riegel, U. (2004): Gott und Gender: Eine empirisch-religionspädagogische Untersuchung nach Geschlechtsvorstellungen in Gotteskonzepten. Münster: LIT.

Schauenberg, E.-M. (2015): Gerechtigkeit: „Wenn einer mehr hat – ist das fies?“. In: Gläser, E. & Richter, D. (Hrsg.): Die sozialwissenschaftliche Perspektive konkret. Begleitband 1 zum Perspektivrahmen Sachunterricht. Bad Heilbrunn: Julius Klinkhardt, 63-74.

Schmid, K. (2015): Das Fachverständnis in Spannungsfeldern denken. In: Bietenhard, S. ; Helbling, D. & Schmid, K. (Hrsg.): Ethik, Religionen, Gemeinschaft. Ein Studienbuch. Bern: hep, 175-187.

Schmid, K. (2011): „Religion“ lernen in der Schule. Didaktische Überlegungen für einen bekenntnisunabhängigen schulischen Religionsunterricht im Kontext einer Didaktik des Sachunterrichts. Mit Beiträgen von Monika Jakobs. Bern: hep.

Schneekloth, U. & Andresen, S. (2013): Was fair und was unfair ist: die verschiedenen Gesichter von Gerechtigkeit. In: World Vision Deutschland e.V. (Hrsg.): Kinder in Deutschland 2013 – 3. World Vision Kinderstudie. Weinheim und Basel: Beltz, 48-78. Verfügbar unter: https://www.worldvision. de/sites/worldvision.de/files/pdf/3Kinderstudie2013_komplett_small.pdf [24.03.2018].

Scholl, R. (2014): „Inside-Out Pedagogy“: Theorising Pedagogical Transformation through Teaching Philosophy. In: Australian Journal of Teacher Education, 39(6), 89-98.

Schumacher, G. & Kayser, S. (2009): Wie erleben Kinder Glück? Ergebnisse einer tiefenpsychologischen Studie des ZDF. In: Schächter, M. (Hrsg.): Wunschlos glücklich? Konzepte und Rahmenbedingungen einer glücklichen Kindheit. Frankfurt a.M.: Nomos, 83-93.

Schwarz, E. (2004): Die Entwicklung des kindlichen Sterblichkeitswissens. In: Loccumer Pelikan, 3, 197-202.

Schwendemann, W.; Otterbach, M. & Reumann, U. (2002): „Dann fühle ich mich wie Jona…“ Ursprung und Bewältigung kindlicher Ängste. Forschungsprojekt: „Gott der Kinder“, Band 2. Münster: LIT.

Senf, B. (2014): Die Trauer von Kindern und Jugendlichen nach dem Tod eines Elternteils am Beispiel Krebserkrankung. In: Röseberg, F. & Müller, M. (Hrsg.) (2014): Handbuch Kindertrauer. Die Begleitung von Kindern, Jugendlichen und ihren Familien. Göttingen: Vandenhoeck & Ruprecht, 117-144.

Steinhäuser, M. & Simon, E. (2011): „Ich frage mich, ob Gott am Ende glücklich war…“. Glück und Heil als heuristische Aspekte im Godly Play. In: Bucher, A.A.; Büttner, G.; Freudenberger-Lötz, P. & Schreiner, M. (in Verbindung mit Kraft, F. und Schwarz E.E.) (Hrsg.): „Gott gehört so ein bisschen zur Familie“. Mit Kindern über Glück und Heil nachdenken. Jahrbuch für Kindertheologie, Band 10. Stuttgart: Calwer, 60-78.

Stögbauer, E.-M. (2010): Die Frage nach Gott und dem Leid bei Jugendlichen wahrnehmen. Eine qualitativ-empirische Spurensuche. Religionspädagogische Bildungsforschung, Band 1. Bad Heilbrunn: Julius Klinkhardt.

Taves, A. (2009): Religious Experience Reconsidered. A Building-Block Approach to the Study of Religion and other Special Things. Princeton: Princeton University Press.

Tracy, J.L.; Robins, R.W. & Tangney Price, J. (Hrs.) (2007): The Self-Conscious Emotions. Theory and Research. New York/London: The Guilford Press.

Vobbe, F. (2012): Auch wenn die Welt manchmal wild aussieht. Multimodale empirische Forschung zu einer Kindertheologie des Hiobbuches. Göttingen: V&R unipress.

Wittkowski, J. (1990): Psychologie des Todes. Darmstadt: Wissenschaftliche Buchgesellschaft.

World Vision Deutschland e.V. (Hrsg.) (2013): Kinder in Deutschland 2013 – 3. World Vision Kinderstudie. Weinheim und Basel: Beltz. Verfügbar unter: https://www.worldvision.de/sites/worldvision.de/files/pdf/3Kinderstudie2013_komplett_small.pdf [24.03.2018].

Znoj, H. (2016): Komplizierte Trauer. 2. überarbeitete Aufl. Göttingen: Hogrefe.

Dominik Helbling

Wie Kinder Religion und Religionen begegnen

Innerhalb des Sachunterrichts eröffnet die religionskundliche Perspektive ein Feld für die Bearbeitung religiöser Phänomene in der Gesellschaft. Dazu gehört beispielsweise, religiöse Gemeinschaften zu kennen und ihre Präsenz wahrzunehmen, religiöse Überzeugungen und Praxis zu verstehen, religiöse Motive identifizieren zu können, religiöse Veränderungsprozesse zu analysieren oder die Spezifika von religiösen und säkularen Weltsichten zu erfassen. Im Rahmen dieses Beitrags[1] ist es unmöglich, sämtliche Aspekte zu berücksichtigen. Er stellt deshalb die Präkonzeptforschung in Bezug auf einige thematische Schwerpunkte dar, wie sie z.B. im Deutschschweizer Lehrplan 21 oder im Lehrplan Plus des Bundeslandes Bayern für das Fach Ethik zu finden sind (Kapitel 2). Zunächst soll jedoch bestimmt werden, inwiefern diese Präkonzepte für den Sachunterricht relevant sind und welche Forschungsstränge sich damit bereits beschäftigen (Kapitel 1). Den dritten Teil bilden Überlegungen zum Umgang mit Präkonzepten im Unterricht (Kapitel 3) sowie Konsequenzen für die zukünftige Forschung (Kapitel 4).

1 Religion im Unterricht und Präkonzeptforschung

1.1 Die religionskundliche Perspektive im Rahmen des Sachunterrichts

Dass Religion ein Gegenstand des Sachunterrichts ist, ist durchaus nicht selbstverständlich. So sieht der Perspektivrahmen Sachunterricht dazu keine eigene Perspektive vor, innerhalb der sozialwissenschaftlichen Perspektive ist immerhin von kulturellen Deutungen, Lebensgewohnheiten und Bräuchen die Rede (GDSU 2013), ein expliziter Verweis auf Religion fehlt hingegen. Dies liegt daran, dass der Religionsunterricht in Deutschland und in Österreich ein eigenes Fach mit einem konfessionellen Profil ist und für Schülerinnen und Schüler, die nicht daran teilnehmen, ein Ersatzfach Ethik (oder vergleichbare Bezeichnungen) besteht. Im Lehrplan 21 der Deutschschweizer Kantone bildet Religionskunde hingegen eine eigene fachliche Perspektive innerhalb des Fachbereichs „Natur, Mensch, Gesellschaft". Damit wird signalisiert, dass im schweizerischen Kontext Religion innerhalb des Sachunterrichts ein gleichberechtigter Gegenstand unter anderen ist (Schmid 2011). Um den Unterschied zum konfessionellen Religionsunterricht zu verdeutlichen, wird deshalb

1 Ich danke meiner Kollegin Dr. Sophia Bietenhard von der Pädagogischen Hochschule Bern für die kritische Lektüre des Artikels und die zahlreichen Anregungen.

von einem bekenntnisunabhängigen Religionsunterricht gesprochen (Helbling, Kropač, Jakobs & Leimgruber 2013). Diese Bezeichnung kann sich auf die Verantwortlichkeit (Staat statt Kirche), die Zusammensetzung der Gruppe (alle Schülerinnen und Schüler, nicht nur jener einer bestimmten Konfession) oder auf den didaktischen Standpunkt beziehen. Letzteres bedeutet, dass der Gegenstand Religion nicht aus einer praktizierenden, sprich der religiösen Perspektive einer Religionsgemeinschaft betrachtet wird, sondern aus einer objektivierend-wissenschaftlichen, religionskundlichen Perspektive (Bleisch & Frank 2013; Frank & Bleisch 2015; Kilchsperger 2015). Bekenntnisunabhängig meint weiter, dass die Ausbildung religiöser Vorstellungen oder eines bestimmten Glaubens nicht das Ziel des Unterrichts sein darf. Von den Schülerinnen und Schülern eine religiöse Positionierung zu verlangen, scheint vor diesem Hintergrund problematisch. Gleichzeitig kann und soll nicht verhindert werden, dass sich Schülerinnen und Schüler religiös artikulieren. Vergleichbare Konzeptionen sind zumindest Teilweise in den Ethik-Fächern in Österreich und den deutschen Bundesländern zu finden.

Inhaltlich wird deutlich, dass sich ein religionskundlicher Unterricht nicht nur auf eine einzige Religion oder Konfession bezieht. Das ist jedoch nicht das einzige und womöglich nicht einmal das entscheidende Kriterium: entscheidend ist vielmehr, dass Religionen aufgrund ihrer kulturellen Äußerungen und ihrer Sichtbarkeit in der Gesellschaft thematisiert werden, also gewissermaßen mit ihrer jeweiligen Geschichte, ihren Spuren und Debatten. Eine plurimethodische Zugangsweise zum Gegenstand Religion, die sich aus unterschiedlichen Disziplinen speist, ist daher angezeigt.

Die Beschäftigung mit Religion im Sachunterricht ist deshalb angezeigt, weil die religiöse und weltanschauliche Landschaft vielfältiger geworden ist und noch werden wird und weil religiöse Überzeugungen trotz starker Säkularisierungstendenzen nach wie vor gesellschaftlich präsent sind. Damit die Gesellschaft gelesen werden kann, braucht es Kenntnisse zu Religion, Religionen und Weltanschauungen: „Ausgehend von ihren Lebenswelten, der gegenwärtigen und künftigen Zusammensetzung und Entwicklung der Gesellschaft, ist vielmehr zu fragen, welche Kenntnisse und Erkenntnisse [Kinder und, D.H.] Jugendliche angesichts der weiterhin stattfindenden Globalisierung benötigen, um sich in der Gesellschaft, in der sie leben, zurechtzufinden" (Kilchsperger 2015, 287). Vor diesem Horizont ist auch nach den Vorstellungen von Schülerinnen und Schülern zu fragen.

1.2 Was sind religionsbezogene Präkonzepte?

Dem beschriebenen Fachverständnis folgend, kann nun das relevante Spektrum an Präkonzepten im Kindesalter konturiert werden. Die Verbindung von Präkonzept und Religion bildet bereits sprachlich ein Problem. Das Adjektiv „religiös" kann aufgrund seiner semantischen Unschärfe sowohl als genuin religiöse Vorstellungen im Sinne von Glaubensüberzeugungen, die sich auf eine transzendente Entität beziehen, als auch „auf Religion bezogen" verstanden werden. Doch würde der Ausdruck „religiöse Präkonzepte" aufgrund der Unterscheidung zwischen religiösem und religionskundlichem Unterricht suggerieren, es ginge ausschließlich um Glaubensüberzeugungen. Aus diesem Grund ist hier von religionsbezogenen Präkonzepten im Unterricht die Rede. Dies bedarf allerdings folgender Differenzierungen:

1. Religionsbezogene Präkonzepte können sowohl persönliche Glaubensvorstellungen und religiöse Erfahrungen aus der Innenperspektive meinen, als auch Wissen und Meinungen zu Religion aus einer Außenperspektive.
2. Bei diesen Vorstellungen kann es sich um genuin religiöse Vorstellungen handeln, also um Glaubensüberzeugungen („Brahman hat die Welt erschaffen") handeln. Daneben können aber auch Erfahrungen mit der eigenen Religion („an meiner Erstkommunion…"), Nichtwissen und Überzeugungen, die gar nicht mit der Lehre der Religion übereinstimmen („Ich glaube an die Göttin Fatima"), genannt werden.
3. Alltagstheoretisch hätte die Unterscheidung zwischen dem „Eigenen" und dem „Fremden" zwar eine hohe Plausibilität, sie würde allerdings verschleiern, dass eine Person auch über jene Religion wenig Wissen oder diffuse Einstellungen haben kann, der sie formal angehört.
4. Aufgrund des religionskundlichen Fachprofils läge nahe, dass die persönlichen Glaubensvorstellungen der Schülerinnen und Schüler gar keine Rolle spielen würden. Die privaten Erfahrungen und Überzeugungen gelangen jedoch in den Unterricht, ob Lehrpersonen dies wollen oder nicht. So konnte beispielsweise Flöter (2005) in einer Studie, die außerhalb des Unterrichts durchgeführt wurde, nachweisen, dass der Glaube an Gott bei gering religiös, evangelikal oder muslimisch sozialisierten Kindern gleichermaßen bedeutsam ist. Auch wenn sie didaktisch nicht intendiert werden, sind diese Vorstellungen vorhanden.
5. Wenn man von religionsbezogenen Präkonzepten im Unterricht spricht, so denkt man wohl zunächst an den Religionsunterricht, sei er konfessionell oder bekenntnisunabhängig. Religionsbezogene Vorstellungen von Schülerinnen und Schüler können jedoch in jeglichem Unterricht zum Ausdruck kommen. Beispielsweise dann, wenn eine Schülerin äußert, dass ihre verstorbene Oma nun im Himmel sei oder wenn ein Schüler in einer Diskussion einbringt, Schöpfungsgeschichten würden die Entstehung der Welt falsch wiedergeben.
6. Die letztgenannten Beispiele zeigen überdies, dass Präkonzepte affirmativ oder aversiv konnotiert sein können. Zustimmung und Abgrenzung sind im Horizont religionskundlichen Unterrichts relevant, weil sie das Lernen beeinflussen.

1.3 Strukturgenetische Ansätze

Grob unterscheiden kann man zwischen strukturgenetischen Ansätzen und bereichsspezifischen Präkonzepten. Insbesondere in der konfessionellen Religionspädagogik wurden strukturgenetische Ansätze der Glaubensentwicklung breit re-

zipiert. Zu Recht könnte man nun einwerfen, dass die Entwicklung des Glaubens nicht das Thema des religionskundlichen Unterrichts sei. Dem ist unter Vorbehalt zuzustimmen, da gemäß oben genannter Prämisse religiöse Positionen der Schülerinnen und Schüler sowieso Eingang in den Unterricht finden und darum durchaus relevant sind. Außerdem müssen die Lücken sowie die Eignung dieser Forschung für den religionskundlichen Unterricht erst bedacht werden.
Strukturgenetische Ansätze folgen dem piaget'schen Paradigma, wonach das Denken des Menschen in seiner Entwicklung naturgemäß mit der Zeit komplexer wird. Dieser Ansatz einer Reifungstheorie wendet sich gegen die Überzeugung, dass Kinder bereits über die gleichen Denkstrukturen verfügen wie die Erwachsenen, sie diese jedoch noch nicht genügend eingeübt und noch nicht genügend mit der Welt konfrontiert haben. Das Erkennen ist daher für Piaget kein reines Abbild der Welt, sondern ein entwicklungsspezifischer Verarbeitungsprozess. Aufgrund umfangreicher Forschung hat Piaget die Entwicklung des Denkens in vier Stadien beschrieben, wobei das Denken über die Jahre komplexer wird, da zunehmend Zusammenhänge hergestellt und auch abstrakte Denkleistungen vollzogen werden (Piaget 1972). Seine Untersuchungen zur Entwicklung des Weltbildes (Piaget 1978) haben auch in der Religionspädagogik große Beachtung erhalten. In der Folge haben zahlreiche psychologische Studien in Anlehnung an die kognitive Reifungstheorie die Glaubensentwicklung nachgezeichnet (Fowler 1991; Tamminen 1993; Oser & Gmünder 1984).[2]
Die Annahmen einer Progression und einer Universalität dieser Entwicklungsschritte sind verschiedentlich kritisiert worden, weil die Eigenständigkeit des kindlichen Denkens zu wenig Beachtung finde. Streib (2001) regt an, statt von Stufen von religiösen Stilen zu sprechen und die unumkehrbare Abfolge und verengende Alterszuschreibungen fallen zu lassen. Andere Untersuchungen zeichnen weitaus individuellere Entwicklungsverläufe nach, rechnen mit der Fähigkeit zu metaphorischem Denken (Szagun 2006) oder fokussieren eher die Veränderung des Gottesbildes (Pnevmatikos 2002; Flöter 2005). Auch wurde die Auffassung von Religion, wonach der Mensch dem moralischen Urteil einer höheren Macht unterliegt (Miller & McKenna 2011), bemängelt.

2 Bereichsspezifische Präkonzepte

Die Forschung zu bereichsspezifischen Präkonzepten von Schülerinnen und Schülern ist breit angelegt, wenn auch wenig systematisch bearbeitet. Einige sind dem in der deutschsprachigen konfessionellen Religionspädagogik verbreiteten Ansatz der Kindertheologie verpflichtet, andere stammen aus der Religionswissenschaft, der Religionspsychologie oder auch der Natur- sowie aus der Erziehungswissen-

2 Zu den Theorien des moralischen Urteils vgl. den Beitrag von Sophia Bietenhard in diesem Band S. 269ff.

schaft. Im Folgenden werden relevante Studien zu vier Bereichen gebündelt: zu Wahrnehmung religiöser Spuren, zu religiösen Texten, zu religiöser Praxis und Festtraditionen sowie zum Umgang mit religiöser Vielfalt. Die Konzentration auf diese vier Bereiche ergibt sich aus ihrer religionskundlichen Relevanz. Sie sind überdies am Kompetenzbereich „Religionen und Weltsichten begegnen" aus dem Deutschschweizer Lehrplan „Natur, Mensch, Gesellschaft" angelehnt.

2.1 Religiöse Spuren in Umgebung und Alltag

Studien zur Wahrnehmung religiöser Spuren sind dem Autor keine bekannt, weshalb an dieser Stelle vorwiegend Erkenntnisse zu Sakralräumen referiert werden. Schülerinnen und Schülern wissen in der Regel, wo die nächste Kirche ist und wozu sie dient, hingegen sind ihnen die Namen und Funktionen des Interieurs kaum geläufig. Die Antworten von 66 Vorschulkindern aus einer Studie von de Roos (2005) aus Holland zu Funktion von Kirchen sowie den kindlichen Erfahrungen und Befinden zeigen, dass erfahrungsbasierte gegenüber abstrakten Fragen leichter beantwortet werden konnten, was der kognitiven Entwicklung der Kinder entspricht. Sie äußern, dass in der Kirche Beerdigungen stattfinden, dass dort gesungen (vier Fünftel der Kinder) und von Gott erzählt wird (ein Zehntel der Kinder), dass Erwachsene dort beten, singen, zuhören und etwas über Gott erfahren und dass Kinder dort singen, malen und spielen. Überraschenderweise erwähnt nur ein einziges Kind, dass in der Kirche Gott wohne. Ein Fünftel weiß nicht, wozu eine Kirche da ist. Nur selten gaben sie an, keine Antwort zu wissen. Das Beten scheint ihnen weniger wichtig zu sein, Stillsitzen wurde negativ bewertet. Aufgefordert, etwas über die Kirche zu zeichnen, malen die meisten Kinder ein Kirchengebäude (was nicht überrascht angesichts der Tatsache, dass zu Beginn des Gesprächs ein Bild einer Kirche gezeigt wurde), wenige eine biblische Geschichte. Konfessionelle Unterschiede traten bei der Beschreibung der Kirchen zutage: protestantische Kinder nahmen häufiger Bezug auf die Bibel, katholische Kinder häufiger auf Taufe und Erstkommunion, was die konfessionellen Prägungen spiegelt. Konfessionsfreie Kinder erwähnten vorwiegend Hochzeiten, was ihrem lebensweltlichen Zugang zu entsprechen scheint. Das Wissen darum, was in einer Kirche geschieht, ist erwartungsgemäß an die Häufigkeit der Besuche gekoppelt. Heide Liebolds (2005) Gespräche mit neun Kindern im Alter von acht bis zehn Jahren aus evangelischen, konfessionslosen oder gemischten, ostdeutschen Familien wurden mit Bildimpulsen und Strukturlegetechnik ergänzt, wodurch das Begriffsverständnis der Kinder erhoben wurde. Dabei haben die Kinder den Begriff Kirche stark an den Kirchenraum oder dem Friedhof gebunden. Kasualien wie Taufe, Hochzeit, Beerdigung aber auch der Gottesdienst wurden häufig mit Kirche in Verbindung gebracht. Auch kirchliches Personal wird erkannt. Darüber hinaus wird Kirche mit moralischer Integrität und Engagement assoziiert. Andere Aspekte wie Diakonie, Ökumene, Mission oder interreligiöser Dialog bleiben weitgehend unberücksichtigt. Hier spiegelt sich wohl die semantische Unschärfe, die dem Begriff Kirche eigen ist, die jedoch in der Studie nicht weiter bedacht wird. Forschungspraktisch erhellend ist, dass es den Kindern offenbar leichter fiel, die Bilder einander zuzuordnen, als diese Zuordnungen sprachlich zu begründen. Dies verdeutlicht die Grenzen verbaler Erhebungen bei Kindern.

Besuche in Kirchen lösen meist positive Gefühle wie Ruhe und Wohlbefinden aus, unabhängig davon, ob die Kinder religiös sind oder ob die Umgebung säkular geprägt ist. Vorwiegend jene Kinder, die religiös sozialisiert sind und selber religiöse Züge zeigen, entwickeln darin auch spirituelle oder religiöse Gefühle, insbesondere, wenn sie der Konfession zugehören, welche die Kirche repräsentiert, Mädchen etwas häufiger als Jungen (Kindermann & Riegel 2016).

2.2 Inhalt, Sprachform und Gebrauch religiöser Texte

Ob heilige Schriften hoch im Kurs sind, ist fraglich angesichts der Tatsache, dass die Bibel nur von ganz wenigen gelesen wird, wie Francis (2000) bei 33 134 christlichen 13- bis 15-Jährigen in England nachweisen konnte. Gemäß einer Untersuchung von Hanisch und Bucher (2002) bei 2 402 rund 10-jährigen katholischen und evangelischen Kindern in Deutschland, kannten am Ende der Primarschulzeit die meisten Kinder durchschnittlich fünf biblische Geschichten, häufiger alt- als neutestamentliche. Am bekanntesten sind jedoch die Weihnachts- und Passionserzählungen der Evangelien. Zu erwarten wäre, dass Geschichten, die im Unterricht eine Rolle spielen, am besten bekannt sind. Dies trifft allerdings nicht zu, auch wenn davon auszugehen ist, dass die Mehrheit die Geschichten im Unterricht kennengelernt haben. 80% nannten eine Lieblingsgeschichte, wobei die Arche Noah, die Moseserzählung sowie die Kindheitsgeschichte Jesu zu den Favoriten gehören. Die meisten Kinder stellen klar, dass die Lieblingsgeschichten nichts mit ihrem Leben zu tun haben. Gemocht werden sie in erster Linie wegen ihrer Spannung. Rund ein Fünftel interessiert sich wenig für die Geschichten, vorwiegend deshalb, weil sie ihnen langweilig vorkommen. Religiöse Praxis hat zwar einen Einfluss auf die positive Einstellung der Bibel gegenüber, ist jedoch nicht maßgebend für die Bibelkenntnis. Dies lässt den Schluss zu, dass es Religionslehrpersonen durchaus gelingt, das Interesse an den biblischen Geschichten im Unterricht zu wecken.

Genauer untersucht wurde verschiedentlich, wie Kinder die Bibel verstehen und mit religiösen Texten umgehen. Untersuchungen, die dem strukturgenetischen Paradigma folgen, sehen ein rein wörtliches Verständnis der Bibel bis zur Pubertät als gegeben an und damit ein symbolisches Verständnis für nicht möglich (Goldmann 1964; Bucher 1990; Tamminen 1993). In verschiedenen Beiträgen zur Kindertheologie wird hingegen davon ausgegangen, dass bereits Kinder mit sieben oder acht Jahren in Metaphern denken oder solche produzieren können (Bucher, Büttner, Freudenberger-Lötz & Schreiner 2003, darin besonders eindrücklich

Müller 2003; Büttner & Schreiner 2004). Andere Kinder wiederum bleiben nahe am erzählten Inhalt, entwickeln die Geschichten eigenständig weiter oder füllen Lücken mit eigenen Ideen. So zeigt beispielsweise Dieterich (2004), dass Kinder in Bezug auf die biblische Schöpfungsgeschichte ganz unterschiedliche Interessen und Themen anmelden: Dinosaurier, Affenmenschen, Theodizeefrage, Menschenerschaffung. Dies bestätigt, dass sich das Denken in verschiedenen Domänen entwickelt.

Nur wenige Studien widmen sich Figuren aus religiösen Schriften und im Zentrum steht meist die Figur von Jesus. Einer Studie von Aylward und Freathy (2008) gemäß zum Verständnis von Jesus bei 479 10- bis 11-jährigen Schülerinnen und Schülern in multireligiöser Umgebung in England teilt die Mehrheit der Befragten folgende Attribute zu Jesus: er war wichtig; er kümmerte sich um Menschen; er erzählte den Menschen von Gott; er versuchte Frieden zu stiften; er war freundlich und großzügig; und er liebte alle. Deutlich weniger Zustimmung fanden Aussagen, dass Jesus von Gott gesandt wurde; dass er Geschichten erzählte, um bessere Menschen aus uns zu machen; dass er tatsächlich existiert hat; dass er Menschen geheilt hat; dass er *nicht* Gott ist oder war; dass er bereit war, sein Leben für andere hinzugeben; dass er sich um die Befragten selber kümmert. Geteilter Meinung waren die Befragten über folgende Aussagen: dass Jesus für sie gestorben war; dass er von den Toten auferstanden ist; dass er der Sohn Gottes ist; dass er eine normale Person war; dass es schwierig sei, an ihn zu glauben; dass er verwirrend ist; und dass er Gebete wahr werden lässt. Als besonders aufschlussreich erweisen sich die Zusammenhänge zwischen den Antworten: So stimmen zwar 84,3% zu, dass Jesus sich um Leute gekümmert hat, aber nur 56,2%, dass er sich um sie persönlich kümmere; 56,8% stimmen zu, dass er sein Leben für andere gegeben habe, aber nur 31,1%, dass er sein Leben für sie persönlich gegeben habe. Entsprechend der Klassenzusammensetzung stimmen säkulare oder nichtchristliche Kinder den theologischen Aussagen über Jesus nicht zu. Besonders interessant ist ein auf den ersten Blick irritierendes Resultat: So stimmten 49,5% der Befragten der Aussage zu, dass Jesus der Sohn Gottes sei/war, jedoch nur 9,4%, dass Jesus Gott sei. Dieser vermeintliche Widerspruch lässt sich dadurch erklären, dass die Kinder die Bezeichnung „Sohn Gottes" als eine besonders heilige Person, die als Gottes Bote geschickt wurde, verstehen. Dies erklärt, warum ein Viertel der muslimischen Kinder dem Gottessohn-Attribut zustimmen, obwohl dies in der Regel gerade als Unterschied zwischen Christentum und Islam gewertet wird. Diese Befunde können als Indiz dafür gewertet werden, dass Schülerinnen und Schüler am Ende der Primarschule durchaus fähig sind, theologische Aussagen in einem hermeneutischen Rahmen zu interpretieren und sie nicht als universale Aussagen zu verstehen. Möglich wäre allerdings auch, dass Lehrpersonen im Unterricht die menschlichen Eigenschaften gegenüber den in einem spezifisch christlichen Sinne göttlichen Eigenschaften betonen, weil sie eher konsensfähig sind. Darüber hinaus existieren zahlreiche Studien zur Christologie von Kindern und Jugendlichen (z.B. Büttner & Thierfelder 2001; Büttner 2002a, b; Ziegler 2006), die einer theologischen Hermeneutik verpflichtet sind, nach der Jesus in seiner Eigenschaft als Sohn Gottes in einer besonderen Beziehung zu den Menschen steht. In einer vergleichenden Einzelfallanalyse von christologischen Konzepten bei Fünft- und Elftklässlern eines Gymnasiums in Baden-Württemberg im Rahmen des konfessionell-kooperativen Religionsunterrichts (Ziegler 2008) zeigt tendenziell die entwicklungsbedingten Unterschiede zwischen Kinder- und Jugendalter. Allerdings sind wesentliche kognitive Unterschiede auch innerhalb derselben Altersgruppe auszumachen, ganz abgesehen von der großen Vielfalt individueller Zugänge. Somit kann nicht davon ausgegangen werden, dass ein symbolisches Verständnis religiöser Geschichten allein von der kognitiven Entwicklung abhängt.

Um dem Vorwissen über die Sprachformen heiliger Schriften noch etwas genauer auf die Spur zu kommen, ist ein Blick in Studien zu den Vorstellungen der Weltentstehung hilfreich. In der konfessionellen Religionspädagogik sind die Präkonzepte von Kindern dazu breit erforscht. Dem strukturgenetischen Paradigma folgend, ist von einer Entwicklung von einem artifizialistischen Weltbild hin zu einem reflektierten Weltbild auszugehen (Piaget 1978; Fetz, Reich & Valentin 2001). Damit ist gemeint, dass Kinder im Vorschulalter zunächst der Überzeugung sind, dass alles Irdische gemacht, also gewissermaßen manuell hergestellt wurde. Dies impliziert, dass es in der Vorstellung der Kinder etwas oder jemanden gibt, das oder der die Dinge gemacht und ihnen einen bestimmten Zweck zugewiesen hat. Auf diesem Level argumentieren Kinder zwischen 5-8 Jahren, dass Natur und Gesellschaft gleichermaßen „gemacht" sind. Auf einem zweiten Level trennen Kindern zwischen 7 bis 9 Jahren den Bereich Gottes und den Bereich der Menschen strikt voneinander. Im Alter zwischen 10 bis 14 verschwindet der Artifizialismus weitgehend, womit auch die Natur als autonom angesehen wird. Fetz, Reich und Valentin (2001, 341) deuten das artifizialistische Weltbild als das ursprüngliche Weltbild der frühen Kindheit, weshalb der biblische Schöpfungsbericht Weltbildes als passend empfunden werde. Diese Auffassung wird z.B. von Fricke (2003) infrage gestellt, der in einem Gruppengespräch von acht zehnjährigen Schülerinnen einen differenzierten Umgang mit der Schöpfungsgeschichte feststellt, in der eine Vielfalt von Überzeugungen zum Tragen kommt.

Kalloch (2012) stellt bei einem Gruppengespräch von acht zehnjährigen Kindern unterschiedliche Positionen fest, wobei besonders interessant ist, dass jene Kinder, die evolutionstheoretische Wissensbestände aktivieren, die Existenz Gottes nicht etwa leugnen, sondern ihn für nicht zuständig erklären. Mit der Unvereinbarkeit von evolutionstheoretischem und schöpfungsgeschichtlichem Verständnis konfrontiert, suchen die Kinder nach Auswegen.

Eine Studie aus Italien über die Vorstellungen von 21 Zweit- und 18 Drittklässlern zur Entstehung der Arten (Berti, Toneatti & Rosati 2010) zeigt, dass die Vorstellungen stark vom gesellschaftlichen und schulischen Umfeld beeinflusst werden. Während die meisten Zweitklässler in Italien kreationistische („creationist", im Sinne von „geschaffen") Konzepte aufweisen, zeigen Drittklässler, die mit der Evolutionstheorie konfrontiert wurden, vermischte Vorstellungen, die teilweise lose nebeneinanderstehen, teils zu einem harmonischen Ganzen synthetisiert werden. Im Gegensatz zu dieser italienischen Stichprobe zeigen holländische Kinder aus einem stark säkularisierten Kontext keine kreationistischen Vorstellungen und amerikanische Kinder aus einem stark religiösen Kontext fast keine evolutionistischen Vorstellungen. Die jüngeren Kinder neigen eher zu essenzialistischen Vorstellungen als zu kreationistischen oder evolutionistischen. Während erstere kaum von Erwachsenen erlernt werden, da diese Vorstellungen bei Erwachsenen gar nicht vorhanden sind, werden letztere durch die frühe Thematisierung in Familie, Gemeinde oder Schule[3] befördert. Im weiteren Entwicklungsverlauf verschwinden essentialistische Vorstellung zugunsten kreationistischer und evolutionistischer gänzlich. Kinder von kreationistisch orientierten Eltern bleiben häufig über alle Altersstufen hinweg kreationistisch. Daran zeigt sich, wie bedeutsam eine differenzierte Sicht der Lehrperson ist. Eine wesentliche Anforderung würde deshalb darin bestehen, die Aussagekraft und Reichweite religiöser und naturwissenschaftlicher Konzepte vor Augen zu haben und die Spezifika der Perspektiven zu benennen.

Ein Vergleich zwischen je zwölf Zweit- und Viertklässlern ergab, dass die Kinder beider Altersgruppen über hybride Weltbilder verfügen (Eikermann 2012). Unterschiede bestehen jedoch in der Zuordnung von Gottes Wirken und dem Urknall: Während sämtlich Zweitklässler und einige Viertklässler dazu neigen, den Urknall zeitlich vorzuordnen und dann die Erschaffung der Arten Gott zuzuschreiben, kehren andere Viertklässler die Reihenfolge um und erklären Gott für den Urknall zuständig, was Zweitklässler nicht getan haben. Insgesamt nimmt der Gottesbezug bei den Viertklässlern jedoch ab, während sie sich stärker an naturwissenschaftlichen Vorbildern orientieren.

Konfligierende Deutungsweisen von „Wissenschaft" und „Religion" existieren häufig nebeneinander (vgl. dazu v.a. die Studien von Harris; aufgenommen in Büttner & Dietrich 2016, 90-95). Dabei verwenden Kinder Argumente aus beiden Domänen und vermischen sie zuweilen. Im Jugendalter und insbesondere in Bezug auf die Thematik Schöpfung vs. Naturwissenschaft scheint die Unvereinbarkeit besonders hoch zu sein (Rothgangel 1999; Feige & Gennerich 2008; Höger 2008; Ziebertz & Riegel 2008). Im Verlaufe der Entwicklung gelingt es in unterschiedlichem Masse, mehrere Perspektiven komplementär zu verwenden (Oser & Reich 2000). Von einer simplen Ablösung von religiösen Erklärungsmus-

3 In einigen US-amerikanischen Bundesstaaten haben Kreationisten den Unterricht zur Evolutionstheorie in der Schule stark torpediert.

tern hin zu naturwissenschaftlichen ist daher nicht auszugehen. Vielmehr ist mit unterschiedlichen Formen komplementären Denkens zu rechnen, die gleichzeitig in derselben Altersstufe vorhanden sein können.

2.3 Religiöse Praxis und Festtraditionen

Kaum untersucht scheint das kindliche Vorverständnis und -wissen zu religiösen Ritualen zu sein, sieht man einmal von Untersuchungen zu Familienritualen ab, bei denen es jedoch stärker um den familialen Konstruktionsprozess geht (Morgenthaler & Hauri 2010; Morgenthaler 2011). Dabei ist gerade bei populären Festen mit eigenständigen kindlichen Konstruktionen zu rechnen.

Plater (2013) untersuchte Einstellung und Aktivitäten von 493 5- bis 11-jährigen Schülerinnen und Schülern in England zu Halloween. Die Mehrheit unter ihnen nahm (außerschulisch) an entsprechenden Aktivitäten, wie Partys, nachts draußen sein, Spiele, Verkleidung, Basteln, gruselige Filme schauen, teil. 80% der Kinder geben an, dass sie diese Aktivitäten mögen und fast gleich viele beschreiben Halloween positiv. Interessant ist, dass insbesondere Kinder aus sehr religiösen Familien angeben, Halloween nicht zu mögen. Der Grund liege darin, dass evangelikale Familien das Fest häufig ablehnen.

Im kindlichen Erleben einiger Festtraditionen spielen mythische Figuren wie der Nikolaus, der Weihnachtsmann oder das Christkind eine bedeutende Rolle. Eine etwas ältere Studie aus den USA (Prentice, Manosevitz & Hubbs 1978) rechnet mit dem Glauben an den Weihnachtsmann bei 85% der Vierjährigen, 65% der Sechsjährigen und 25% der Achtjährigen. Die kognitive Entwicklung spielt dabei offenbar eine geringere Rolle als die Haltung der Eltern. Dies bestätigt Bünker (2008) für den westeuropäischen Kontext. In einer Studie mit semi-strukturierten Interviews bei 34 sechs- bis achtjährigen Kindern in Wien zeichneten fast alle Kinder Bilder vom Christkind. Nur wenig wollten dies nicht, weil sie nicht an das Christkind glaubten. Es wurde häufig in weißem Kleid mit Flügeln und langen Haaren dargestellt. Es wohnte meist im Himmel oder über den Wolken. Die Mehrheit war davon überzeugt, dass das Christkind die Geschenke bringt, die häufig von ihm und teilweise unter Mithilfe anderer Gestalten wie Engel, Jesus oder dem Weihnachtsmann in einer Werkstatt gefertigt werden. Für andere war klar, dass Geschenke im Geschäft gekauft werden. Christlich sozialisierte Kinder sehen eher einen Zusammenhang zwischen Christkind und Jesus. Für einige ist es dieselbe Person, für andere sind sie Geschwister. Als Quellen der Mythen identifiziert Büttner (2002b) in einer explorativen Studie Zeitungen, Weihnachtsmärkte, Kindergartenerzählungen und Kinderbibeln. Auch die Erzählungen von Eltern und Großeltern spielen eine prägende Rolle. Kenntnisse der Nikolauslegenden oder das Wissen um die biblischen Erzählungen helfen offenbar, die Weihnachtsfiguren Jesu, Christkind, Nikolaus und Weihnachtsmann zu sortieren.

Ähnliche Strukturen zeigt die Untersuchung von Büttner & Mähringer (2003), worin Kinder eines Kindergartens zu ihrem Wissen zum Osterfest befragt wurden: Sie aktivieren vor dem Hintergrund ihrer familialen Erfahrungen beachtliches Wissen zu Familienritualen, Brauchtum (Osterhase, Ostereier) und christlichen Inhalten, das zumeist über den Begriff „Ostern" verbunden und vorwiegend temporal in Beziehung gebracht wird („Wenn der Osterhase kommt, dann ist Jesus auferstanden."). Eine inhaltliche Verbindung zwischen den Elementen äußern die Befragten nicht, sie stehen unverbunden nebeneinander. Symbolische Deutungen von Elementen wie den Ostereiern kommen nicht vor und sind wegen ihrer Abstraktheit für Vorschulkinder auch schwer zu erklären. Auch in einer holländischen Studie von van't Zand und de Roos (2003), bei der die 135 befragten Kinder etwas zu Bildern aus der Ostergeschichte erzählen sollten, konnte festgestellt werden, dass viele Kinder zahlreiche Details abrufen und erzählen konnten. Kinder von religiös orientierten Eltern brachten häufiger korrekte Details ein als Kinder nichtreligiöser Eltern. Letztere äußern insgesamt weniger korrekte Details und gaben häufiger keine Antwort. Die religiöse Ausrichtung der Schulen spielte dabei keine Rolle.

2.4 Religiöse Vielfalt und Umgang mit Differenz

Frühere und aktuelle Studien zu konfessioneller und religiöser Differenz zeigen, dass diese bei Vorschul- und Grundschulkindern primär über konkrete Erfahrungen, nicht über abstrakte Begriffe wie Zugehörigkeit oder Glauben konstruiert werden (Elkind 1961-1963; Edelbrock, Schweitzer & Biesinger 2010). So wird die Konfessionszugehörigkeit darüber wahrgenommen, in welchen Religionsunterricht oder in welche Kirche die Kinder gehen. Dies ist nicht überraschend, da sie in diesem Alter noch kaum über angemessene Begriffe oder Deutungsmuster verfügen, zumal auch in vielen anderen Bereichen das unhinterfragte Eigene in der Konfrontation mit dem Anderen bewusst wird. Auch wird die Differenz weniger über soziologische Einheiten wie Konfessionen oder Religionen wahrgenommen, sondern über konkrete Personen. Zu einer Konfession gehört man, weil die Eltern auch dazu gehören (und selbst das Meerschweinchen gehört dann dazu). Hingegen spielt es häufig keine Rolle, welcher Konfession die Freunde der Kinder angehören.

Eine Forschungsarbeit bei 140 Vorschulkindern ergab, dass den meisten Kindern religiöse Differenz durchaus bewusst ist und sie diese sprachlich auch zum Ausdruck bringen, teilweise in abgrenzenden Schemata (Dubiski, Maull & Schweitzer 2012). Gespräche zum Leben nach dem Tod (Hoffmann 2009) lassen darauf schließen, dass sie zwar persönlich von ihren eigenen Einstellungen überzeugt sind, dabei aber kaum auf religiöse Glaubenstraditionen zurückgreifen, sondern eher ihren Vorstellungen freien Lauf lassen. Bemerkenswert ist, dass sie in den Gesprächen die Vielfalt zwar wahrnehmen, ihr aber entweder gelassen begegnen oder nach einem kleinsten gemeinsamen Nenner suchen. Primarschulkinder erfahren religiöse Pluralität weitgehend als selbstverständlich und sind gegenüber Angehörigen anderer Religionen prinzipiell aufgeschlossen (Nesbitt & Jackson 1992; Ipgrave 2002; Flöter 2005; ter Avest 2009). Allerdings verwechseln Schülerinnen und Schüler Religion gerne auch einmal mit Sprache oder Nationalität (Takriti, Barret & Buchanan-Barrow 2006). Erst im Jugendalter werden Differenzen im Glauben und in Einstellungen wahrgenommen, da diese begrifflichen Konstruktionen ein höheres Abstraktionsvermögen voraussetzen (Schweitzer, Biesinger, Conrad & Gronover 2006).

Allerdings haben sich auch Jugendliche mit der religiösen Vielfalt mehrheitlich gut arrangiert (Ziebertz & Riegel 2008). Toleranz und die grundsätzliche Gleichberechtigung sind ihnen ein großes Anliegen, während sie Überlegenheitsansprüche ablehnen. Nur wenige weisen daher eine monistische Orientierung vor, die meisten Jugendlichen gehen vielmehr von der Gleichwertigkeit der Religionen aus (Vermeer & Van der Ven 2004).

In diesem Zusammenhang ist die Erkenntnis erhellend, dass Kinder und Jugendliche insgesamt wenig zu Ethnozentrismus neigen, wie eine belgische Studie zeigt (Dillen 2009). Dabei fällt auf, dass jene, die kritisch gegenüber Religion eingestellt sind, eher zu Ethnozentrismus neigen, während sowohl ein wörtlicher als auch ein symbolischer Zugang zu Religion sie positiver über Vielfalt denken lässt. Die Unterschiede zwischen 10- bis 12-Jährigen gegenüber 13- bis 14-Jährigen sind dabei minim, wohingegen bei Erwachsenen nicht Glaube oder Unglaube entscheidend sind für eine tolerante oder exklusivistische Einstellung, sondern die Fähigkeit zu symbolischem Denken. Entgegen der Annahme von gegenüber Religion kritisch Eingestellten sind religiöse Sozialisation in der Familie und Gespräche über Religion zuhause einer toleranten Einstellung eher zuträglich.

3 Vom Umgang mit Präkonzepten im religionskundlichen Unterricht

Die Befunde sollen an dieser Stelle nochmals kurz zusammengefasst und auf ihre Bedeutung für den Unterricht hin befragt werden.

Es ist davon auszugehen, dass Schülerinnen und Schüler mehr Wissen zu ihrer eigenen Religion oder Konfession und ihren Sakralräumen haben, als zu anderen. Ihre Funktion ist vielen zumindest vage bekannt und Kirchen sind für sie vornehmlich positiv besetzt. Die vorhandenen Studien zu Sakralräumen orientieren sich offensichtlich stark an christlichen Gebäuden, solche zu anderen Sakralräumen fehlen. Direkte Begegnung mit authentisch gelebter Religion wird gemeinhin als effektiv für den Aufbau von Wissen angenommen. Mit Bezug auf Kindermann und Riegel (2016) ist davon auszugehen, dass insbesondere die positiv erlebte Atmosphäre einen lernförderlichen Effekt zeitigt. Auf den kognitiven Lernzuwachs trifft dies jedoch nur dann zu, wenn ein solcher Besuch sorgfältig in eine größere Lerneinheit eingebettet ist und die Schülerinnen und Schüler den Raum eigenständig entdecken können (Riegel & Kindermann 2016). Dies ist in vielen Kirchen der Fall, während in Tempeln und Moscheen geführte Touren dominieren. Noch nicht geklärt ist, inwiefern das didaktische Setting (konfessioneller vs. bekenntnisunabhängiger Unterricht), der Grad der religiösen Heterogenität der Klasse und die Wahl des Sakralraumes (Moschee statt Kirche) das Lernen beeinflussen.

Bezüglich heiliger Schriften ist – vorsichtig formuliert – von folgendem Befund auszugehen: Kleinere Kinder haben zunächst einen narrativen Zugang zu religiösen Geschichten, wie sie es zu Märchen auch haben. Die Unterscheidung der Perspektiven ist ihnen weder wichtig noch geläufig. Sie entsteht mit dem zunehmenden Interesse an „Sachen" und der entsprechenden Auseinandersetzung in Schule und Elternhaus, die vielfach zu hybriden Weltbildern führen dürften. Für den Unterricht bedeutsam ist, dass Geschichten immer mit einer Rahmung präsentiert werden sollten und nicht so getan wird, als ob wir nicht eine bestimmte Perspektive einnehmen würden. Gerade mit Blick auf Texte mit kontraintuitiven Sachverhalten wie Wunder, Weltentstehung und Wiedergeburt ist diese Rahmung im bekenntnisunabhängigen Unterricht nötig.

Auch bei Festen und Feiern konzentrieren sich die Untersuchungen auf christliche Feste und kleinere Kinder, die hauptsächlich einen gegenständlichen und erfahrungsbezogenen Zugang dazu haben. Wenig untersucht sind nichtchristliche Kinder sowie Feste, zu denen Schülerinnen und Schüler keinen unmittelbaren Zugang haben. Dies ist deshalb bedeutsam, weil gerade die Feste in den Religionen ein beliebtes Thema der Unterstufe ist. Allerdings ist zu vermuten, dass zwischen der Partizipation der Kinder an den Festen in der Familie und der sachlichen Klärung des Festes in der Schule ein Graben besteht, wie nicht nur die Studie von Plater (2013) nahelegt, sondern auch die nicht-repräsentative Erfahrung von Dozierenden der Lehrerinnen- und Lehrerbildung. Angesichts der vielen Bastelarbeiten und Adventsrituale in der Vorweihnachtszeit wäre diese Frage klärenswert.

Grundsätzlich ist davon auszugehen, dass Schülerinnen und Schüler den verschiedenen Religionen offen und interessiert begegnen, wie sie sich überhaupt gegenüber neuem Wissen und Erfahrungen insgesamt aufgeschlossen zeigen. Für Jugendliche gilt eher, dass sie zwar mehrheitlich für religiöse Pluralität und Toleranz sind, die konkreten Erfahrungen jedoch auch negativ sein können. Die Herausforderung liegt darin, gerade dann einen kognitiv anspruchsvollen und interessanten Unterricht zu gestalten, wenn nicht mit Zustimmung zu rechnen ist. Dabei gilt, dass Spannungsfelder als Lerngelegenheiten aufgefasst werden sollten, weil dahinter häufig kognitive Dissonanzen stehen, die bearbeitet werden können.

Es gibt Stimmen, die eine Überforderung der Schülerinnen und Schüler vermuten, wenn sie mit religiöser Vielfalt konfrontiert sind (Key & Schmith 2000). In Diskussionen wird zuweilen ins Feld geführt, dass die Schülerinnen und Schüler zuerst ihre eigene Religion kennen lernen sollen, bevor sie sich mit anderen auseinandersetzen. Die Aussage mag eine gewisse Plausibilität haben da einige referierte Studien nahe legen, dass religiös sozialisierte Kinder mehr über Religion wissen. Die Überforderungsthese entbehrt bislang jedoch einer empirischen Grundlage. Pädagogisch gesehen ist es zudem gerade die Aufgabe der Schule, aus der Vertrautheit des familialen Binnenraumes hinaus zu führen. In einer Zeit, da zahlreiche Kinder nicht mehr religiös sozialisiert werden und in einem pluralistischen Kontext aufwachsen, wirkt es anachronistisch, diese Realität aus dem Klassenzimmer fernhalten zu wollen.

Die noch lückenhafte Datenlage und die komplexe Gemengelage machen es beinahe unmöglich, verallgemeinernde Empfehlungen zu formulieren. Umso wichtiger scheint es, die Präkonzepte der Schülerinnen und Schüler jeweils im Rahmen der Unterrichtsvorbereitung zu aktivieren und sie im Rahmen des religonskundlichen Unterrichts sachbezogen zu bearbeiten.

4 Erkenntnisse und zukünftige Herausforderungen

Mit Blick auf das aufgespannte Spektrum religionsbezogener Präkonzepte fällt die Bilanz zwiespältig aus. So beforscht die Mehrzahl der Studien – jene zur Pluralität selbstredend ausgeschlossen – das sogenannt „Eigene". Deutschsprachige Studien entstehen häufig im Rahmen des konfessionellen Religionsunterrichts oder die Stichproben beschränken sich auf christliche Kinder mit mehr oder minder starker religiöser Sozialisation. Ein religiöser Glaube bildet dabei eine unhinterfragte Voraussetzung. Einigen dieser Studien eignet bisweilen ein merklicher kulturpessimistischer Impetus. Dies ist für einen religionskundlichen Unterricht in pluralistischer Gesellschaft nicht unbedingt hilfreich und verstellt den Blick auf die Vorstellungen der Kinder eher, als dass er dazu beiträgt, Lernende in ihren Lebenskontexten zu verstehen.

Inhaltlich ist das Spektrum noch nicht auf einen religionskundlichen Unterricht hin ausgerichtet. Untersuchungen zur Wahrnehmung religiöser Spuren in Alltag und Medien, zur gesellschaftlichen Rolle und Wirkung von Religionen, zu Vorstellungen über Religionen, zu Merkmalen von Religionsgemeinschaften oder religiösen Veränderungsprozessen in der Gesellschaft fehlen weitgehend. Hier zeigt sich, dass der religionskundliche Ansatz erst anfängt, eine eigene Forschungstradition auszubilden.

Auch ein Urteil über die Qualität der Daten fällt ambivalent aus:

1) Häufig sind keine repräsentativen Aussagen möglich, da es sich um Einzelfallstudien handelt; bei größeren Stichproben bedient man sich häufig strukturgenetischer Erklärungsmuster, die zuweilen im Widerspruch stehen zu den qualitativ ausgerichteten Studien.
2) Nur selten werden Vergleiche zwischen Kindern im Vorschulalter, Primarschulkindern und Jugendlichen erstellt, wobei gerade diese Informationen interessant wären, um die Veränderungsprozesse eruieren zu können. Eigentliche Längsschnittstudien sind rar.
3) Die empirische Methodologie ist nicht in jedem Fall hinreichend transparent; generalisierende Aussage lassen sich nur in seltenen Fällen machen, weil dazu die Stichproben häufig zu klein und die Untersuchungsdesigns kaum eindeutige Systematisierungen zulassen.
4) Ein besonderes Augenmerk gilt der Zusammensetzung der Stichproben. Sie sind häufig ein Abbild bürgerlich-religiös sozialisierter Kinder aus den Mehrheitstraditionen der Landeskirchen. Hier wäre zukünftig mehr Differenzierung zu leisten: Was denken beispielsweise Kinder aus bildungsfernen Milieus oder aus Migrationskontexten? Unterscheiden sich Vorstellungen von religiösen und nichtreligiös sozialisierten Kindern? Welchen Einfluss haben gemischtreligiöse Familien auf religionsbezogene Überzeugungen? Welche weltanschaulichen Vorstellungen und Beliefs sind neben spezifisch religiösen Konzepten festzustellen?

Eine zukünftige Präkonzeptforschung, die im Blick auf religionskundliche Inhalte hilfreich wäre, steht augenscheinlich noch am Anfang, weitere Forschung ist hier angezeigt und dringlich. Dabei wären einige Aspekte zu berücksichtigen:
1) Hilfreicher als strukturgenetische Schemata oder illustrierende Kleinstudien wären Untersuchungen, die bezüglich Religionszugehörigkeit resp. Säkularität sowie bezüglich der als Kontinuum gedachten religiösen resp. religionsfreien Sozialisation differenziert und damit die pluralistischen Bedingungen in vielen Klassenzimmern kontextualisieren und systematisieren helfen.
2) Im Fokus sollte nicht bloß inhaltliches Sachwissen stehen, sondern auch Einstellungen, Interessen und prozedurales Wissen und Können, wie dies gängige Kompetenzbegriffe vorsehen.
3) Es ist zu vermuten, dass religiöse Konzepte von Schülerinnen und Schülern auch im religionskundlichen Unterricht artikuliert werden, womit sie unweigerlich eine Bedeutung für den Unterricht haben. Gleichzeitig sollte die Präkonzeptforschung viel stärker als bisher von einer religionskundlichen Rahmung ausgehen. Dies bedeutet, dass nicht die heilsgeschichtliche Bedeutung von Religion für den einzelnen oder die Gemeinschaft im Fokus steht, sondern ihre sozialen, gesellschaftlichen und bildungsrelevanten Merkmale vermehrt in den Vordergrund rücken.

Literatur

Aylward, K. & Freathy, R. (2008): Children's Conceptions of Jesus. In: Journal of Beliefs & Values, 29(3), 297-304.

Berti, A.; Toneatti, L. & Rosati, V. (2010): Children's Conceptions about the Origin of Species. A Study of Italian Children's Conceptions With and Without Instruction. In: Journal of the Learning Sciences, 19(4), 506-538.

Bleisch, P. & Frank, K. (2013): Religionskunde-didaktische Konzeption des bekenntnisunabhängigen Religionsunterrichts im Spiegel unterrichtlicher Praxis. In: Helbling, D.; Kropač, U.; Jakobs, M. & Leimgruber, S. (Hrsg.): Konfessioneller und bekenntnisunabhängiger Religionsunterricht. Eine Verhältnisbestimmung am Beispiel Schweiz. Zürich: TVZ, 190-209.

Bucher, A. (1990): Gleichnisse verstehen lernen. Strukturgenetische Untersuchungen zur Rezeption synoptischer Parabeln. Fribourg: Universitätsverlag.

Bucher, A.; Büttner, G.; Freudenberger-Lötz, P. & Schreiner, M. (Hrsg.) (2003): „Im Himmelreich ist keiner sauer" Kinder als Exegeten. Stuttgart: Calwer.

Bünker, M. (2008): Von Geschichten und Geschenken – wie sich Kinder das Verhältnis von Jesus und dem Christkind vorstellen. In: Bucher, A.; Büttner, G.; Freudenberger-Lötz, P. & Schreiner, M. (Hrsg.): „Sehen kann man ihn ja, aber anfassen..?" Zugänge zur Christologie von Kindern. Stuttgart: Calwer, 36-47.

Büttner, G. (2002a): Das Jesuskind zwischen Christkind und Weihnachtsmann. Untersuchungen zur Genese der Weihnachtsfiguren bei Vorschulkindern. In: Bucher, A.; Büttner, G.; Freudenberger-Lötz, P. & Schreiner, M. (Hrsg.): „Mittendrin ist Gott" Kinder denken nach über Gott, Leben und Tod. Stuttgart: Calwer, 28-42.

Büttner, G. (2002b): „Jesus hilft!" Untersuchungen zur Christologie von Schülerinnen und Schülern. Stuttgart: Calwer.

Büttner, G. & Mähringer, I. (2003): „Wo der Osterhase gekommen ist, ist Jesus wieder auferstanden vom Grab" Osterkonzepte von Kindergartenkindern. In: Bucher, A.; Büttner, G.; Freudenberger-Lötz, P. & Schreiner, M. (Hrsg.): „Im Himmelreich ist keiner sauer" Kinder als Exegeten. Stuttgart: Calwer, 89-97.

Büttner, G. & Schreiner, M. (Hrsg.) (2004): „Man hat immer ein Stück Gott in sich" Mit Kindern biblische Geschichten deuten. Teil 1 und 2. Stuttgart: Calwer.

Büttner, G. & Thierfelder, J. (Hrsg.) (2001): Trug Jesus Sandalen? Kinder und Jugendliche sehen Jesus Christus. Göttingen: Vandenhoeck & Ruprecht.

De Roos (2005): „Ein Platz zum Singen, für Taufen und Beerdigungen oder um von Gott zu hören?!" Vorstellungen von der Kirche bei nicht kirchlich gebundenen, katholischen und protestantischen Vorschulkindern. In: Bucher, A.; Büttner, G.; Freudenberger-Lötz, P. & Schreiner, M. (Hrsg.): „Kirchen sind ziemlich christlich" Erlebnisse und Deutungen von Kindern. Stuttgart: Calwer, 72-88.

Dieterich, V.-J. (2004): „... und dann ruht er sich vielleicht noch mal ein bisschen aus..." – Wie Kinder biblische Schöpfungsgeschichten (Genesis 1 und 2) auslegen, In: Büttner, G. & Schreiner, M. (Hrsg.), „Man hat immer ein Stück Gott in sich". Mit Kindern biblische Geschichten deuten, Jahrbuch für Kindertheologie, Sonderband: Neues Testament. Stuttgart: Calwer, 17-30.

Dillen, A. (2009): Glaubensvorstellungen von Kindern und ihre Wahrnehmung von Multikulturalität. In: Bucher, A.; Büttner, G.; Freudenberger-Lötz, P. & Schreiner, M. (Hrsg.): „In den Himmel kommen nur, die sich auch verstehen" Wie Kinder über religiöse Differenz denken und sprechen. Stuttgart: Calwer, 50-59.

Dubiski, K.; Maull, I. & Schweitzer, F. (2012): How Many Gods in Heaven? Young Children and Religious Plurality – Results of a Qualitative Study. In: Journal of Empirical Theology, 25(1), 99-122.

Edelbrock, A.; Schweitzer, F. & Biesinger, A. (2010): Wie viele Götter sind im Himmel? Religiöse Differenzwahrnehmung im Kindesalter. Münster: Waxmann.

Eikermann, S. (2012): Weltbilder von Grundschulkindern heute. Eine empirische Studie im Religionsunterricht. Berlin: LIT Verlag.

Elkind, D. (1961-1963): The Child's Conception of his Religious Denomination. I. The Jewish Child. II. The Catholic Child. III. The Protestant Child. In: Journal of Genetic Psychology, 99, 209-225; 101,185-193; 103, 291-304.

Feige, A. & Gennerich C. (2008): Lebensorientierungen Jugendlicher. Alltagsethik, Moral und Religion in der Wahrnehmung von Berufsschülerinnen und -schülern in Deutschland. Eine Umfrage unter 8.000 Christen, Nicht-Christen und Muslimen. Münster: Waxmann.

Fetz, R.; Reich, K. & Valentin, P. (2001): Weltbildentwicklung und Schöpfungsverständnis. Eine strukturgenetische Untersuchung bei Kindern und Jugendlichen. Stuttgart: Kohlhammer.

Flöter, I. (2005): Gott in Kinderköpfen und Kinderherzen. Welche Rolle spielt Gott im Alltagsleben zehnjähriger Kinder am Anfang des 21. Jahrhunderts? Eine qualitativ-empirische Untersuchung. Berlin: LIT Verlag.

Fowler, J. (1991): Stufen des Glaubens. Die Psychologie der menschlichen Entwicklung und die Suche nach Sinn. Gütersloh: Mohn.

Francis, L. (2000): Who Reads the Bible? A Study among 13-15 Year Olds. In: British Journal of Religious Education, 22(3), 165-172.

Frank, K. & Bleisch, P. (2015): Konzeptionelle Ansätze des Religionsunterrichts: Religiöser und religionskundlicher Unterricht. In: Bietenhard, S. ; Helbling, D. & Schmid, K. (Hrsg.): Ethik, Religionen, Gemeinschaft. Ein Studienbuch. Bern: hep, 188-202.

Fricke, M. (2003): „Wenn Gott der Bestimmer wäre…“ Eine Schülerinnengruppe spricht über die biblische Schöpfungserzählung. In: Bucher, A.; Büttner, G.; Freudenberger-Lötz, P. & Schreiner, M. (Hrsg.): „Im Himmelreich ist keiner sauer“ Kinder als Exegeten. Stuttgart: Calwer, 46-53.

GDSU, Gesellschaft für die Didaktik des Sachunterrichts (Hrsg.) (2013): Perspektivrahmen Sachunterricht. Bad Heilbrunn: Klinkhardt.

Goldmann, R. (1964): Religious Thinking form Childhood to Adolescence. London: Routledge and K. Paul.

Hanisch, H. & Bucher, A. (2002): Da waren die Netze randvoll. Was Kinder von der Bibel wissen. Göttingen: Vandenhoeck & Ruprecht.

Helbling, D.; Kropač, U.; Jakobs, M. & Leimgruber, S. (Hrsg.) (2013): Konfessioneller und bekenntnisunabhängiger Religionsunterricht. Eine Verhältnisbestimmung am Beispiel Schweiz. Zürich: TVZ.

Hoffmann, E. (2009): Interreligiöses Lernen im Kindergarten? Eine empirische Studie zum Umgang mit religiöser Vielfalt in Diskussionen mit Kindern zum Thema Tod. Berlin: LIT Verlag.

Höger, C. (2008): Abschied vom Schöpfergott? Welterklärungen von Abiturientinnen und Abiturienten in qualitativ-empirisch religionspädagogischer Analyse. Berlin: LIT Verlag.

Ipgrave, J. (2002): Inter Faith Encounter and Religious Understanding in an Inner City Primary School. Unpublished PhD. Warwick: University of Warwick.

Kilchsperger, J. (2015): Religionskundliches Lernen: Kulturelle Zugänge und religiöse Konzepte. In: Bietenhard, S. ; Helbling, D. & Schmid, K. (Hrsg.): Ethik, Religionen, Gemeinschaft. Ein Studienbuch. Bern: hep, 203-212.

Kindermann, K. & Riegel, U. (2016): Experiencing Churches as Spiritual and Religious Places: A Study on Children's Emotions in Church Buildings during Scholastic Field Trips. In: British Journal of Religious Education, 40(2), 136-147.

Kalloch, Chr. (2012): „Gott hat die Welt erschaffen – aber eigentlich ist sie so entstanden“. Biblische Schöpfungsgeschichten und naturwissenschaftliche Erklärungsmodelle – ein Dilemma für Grundschulkinder. In Kalloch, Chr. & Schreiner, M. (Hrsg.): „Gott hat das in Auftrag gegeben“. Jahrbuch für Kindertheologie, Band 11. Stuttgart: Calwer, 53-58.

Kay, W.K. & Smith, D.L. (2000): Religious Terms and Attitudes in the Classroom (Part 1), British Journal of Religious Education, 22(2), 81-90.

Liebold, H. (2005): „Kirchen sind ziemlich christlich" Zum Kirchenbegriff ostdeutscher Grundschüler/innen. In: Bucher, A.; Büttner, G.; Freudenberger-Lötz, P. & Schreiner, M. (Hrsg.): „Kirchen sind ziemlich christlich" Erlebnisse und Deutungen von Kindern. Stuttgart: Calwer, 53-63.

Miller, J. & McKenna, U. (2011): Religion and Religious Education: Comparing and Contrasting Pupils' and Teachers' Views in an English School. In: British Journal of Religious Education, 33(2), 173-187.

Morgenthaler, C. & Hauri, R. (2010): Rituale im Familienleben. Inhalte, Formen und Funktionen im Verhältnis der Generationen. Weinheim: Juventa-Verlag.

Morgenthaler, C. (2011): Abendrituale. Tradition und Innovation in jungen Familien. Stuttgart: W. Kohlhammer.

Müller, P. (2003): „Da mussten die Leute erst nachdenken…" Kinder als Exegeten – Kinder als Interpreten biblischer Texte. In: Bucher, A.; Büttner, G.; Freudenberger-Lötz, P. & Schreiner, M. (Hrsg.): „Im Himmelreich ist keiner sauer" Kinder als Exegeten. Stuttgart: Calwer, 19-30.

Nesbitt, E. & Jackson, R. (1992): Christian and Hindu Children. Their Perceptions of their Own and Each Other's Religious Traditions. In: Journal of Empirical Theology, 5(2), 39-62.

Oser, F. & Gmünder, P. (1984): Der Mensch – Stufen seiner religiösen Entwicklung. Ein strukturgenetischer Ansatz. Zürich, Köln: Benziger.

Oser, F. & Reich H. (2000): Wie Kinder und Jugendliche gegensätzliche Erklärungen miteinander vereinbaren. In: Büttner, G. & Dietrich, V. (Hrsg.): Die religiöse Entwicklung des Menschen. Ein Grundkurs. Stuttgart: Calwer, 216-225.

Piaget, J. (1978): Das Weltbild des Kindes. Stuttgart: Klett-Cotta.

Piaget, J. (1972):The Principles of Genetic Epistemology. New York: Basic Books.

Plater, M. (2013): Children, Schools and Hallowe'en. In: British Journal of Religious Education, 35(2), 201-217.

Pnevmatikos, D. (2002): Conceptual Changes in Religious Concepts of Elementary School Children: The Case of the House where God lives. In: Educational Psychology, 22(1), 93-112.

Prentice, N.; Manosevitz, M. & Hubbs, L. (1978): Imaginary Figures of Early Childhood. Santa Claus, Easter Bunny, and the Tooth Fairy. In: American Journal of Orthopsychiatry, 48, 618-628.

Riegel, U. & Kindermann, K. (2016): Why leave the Classroom? How Field Trips to the Church Affect Cognitive Learning Outcomes. In: Learning and Instruction, 41, 106-114.

Rothgangel, M. (1999): Naturwissenschaft und Theologie. Göttingen: Vandenhoeck & Ruprecht.

Schmid, K. (2011): „Religion" lernen in der Schule. Didaktische Überlegungen für einen bekenntnissunabhängigen schulischen Religionsunterricht im Kontext einer Didaktik des Sachunterrichts. Bern: hep.

Schweitzer, F.; Biesinger, A.; Conrad, J. & Gronover, M. (2006): Dialogischer Religionsunterricht. Analyse und Praxis konfessionell-kooperativen Religionsunterrichts im Jugendalter. Freiburg i.B.: Herder.

Streib, H. (2001): Faith Development Theory Revisited. The Religious Styles Perspective. In: The International Journal for the Psychology of Religion, 11, 143-158.

Szagun, A. (2006): Dem Sprachlosen Sprache verleihen. Rostocker Langzeitstudie zu Gottesverständnis und Gottesbeziehung von Kindern, die in mehrheitlich konfessionslosem Kontext aufwachsen. Jena: IKS.

Takriti, R.; Barrett, M. & Buchanan-Barrow, E. (2006): Children's Understanding of Religion. Interviews with Arab-Muslim, Asian-Muslim, Christian and Hindu Children aged 5-11 Years: In: Mental Health, Religion & Culture, 9(1), 29-42.

Tamminen, K. (1993): Religiöse Entwicklung in Kindheit und Jugend. Frankfurt a.M.: Lang.

Ter Avest, I. (2009): Dutch Children and their ‚God'. The Development of the ‚God' Concept among Indigenous and Immigrant Children in the Netherlands. In: British Journal of Religious Education, 31, 251-262.

Van't Zand, M. & de Roos, S. (2003): „Ich denke, diese Kreuze auf dem Hügel sind Vogelscheuchen!" Die Vorstellungen kleiner Kinder von Ostern. In: Bucher, A.; Büttner, G.; Freudenberger-Lötz, P. & Schreiner, M. (Hrsg.): „Im Himmelreich ist keiner sauer" Kinder als Exegeten. Stuttgart: Calwer, 75-88.

Vermeer, P. & Van der Ven, J. (2004): Looking at the Relationship between Religions. An Empirical Study among Secondary School Students. In: Journal of Empirical Theology, 17(1), 36-59.

Ziebertz, H. & Riegel, U. (2008): Letzte Sicherheiten eine empirische Studie zu Weltbildern Jugendlicher. Gütersloh: Gütersloher Verlagshaus.

Ziegler, T. (2008): „Erzähl mir von Jesus." Ein Vergleich narrativer Zugänge von Kindern und Jugendlichen zur Christologie. In: Bucher, A.; Büttner, G.; Freudenberger-Lötz, P. & Schreiner, M. (Hrsg.): „Sehen kann man ihn ja, aber anfassen…?" Zugänge zur Christologie von Kindern. Stuttgart: Calwer, 48-65.

Ziegler, T. (2006): Jesus als ‚unnahbarer Übermensch', oder ‚bester Freund'? Elementare Zugänge Jugendlicher zur Christologie als Herausforderung für Religionspädagogik und Theologie. Neukirchen-Vluyn: Neukirchener.

Marco Adamina

Interessen von Schülerinnen und Schülern am Fach und an Themen des Sachunterrichts bzw. des Fachbereichs Natur, Mensch, Gesellschaft (NMG)[1]

1 Interesse, Lernen und die Entwicklung von Vorstellungen – Ausgangspunkte

Interessen von Schülerinnen und Schülern am Fach und an Inhalten, die in einem Fach aufgenommen werden, sind im Zusammenhang mit schulischem Lernen von entscheidender Bedeutung (Helmke 2015; Krapp 2010; Hartinger 2015). Im schulischen Alltagsverständnis wird dann von Interesse gesprochen, wenn es Lehrpersonen gelingt, Unterricht interessant zu gestalten, wenn bei Lernenden Interesse für die Lerngegenstände im Unterricht geweckt werden kann, wenn sich Schülerinnen und Schüler im Unterricht engagiert und interessiert beteiligen oder wenn sie aus eigenem Antrieb und Interesse im Unterricht Beiträge leisten (vgl. dazu Krapp 2010).

Fragen zur Bedeutung und zum Einfluss von Interesseauf das Lernen stehen im erziehungswissenschaftlichen und fachdidaktischen Kontext seit langer Zeit zur Diskussion. In vielen Grundlagendokumenten zum Sach- und NMG-Unterricht wird betont, wie wichtig es ist, aufzunehmen Interessen der Lernenden und bei ihnen Neugierde für Sachen und Situationen unserer Um- und Mitwelt zu wecken. Dies steht in einem engen Bezug zum aktuellen Verständnis des Bildungsauftrages und des Bildungswertes dieses Fachbereichs (vgl. z.B. Götz, Kahlert, Fölling-Albers, Hartinger, Von Reeken & Wittkowske 2015; Köhnlein 2015). Auch im Zusammenhang mit Anliegen und Aspekten eines kompetenzorientierten Fachunterrichts wird der Kompetenzfacette Motivation und Interesse eine große Bedeutung beigemessen (vgl. dazu z.B. D-EDK 2015; GDSU 2013). Die Frage des Interesses am und für den Fachbereich bzw. der Interessen für einzelne

1 Im Beitrag werden Bezugspunkte zum Sachunterricht in der Grundschule (1. bis 4. Schuljahr in Deutschland) und zum Fachbereich Natur, Mensch, Gesellschaft des neuen Lehrplans 21 (D-EDK 2015) für die deutsch- und gemischtsprachigen Kantone der Schweiz aufgenommen. Verschiedene Erörterungen beziehen sich auf Untersuchungen zum Fachbereich Natur-Mensch-Mitwelt (NMM), wie der Fachbereich im Lehrplan 95 des Kantons Bern bezeichnet wird. Im vorliegenden Beitrag wird der Einfachheit halber nur die Bezeichnung NMG verwendet, da beide Bezeichnungen für den gleichen Fachbereich stehen.

Perspektiven und für Themen des Sach- und NMG-Unterrichts waren immer wieder Gegenstand von Diskussionen und Untersuchungen (vgl. z.B. zum Sachunterricht Hartinger & Lohrmann 2010; zum NMG-Unterricht Adamina 2008, Adamina & Erzinger 2017; zum Bereich Geographie Hemmer & Hemmer 2010; zu den Naturwissenschaften Gebhard, Höttecke & Rehm 2017 u.a.).
Schülervorstellungen bzw. das Vorwissen der Lernenden und ihre Interessen stehen in einem engen Wechselbezug. Wer sich für einen bestimmten Lerngegenstand besonders interessiert, verfügt oft bereits über ein großes Vorwissen und entwickelt die notwendige Bereitschaft und Ausdauer, sich mit dem Lerngegenstand näher auseinanderzusetzen, Wissen und Können aufzubauen und entsprechende Erfahrungen zu sammeln.
Der Zusammenhang zwischen Interesse und Lernleistungen wurde in empirischen Studien bereits vor längerer Zeit untersucht. Schiefele, Krapp und Schreyer (1993) konnten in einer Metastudie feststellen, dass über die Schularten, -stufen und Fachbereiche hinweg die beste Schätzung der Korrelation zwischen Interesse und Leistung bei $r = .30$ liegt. Auch wenn dieser Korrelationswert nicht sehr hoch ist, kann doch von einem deutlichen Einfluss des Interesses auf die Leistung ausgegangen werden (vgl. dazu auch Krapp 2010). Zudem besteht ein reziprokes Verhältnis zwischen Interesse und Lernleistungen: „Die Erfahrung von Erfolg und Leistungsteigerung fördert das Interesse; umgekehrt führt erhöhtes Interesse zu vermehrter Anstrengung und unterstützt auf diese Weise die Fähigkeitsentwicklung“ (ebd., 20).
Ergebnisse aus bisherigen Untersuchungen zeigen zudem, dass insbesondere das spezifische Interesse an einem bestimmten Lerngegenstand einen Einfluss auf das Lernen und die Lernleistungen hat und nicht ein allgemeines „Interessiert-Sein“. Der direkte, individuell als authentisch und sinnbringend eingeschätzte Bezug zwischen Personen und den spezifischen Lerngegenständen sowie den dabei ermöglichten Zugangsweisen und Wegen der Erkenntnisgewinnung ist dabei von Bedeutung (vgl. dazu z.B. Hemmer & Hemmer 2010; Krapp 2010).

> Im vorliegenden Beitrag wird darauf eingegangen, welche Aspekte und Konzepte zu Interessen in der fachdidaktischen Forschung und Entwicklung aktuell im Vordergrund stehen (Kapitel 2), welche Ergebnisse aus bisherigen Untersuchungen zu Interessen und Einstellungen der Schülerinnen und Schüler zum Fach Sachunterricht bzw. zum Fachbereich Natur, Mensch, Gesellschaft vorliegen und was bisher zu spezifischen Interessen der Lernenden zu Themen und Inhalten des Sach- und NMG-Unterrichts bekannt ist (Kapitel 2 und 3). Zusammenfassend werden im Kapitel 4 Aspekte der Berücksichtigung von Schülerinteressen und der Interesseförderung im Sach- und NMG-Unterricht skizziert.

2 Interesse als Form der Motivation – individuelle und situationale Interessen – Interessenrelationen und -entwicklung

Interesse als Form der Motivation

Die fachdidaktische Erörterung zu Fragen der Bedeutung von Interessen und zur Interessenentwicklung im Fachunterricht bezieht sich im aktuellen Verständnis insbesondere auf den theoretischen Ansatz der pädagogischen Interessentheorie von Schiefele, Prenzel, Krapp, Heiland & Kasten (1983). Zentraler Ansatz ist die Überlegung, dass es erforderlich ist, sich mit einer Form der Motivation zu beschäftigen, die mit zentralen Aspekten des Lehr- und Lernprozesses in Übereinstimmung stehen. Beim Lernen, verstanden als kognitiv-konstruierendem Prozess mit dem Ziel der Förderung eigenständig-selbstständiger Erschließung und Orientierung von inhaltlichen Bereichen, erweist sich der Faktor Interesse als pädagogisch günstige Form der Motivation (vgl. dazu insbesondere die Ausführungen von Hartinger 2015 und Krapp 2010). Interesse in diesem theoretischen Konstrukt bezeichnet eine spezifische, durch bestimmte Merkmale geprägte Beziehung einer Person zu einem Gegenstand. Gegenstände des Interesses können konkrete Objekte, thematische Bereiche des Weltwissens oder auch bestimmte Tätigkeiten bzw. Handlungen sein. Gesprochen wird dabei von einer Person-Gegenstands-Konzeption, „welche die psychischen Phänomene des Lernens und der Entwicklung als (permanente) Austauschbeziehung zwischen einer Person und ihrer sozialen und gegenständlichen Umwelt interpretiert“ (Krapp 2001, 286).

Individuelle und situationale Interessen

Es bestehen im Wesentlichen zwei Auffassungen, was Interesse ausmacht und wie sich Interessen entwickeln. Interesse kann einerseits als Vorliebe für eine bestimmte Sache oder Situation oder andererseits als Anreiz verstanden werden, den eine Begegnung mit einer Sache bietet und auslöst. Unterschieden wird dabei zwischen individuellen (von der Person her angelegten) und situativen (von der Situation her erzeugten) Interessen (vgl. dazu Krapp 2010).

Individuelle Interessen sind geprägt durch eine dauerhafte, zum Teil auch intensive Beschäftigung der Lernenden mit einer Sache. Individuelle Interessen sind intrinsisch motiviert; ein dauerhaftes, nachhaltiges Ergebnis besteht bei Lernenden über längere Zeiträume hinweg.

Situationale Interessen beziehen sich auf eine konkrete Begegnung mit einer Sache oder Situation im Sachunterricht bzw. NMG-Unterricht z.B., eine Unterrichtseinheit oder eine Lernsequenz, bei der die Lernenden Interesse für den Lerngegenstand aufbauen und entwickeln.

Die Frage, wie und ob sich aus situationalen Interessen aus dem Sach- und NMG-Unterricht auch individuelle Interessen entwickeln, wurde bisher noch nicht breit untersucht. Es wird allgemein davon ausgegangen, dass sich individuelle Interessen aus situationalen bzw. aus bestimmten Situationen heraus ergeben können. Fölling-Albers (1995) stellte im Rahmen einer Untersuchung allerdings fest, dass die Behandlung von Themen im Sachunterricht eher wenig zur Entwicklung von individuellen Interessen beiträgt. Diesem möglichen Zusammenhang müsste bezogen auf die aktuelle Situation im Sach- und NMG-Unterricht näher nachgegangen werden.

Hartinger & Lohrmann (2010) weisen darauf hin, dass Interesse nicht nur durch den Inhalt geprägt und beeinfluss wird, sondern auch durch die Kontexte, in welche diese eingebunden sind und durch Tätigkeiten, die im Unterricht durchgeführt werden. Sie plädieren dafür, dass sich für den Sachunterricht die Aufgabe ergibt, Interessen der Schülerinnen und Schüler im Unterricht aufzugreifen und durch entsprechende Arrangements zu fördern und weiterzuentwickeln. Dabei bestehen nicht direkte Einflussmöglichkeiten auf die individuellen Interessen der Lernenden. Vielmehr ist es möglich, situationale Interessen aufzubauen und zu fördern, aus denen sich individuelle Interessen entwickeln können.

Interessenrelationen – Ausgangspunkte zur Entwicklung von Interessen

Drei Bereiche von Interessenrelationen beeinflussen das Sich-Einlassen und die Auseinandersetzung mit Lerngegenständen. Krapp (2010) kennzeichnet diese drei Merkmalsbereiche wie folgt:

- Wert-, Bedeutungsaspekt: Der Gegenstand bzw. eine mögliche Handlung hat für die Schülerin oder den Schüler eine hohe subjektive Wertschätzung.
- Emotionaler Aspekt: Die Beschäftigung mit der Sache, die mögliche Handlung ist für die Lernenden mit positiven Gefühlen verbunden.
- Kognitiver Aspekt: Die Lernenden wollen über die Sache, die Situation mehr erfahren und wissen; ihre Beschäftigung ist dabei erkenntnis- und verstehensorientiert.

Die pädagogische Interessentheorie steht in einem engen Bezug zur Selbstbestimmungstheorie der Motivation nach Deci & Ryan (1993), in der aus psychologischer Perspektive der Frage nachgegangen wird, welche Bedürfnisse zur Entstehung von Interessen führen können und wie diese erhalten bleiben. Für den Aufbau und den Erhalt von Interessen konnte in verschiedenen Studien festgestellt werden, dass dies bei Lernenden dann eintritt, wenn sie sich als selbstbestimmt, kompetent und sozial eingebunden erfahren (vgl. dazu auch Deci & Ryan 1993; GDSU 2013; Hartinger & Lohrmann 2010). Den Zusammenhang zwischen dem subjektiven Selbstbestimmungsempfinden der Lernenden und ihrem situationalen Interesse an den entsprechenden Themen konnte Hartinger (2006) in einer Untersuchung zu Interessen im Sachunterricht bestätigen. Aufgezeigt wird, dass das Selbstbestimmungsempfinden durch Öffnungsmassnahmen und Entscheidungsmöglichkeiten der Lernenden im Unterricht unterstützt werden kann. „So konnte der theoretische Zusammenhang ‚Eine stärkere Öffnung von Unterricht bedeutet mehr Selbstbestimmungsempfinden der Kinder und dies wiederum mehr Interesse am Unterricht' nachgewiesen werden." (ebd., 283). Es muß in diesem Zusammenhang betont werden, dass dabei nicht von Verständnis eines offenen Unterrichts per se ausgegangen wird, sondern von Öffnungsmassnahmen und Entscheidungsmöglichkeiten im Rahmen eines kognitiv anregenden, strukturierten und von der Lehrperson unterstützten Settings (vgl. dazu auch Möller 2016). Untersuchungen von Möller, Hardy, Jonen, Kleickmann & Blumberg (2006) zeigen, dass sich die Interessen der Lernenden stärker entwickelten, wenn der Unterricht durch Maßnahmen der Strukturierung wie Sequenzierung von Lernschritten, Hervorheben von bedeutungsvollen Aspekten zur Thematik, Zusammenfassungen und Einordnungen, Rückmeldungen zu Lernprozessen und Lernergebnissen geprägt war.

Interesse und Einstellung

In einem engen Kontext mit der Bedeutung von Interesse als Form der Motivation steht auch der Aspekt der allgemeinen Einstellung von Personen einer Sache, einer Situation oder einem Fach gegenüber. Einstellungen können (nach Rosenberg & Hovland 1966) als eine Art hypothetisches Konstrukt verstanden werden, das zwischen beobachtbaren Reizen und nachfolgenden Verhaltensmustern vermittelt. Einstellungen repräsentieren eine Bewertung, die Personen gegenüber anderen Personen oder Objekten vornehmen. Dabei können verschiedene Reaktionstypen unterschieden werden: affektive (Gefühle, Emotionen), kognitive (im Sinne von Meinungen zu und über eine Sache, Situation) sowie verhaltensbezogene (Absichten und Tendenzen des Verhaltens).

Einstellungen können recht stabil, aber auch veränderbar sein. Sie stehen in einem engen Kontext mit Interessenrelationen, wie sie oben beschrieben sind. Christen, Vogt & Upmeier zu Belzen (2001) konnten in ihrer Untersuchung zu naturwissenschaftlichen Interessen von Grundschulkindern eine weitgehende Übereinstimmung von Interessen bzw. Nicht-Interessen und entsprechenden Einstellungen zu Schule und Sachunterricht aufzeigen. Interessen und Einstellungen sind Teil der Vorstellungen und Konzepte (kognitiven Strukturen) von Personen. Es ist deshalb in Bezug auf Interesse und Lernbereitschaft für eine Sache oder Situation von Bedeutung, welche grundlegende Einstellung dazu bei Lernenden besteht. Christen, Vogt und Upmeier zu Belzen (2001) unterschieden in ihrer Studie vier Einstellungsdimensionen: Die Einstellung der Lernenden zu Schule und Lernen (1), zur Bedeutung von Lernen im Sachunterricht (2), zum Verhalten von Mitschülern (3) sowie ihre Einschätzung der Gestaltung des Sachunterrichts (4).

3 Interessen der Lernenden am und im Sach- bzw. NMG-Unterricht

Der Sach- bzw. NMG-Unterricht gilt aus der Perspektive der Lernenden insgesamt als interessantes, attraktives Fach. In der Befragung der Lernenden der 4. Jahrgangsstufe im Rahmen der TIMSS Studie schätzen zum Beispiel über 80% der Lernenden den Sachunterricht sehr positiv ein (Wittwer, Sass & Prenzel 2008).
Im Rahmen der Untersuchung zu Vorstellungen zu Raum, Zeit und Geschichte von Lernenden des 1., 3., 5. Schuljahrs und am Anfang des 7. Schuljahrs (explorative Querschnittstudie, N insgesamt über alle Stufen 246 in 12 Klassen; Adamina 2008) wurde erhoben, welche Einstellung und welches Interesse die Schülerinnen und Schüler zum Fach Natur, Mensch, Gesellschaft (NMG) und zu einzelnen Lerngegenständen und Themen in diesem Fach haben. Gemäß den Ergebnissen dieser Studie gehört der Fachbereich NMG für eine deutliche Mehrheit der Lernenden zu den Lieblingsfächern. Eine hohe Bedeutung messen dem NMG-Unterricht im 1., 3. und 5. Schuljahr über 80% der Schülerinnen und Schüler bei. Am höchsten fällt die Zustimmung zum Item „NMG ist eines meiner Lieblingsfächer" (Einschätzung: stimmt fast/stimmt genau) Anfang 5. Schuljahr aus. Am Ende der Primarstufe bzw. zu Beginn der Sekundarstufe I in der Schweiz (7. Schuljahr) nimmt diese Zustimmung deutlich ab: lediglich 57% der Lernenden bezeichnen NMG noch als eines ihrer Lieblingsfächer. Die leichte Zunahme bis zum 5. Schuljahr hängt in erster Linie mit dem feststellbaren Interesse vieler Schülerinnen und Schüler an den im NMG-Unterricht behandelten Themen zusammen. Dass die Bedeutung im 7. Schuljahr deutlich geringer ist, hängt vermutlich mit der stärkeren Hinwendung der Lernenden zu Fragen der eigenen Person und zum persönlichen Umfeld in der Adoleszenzphase zusammen und steht in Übereinstimmung mit den Ergebnissen aus anderen Studien (vgl. dazu z.B. Fend 1997; Krapp 2010).
Nach Einschätzung der Lernenden hat der NMG-Unterricht viel zu tun mit Sachen und Situationen, die auch außerhalb der Schule von Bedeutung sind. Den Aussagen „Der NMG-Unterricht hat viel mit Sachen zu tun, die auch außerhalb der Schule wichtig sind" und „Ich lerne im NMG-Unterricht Sachen, die mir später helfen" stimmt eine deutliche Mehrheit der Lernenden zu – zunehmend vom 1. bis zum 5. Schuljahr und abnehmend Anfang des 7. Schuljahrs. Mit 87% bzw. 91% Zustimmung liegen die Einschätzungen Anfang des 5. Schuljahres am höchsten. Die Unterrichtsthemen des NMG-Unterrichts werden als mehrheitlich relevant und der Nützlichkeits- und Gebrauchswert des Fachbereichs NMG wird hoch eingeschätzt. Viele Schülerinnen und Schüler geben an, dass ihre Einstellung zum NMG-Unterricht stark abhängt von ihrem Interesse an den Themen, die im Unterricht behandelt werden.
Diese Ergebnisse konnten tendenziell in der Längsschnittstudie zur Kompetenzentwicklung von Schülerinnen und Schülern im Bereich der räumlichen Orientierung (Adamina & Erzinger 2017) bestätigt werden. In der schriftlichen Be-

fragung zu allen Erhebungszeitpunkten wurden die jeweils gleichen Lernenden danach befragt, welches Interesse sie an den verschiedenen Schulfächern haben. Zu Beginn des 3. Schuljahrs gehört NMG für 43% der Schülerinnen und Schüler zu den drei interessantesten Fachbereichen, am Ende des 4. Schuljahrs sind es 65%. Ende des 6. Schuljahrs gehörte NMG allerdings nur noch bei 33% zu den drei interessantesten Fachbereichen. Als Fachbereich von geringem Interesse wurde NMG zu Beginn des 3. Schuljahrs nur von 24% der Lernenden genannt, am Ende des 4. Schuljahrs von 15% und zum Abschluss der Primarstufe am Ende des 6. Schuljahrs von 26%. Dies ist einerseits darauf zurückzuführen, dass andere Fachbereiche an Attraktivität gewinnen oder neu als Fach angeboten werden (z.B. Englisch) und andererseits am Rückgang von Interessen an den Themen des NMG-Unterrichts. Der NMG-Unterricht wird von vielen Schülerinnen und Schülern im Zeitraum vom 3. bis zum 5. Schuljahr als sehr interessant eingeschätzt. NMG steht in der Rangierung der Schulfächer nach Interesse am Anfang des 3. Schuljahres und am Ende des 4. Schuljahres nach Mathematik und Sport bzw. nach Sport und Gestalten an dritter Stelle. Ende 6. Schuljahr steht NMG nach Sport, Mathematik und Gestalten an vierter Stelle. Andererseits steht NMG an zweiter Stelle nach Sport bzw. Ende 6. Schuljahr an dritter Stelle nach Sport und Gestalten bei denjenigen Fachbereichen, die von den Lernenden am wenigsten als nicht interessant bzw. als wenig interessant genannt werden. Diesbezüglich zeigt sich zum Beispiel für die Mathematik, dass ein großer Teil der Lernenden diesen Fachbereich als interessant und ebenfalls ein großer Teil als wenig bis nicht interessant einstuft. Dies ist bei NMG nicht so.

4 Interessen für einzelne Themen und Zugangsweisen

In verschiedenen Untersuchungen wurden die Interessen von Lernenden an Themen des Sachunterrichts erhoben. Dabei liegen Ergebnisse insbesondere zu naturwissenschaftlichen Themen vor, während die Forschungslage zu sozial- und gesellschaftswissenschaftlichen Themen noch immer sehr schmal ist. Die meisten Untersuchungen wurden perspektivenspezifisch und nicht auf alle Perspektiven des Sach- und NMG-Unterrichts ausgerichtet.

Die erfragten Themen des Sachunterrichts wurden in den meisten Studien von den Lernenden als eher interessant oder interessant eingeschätzt und lagen über dem Mittelwert der jeweilig angewendeten Skala (vgl. dazu die Zusammenfassung in Hartinger & Lohrmann 2010). Die folgenden Ausführungen beziehen sich auf zwei bereits erwähnte explorative Studien, in deren Rahmen die Schülerinnen und Schüler auch zu ihren Interessen für und im NMG-Unterricht und zu den Themen des NMG-Unterrichts befragt wurden (Adamina 2008; Adamina & Erzinger 2017).

In der Befragung im Rahmen der Studie zu Schülervorstellungen zu Raum, Zeit und Gesellschaft in der Primarschulzeit, 1.-6. Schuljahr (Adamina 2008), führten Schülerinnen und Schüler durch aktive Nennung insbesondere Inhalte und Themen zu folgenden Bereichen auf:

Tab. 1: Interessante Themen – Zuordnung zu Bereichen des NMG-Unterrichts (Anzahl aktive Nennungen; n 1. Sj. 61; 3. Sj. 65; 5. Sj. 61, Anf. 7. Sj. 58); Eigene Zusammenstellung aufgrund der Angaben in Adamina 2008, 114f.

Themenbereiche	**Anzahl Nennungen von Themen**			
	1. Sj.	**3. Sj.**	**5. Sj.**	**7. Sj.***
Lebenskundliche Themen	0	0	6	0
Der menschliche Körper	0	4	7	5
Pflanzen, Tiere, Lebensräume	55	71	61	23
Geschichte der Erde und der Lebewesen	0	13	24	3
Naturphänomene (z.B. Wasser, Wetter, Energie)	17	13	9	11
Weltall, Sonne, Mond, Sterne	2	5	9	12
Technik	5	6	16	17
Verkehr, Unterwegs Sein	4	5	7	6
Wirtschaftliche Themen	0	10	7	5
Raum, Räume, räumliche Orientierung	4	24	22	11
In früheren Zeiten	0	19	30	20
Politische Themen, Aktualitäten	0	2	0	11
Religiöse, interkulturelle Themen	8	0	5	3
Medien	2	9	12	5
Übrige Themen (z.B. Sport, Computerspiele)	5	3	6	6

* Anfang des 7. Schuljahr; entspricht dem Ende der Primarstufe

Im Anschluss an die offene Frage nach persönlichen Interessen für Themen im Fachbereich NMG wurden den Lernenden Items vorgegeben, für welche sie ihr Interesse angeben konnten (Ich lerne sehr gerne, gerne, weniger gerne, nicht gerne zu …). In Tabelle 2 ist angegeben, wie viele Lernende – prozentual – in der Befragung angaben, dass sie sehr gerne zu diesem Themenbereich lernen.

Die Ergebnisse über beide Erhebungsformen hinweg zeigen die Interessenbezüge zu Themen des Fachbereichs NMG und deren Veränderung im Verlaufe der ersten sechs Schuljahre auf. Übereinstimmend von Interesse sind für die Lernenden insbesondere Themen zur belebten Natur (vor allem zu Tieren), zu Erde und Universum sowie Erdgeschichte, zu Phänomenen der unbelebten Natur sowie zum

Leben von Menschen in früheren Zeiten und in anderen Räumen der Erde. Auffallend ist bei einzelnen Themen die Interessenverschiebung über die Schuljahre hinweg (z.B. im Bereich „Ich selber sein – Leben in Gemeinschaft“). Zwischen der 1. und der 7. Klasse nehmen die Interessen ab oder verlagern sich. Bei der aktiven Nennung der Interessen für einzelne Themenbereiche zeigt sich tendenziell ein Höhepunkt der Interessen im Verlaufe des 3. bis 5. Schuljahres.

Tab. 2: Interessen der Schülerinnen und Schüler zu den Themenbereichen des Faches Natur-Mensch-Mitwelt (Fragebogenangabe „Ich lerne sehr gerne über…“, Angaben in Prozent; Stichprobe vgl. Tab. 1); Adamina 2008, 117

Ich lerne… (Einschätzung/Angabe: sehr gerne)	**1. Sj.**	**3. Sj.**	**5. Sj.**	**7. Sj.**
… über mich selber und über das Zusammensein mit anderen	58.6	26.6	30	16.7
… über Feste und Bräuche (…durchs Jahr, Ostern, Weihnachten u.a.)	84.2	41.5	41.7	10.7
… über verschiedene Religionen	48.2	29.2	28.3	7.3
… über Essen und Kleider; Produkte und wie diese hergestellt werden	66.7	37.5	35.0	26.8
… über das Leben der Menschen in früheren Zeiten, wie es früher war	60.7	41.5	46.7	33.9
… über meinen Wohnort und meine Umgebung	61.4	36.9	26.7	12.5
… über das Leben von Menschen in anderen Gebieten der Erde	61.4	50.8	40.0	29.1
… über Tiere (Haustiere, Tiere in der Umgebung, in anderen Gebieten)	91.2	72.3	66.7	42.9
… über Wald, Wiesen, Teiche, Pflanzen	64.9	55.4	45.0	11.1
… über Sonne, Mond, Sterne, Planeten, das Weltall	73.7	60	51.7	44.6
… über Wasser, Luft, Wetter, Steine, Kristalle	71.9	61.5	50	32.1
… über Technik, wie Dinge funktionieren, über Elektrizität, über Geräte, Erfindungen u.a.	66.7	53.8	46.7	53.6

Zur Frage, warum sich die Schülerinnen und Schüler für diese Themen interessieren, lassen sich verallgemeinernd drei Tendenzen aufführen (Adamina 2008):

– Viele Schülerinnen und Schüler des 1., 3. und 5. Schuljahres geben an, dass sie vor allem das Faszinierende, Spannende (z.B. wie die Tiere leben), das Abenteuerliche und Geheimnisvolle (z.B. Sternenhimmel, Leben in früheren Zeiten oder in anderen Gebieten der Erde) interessiere. Auch Andersartiges im Vergleich zum eigenen Alltag ist für die Lernenden von Interesse. Zudem bestehen für viele Lernende das Bedürfnis und die Neugierde zu wissen, was man wirk-

lich über Phänomene, Dinge und Situationen bereits entdeckt und herausgefunden hat.
- Ein großes Interesse bezieht sich darauf, was sich in verschiedenen Welten ereignet und was für das Jetzt und für die Zukunft wichtig ist. Am deutlichsten ausgeprägt zeigt sich dies bei den Lernenden des 5. Schuljahres. Für Lernende zu Beginn des 7. Schuljahres spielen Aspekte der Partizipation eine wichtigere Rolle als für Lernende in früheren Schuljahren.
- Extrinsische Gründe des Interesses und der Motivation nehmen im Verlaufe der Grundschul- bzw. Primarstufenzeit ab (z.B. Ich interessiere mich, weil ich in NMG eine gute Bewertung/Note will. Meine Eltern finden es gut, wenn ich mich im NMG-Unterricht anstrenge).

In der Längsschnittuntersuchung von Adamina & Erzinger (2017) wurde bei der Befragung Ende 4. und Ende 6. Schuljahr erhoben, für welche Themen des NMG-Unterrichts sich die Lernenden interessieren. Dabei zeigte sich, dass bei beiden Zeitpunkten am meisten Lernende einem Interessetyp mit Themen aus mehreren Perspektiven zugeordnet werden können, insbesondere in der Kombination Natur (belebt und/oder unbelebt), Raum (Fernräume) und Geschichte (insbesondere frühe Zeiten und teilweise Mittelalter). Ende 4. Schuljahr waren dies 32% der Lernenden, Ende 6. Schuljahr 31%. Dem Mischtyp Natur/Geschichte konnten 8% bzw. 6% der Lernenden zugewiesen werden, dem Mischtyp Natur/Geographie 3,5% bzw 8% und dem Mischtyp Geschichte/Geographie 5% bzw. 2%. Während Ende 4. Schuljahr viele Schülerinnen und Schüler ein großes Interesse für geschichtliche Themen angeben (28%), sind es Ende 6. Schuljahr bei den gleichen Lernenden nur noch 8%. Demgegenüber bleiben in dieser Untersuchung die Interessen für Themen zur belebten Natur stabil (12% bzw. 14%). In einzelnen Bereichen ist eine Zunahme der Interessen vom 4. zum 6. Schuljahr feststellbar: Dominant geographisch von 1 zu 8%, dominant sozial-gesellschaftlich und ethisch bzw. religionsbezogen von 0 zu 3%.
Es zeigt sich insgesamt, dass Interessen teilweise stabil bleiben, sich teilweise aber auch stark verschieben. Aufgrund der aktiven Nennung von interessanten Themen und der Erhebung, was im Unterricht in den entsprechenden Klassen im NMG-Unterricht bearbeitet wurde, kann ein deutlicher Zusammenhang zwischen der Nennung von interessanten Themen und der Bearbeitung entsprechender Themen im Unterricht hergestellt werden.

Interessen von Mädchen und Jungen
Es liegen Ergebnisse aus verschiedenen Studien vor, in denen untersucht wurde, wie weit sich Interessen von Mädchen und Jungen unterscheiden. Je nach Fragestellungund der Ebene von Interessenbereichen (z.B. inhaltliche Perspektiven, Themenbereiche, einzelne Inhalte) ergaben sich dabei unterschiedliche Befunde.

Die Ergebnisse der TIMS Studie 2007 weisen beispielsweise darauf hin, dass sich die Einstellungen zu den Naturwissenschaften bei Mädchen und Jungen am Ende der Grundschulzeit kaum unterscheiden (Bonsen, Lintorf & Bos 2008). In anderen Studien zeigte sich, dass technische, physikalische oder chemische Inhalte von Jungen als interessanter eingestuft werden als von Mädchen und andererseits Mädchen mehr Interesse an Themen der belebten Natur zeigen als Jungen (Fölling-Albers 1995; Hansen & Klingler 1997; Rossberger & Hartinger 2000). Es stellt sich die Frage, ob und wie sich solche Tendenzen aktuell bestätigen oder nicht. Dazu liegen nach den vorgenommenen Recherchen aber keine neueren Untersuchungen vor.

Rossberger & Hartinger (2000) konstatieren, dass Unterschiede zwischen den Geschlechtern dann nicht mehr unbedingt feststellbar sind, wenn einzelne Aspekte eines Themas anstelle des gesamten Themas bezüglich des Interesses eingeschätzt werden. So wurde z.B. der Inhalt Gefahren von Strom von Mädchen als interessanter eingeschätzt als von Jungen. In der Untersuchung von Adamina (2008) zeigte sich zudem, dass sich themenspezifische Interessen zwischen den Geschlechtern von Stufe zu Stufe verschieben können. So gaben z.B. im 3. Schuljahr mehr Jungen als Mädchen persönliche Interessen an Themen wie „In früheren Zeiten" und „Geschichte der Erde" an und im 5. Schuljahr war es, etwas weniger ausgeprägt als im 3. Schuljahr, gerade umgekehrt.

Diese Verschiebungen und Differenzierungen auf unterschiedlichen Ebenen weisen darauf hin, dass Interessen Veränderungen und Entwicklungen unterliegen und Aspekte von Interesse und Neugierde möglichst differenziert und nicht mit Blick auf allfällig gängige Geschlechterrollenstereotype erschlossen werden sollten.

Einfluss spezifischer Kontexte und von Zugangsweisen auf die Interessen

Aspekte von Interessen beziehen sich sowohl auf die Inhalte als auch auf die Denk-, Arbeits- und Handlungsweisen und auf die Zugangsweisen, die im Unterricht ermöglicht werden. Dass die Kontexte, in welche die Inhalte eingebunden sind und die Tätigkeiten, die im Unterricht ermöglicht wurden, im Zusammenhang mit Interessen und Interessenentwicklung stehen, zeigte sich u.a. in Untersuchungen von Hansen & Klinger (1997), Rossberger & Hartinger (2000) und von Blumberg, Möller, Jonen & Hardy (2003) für den naturwissenschaftlichen Bereich des Sachunterrichts. So konnte unter anderem erschlossen werden, dass Aneignungsformen im Sachunterricht durch Explorieren, Untersuchen, Erkunden und Unterricht außerhalb der Schule als attraktiv und interessant, wogegen verbale und schriftliche Arbeitsweisen als deutlich weniger interessant eingeschätzt werden. In einer Studie von Doll, Rieck & Fischer (2007) zum Thema Teich konnte aufgezeigt werden, dass die Interessenentwicklung bei kooperativ organisiertem Unterricht positiver ausfiel als in einem stärker instruktionsorientierten Unterricht. Schülerinnen und Schüler schätzen Aufgaben im Fachbereich NMG insbesondere dann als interessant ein, wenn sie sich einerseits für den jeweiligen Inhalt interessieren und wenn sie beim Lösen der Aufgabe aktiv sein, handeln, erproben, untersuchen, recherchieren, gestalten u.a. und mit andern zusammenarbeiten können und wenn sie direkt am Ort des Geschehens (z.B. bei der Orientierung im Gelände, beim Erkunden in der Wohnregion u.a.) arbeiten können. Diese Ergebnisse ergeben sich aus der Befragung der Schülerinnen und Schüler im Rahmen des Projektes zur Kompetenzentwicklung im Bereich räumliche Orientierung von Schülerinnen und Schülern der Primarstufe zu allen Erhebungszeitpunkten (Anfang 3., Ende 4. und Ende 6. Schuljahr (Adamina & Erzinger 2017)).

5 Förderung von Interessen *und* Entwicklung von Vorstellungen und Konzepten im Sach- und NMG-Unterricht

Ausgehend von den vorangehenden Darlegungen und Ausführungen können im Hinblick auf die Förderung von Interessen *und* den Aufbau und die Entwicklung von Vorstellungen und Konzepten im Sach- und NMG-Unterricht insbesondere die folgenden Aspekte zusammengefasst werden:

- In einem Unterricht, in dem die Lernenden aktiv-entdeckend, handlungsorientiert und im Dialog und Austausch mit andern lernen können, werden Interessen nachhaltiger gefördert als in einem Unterricht, in dem diese Aspekte weniger berücksichtigt sind. Dabei ist zentral, wie Aktivitäten und Handeln angelegt und wie gleichzeitig das Einordnen und Sich-Orientieren, das Denken und sich Vorstellen von Sachen und Situationen ermöglicht werden.
- Die Lernenden brauchen Gelegenheiten und Freiräume, um eigene Ressourcen im Unterricht einzubringen, um eigenen Fragen nachgehen und eigene Vorhaben umsetzen können.
- Für die Lernenden muß sichtbar werden, was sie dazulernen, was sie mehr und besser wissen und können als vorher; dazu gehört auch das Erfahren von Selbstwirksamkeit beim Lernen und bei der Kompetenzentwicklung.
- Das Schaffen von Zielklarheit und das Aufzeigen, welchen Bezug die Lerngegenstände zur Alltags- und Lebenswelt haben, sind wichtige Komponenten für die Interessenentwicklung. Die Anlage von gut situierten, authentischen, für die Lernenden sinnstiftende und bedeutsame Kontexte sowie das Klären von Fragen der Lernenden sind für die Entwicklung von Neugierde und Interesse für Phänomene, Sachen, Situationen unserer Um- und Mitwelt von großer Bedeutung.
- Die Variation von Zugangsweisen zu Lerngegenständen trägt zu einer Stärkung von Neugierde und Interesse bei.
- Aufgaben und Aufträge im Unterricht müssen so reichhaltig und strukturiert sein, sodass sie verschiedene Lernwege ermöglichen und für die Lernenden zu Erfolgserlebnissen führen; Anstrengungen und Lernerfolge sollen dabei sicht-

bar und einsichtig werden. Günstig sind insbesondere Lernaufgaben, bei denen sowohl Prozesse als auch Ergebnisse (Produkte) von Bedeutung sind.

- Erfahrungen, die die Schülerinnen und Schüler außerhalb der Schule machen, im Unterricht aufnehmen und dabei den Austausch ermöglichen. Ebenso die Lernenden anregen und darauf aufmerksam machen, wie sie bei Freizeitaktivitäten den im Unterricht angesprochenen Sachinhalten oder Denk- und Arbeitshandlungsweisen nachgehen können.
- Wichtig sind im Sach- bzw. NMG-Unterricht auch Gelegenheiten, weitergehende Fragen und Vorhaben anzubahnen bzw. zu entwickeln, die es den Lernenden ermöglichen, zunehmend – interesse- und neigungsorientiert – im Rahmen von kleineren „Forschungsvorhaben" mit Recherchen und Erkundungen eigenen Fragen nachzugehen.
- Von Bedeutung sind zudem unterstützende, anregende und förderorientierte Rückmeldungen an die Lernenden im Rahmen einer formativen Beurteilung und ein zurückhaltender Umgang mit informationsarmen, auf Kontrolle ausgerichteten Bewertungen wie z.B. Ziffernoten (vgl. dazu Grittner 2015; Hartinger 2015).

Einen wesentlichen Einfluss auf die Interessenförderung – und das Lernen – im Sach- bzw. NMG-Unterricht haben das Interesse und die Einstellung der Lehrperson den Lerngegenständen gegenüber. Insbesondere in Bezug auf situationale Interessen ist die Wirksamkeit der Begeisterungsfähigkeit, des Enthusiasmus und der Interessiertheit einer Lehrperson bezogen auf die Lerngegenstände nachgewiesen. Diese Aspekte beeinflussen das entsprechende Lernarrangement und die Lernmöglichkeiten erheblich. Lehrpersonen, die im Unterricht souverän in der Begegnung und Auseinandersetzung mit Sachen und Situationen wirken, über das entsprechende Sachwissen verfügen und adaptiv auf die Vorstellungen, Ressourcen und Erfahrungen der Lernenden eingehen und diese im Unterricht aufnehmen können, unterstützen das Lernen und die Interessenentwicklung der Lernenden nachhaltig. Vergleiche dazu die Ausführungen zur Bedeutung des fachdidaktischen Wissens und Könnens der Lehrpersonen für das Lernen der Schülerinnen und Schüler, z.B. in Kunter 2016, Lange, Kleickmann, Tröbst & Möller 2012, Möller 2016.

Literatur

Adamina, M. (2008): Vorstellungen von Schülerinnen und Schülern zu raum-, zeit- und geschichtsbezogenen Themen. Eine explorative Studie in Klassen des 1., 3., 5., und 7. Schuljahres im Kanton Bern. Verfügbar unter: https://miami.uni-muenster.de/Record/194defe7-7447-4fb3-b822-6b41e-aae4cf8 [27.01.2017].

Adamina, M. & Erzinger, A. (2017): Kompetenzen und Kompetenzentwicklungen von Schülerinnen und Schülern zur räumlichen Orientierung in der Primarstufe. Schlussbericht zum Projekt. Bern: PHBern. Verfügbar unter: www.phbern.ch/koro [30.12.17].

Blumberg, E.; Möller, K.; Jonen, A. & Hardy, I. (2003): Multikriteriale Zielerreichung im naturwissenschaftsbezogenen Sachunterricht der Grundschule. In: Cech, D. & Schwier, H.-J. (Hrsg): Lernwege und Aneigungsformen im Sachunterricht. Bad Heilbrunn: Klimkhardt, 77-92.

Bonsen, M.; Lintorf, K. & Bos, W. (2008): Kompetenzen von Mädchen und Jungen. In: Bos, W.; Bonsen, M.; Baumert, J.; Prenzel, M.; Selter, C. & Walther, G. (Hrsg.): TIMSS 2007. Mathematische und naturwissenschaftliche Kompetenzen von Grundschulkindern in Deutschland im internationalen Vergleich. Münster: Waxmann, 125-140.

Christen, F.; Vogt, H. & Upmeier zu Belzen, A. (2001): Einstellungen von Schülern zu Schule und Sachunterricht. Erfassung und Differenzierung von typologischen Einstellungsausprägungen bei Grundschülern. Verfügbar unter: https://repositorium.uni-muenster.de/document/miami/584e0ff6-0f65-4af8-ab86-135526f11b9a/christen_etal101.pdf [27.01.2017].

Deci, E.L. & Ryan, R.M. (1993): Die Selbstbestimmungstheorie der Motivation und ihre Bedeutung für die Pädagogik. In: Zeitschrift für Pädagogik, 39, 223-238.

D-EDK, Deutschschweizer Erziehungsdirektorenkonferenz (2015): Lehrplan 21. Fachbereich Natur, Mensch, Gesellschaft. Verfügbar unter: http://vorlage.lehrplan.ch/[27.01.2017].

Doll, J.; Rieck, K. & Fischer, M. (2007): Zur Vermittlung von systemischen Zusammenhängen im naturwissenschaftlichen Sachunterricht der Grundschule. In: Unterrichtswissenschaft, 35(3), 214-226.

Fend, H. (1997): Der Umgang mit Schule in der Adoleszenz. Aufbau und Verlust der Lernmotivation, Selbstachtung und Empathie. Bern: Huber.

Fölling-Albers, M. (1995): Interessen von Grundschulkindern. In: Grundschule, 27(6), 24-26.

Gebhard, U.; Höttecke, D. & Rehm, M. (2017): Interesse an Naturwissenschaften. In: Gebhard U.; Höttecke, D. & Rehm, M. (Hrsg.): Pädagogik der Naturwissenschaften. Ein Studienbuch. Wiesbaden: Springer VS, 125-142.

GDSU, Gesellschaft für Didaktik des Sachunterrichts (2013): Perspektivrahmen Sachunterricht. Bad Heilbrunn: Klinkhardt.

Götz, M.; Kahlert, J.; Fölling-Albers, M.; Hartinger A.; Von Reeken, D. & Wittkowske, W. (2015): Didaktik des Sachunterrichts als bildungswissenschaftliche Disziplin. In: Kahlert, J.; Fölling-Abers, M.; Götz, M.; Hartinger, A.; Miller, S. & Wittkowske, S (Hrsg.): Handbuch Didaktik des Sachunterrichts. Bad Heilbrunn: UTB, Klinkhardt, 13-26.

Grittner, F. (2015): Leistungen ermitteln und bewerten. In: Kahlert, J.; Fölling-Abers, M.; Götz, M.; Hartinger, A.; Miller, S. & Wittkowske, S (Hrsg.): Handbuch Didaktik des Sachunterrichts. Bad Heilbrunn: UTB, Klinkhardt, 516-524.

Hansen, K.-H. & Klinger, U. (1997): Interesse am Lernen im naturwissenschaftlichen Sachunterricht. Ergebnisse einer Schülerbefragung. In: Marquardt-Mau, B.; Köhnlein, W. & Lauterbach, R. (Hrsg.): Forschung zum Sachunterricht. Bad Heilbrunn: Klinkhardt, 101-121.

Hartinger, A. (2015): Interessen entwickeln. In: Kahlert, J.; Fölling-Abers, M.; Götz, M.; Hartinger, A.; Miller, S. & Wittkowske, S (Hrsg.): Handbuch Didaktik des Sachunterrichts. Bad Heilbrunn: UTB, Klinkhardt, 113-117.

Hartinger, A. (2006): Interesse durch Öffnung des Unterrichts. In: Unterrichtswissenschaft, 34(3), 272-288.

Hartinger, A. & Lohrmann, K. (2010): Interessen und die Förderung von Interesse im Sachunterricht der Grundschule. In: Hemmer, I. & Hemmer, M. (Hrsg.): Schülerinteresse an Themen, Regionen und Arbeitsweisen des Geographieunterrichts. Weingarten: Hochschulverband für Geographie und ihre Didaktik, 185-196.

Helmke, A. (2015): Unterrichtsqualität und Lehrerprofessionalität. Seelze: Kallmeyer, Klett.

Hemmer, I. & Hemmer, M. (2010): Interesse von Schülerinnen und Schülern an einzelnen Themen, regionen und Arbeitsweisen des Geographieunterrichts – ein Vergleich zweier empirischer Studien aus den Jahren 1995 und 2005. In: Hemmer, I. & Hemmer, M. (Hrsg.): Schülerinteresse an Themen, Regionen und Arbeitsweisen des Geographieunterrichts. Weingarten: Hochschulverband für Geographie und ihre Didaktik, 65-148.

Köhnlein, W. (2015): Sache als didaktische Kategorie. In: Kahlert, J.; Fölling-Abers, M.; Götz, M.; Hartinger, A.; Miller, S. & Wittkowske, S (Hrsg.): Handbuch Didaktik des Sachunterrichts. Bad Heilbrunn: UTB, Klinkhardt, 36-40.

Krapp, A. (2010): Die Bedeutung von Interessen für die Lernmotivation und das schulische Lernen – eine Einführung. In: Hemmer, I. & Hemmer, M. (Hrsg.): Schülerinteresse an Themen, Regionen und Arbeitsweisen des Geographieunterrichts. Weingarten: Hochschulverband für Geographie und ihre Didaktik, 9-26.

Krapp, A. (2001): Interesse. In: Rost, D.H. (Hrsg.): Handwörterbuch Pädagogische Psychologie. 2. Aufl. Weinheim: Beltz Psychologie Verlags Union, 286-294.

Kunter, M. (2016): Bedingungen und Effekte von Unterricht. Aktuelle Forschungsergebnisse aus der pädagogischen Psychologie. In: McElvany, N.; Bos, W.; Holtappels, W.G.; Gebauer, M. & Schwabe, F. (Hrsg.): Bedingungen und Effekte guten Unterrichts. 1. Dortmunder Symposium der Empirischen Bildungsforschung. Münster: Waxmann, 9-32.

Lange, K.; Kleickmann, T.; Tröbst, S. & Möller, K. (2012): Fachdidaktisches Wissen von Lehrkräften und multiple Ziele im naturwissenschaftlichen Sachunterricht. In: Zeitschrift für Erziehungswissenschaft, 15(1), 55-75.

Möller, K. (2016): Bedingungen und Effekte qualitätsvollen Unterrichts – ein Beitrag aus fachdidaktischer Perspektive. In: McElvany N.; Bos, W.; Holtappels, W.G.; Gebauer, M. & Schwabe, F. (Hrsg.): Bedingungen und Effekte guten Unterrichts. 1. Dortmunder Symposium der Empirischen Bildungsforschung. Münster: Waxmann, 43-64.

Möller, K.; Hardy, I.; Jonen, A.; Kleichmann, T. & Blumberg, E. (2006): Naturwissenschaften in der Primarstufe. Zur Förderung des konzeptionellen Verständnisses durch Unterricht und zur Wirksamkeit von Lehrerfortbildungen. In: Prenzel, M. & Allolio-Näcke, L. (Hrsg.): Untersuchungen zur Bildungsqualität von Schule. Münster: Waxmann, 161-193.

Rosenberg, M.J. & Hovland, C.I. (1966): Cognitive, Affective and Behavioural Components of Attitudes. In: Rosenberg, M.J. & Hovland, C.I. (Hrsg.): Attitude Organization and Change. London: New Haven, 1-14.

Rossberger, E. & Hartinger, A. (2000): Interesse an Technik. Geschlechtsunterschiede in der Grundschule. In: Grundschule, 32(6), 15-17.

Schiefele, H.; Krapp, A. & Schreyer, I. (1993): Metaanalyse des Zusammenhangs von Interesse und schulischer Leistung. In: Zeitschrift für Entwicklungspsychologie und Pädagogische Psychologie, 25, 120-148.

Schiefele, H.; Prenzel, M.; Krapp, A.; Heiland, A. & Kasten, H. (1983): Zur Konzeption einer pädagogischen Theorie des Interesses. Arbeiten zur Empirischen Pädagogik und Pädagogischen Psychologie, Nr. 6. München: Institut für Empirische Pädagogik und Pädagogische Psychologie.

Wittwer, J.; Sass, S. & Prenzel, M. (2008): Naturwissenschaftliche Kompetenz im internationalen Vergleich: Testkonzeption und Ergebnisse. In: Bos, W.; Bonsen, M.; Baumert, J.; Prenzel, M.; Selter, C. & Walther, G. (Hrsg.): TIMSS 2007. Mathematische und naturwissenschaftliche Kompetenzen von Grundschulkindern in Deutschland im internationalen Vergleich. Münster: Waxmann, 87-124.

Autorinnen und Autoren

Adamina Marco, Prof. Dr., Pädagogische Hochschule Bern
Baisch Petra, Dr, Dipl.-Päd., Pädagogische Hochschule Ludwigsburg
Bietenhard Sophia, Dr., Pädagogische Hochschule Bern
Böschl Florian, Universität Leipzig
Dängeli Michel, Pädagogische Hochschule Bern
Engeli Eva, MA, Pädagogische Hochschule Schaffhausen
Gafner Knopf Anne-Marie, Pädagogische Hochschule Bern
Hadenfeldt Jan Christoph, Dr., IPN – Leibniz-Institut für die Pädagogik der Naturwissenschaften und Mathematik an der Universität Kiel
Hardy Ilonca, Prof. Dr., Universität Frankfurt
Hartinger, Andreas, Prof. Dr., Universität Augsburg
Helbling Dominik, Prof. Dr., Pädagogische Hochschule Luzern
Jaun-Holderegger Barbara, Pädagogische Hochschule Bern
Kalcsics Katharina, Prof. Dr., Pädagogische Hochschule Bern
Kübler Markus, Dr. habil., Pädagogische Hochschule Schaffhausen
Lange-Schubert Kim, Prof. Dr., Universität Leipzig
Meschede Nicola, Prof. Dr., Universität Münster
Möller Kornelia, Prof. Dr., Universität Münster
Murmann Lydia, Prof. Dr., Universität Bremen
Neumann Irene, Dr., IPN – Leibniz-Institut für die Pädagogik der Naturwissenschaften und Mathematik an der Universität Kiel
Neumann Knut, Prof. Dr., IPN – Leibniz-Institut für die Pädagogik der Naturwissenschaften und Mathematik an der Universität Kiel
Ottlinger Thomas, Universität Leipzig
Schrenk Marcus, Prof. Dr., Pädagogische Hochschule Ludwigsburg
Schubert Jan Christoph, Prof. Dr., Universität Erlangen-Nürnberg
Steffensky Mirjam, Prof. Dr., IPN – Leibniz-Institut für die Pädagogik der Naturwissenschaften und Mathematik an der Universität Kiel
Wulfmeyer Meike, Prof. Dr., Universität Bremen
Wyssen Hans-Peter, Privates Institut Vorschulstufe und Primarstufe NMS Bern